3 Curso de DIREITO PENAL

VICTOR EDUARDO RIOS GONÇALVES

Curso de
DIREITO
PENAL

PARTE
ESPECIAL
(Arts. 184 a 359-R)

6ª edição
2025

- Data do fechamento do livro: 17/01/2025

- **Saraiva Jur, um selo da SRV Editora Ltda.**
  Uma editora integrante do GEN | Grupo Editorial Nacional
  Travessa do Ouvidor, 11
  Rio de Janeiro – RJ – 20040-040

- **Atendimento ao cliente: https://www.editoradodireito.com.br/contato**

- Capa: Laís Soriano
  Diagramação: Mônica Landi

- **DADOS INTERNACIONAIS DE CATALOGAÇÃO NA PUBLICAÇÃO (CIP)**
  VAGNER RODOLFO DA SILVA - CRB-8/9410

G635c   Gonçalves, Victor Eduardo Rios
Curso de Direito Penal – V. 3 / Victor Eduardo Rios Gonçalves. – 6. ed. – São
     Paulo : Saraiva Jur, 2025.

448 p.
ISBN: 978-85-5362-671-7 (Impresso)

1. Direito. 2. Direito Penal. I. Título.

	CDD 345
2024-4609	CDU 343

Índices para catálogo sistemático:
1. Direito Penal   345
2. Direito Penal   343

NOTA DO AUTOR À 6ª EDIÇÃO

O estudo do direito penal contemporâneo vem ganhando novos contornos em razão da importância cada vez maior das decisões dos tribunais superiores à luz dos princípios constitucionais, sem contar o incremento dos debates relacionados a temas criminais, não apenas no mundo acadêmico, como também na imprensa e nas redes sociais, onde, não raro, juristas e leigos entram em debate direto sobre os rumos a serem tomados por nossos julgadores e legisladores. Por isso, na presente obra, além da opinião dos mais importantes doutrinadores nacionais e estrangeiros, foram colacionados os julgados de maior relevância do Supremo Tribunal Federal e do Superior Tribunal de Justiça, além das respectivas súmulas, sempre acompanhados dos necessários comentários e esclarecimentos.

Por se tratar de obra direcionada a graduandos, concursandos e profissionais da área penal, a linguagem adotada é objetiva, porém com o adequado aprofundamento dos temas.

Trata-se, portanto, de obra redigida em linguagem objetiva, simples e direta, com análise aprofundada dos temas propostos, e acompanhada de grande número de exemplos didáticos, sem olvidar da melhor e mais atualizada doutrina e jurisprudência.

Os exemplos lançados e os casos analisados, ademais, refletem as infrações penais praticadas na atualidade e não apenas aqueles meios de execução tradicionais, o que propicia ao leitor uma visão moderna da criminalidade e das diversas formas pelas quais deve ser combatida.

O presente *Curso de Direito Penal*, em seu 3º volume (Parte Especial – arts. 184 a 359-R), aborda os delitos descritos no Código Penal desde os crimes contra a propriedade imaterial até os crimes contra o Estado Democrático de Direito (Títulos III a XII da Parte Especial), procurando propiciar ao leitor um estudo aprofundado das infrações penais nele tipificadas.

Nesta 6ª edição do *Curso de Direito Penal*, procedeu-se à atualização da obra em relação à jurisprudência das Cortes Superiores.

Assim, resta oferecer aos seletos leitores esta singela obra com a esperança de que possa auxiliá-los em seus estudos e concursos, bem como na atuação profissional.

SUMÁRIO

TÍTULO III
3. DOS CRIMES CONTRA A PROPRIEDADE IMATERIAL

CAPÍTULO I

DOS CRIMES CONTRA A PROPRIEDADE INTELECTUAL

TÍTULO IV
4. DOS CRIMES CONTRA A ORGANIZAÇÃO DO TRABALHO

TÍTULO V

5. DOS CRIMES CONTRA O SENTIMENTO RELIGIOSO E CONTRA O RESPEITO AOS MORTOS

CAPÍTULO I

DOS CRIMES CONTRA O SENTIMENTO RELIGIOSO

CAPÍTULO II

DOS CRIMES CONTRA O RESPEITO AOS MORTOS

TÍTULO VI
6. DOS CRIMES CONTRA A DIGNIDADE SEXUAL

CAPÍTULO I

DOS CRIMES CONTRA A LIBERDADE SEXUAL

CAPÍTULO I-A

DA EXPOSIÇÃO DA INTIMIDADE SEXUAL

CAPÍTULO II

DOS CRIMES SEXUAIS CONTRA VULNERÁVEL

CAPÍTULO V

DO LENOCÍNIO E DO TRÁFICO DE PESSOA PARA FIM DE PROSTITUIÇÃO OU OUTRA FORMA DE EXPLORAÇÃO SEXUAL

CAPÍTULO VI

DO ULTRAJE PÚBLICO AO PUDOR

TÍTULO VII
7. DOS CRIMES CONTRA A FAMÍLIA

CAPÍTULO I

DOS CRIMES CONTRA O CASAMENTO

DOS CRIMES CONTRA O ESTADO DE FILIAÇÃO

CAPÍTULO III

DOS CRIMES CONTRA A ASSISTÊNCIA FAMILIAR

CAPÍTULO IV

DOS CRIMES CONTRA O PÁTRIO PODER, TUTELA OU CURATELA

TÍTULO VIII
8. DOS CRIMES CONTRA A INCOLUMIDADE PÚBLICA

CAPÍTULO I

DOS CRIMES DE PERIGO COMUM

CAPÍTULO II

DOS CRIMES CONTRA A SEGURANÇA DOS MEIOS DE COMUNICAÇÃO E TRANSPORTE E OUTROS SERVIÇOS PÚBLICOS

CAPÍTULO III

DOS CRIMES CONTRA A SAÚDE PÚBLICA

TÍTULO IX
9. DOS CRIMES CONTRA A PAZ PÚBLICA

TÍTULO X

10. DOS CRIMES CONTRA A FÉ PÚBLICA

CAPÍTULO I

DA MOEDA FALSA

CAPÍTULO II

DA FALSIDADE DE TÍTULOS E OUTROS PAPÉIS PÚBLICOS

CAPÍTULO III

DA FALSIDADE DOCUMENTAL

CAPÍTULO IV

DE OUTRAS FALSIDADES

TÍTULO XI
11. DOS CRIMES CONTRA A ADMINISTRAÇÃO PÚBLICA

CAPÍTULO I

DOS CRIMES PRATICADOS POR FUNCIONÁRIO PÚBLICO CONTRA A ADMINISTRAÇÃO EM GERAL

CAPÍTULO II

DOS CRIMES PRATICADOS POR PARTICULAR CONTRA A ADMINISTRAÇÃO EM GERAL

CAPÍTULO II-A

DOS CRIMES PRATICADOS POR PARTICULAR CONTRA A ADMINISTRAÇÃO PÚBLICA ESTRANGEIRA

CAPÍTULO II-B

DOS CRIMES EM LICITAÇÕES E CONTRATOS ADMINISTRATIVOS

CAPÍTULO III

DOS CRIMES CONTRA A ADMINISTRAÇÃO DA JUSTIÇA

CAPÍTULO IV

DOS CRIMES CONTRA AS FINANÇAS PÚBLICAS

TÍTULO XII

12. DOS CRIMES CONTRA O ESTADO DEMOCRÁTICO DE DIREITO

CAPÍTULO I

DOS CRIMES CONTRA A SOBERANIA NACIONAL

CAPÍTULO II

DOS CRIMES CONTRA AS INSTITUIÇÕES DEMOCRÁTICAS

L

CAPÍTULO III

DOS CRIMES CONTRA O FUNCIONAMENTO DAS INSTITUIÇÕES DEMOCRÁTICAS NO PROCESSO ELEITORAL

CAPÍTULO IV

DOS CRIMES CONTRA O FUNCIONAMENTO DOS SERVIÇOS ESSENCIAIS

TÍTULO III

3. DOS CRIMES CONTRA A PROPRIEDADE IMATERIAL

Este Título é subdividido em quatro capítulos:

Capítulo I – Dos crimes contra a propriedade intelectual;

Capítulo II – Dos crimes contra o privilégio de invenção;

Capítulo III – Dos crimes contra as marcas de indústria e comércio;

Capítulo IV – Dos crimes de concorrência desleal.

Ocorre que os últimos três capítulos foram expressamente revogados pela Lei n. 9.279/96, restando em vigor apenas o que trata dos crimes contra a propriedade intelectual.

Capítulo I

DOS CRIMES CONTRA A PROPRIEDADE INTELECTUAL

3.1. Dos crimes contra a propriedade intelectual

Neste Capítulo estão tipificados apenas dois crimes: a) *violação de direito autoral* (art. 184); b) *usurpação de nome ou pseudônimo alheio*. O último, todavia, foi revogado pela Lei n. 10.695/2003, estando em vigor, portanto, somente o delito de violação de direito autoral.

3.1.1. Violação de direito autoral

Art. 184. Violar direitos de autor e os que lhe são conexos:

Pena – detenção, de três meses a um ano, ou multa.

§ 1º Se a violação consistir em reprodução total ou parcial, com intuito de lucro direto ou indireto, por qualquer meio ou processo, de obra intelectual, interpretação, execução ou fonograma, sem autorização expressa do autor, do artista intérprete ou executante, do produtor, conforme o caso, ou quem o represente:

Pena – reclusão, de dois a quatro anos, e multa.

§ 2º Na mesma pena do § 1º incorre quem, com o intuito de lucro direto ou indireto, distribui, vende, expõe à venda, aluga, introduz no País, adquire, oculta, tem em depósito, original ou cópia de obra intelectual ou fonograma reproduzido com violação do direito de autor, do direito de artista intérprete ou executante ou do direito do produtor de fonograma, ou, ainda, aluga original ou cópia de obra intelectual ou fonograma, sem a expressa autorização dos titulares dos direitos ou de quem os represente.

§ 3º Se a violação consistir no oferecimento ao público, mediante cabo, fibra ótica, satélite, ondas ou qualquer outro sistema que permita ao usuário realizar a seleção da obra ou produção para recebê-la em tempo e lugar previamente determinados por quem formula a demanda, com intuito de lucro, direto ou indireto, sem autorização expressa, conforme o caso, do autor, do artista intérprete ou executante, do produtor do fonograma, ou quem o represente:

Pena – reclusão, de dois a quatro anos, e multa.

§ 4º O disposto nos §§ 1º, 2º e 3º não se aplica quando se tratar de exceção ou limitação ao direito de autor ou os que lhe são conexos, em conformidade com o previsto na Lei n. 9.610, de 19 de fevereiro de 1998, nem a cópia de obra intelectual ou fonograma, em um só exemplar, para uso privado do copista, sem intuito de lucro direto ou indireto.

3.1.1.1. Objetividade jurídica

A preservação dos direitos autorais e da propriedade intelectual, assegurados pelo art. 5º, XXVII, da Constituição Federal: "aos autores pertence o direito exclusivo de utilização, publicação ou reprodução de suas obras, transmissível aos herdeiros pelo tempo que a lei fixar".

3.1.1.2. Tipo objetivo

O crime consiste em violar direito autoral. Violar é sinônimo de transgredir, ofender. O autor tem direitos patrimoniais e morais sobre sua obra. Assim, caracterizam o crime, por exemplo, o plágio, a utilização indevida de imagem da obra, a sua reprodução não autorizada, a confecção pela editora de número maior de exemplares de um livro sem o conhecimento do autor a fim de não pagar os direitos autorais sobre o número excedente etc.

O alcance do conceito de direito autoral é fornecido por lei especial (Lei n. 9.610/98), sendo o tipo penal em estudo, portanto, uma norma penal em branco. Referida lei contém, inclusive, diversos conceitos que complementam as figuras qualificadas do delito, de modo que será necessário mencioná-los para a compreensão do dispositivo.

Autor é a pessoa física criadora de obra literária, artística ou científica (art. 11 da Lei n. 9.610/98). A lei penal, contudo, também tutela os direitos conexos ao do autor que são os direitos dos artistas intérpretes ou executantes, dos produtores fonográficos e das empresas de radiodifusão (art. 89).

No § 1º do art. 184 pune-se de forma mais grave (figura qualificada) a conduta de reproduzir, total ou parcialmente, com intuito de lucro direto ou indireto, por qualquer meio ou processo, sem autorização, obra intelectual, interpretação, execução ou fonograma. Assim, comete o crime qualificado, por exemplo, o livreiro que tira cópias integrais ou de capítulos de livros e as expõe à venda, já que não serão pagos direitos autorais sobre elas, ou quem faz cópias piratas de CDs ou elabora fitas de áudio com coletâneas de músicas a fim de comercializá-las.

O tipo qualificado exige que a reprodução ocorra sem autorização do autor, artista intérprete ou executante, ou do produtor. A própria Lei n. 9.610/98 cuida de defini-los:

Reprodução é a cópia de um ou vários exemplares de uma obra literária, artística ou científica ou de um fonograma, de qualquer forma tangível, incluindo qualquer armazenamento permanente ou temporário por meios eletrônicos ou qualquer outro meio de fixação que venha a ser desenvolvido (art. 5º, VI). A figura simples do *caput* só tem aplicação quando a violação do direito autoral não consistir em reprodução desautorizada.

Artistas intérpretes ou executantes são todos os atores, cantores, músicos, bailarinos ou outras pessoas que representem um papel, cantem, recitem, declamem, interpretem

4

ou executem em qualquer forma obras literárias ou artísticas ou expressões do folclo-
re (art. 5º, XIII).

Produtor é a pessoa física ou jurídica que toma a iniciativa e tem a responsabilidade econômica da primeira fixação do fonograma ou da obra audiovisual, qualquer que
seja a natureza do suporte utilizado (art. 5º, XI).

Fonograma é toda fixação de sons de uma execução, ou interpretação de outros
sons, ou de uma representação de sons que não seja uma fixação incluída em uma
obra audiovisual (art. 5º, IX).

O tipo penal do art. 184, § 1º, do Código Penal, não mais contém expressamente a
expressão videofonograma. É evidente, entretanto, que a pirataria de fitas de vide-
ocassete ou de DVDs continua configurando violação de direito autoral, já que o
tipo penal qualificado pune a violação de direito intelectual e, conforme mencionado, este abrange as obras audiovisuais, sonorizadas ou não, inclusive as cinema-
tográficas (art. 7º, VI).

Saliente-se que, de acordo com o art. 7º, § 1º, da Lei n. 9.610/98, os programas de
computador são objetos de legislação específica, ou seja, a Lei n. 9.609/98, que, em seu
art. 12, pune criminalmente a violação de direitos de autor de programa de computador.

Por sua vez, o art. 8º da Lei n. 9.610/98 estabelece que não são objeto de proteção
como direitos autorais: as ideias, procedimentos normativos, sistemas, métodos, projetos ou conceitos matemáticos como tais (inc. I); os esquemas, planos ou regras para
realizar atos mentais, jogos ou negócios (inc. II); os formulários em branco para serem
preenchidos por qualquer tipo de informação, científica ou não, e suas instruções (inc.
III); os textos de tratados ou convenções, leis, decretos, regulamentos, decisões judiciais
e demais atos oficiais (inc. IV); as informações de uso comum, tais como calendários,
agendas, cadastros ou legendas (inc. V); os nomes e títulos isolados (inc. VI); e o aproveitamento industrial ou comercial das ideias contidas nas obras (inc. VII).

O § 2º do art. 184 estabelece que, na mesma pena do § 1º, incorre quem, com o
intuito de lucro direto ou indireto, distribui, vende, expõe à venda, aluga, introduz no
País, adquire, oculta, tem em depósito, original (primeira reprodução) ou cópia de obra
intelectual ou fonograma reproduzido com violação do direito de autor, do direito de
artista intérprete ou executante ou do direito do produtor de fonograma, ou, ainda,
aluga original ou cópia de obra intelectual ou fonograma, sem a expressa autorização
dos titulares dos direitos ou de quem os represente. Esse dispositivo pune, por exemplo,
os camelôs que expõem à venda e comercializam CDs ou DVDs falsificados, ou aqueles que efetuam a distribuição desses produtos, bem como lojistas que vendem camisas
ou cadernos com estampas de personagens de desenhos animados sem que tenha havido autorização dos titulares do direito autoral (criação intelectual). Pune também o
dono de locadora que aluga fitas ou DVDs piratas etc.

O Supremo Tribunal Federal não aceita a tese de que a venda por camelôs de CDs
e DVDs falsificados deve ser considerada atípica porque tolerada pela coletividade.
Com efeito, não se pode esquecer que o crime em análise, além de afetar o direito
econômico dos autores e produtores sobre a obra, gera também imensos prejuízos à
Fazenda Pública (já que as cópias piratas não pagam impostos) e aos lojistas regularmente estabelecidos, posto que se trata de concorrência desigual. A propósito: "O princípio

da adequação social reclama aplicação criteriosa, a fim de se evitar que sua adoção indiscriminada acabe por incentivar a prática de delitos patrimoniais, fragilizando a tutela penal de bens jurídicos relevantes para vida em sociedade. 2. A violação ao direito autoral e seu impacto econômico medem-se pelo valor que os detentores das obras deixam de receber ao sofrer com a 'pirataria', e não pelo montante que os falsificadores obtêm com a sua atuação imoral e ilegal. 3. Deveras, a prática não pode ser considerada socialmente tolerável haja vista os expressivos prejuízos experimentados pela indústria fonográfica nacional, pelos comerciantes regularmente estabelecidos e pelo Fisco, fato ilícito que encerra a burla ao pagamento de impostos. 4. *In casu*, a conduta da paciente amolda-se ao tipo de injusto previsto no art. 184, § 2º, do Código Penal, porquanto comercializava mercadoria pirateada (CDs e DVDs de diversos artistas, cujas obras haviam sido reproduzidas em desconformidade com a legislação)" (STF, HC 120994, 1ª Turma, Rel. Min. Luiz Fux, julgado em 29-4-2014, *DJe*-093, divulg. 15-5-2014, public. 16-5-2014). No mesmo sentido o entendimento do Superior Tribunal de Justiça que, inclusive, aprovou a Súmula 502, deixando claro que a conduta é ilícita: "presentes a materialidade e a autoria, afigura-se típica, em relação ao crime previsto no artigo 184, § 2º, do Código Penal, a conduta de expor à venda CDs e DVDs piratas". A aprovação desta súmula evidencia que a Corte não admite a tese de que o fato deve ser considerado atípico por aplicação do princípio da adequação social.

Os tribunais superiores também entendem que para a punição pelo delito em análise é desnecessária a identificação do titular do direito autoral no laudo pericial, bem como sua oitiva. É evidente, entretanto, que o laudo deve atestar a contrafação: STJ, HC 191.568/SP, Rel. Min. Jorge Mussi, julgado em 7-2-2013). O Superior Tribunal de Justiça, ademais, tem admitido que a perícia seja feita por amostragem e que considere apenas os aspectos externos do material apreendido: "Para a configuração do crime de violação de direito autoral não é necessário que a perícia técnica seja realizada em todo o conteúdo apreendido, o que configuraria um excessivo formalismo, visto que a análise do material por amostragem já demonstra a materialidade do delito. 2 – Vale destacar que mesmo a análise somente de aspectos externos do produto já permite a constatação de sua falsidade" (AgRg no AREsp 431.902/MG, 6ª Turma, Rel. Min. Rogério Schietti Cruz, julgado em 5-8-2014, *DJe* 19-8-2014); e "A Lei n. 10.695/2003 incluiu os arts. 530-A a 530-G ao Código de Processo Penal, prevendo novas regras para a apuração dos crimes contra a propriedade imaterial. 2. A lei autorizou menores formalidades para atestar a falsidade da mercadoria, não sendo razoável exigir minúcias exageradas no laudo pericial, como a catalogação de centenas ou milhares de CDs e DVDs, indicação de cada título e autor da obra apreendida e contrafeita, sendo válida, ainda, a perícia realizada nas características externas do material apreendido. Precedentes" (AgRg no AREsp 473.146/MG, 6ª Turma, Rel. Min. Nefi Cordeiro, julgado em 7-10-2014, *DJe* 21-10-2014).

No ano de 2016, o Superior Tribunal de Justiça aprovou a Súmula 574 com o seguinte teor: "Para a configuração do delito de violação de direito autoral e a comprovação de sua materialidade, é suficiente a perícia realizada por amostragem do produto apreendido, nos aspectos externos do material, e é desnecessária a identificação dos titulares dos direitos autorais violados ou daqueles que os representem".

Se comprovada a transnacionalidade do delito, a competência será da Justiça Federal: "O entendimento firmado nesta Terceira Seção é de que a competência para processar e julgar o delito de violação de direito autoral, previsto no art. 184, § 2º, do Código Penal, quando ausente a transnacionalidade dos bens, sendo, portanto, inexistente lesão a interesses, bens ou serviços da União, é da Justiça Estadual" (STJ, CC 130.602/PR, 3ª Seção, Rel. Min. Marilza Maynard (Desembargadora convocada do TJ/ SE), julgado em 26-2-2014, *DJe* 13-3-2014).

Saliente-se, por fim, que o § 3º do art. 184, pune a violação consistente em oferecer ao público, mediante cabo, fibra ótica, satélite, ondas ou qualquer outro sistema que permita ao usuário realizar a seleção da obra ou produção para recebê-la em tempo e lugar previamente determinados por quem formula a demanda, com intuito de lucro, direto ou indireto, sem autorização expressa, conforme o caso, do autor, do artista intérprete ou executante, do produtor do fonograma ou quem o represente. Note-se que o tipo penal somente prevê punição para quem oferece, e não para quem adquire.

3.1.1.3. *Exclusão do crime*

Nos termos do § 4º do art. 184 do Código Penal, o disposto nos §§ 1º, 2º e 3º não se aplica quando se tratar de *exceção* ou *limitação* ao direito de autor ou os que lhe são conexos, em conformidade com o previsto na Lei n. 9.610/98, nem a cópia de obra intelectual ou fonograma, em um só exemplar, para uso privado do copista, sem intuito de lucro direto ou indireto. É o que ocorre, por exemplo, quando um estudante tira cópia única de um livro para estudar para uma prova. As demais limitações ao direito do autor estão expressamente elencadas no art. 46 da Lei n. 9.610/98. Quando estiver presente qualquer dessas hipóteses, o fato não constitui crime.

3.1.1.4. *Sujeito ativo*

Pode ser qualquer pessoa. Trata-se de crime comum.

3.1.1.5. *Sujeito passivo*

O autor da obra, seus sucessores ou, ainda, aqueles a quem os direitos do autor tenham sido cedidos, conforme permite o art. 49, I, da Lei n. 9.610/98. Com efeito, o autor pode negociar os direitos patrimoniais relativos à obra. Pode, por exemplo, receber considerável quantia adiantada para que, em um prazo de cinco anos, os valores correspondentes aos direitos autorais auferidos sejam transferidos a quem efetuou o adiantamento. Em tal caso, a violação terá também como vítima o cessionário.

3.1.1.6. *Consumação*

No momento da efetiva violação. Na hipótese do § 1º, dá-se com a reprodução da obra intelectual ou do fonograma, já que tal dispositivo pune o responsável pela reprodução. Já no § 2º, a consumação ocorre quando o agente distribui, vende, expõe à venda, aluga, introduz no País, adquire, oculta ou tem em depósito a reprodução feita com violação de direito autoral. Por fim, a figura do § 3º consuma-se quando o agente oferece ao público a obra ou produção alheia.

3.1.1.7. Tentativa

É possível em todas as figuras.

3.1.1.8. Ação penal

No art. 186 do Código Penal existem três regras: a) a ação penal é privada na modalidade simples do art. 184, *caput*; b) a ação é pública incondicionada nas figuras qualificadas dos §§ 1º e 2º, e se o crime for cometido em desfavor de entidades de direito público, autarquia, empresa pública, sociedade de economia mista ou fundação instituída pelo poder público; e c) ação penal é pública condicionada à representação na hipótese qualificada do § 3º.

TÍTULO IV
4. DOS CRIMES CONTRA A ORGANIZAÇÃO DO TRABALHO

4.1. Atentado contra a liberdade de trabalho

> *Art. 197. Constranger alguém mediante violência ou grave ameaça:*
>
> *I – a exercer ou não exercer arte, ofício, profissão ou indústria, ou a trabalhar ou não trabalhar durante certo período ou em determinados dias:*
>
> *Pena – detenção, de um mês a um ano, e multa, além da pena correspondente à violência.*
>
> *II – a abrir ou fechar o seu estabelecimento de trabalho, ou a participar de parede ou paralisação de atividade econômica:*
>
> *Pena – detenção, de três meses a um ano, e multa, além da pena correspondente à violência.*

4.1.1. Objetividade jurídica

O direito de exercer livremente atividade laborativa ou empresarial.

4.1.2. Tipo objetivo

O crime em análise é uma espécie de constrangimento ilegal relacionado a atividades laborativas ou empresariais, o qual pune quatro condutas, sempre cometidas com o emprego de violência ou grave ameaça, consistentes em o agente obrigar a vítima a:

a) exercer ou não exercer arte, ofício, profissão ou indústria;

b) trabalhar ou não trabalhar durante certo período ou em determinados dias;

c) abrir ou fechar o seu estabelecimento de trabalho;

d) participar de parede (greve) ou paralisação de atividade econômica.

Não é errado concluir que as duas últimas figuras são formas qualificadas da infração penal porque possuem pena ligeiramente mais severa.

O ato de forçar alguém a exercer atividade profissional, se cometido de forma permanente, pode configurar crime de redução a condição análoga à de escravo (art. 149 do CP).

Não há crime no mero ato de convencer alguém a participar de greve, pois o que caracteriza o ilícito penal em estudo é o emprego de violência ou grave ameaça para forçar alguém a aderir ao movimento.

4.1.3. Sujeito ativo

Pode ser qualquer pessoa. Trata-se de crime comum.

4.1.4. Sujeito passivo

Também pode ser qualquer pessoa. Se várias pessoas forem coagidas em um mesmo contexto fático, haverá crime único.

4.1.5. Consumação

No instante em que a vítima, coagida, realiza ou deixa de realizar a atividade que o agente determinou.

4.1.6. Tentativa

É possível quando o sujeito emprega violência ou grave ameaça, mas não obtém o que pretendia da vítima.

4.1.7. Concurso

Se da violência empregada resultar lesão corporal, ainda que leve, o agente responderá pelo crime-fim (art. 197 do CP) e pelas lesões. As penas, de acordo com o texto legal, serão somadas.

4.1.8. Ação penal

É pública incondicionada. Como a pena máxima é de um ano, a competência é do Juizado Especial Criminal.

Quando for atingido trabalhador de forma individual, a competência será da Justiça Estadual. Se for afetada categoria profissional como um todo, a competência será da Justiça Federal. Nossos tribunais continuam aplicando a Súmula 115 do extinto Tribunal Federal de Recursos: "compete à Justiça Federal processar e julgar os crimes contra a organização do trabalho, quando tenham por objeto a organização geral do trabalho ou direitos dos trabalhadores considerados coletivamente".

4.2. Atentado contra a liberdade de contrato de trabalho ou boicotagem violenta

> Art. 198. Constranger alguém, mediante violência ou grave ameaça, a celebrar contrato de trabalho, ou a não fornecer a outrem ou a não adquirir de outrem matéria-prima ou produto industrial ou agrícola:
>
> Pena – detenção, de um mês a um ano, e multa, além da pena correspondente à violência.

4.2.1. Objetividade jurídica e tipo objetivo

O dispositivo em análise contém duas figuras típicas bastante distintas.

Na primeira delas pune-se quem emprega violência ou grave ameaça para forçar a vítima a celebrar contrato de trabalho. O bem jurídico aqui tutelado, evidentemente, é a liberdade de trabalho. Note-se que o tipo penal não menciona a conduta de constranger a vítima a não celebrar contrato de trabalho, de forma que, em tal caso, configura-se o delito de constrangimento ilegal (art. 146 do CP).

A segunda figura criminosa é a boicotagem violenta, consistente em forçar alguém a não fornecer ou a não adquirir matéria-prima, produtos industriais ou agrícolas de outrem. Nesta hipótese, o que se tutela, de forma imediata, é a liberdade do comércio de mercadorias, para evitar o boicote forçado de fornecedores ou consumidores. De forma indireta, procura-se proteger os trabalhadores e o titular da empresa prejudicada. Não há crime em se tentar convencer alguém a não adquirir determinados tipos de produtos por serem, por exemplo, prejudiciais à saúde ou ao meio ambiente, ou por qualquer outra razão. O crime consiste em empregar violência ou grave ameaça para forçar o boicote.

4.2.2. Sujeito ativo

Pode ser qualquer pessoa. Trata-se de crime comum.

4.2.3. Sujeito passivo

Pode ser qualquer pessoa. As pessoas que são coagidas à boicotagem não praticam crime algum, sendo vítimas deste. O empresário prejudicado é também vítima indireta do delito.

4.2.4. Consumação

Na primeira figura típica, o crime se consuma no momento em que é celebrado o contrato de trabalho. Na boicotagem, o delito se aperfeiçoa no instante em que é negado o fornecimento ou aquisição de mercadorias.

4.2.5. Tentativa

Possível em ambas as figuras delituosas.

4.2.6. Concurso

Se da violência empregada resultar lesão corporal, ainda que leve, o agente responderá pelo crime-fim (art. 198 do CP) e pelas lesões. As penas, de acordo com o texto legal, serão somadas.

4.2.7. Ação penal

É pública incondicionada. Como a pena máxima é de um ano, a competência é do Juizado Especial Criminal.

4.3. Atentado contra a liberdade de associação

> Art. 199. Constranger alguém, mediante violência ou grave ameaça, a participar ou deixar de participar de determinado sindicato ou associação profissional:
>
> Pena – detenção, de um mês a um ano, e multa, além da pena correspondente à violência.

4.3.1. Objetividade jurídica

A liberdade de associação prevista no art. 8º, *caput,* e inc. V, da Constituição Federal, que estabelecem que "é livre a associação profissional ou sindical" e que "ninguém será obrigado a filiar-se ou manter-se filiado a sindicato".

4.3.2. Tipo objetivo

Trata-se de delito em que a vítima é obrigada, mediante violência ou grave ameaça, a participar ou deixar de participar de sindicato ou outra modalidade de associação profissional.

É necessário que o agente obrigue a vítima a tomar ou deixar de tomar parte em sindicato *determinado,* específico. Se a vítima for obrigada a filiar-se em um sindicato qualquer não especificado pelo agente, o crime será o de constrangimento ilegal.

4.3.3. Sujeito ativo

Pode ser qualquer pessoa. Trata-se de crime comum.

4.3.4. Sujeito passivo

Qualquer pessoa.

4.3.5. Consumação

Quando a vítima, constrangida, passa a integrar as atividades de certo sindicato ou quando deixa de fazê-lo na ocasião em que pretendia integrá-lo.

4.3.6. Tentativa

É possível quando o agente emprega a violência ou grave ameaça, mas não obtém a ação ou omissão da vítima.

4.3.7. Concurso

Se da violência empregada resultar lesão corporal, ainda que leve, o agente responderá pelo crime-fim (art. 199 do CP) e pelas lesões. As penas, de acordo com o texto legal, serão somadas.

4.3.8. Ação penal

É pública incondicionada. Como a pena máxima é de um ano, a competência é do Juizado Especial Criminal.

Quando for atingido trabalhador de forma individual, a competência será da Justiça Estadual. Se for afetada categoria profissional como um todo, a competência será da Justiça Federal. Nossos tribunais continuam aplicando a Súmula 115 do extinto Tribunal Federal de Recursos: "compete à Justiça Federal processar e julgar os crimes contra a organização do trabalho, quando tenham por objeto a organização geral do trabalho ou direitos dos trabalhadores considerados coletivamente".

4.4. Paralisação de trabalho, seguida de violência ou perturbação da ordem

> Art. 200. Participar de suspensão ou abandono coletivo de trabalho, praticando violência contra pessoa ou coisa:
>
> Pena – detenção, de um mês a um ano, e multa, além da pena correspondente à violência.
>
> Parágrafo único. Para que se considere coletivo o abandono de trabalho é indispensável o concurso de, pelo menos, três empregados.

4.4.1. Objetividade jurídica

A liberdade de trabalho.

4.4.2. Tipo objetivo

O tipo penal engloba duas figuras típicas: a) *participar de suspensão coletiva do trabalho*. É o *lockout* feito pelos empregadores. Entendemos que a expressão "participar de suspensão coletiva" é indicativa de que não basta um único empresário suspender suas atividades, sendo necessário o concurso de mais de um empregador. b) *participar de abandono coletivo de trabalho*. A lei se refere à greve feita pelos empregados. Para que haja o crime, é necessário o abandono de pelo menos três trabalhadores, nos termos do parágrafo único do dispositivo em estudo.

Importante, porém, ressalvar que as condutas acima mencionadas somente constituem infração penal quando realizadas *mediante emprego de violência contra pessoa ou coisa*. Exs.: depredar a empresa, agredir seguranças ou policiais etc. Se a violência for empregada a fim de forçar outro empregado a entrar na greve, o crime será o do art. 197, II, do Código Penal.

4.4.3. Sujeito ativo

Na primeira figura típica, é o empregador, e na segunda, os empregados. Também respondem pelo crime aqueles que não são empregadores ou empregados, mas que, em conluio com estes, empreguem a violência.

4.4.4. Sujeito passivo

No caso de violência contra pessoa, é aquele que foi agredido. Em se tratando de violência contra coisa, é o dono do bem atingido.

4.4.5. Consumação

No exato instante em que for empregada a violência.

4.4.6. Tentativa

É admissível.

4.4.7. Concurso

Se da violência empregada resultar lesão corporal, ainda que leve, o agente responderá pelo crime-fim (art. 200 do CP) e pelas lesões. As penas, de acordo com o texto legal, serão somadas.

4.4.8. Ação penal

É pública incondicionada. Como a pena máxima é de um ano, a competência é do Juizado Especial Criminal.

4.5. Paralisação de trabalho de interesse público

> *Art. 201. Participar de suspensão ou abandono coletivo de trabalho, provocando a interrupção de obra pública ou serviço de interesse coletivo:*
>
> *Pena – detenção, de seis meses a dois anos, e multa.*

Esse dispositivo encontra-se revogado pela Constituição Federal e pela Lei de Greve (Lei n. 7.783/89).

4.6. Invasão de estabelecimento industrial, comercial ou agrícola. Sabotagem

> *Art. 202. Invadir ou ocupar estabelecimento industrial, comercial ou agrícola com o intuito de impedir ou embaraçar o curso normal do trabalho, ou com o mesmo fim danificar o estabelecimento ou as coisas nele existentes ou delas dispor:*
>
> *Pena – reclusão, de um a três anos, e multa.*

4.6.1. Objetividade jurídica

A propriedade e a liberdade de trabalho.

4.6.2. Tipo objetivo

A primeira figura ilícita consiste em invadir ou ocupar estabelecimento industrial, comercial ou agrícola. *Invasão* é a entrada indevida, expressamente desautorizada. *Ocupação* é o ingresso seguido de permanência no local por tempo juridicamente relevante. Esta última modalidade constitui crime permanente, pois a lesão ao bem jurídico dura enquanto perdurar a ocupação.

A segunda figura, conhecida pelo nome de *sabotagem*, engloba três condutas típicas: a) danificar o estabelecimento; b) danificar coisas nele existentes; c) dispor de coisas nele existentes.

O crime em análise pressupõe que as condutas típicas sejam realizadas com a específica intenção de impedir ou embaraçar o curso normal do trabalho (elemento subjetivo do tipo). Este crime nada tem a ver com movimento grevista – previsto em outros tipos penais. A depredação com intento de impedir o curso normal do trabalho pode se dar, por exemplo, por vingança; para que cesse o barulho das máquinas; por parte de concorrente que quer atrapalhar as atividades de outro; por trabalhadores que foram demitidos de uma empresa em razão da abertura de outra de grande porte que se quer fazer paralisar etc.

Se o agente não tiver a intenção específica prevista no art. 202, a conduta poderá caracterizar crime de esbulho possessório, dano ou furto.

4.6.3. Sujeito ativo

Pode ser qualquer pessoa. Trata-se de crime comum. Pode haver envolvimento de algum empregado da empresa ou não.

4.6.4. Sujeito passivo

A coletividade e os proprietários da empresa.

4.6.5. Consumação

No instante em que é realizada a conduta típica – invasão, ocupação, dano ou disposição. Cuida-se de crime formal, na medida em que a consumação independe da efetiva paralisação ou embaraço das atividades laborativas.

4.6.6. Tentativa

É possível.

4.6.7. Ação penal

É pública incondicionada. A competência é da Justiça Federal porque a conduta atinge direito coletivo dos trabalhadores.

4.7. Frustração de direito assegurado por lei trabalhista

> Art. 203. Frustrar, mediante fraude ou violência, direito assegurado pela legislação do trabalho:
>
> Pena – detenção, de um a dois anos, e multa, além da pena correspondente à violência.

4.7.1. Objetividade jurídica

Tutela o dispositivo os direitos trabalhistas, previstos na Constituição Federal (art. 7º), na Consolidação das Leis do Trabalho (CLT) e em leis especiais.

4.7.2. Tipo objetivo

O dispositivo em estudo é norma penal em branco, porque os direitos trabalhistas vêm definidos em outras normas (Constituição Federal, CLT e leis especiais), tais como o direito às férias, o 13º salário, os adicionais por insalubridade ou horas extras, o valor mínimo de salário, o descanso semanal etc.

A conduta típica consiste em frustrar, mediante violência ou fraude, os referidos direitos. Note-se que o tipo penal não mencionou a grave ameaça, mas apenas a violência física e a fraude. Frustrar nada mais é do que não observar o direito do trabalhador.

Se a frustração, entretanto, se der pelo mero inadimplemento, sem que tenha havido fraude ou violência, o fato é atípico.

Existem direitos trabalhistas renunciáveis e, quanto a estes, entende-se que não há crime se houver a concordância do trabalhador. A anuência deste, entretanto, é irrelevante, mantendo-se o ilícito penal, quando se trata de direito trabalhista irrenunciável, como, por exemplo, o salário mínimo. Em tal caso, entretanto, deve ter sido empregado meio fraudulento para acobertar o fato, sendo sujeito passivo o Estado.

4.7.3. Sujeito ativo

Pode ser qualquer pessoa. O crime normalmente é praticado pelo patrão contra o empregado. Pode, todavia, ser cometido por este contra aquele ou até mesmo por ambos, agindo de comum acordo, para frustrar o texto legal, no que tange a direitos que são irrenunciáveis por serem de ordem pública.

4.7.4. Sujeito passivo

É a pessoa cujo direito é violado. Na hipótese em que há conluio entre trabalhador e empregado, o sujeito passivo é o Estado.

4.7.5. Consumação

No momento em que é frustrado o direito trabalhista.

4.7.6. Tentativa

É possível.

4.7.7. Figuras equiparadas

O § 1º ao art. 203, prevê as mesmas penas para quem:

I – *obrigar ou coagir alguém a usar mercadorias de determinado estabelecimento, para impossibilitar o desligamento do serviço em virtude de dívida.*

Se o agente impedir a locomoção do empregado em razão dessa dívida, haverá crime mais grave de redução a condição análoga à de escravo, previsto no art. 149, *caput*, do Código Penal.

II – *impedir alguém de se desligar de serviços de qualquer natureza, mediante coação ou por meio de retenção de seus documentos pessoais ou contratuais.*

Atualmente, entretanto, as condutas de manter vigilância ostensiva no local de trabalho ou de se apoderar de documentos ou objetos pessoais do trabalhador, com o fim de retê-lo no local de trabalho, caracterizam também crime mais grave de redução a condição análoga à de escravo, previsto no art. 149, § 1º, II, do Código Penal, com a redação dada pela Lei n. 10.803/2003.

4.7.8. Causas de aumento de pena

Nos termos do art. 203, § 2º, do Código Penal, a pena será aumentada de um sexto a um terço se a vítima for menor de 18 anos, idosa, gestante, indígena ou portadora de deficiência física ou mental.

4.7.9. Concurso de crimes

Se da violência empregada para a prática do delito resultarem lesões corporais, ainda que de natureza leve, o agente responderá pelos dois crimes e as penas serão somadas. É o que prevê o próprio texto legal.

4.7.10. Ação penal

É pública incondicionada, de competência do Juizado Especial Criminal.

Se for atingido direito individual, a competência será da Justiça Estadual. Se afetados direitos de trabalhadores considerados coletivamente, a competência será da Justiça Federal.

4.8. Frustração de lei sobre a nacionalização do trabalho

Art. 204. Frustrar, mediante fraude ou violência, obrigação legal relativa à nacionalização do trabalho:

Pena – detenção, de um mês a um ano, e multa, além da pena correspondente à violência.

4.8.1. Objetividade jurídica

O respeito às regras referentes ao número mínimo de trabalhadores brasileiros que devem ser contratados pelas empresas.

4.8.2. Tipo objetivo

O art. 352 da Consolidação das Leis do Trabalho dispõe que "As empresas, individuais ou coletivas, que explorem serviços públicos dados em concessão, ou que exerçam atividades industriais ou comerciais, são obrigadas a manter, no quadro do seu pessoal, quando composto de três ou mais empregados, uma proporção de brasileiros não inferior à estabelecida no presente Capítulo".

A proporção a que se refere tal dispositivo é encontrada no art. 354: "A proporcionalidade será de 2/3 (dois terços) de empregados brasileiros, podendo, entretanto, ser fixada proporcionalidade inferior, em atenção às circunstâncias especiais de cada atividade, mediante ato do Poder Executivo, e depois de devidamente apurada pelo Departamento Nacional do Trabalho e pelo Serviço de Estatística de Previdência e Trabalho a insuficiência do número de brasileiros na atividade de que se tratar".

Interessante notar que, se o empregador simplesmente desrespeita essa proporcionalidade, fazendo-o às claras, estará incurso apenas em sanções administrativas. O ilícito penal consiste em empregar fraude ou violência para driblar a proporcionalidade e a sanção administrativa.

4.8.3. Sujeito ativo

Pode ser qualquer pessoa: o empregador ou o empregado que quer ser contratado e, fraudulentamente, esconde sua condição de estrangeiro.

4.8.4. Sujeito passivo

O Estado.

4.8.5. Consumação

No momento em que for efetivamente frustrada a obrigação legal da proporcionalidade.

4.8.6. Tentativa

É possível.

4.8.7. Concurso de crimes

Se da violência empregada para a prática do delito resultarem lesões corporais, ainda que de natureza leve, o agente responderá pelos dois crimes e as penas serão somadas. É o que prevê o próprio texto legal.

4.8.8. Ação penal

É pública incondicionada. A competência é do Juizado Especial Criminal.

4.9. Exercício de atividade com infração de decisão administrativa

> Art. 205. Exercer atividade, de que está impedido por decisão administrativa:
>
> Pena – detenção, de três meses a dois anos, ou multa.

4.9.1. Objetividade jurídica

O respeito às decisões administrativas que determinam o impedimento do exercício de atividades profissionais.

4.9.2. Tipo objetivo

A conduta típica consiste em exercer as atividades de que está impedido por decisão administrativa. Pressupõe que o agente seja habilitado e que tenha havido um julgamento administrativo no qual tenha sido suspensa ou cancelada sua licença etc. A decisão administrativa pode ser proveniente de Órgão da Administração Pública, Ministério do Trabalho etc.

Existem julgados apontando que, quando se trata de advogado suspenso pela Ordem dos Advogados do Brasil (OAB), configura-se o crime do art. 205 do Código Penal por ser a Ordem uma autarquia com regime especial. Prevalece, contudo, o entendimento de que o advogado suspenso que exerce suas atividades incorre na contravenção de exercício ilegal de profissão (art. 47 da LCP): "A jurisprudência dos Tribunais – inclusive aquela emanada do Supremo Tribunal Federal – tem assinalado, tratando-se de exercício ilegal da Advocacia, que a norma inscrita no art. 47 da Lei das Contravenções Penais aplica-se tanto ao profissional não inscrito nos quadros da Ordem dos Advogados do Brasil quanto ao profissional, que, embora inscrito, encontra-se suspenso ou impedido, estendendo-se, ainda, essa mesma cláusula de tipificação penal, ao profissional com inscrição já cancelada. Precedentes" (STF, HC 74.471, 1ª Turma, Rel. Min. Celso de Mello, julgado em 18-3-1997, *DJe*-053 20-3-2009, p. 0299).

Se o agente nunca foi habilitado ao exercício da profissão, o crime será o de exercício ilegal da medicina, arte dentária ou farmacêutica (art. 282 do CP), ou, para os demais casos, estará configurada a contravenção de exercício ilegal de profissão ou atividade (art. 47 da LCP).

Caso o agente tenha sido suspenso ou privado do direito de exercer certa atividade por decisão judicial, o exercício da atividade configura crime específico previsto no art. 359 do Código Penal. Por sua vez, quando se trata de exercício ilegal de função pública por parte de quem foi exonerado, removido, substituído ou suspenso, configura-se o crime do art. 324 do Código Penal.

4.9.3. Sujeito ativo

A pessoa que viola a decisão administrativa, exercendo a atividade da qual está impedida. Trata-se de crime próprio.

4.9.4. Sujeito passivo

O Estado, ente interessado no cumprimento das decisões administrativas.

4.9.5. Consumação

É praticamente pacífico o entendimento de que se trata de crime habitual, que só se configura pela reiteração de atos que denotem que o agente está efetivamente se dedicando ao exercício da atividade de que está impedido.

4.9.6. Tentativa

Por se tratar de crime habitual, não admite a tentativa.

4.9.7. Ação penal

É pública incondicionada. Considerando que a pena máxima é de dois anos, a competência é do Juizado Especial Criminal.

Se o crime for cometido em detrimento de serviço ou interesse de autarquia federal, a competência é da Justiça Federal.

4.10. Aliciamento para o fim de emigração

> Art. 206. Recrutar trabalhadores, mediante fraude, com o fim de levá-los para território estrangeiro:
>
> Pena – detenção, de um a três anos e multa.

4.10.1. Objetividade jurídica

Evitar que trabalhadores sejam recrutados de forma fraudulenta para trabalhar no exterior.

4.10.2. Tipo objetivo

A conduta típica consiste em recrutar, arrebanhar, aliciar pessoas para trabalhar no exterior. A palavra "trabalhadores", no plural, indica a necessidade de que ao menos três trabalhadores sejam aliciados. Quando a lei se contenta com o número mínimo de duas pessoas, o faz de forma expressa.

Importante ressaltar que só há crime se o recrutamento se der com emprego de fraude, isto é, com mentiras, com falsas promessas. Um dos exemplos mais comuns é o de pessoas que enganam as vítimas com promessas de bom emprego, quando, em verdade, trabalharão em atividades braçais e mal remuneradas.

Se o agente aliciar prostituta para que atue no exterior incorrerá em crime específico previsto no art. 149-A do Código Penal, chamado "tráfico de pessoas".

4.10.3. Sujeito ativo

Pode ser qualquer pessoa. Trata-se de crime comum.

4.10.4. Sujeito passivo

O trabalhador enganado e o Estado.

4.10.5. Consumação

No instante em que o trabalhador é aliciado, ou seja, quando ele concorda em ir trabalhar no exterior após a proposta fraudulenta feita pelo agente. Pela forma como o dispositivo está redigido, conclui-se que se trata de crime formal, que se consuma ainda que a vítima não concretize o ato de emigração, isto é, mesmo que ela não saia do território brasileiro.

4.10.6. Tentativa

É possível.

4.10.7. Ação penal

É pública incondicionada.

4.11. Aliciamento de trabalhadores de um local para outro do território nacional

> Art. 207. Aliciar trabalhadores, com o fim de levá-los de uma para outra localidade do território nacional:
>
> Pena – detenção, de um a três anos, e multa.

4.11.1. Objetividade jurídica

O interesse do Estado em manter o trabalhador em sua região de origem, evitando escassez de mão de obra no local.

4.11.2. Tipo objetivo

Neste crime não se mostra necessário o emprego de fraude, bastando o *aliciamento* dos trabalhadores, em número mínimo de três. A intenção do agente deve ser a de que os trabalhadores se desloquem para prestar seus serviços em outra parte do território nacional, ainda que próxima ao local de origem.

O aperfeiçoamento desse delito é consideravelmente comum no aliciamento de pessoas humildes, normalmente no Norte ou Nordeste do Brasil, para trabalhar no corte de cana-de-açúcar no interior do Estado de São Paulo.

4.11.3. Sujeito ativo

Pode ser qualquer pessoa. Trata-se de crime comum.

4.11.4. Sujeito passivo

O Estado. A pessoa aliciada não é vítima, já que na presente infração penal não há emprego de fraude.

4.11.5. Consumação

Quando se concretiza o aliciamento, ou seja, no momento em que os trabalhadores aceitam a proposta de deslocamento para trabalhar em outro local. Trata-se de crime formal, pois não se exige, para fim de consumação, o efetivo deslocamento.

4.11.6. Tentativa

É possível.

4.11.7. Causas de aumento de pena

Nos termos do art. 207, § 2º, do Código Penal, a pena será aumentada de um sexto a um terço se a vítima for menor de 18 anos, idosa, gestante, indígena ou portadora de deficiência física ou mental.

4.11.8. Ação penal

É pública incondicionada.

4.11.9. Figuras equiparadas

De acordo com o § 1º do art. 207, introduzido no Código Penal pela Lei n. 9.777/98, incorre na mesma pena do *caput* quem recrutar trabalhadores fora da localidade de execução do trabalho, dentro do território nacional, *mediante fraude* ou *cobrança de qualquer quantia do trabalhador*, ou, ainda, *não assegurar condições do seu retorno ao local de origem*.

A bem da verdade, as duas primeiras figuras equiparadas eram desnecessárias, na medida em que o tipo principal do *caput* já pune o aliciamento, independentemente de fraude ou do pagamento de qualquer quantia pelo trabalhador. Atualmente, entretanto, se houver uma dessas formas de execução, estará tipificado o crime específico do § 1º.

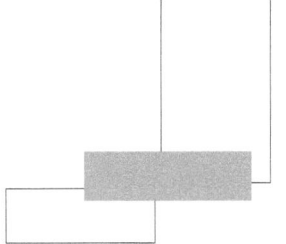

TÍTULO V
5. DOS CRIMES CONTRA O SENTIMENTO RELIGIOSO E CONTRA O RESPEITO AOS MORTOS

Este Título é subdividido em dois capítulos:

Capítulo I – Dos crimes contra o sentimento religioso;

Capítulo II – Dos crimes contra o respeito aos mortos.

Capítulo I

DOS CRIMES CONTRA O SENTIMENTO RELIGIOSO

5.1. Dos crimes contra o sentimento religioso

5.1.1. Ultraje a culto e impedimento ou perturbação de ato a ele relativo

> *Art. 208. Escarnecer de alguém publicamente, por motivo de crença ou função religiosa; impedir ou perturbar cerimônia ou prática de culto religioso; vilipendiar publicamente ato ou objeto de culto religioso:*
>
> *Pena – detenção, de um mês a um ano, ou multa.*
>
> *Parágrafo único. Se há emprego de violência, a pena é aumentada em um terço, sem prejuízo da correspondente à violência.*

5.1.1.1. Objetividade jurídica

O respeito ao mandamento constitucional que estabelece que "é inviolável a liberdade de consciência e de crença, sendo assegurado o livre exercício dos cultos religiosos e garantida, na forma da lei, a proteção aos locais de culto e as suas liturgias" (art. 5º, VI, da CF).

O tipo penal em estudo prevê três condutas ilícitas distintas e autônomas: a) ultraje público por motivo religioso; b) impedimento ou perturbação de cerimônia ou culto; e c) vilipêndio público de ato ou objeto de culto religioso. Essas infrações penais, conforme mencionado, possuem características próprias e, portanto, serão analisadas separadamente.

5.1.1.2. Ultraje público por motivo religioso

Consiste em escarnecer de alguém publicamente, por motivo de crença ou função religiosa. O agente zomba, ridiculariza, ofende a vítima, quer em razão da fé que professa, quer em decorrência de sua função religiosa (padre, rabino, freira, coroinha, pastor etc.). É necessário que o escárnio ocorra em público, ainda que a vítima não esteja presente. Se o fato não ocorrer em público, poderá estar tipificado o crime de injúria.

O tipo penal exige que a ofensa seja contra alguém, isto é, contra pessoa ou pessoas determinadas, em razão de sua religião ou função religiosa. Daí porque o escárnio contra a religião em si (catolicismo, islamismo etc.) não constituiria crime. De ver-se, entretanto, que a Lei n. 9.459/97, inseriu, no art. 20, *caput*, da Lei n. 7.716/89, ilícito penal consistente na prática ou incitação de preconceito religioso, delito que pode se mostrar presente dependendo do escárnio público que se faça da religião.

5.1.1.2.1. Sujeito ativo
Pode ser qualquer pessoa, inclusive ministros de outra religião.

5.1.1.2.2. Sujeito passivo
A pessoa ofendida.

5.1.1.2.3. Consumação
No momento em que é proferida a ofensa em público.

5.1.1.2.4. Tentativa
É possível, exceto na forma verbal. Sua configuração, portanto, é improvável porque, em geral, a ofensa pública é feita verbalmente.

5.1.1.2.5. Ação penal
Pública incondicionada, de competência do Juizado Especial Criminal.

5.1.1.3. Impedimento ou perturbação de cerimônia ou culto

As condutas típicas são impedir (não permitir o início ou o prosseguimento) ou perturbar (tumultuar, atrapalhar o regular andamento das atividades religiosas). O crime pode ser cometido por qualquer meio (violência, algazarra, vaia, interrupção da fala do sacerdote etc.). Cerimônias são as celebrações religiosas solenes (missas, casamentos, batizados etc.). Cultos são práticas religiosas de menores proporções como novenas, orações em capela etc.

5.1.1.3.1. Sujeito ativo
Pode ser qualquer pessoa, esteja ou não participando da cerimônia ou culto.

5.1.1.3.2. Sujeito passivo
A coletividade religiosa (os fiéis e as pessoas que celebravam o culto ou cerimônia).

5.1.1.3.3. Consumação
No momento em que o agente efetivamente impede ou perturba a cerimônia ou culto.

5.1.1.3.4. Tentativa
É possível.

5.1.1.3.5. Ação penal
Pública incondicionada, de competência do Juizado Especial Criminal.

5.1.1.4. Vilipêndio público de ato ou objeto de culto religioso

Vilipendiar é desrespeitar, menosprezar. Pode ser praticada por palavras, como críticas ofensivas a certos procedimentos religiosos, por escrito ou por gestos (chutar a imagem de um santo, cuspir em uma cruz com a imagem de Cristo). É necessário que a conduta recaia sobre ato religioso ou sobre objeto de culto religioso e que ocorra em público.

5.1.1.4.1. Sujeito ativo
Pode ser qualquer pessoa, inclusive ministro de outra religião.

5.1.1.4.2. Sujeito passivo
A coletividade religiosa.

5.1.1.4.3. Consumação
No momento em que o agente realiza o ato de escárnio público do ato religioso ou do objeto de culto.

5.1.1.4.4. Tentativa
É possível.

5.1.1.4.5. Ação penal
Pública incondicionada, de competência do Juizado Especial Criminal.

5.1.1.5. Causa de aumento de pena e concurso de crimes
Para todas as figuras elencadas no art. 208 do Código Penal, a pena será aumentada em um terço se houver emprego de violência. Como o texto legal não faz distinção, o dispositivo abrange a violência contra coisas ou pessoas. Ademais, conforme ressalva a própria lei, a pena aumentada aplica-se sem prejuízo daquela correspondente à violência. Assim, as penas serão somadas se a violência empregada provocar lesão, ainda que de natureza leve, ou dano.

DOS CRIMES CONTRA O RESPEITO AOS MORTOS

5.2. Dos crimes contra o respeito aos mortos

5.2.1. Impedimento ou perturbação de cerimônia funerária

> Art. 209. Impedir ou perturbar enterro ou cerimônia funerária:
>
> Pena – detenção, de um mês a um ano, ou multa.
>
> Parágrafo único. Se há emprego de violência, a pena é aumentada de um terço, sem prejuízo da correspondente à violência.

5.2.1.1. Objetividade jurídica

O sentimento de respeito em relação às pessoas mortas e à dor de seus familiares.

5.2.1.2. Tipo objetivo

Enterro é o transporte do corpo até o local onde será sepultado ou cremado. Cerimônia funerária são todos os atos em homenagem e de despedida em relação ao falecido, incluindo-se, evidentemente, o velório.

As condutas típicas consistem em impedir ou perturbar o enterro ou a cerimônia funerária. *Impedir* significa evitar que se inicie ou fazer interromper os atos já em andamento. *Perturbar* é sinônimo de tumultuar, fazer alvoroço no local.

O elemento subjetivo é o dolo, direto ou eventual.

5.2.1.3. Sujeito ativo

Pode ser qualquer pessoa. Trata-se de crime comum.

5.2.1.4. Sujeito passivo

A coletividade, que representa os familiares do morto e o Estado.

5.2.1.5. Consumação

No momento em que o agente efetivamente impede ou perturba o enterro ou a cerimônia funerária.

5.2.1.6. Tentativa

É possível.

5.2.1.7. Causa de aumento de pena e concurso de crimes

De acordo com a regra contida no parágrafo único do art. 209, a pena será aumentada em um terço se houver emprego de violência. Como o texto legal não faz distinção, o dispositivo abrange a violência contra coisas ou pessoas. Ademais, conforme ressalva a própria lei, a pena aumentada aplica-se sem prejuízo daquela correspondente à violência. Assim, as penas serão somadas se a violência empregada provocar lesão corporal, ainda que leve, ou dano.

5.2.1.8. Ação penal

Pública incondicionada, de competência do Juizado Especial Criminal.

5.2.2. Violação de sepultura

> Art. 210. Violar ou profanar sepultura ou urna funerária:
>
> Pena – reclusão, de um a três anos, e multa.

5.2.2.1. Objetividade jurídica

O sentimento de respeito às pessoas mortas.

5.2.2.2. Tipo objetivo

Sepultura é o local onde o cadáver está enterrado, compreendendo toda a construção que envolve o caixão. Urna funerária é o recipiente onde efetivamente se guardam o cadáver, seus ossos ou suas cinzas.

As condutas típicas são: a) *violar*: abrir, devassar. É necessário que ocorra de forma ilegítima, pois, se houver autorização para exumação, o fato não constitui crime; b) *profanar*: ultrajar, desprezar, como, por exemplo, pichar a sepultura ou jogar sujeira sobre o caixão etc. De acordo com a jurisprudência, profanação é "qualquer ato de vandalismo sobre a sepultura, ou de alteração chocante, de aviltamento ou grosseira irreverência" (TJSP, *RT* 476/349).

Se o agente, concomitantemente, viola e profana uma sepultura, comete crime único, pois o tipo penal é misto alternativo – os verbos são separados pela partícula "ou".

Se o agente subtrai objetos externos, como placas de bronze ou de prata, sem violar ou profanar a sepultura, não há dúvida de que o crime é o de furto. Quando, todavia, o agente subtrai objetos enterrados com o cadáver (roupa, sapato etc.), existem duas correntes. A primeira entende que houve subtração de coisa *alheia*, pertencente aos sucessores, de modo que o crime é o de furto. A segunda sustenta que esses objetos equiparam-se às coisas abandonadas (*res derelicta*), o que inviabiliza a punição por furto, de forma que a punição deve ser por crime de violação de sepultura. Adotamos esta última orientação.

A subtração do cadáver em si configura o crime descrito no art. 211 do Código Penal, de modo que, se a finalidade do agente é a subtração do cadáver ou parte dele, resta absorvido o delito de violação de sepultura por tratar-se de crime-meio.

A contravenção penal de "exumação de cadáver" consiste em exumar cadáver com infração às disposições legais. Essas disposições são encontradas nos arts. 163 a 166 do Código de Processo Penal, que regulamentam a exumação judicial de cadáveres, e no Código Sanitário. Na contravenção, o ilícito não decorre de intenção de desrespeitar o cadáver ou a sepultura, e sim da não observância dos preceitos legais relacionados ao tema. Segundo Manoel Carlos da Costa Leite[1], "caracteriza o crime o elemento subjetivo de falta de respeito aos mortos e a contravenção é integrada exclusivamente pela desobediência às disposições legais, concernentes às inumações e exumações de cadáveres".

5.2.2.3. Sujeito ativo

Pode ser qualquer pessoa. Trata-se de crime comum.

5.2.2.4. Sujeito passivo

A coletividade, que representa os familiares do morto e o Estado.

5.2.2.5. Consumação

No momento da efetiva violação ou profanação da sepultura ou urna funerária. Trata-se de crime material.

5.2.2.6. Tentativa

É admissível.

5.2.2.7. Ação penal

Pública incondicionada.

5.2.3. Destruição, subtração ou ocultação de cadáver

> Art. 211. Destruir, subtrair ou ocultar cadáver ou parte dele:
> Pena – reclusão, de um a três anos, e multa.

5.2.3.1. Objetividade jurídica

O sentimento de respeito pelos mortos.

5.2.3.2. Tipo objetivo

A lei pune três condutas típicas:

a) *Destruir* cadáver ou parte dele. Na destruição total o cadáver deixa de existir como tal, o que ocorre, por exemplo, no esquartejamento ou no ateamento de fogo no cadáver. Na destruição parcial, é necessário que o agente destroce uma parte do cadáver, quer esteja ainda ligada ao corpo, quer não (uma perna separada da vítima em um acidente fatal, por exemplo). Se o agente se limita a fazer um corte no rosto do cadáver, não se mostra presente uma efetiva destruição dessa parte do corpo, devendo o agente responder por crime de vilipêndio (desrespeito) a cadáver.

---

[1]   Manoel Carlos da Costa Leite, *Lei das contravenções penais*, p. 441.

Comete o crime em estudo quem decepa os dedos da vítima de um homicídio para que o corpo não seja identificado.

Em se tratando de parte separada de ser humano (vivo), a destruição é atípica.

Quando o agente comete homicídio e a destruição do corpo é ato inerente ao crime, responde só pelo primeiro delito. Ex.: colocar pessoa viva em um forno. Se, todavia, o agente primeiro mata e depois destrói o cadáver, responde por dois crimes em concurso material.

b) *Subtrair* cadáver: significa tirá-lo da esfera de vigilância dos familiares ou dos responsáveis por sua guarda. Não é necessário o *animus rem sibi habendi*. Se o agente leva o corpo e o abandona em outro local, já está configurado o crime.

Na hipótese de o cadáver integrar o patrimônio de alguma universidade ou instituto de pesquisa, a subtração constitui crime de furto, pois neste caso estão presentes as elementares do art. 155, *caput*, do Código Penal: subtração, para si ou para outrem, de coisa móvel alheia.

A remoção não autorizada de órgão ou tecido de cadáver para fim de transplante constitui crime especial, descrito no art. 14 da Lei n. 9.434/97 (Lei dos Transplantes).

c) *Ocultar* cadáver: significa colocar o corpo morto em local onde não possa ser encontrado. É muito comum sua configuração em concurso material com o homicídio, em situações em que o agente, após matar a vítima, enterra o corpo ou o atira em um lago amarrado a um peso para que afunde.

A ocultação só é possível antes do sepultamento. Após, haverá subtração de cadáver, se ele ainda conservar os traços humanos, ou violação de sepultura.

Quando a ocultação do corpo faz parte do ato executório do homicídio, o agente responde apenas por este crime. Ex.: enterrar pessoa viva. Se, entretanto, após o homicídio, o agente enterra o corpo em local desconhecido da coletividade, incorre nos dois delitos em concurso material.

Quem deixa de entregar ou retarda a entrega de cadáver para sepultamento aos familiares ou interessados, comete crime mais grave previsto no art. 19 da Lei n. 9.434/97.

O ato de enterrar cadáver com desrespeito às formalidades legais (sem a existência de atestado de óbito, por exemplo), sem que tenha havido ocultação, constitui contravenção penal do art. 67 da LCP.

O tipo penal em estudo possui três verbos separados pela partícula "ou" (tipo misto alternativo), de modo que a realização de mais de uma conduta em relação ao mesmo cadáver constitui crime único.

Cadáver é o corpo humano morto, enquanto conserva sua aparência. Por esse conceito, estão excluídas as cinzas, as múmias, os esqueletos e os corpos já decompostos. Assim, o coveiro que subtrai crânios para vendê-los a estudantes de odontologia incorre no crime de violação de sepultura, porque a ossada não integra o conceito de cadáver.

Forte é a divergência doutrinária em torno da possibilidade de o feto integrar o conceito de cadáver. Praticamente pacífico, entretanto, o entendimento de que o natimorto, após o trabalho de parto, merece o mesmo respeito, e, por isso, sua ocultação, destruição ou subtração caracteriza o crime em tela.

Na jurisprudência, há consistente interpretação no sentido de que, após o sexto mês de gestação, quando o feto já possui a forma humana, é viável a configuração do crime. Nesse sentido: "Após cento e oitenta dias de vida intrauterina, o corpo humano oferece a possibilidade de sobrevivência por ter atingido a maturidade vital. Vale dizer que, se morto depois de seis meses, deve ser considerado cadáver" (TJSP, Rel. Ítalo Galli, *RT* 286/96).

5.2.3.3. Sujeito ativo

Pode ser qualquer pessoa. Trata-se de crime comum.

5.2.3.4. Sujeito passivo

A coletividade (crime vago), além dos familiares da pessoa morta.

5.2.3.5. Consumação

No instante em que o agente realiza a conduta típica. Caso o agente queira a destruição total do cadáver, mas logre êxito apenas em sua destruição parcial, o crime já estará aperfeiçoado.

Costuma-se dizer que a conduta "ocultar" tem caráter permanente. Tal caráter, entretanto, depende da forma como se dá a ocultação. Quando a esposa, por exemplo, mantém o corpo do marido no *freezer* da própria casa para que não se descubra que ele morreu, é inegável o caráter permanente. Ao contrário, se o homicida joga o corpo da vítima em alto-mar, o corpo não está mais em sua esfera de disposição, não constituindo delito permanente. Não se pode afirmar, nesse último caso, que o agente está *ocultando* o cadáver.

5.2.3.6. Tentativa

É possível.

5.2.3.7. Ação penal

É pública incondicionada.

5.2.4. Vilipêndio a cadáver

> *Art. 212. Vilipendiar cadáver ou suas cinzas:*
> *Pena – detenção, de um a três anos, e multa.*

5.2.4.1. Objetividade jurídica

O sentimento de respeito em relação aos mortos.

5.2.4.2. Tipo objetivo

Vilipendiar é sinônimo de desrespeitar, ultrajar, e admite qualquer meio de execução (palavras, gestos, escritos). É necessário que o ato seja praticado na presença do cadáver ou de suas cinzas. Configura o delito aproximar-se do cadáver e passar a xingá-lo ou a dar gargalhadas apontando para o falecido, desferir cusparada ou desarrumar sua roupa ou seu cabelo, abrir sua boca para que assim fique exposto no caixão, colocar uma fruta em sua boca para que pareça um leitão servido, chutar o corpo após encontrá-lo morto etc.

Os atos de necrofilia – relações sexuais com cadáver – configuram o crime em estudo.

Se o agente, porventura, mata a vítima com a específica intenção de violar seu corpo sem vida, responde por homicídio qualificado (cometido para assegurar a execução de outro crime), em concurso material com vilipêndio a cadáver. A propósito: "Vilipêndio a cadáver. Acusado que, levado por seus instintos sexuais, mata a vítima e, em seguida, depois de morta, dá vazão à sua libido" (TJSP, Rel. Hoeppner Dutra, *RJTJSP* 22/456); "Vilipêndio a cadáver. Homicídio praticado contra menor com o objetivo de com ele manter coito anal numa demonstração de ausência de elementar sentimento de piedade" (TJSP, Rel. Bomfim Pontes, *RJTJSP* 30/369).

Muitos são os casos de vilipêndio em que o agente tem a específica intenção de ultrajar o cadáver e de que seu gesto seja visto por testemunhas, hipóteses em que o crime normalmente é praticado no próprio velório ou enterro. Em casos de necrofilia, entretanto, não existe a intenção de desprezar o cadáver, e sim de satisfação da desviada preferência sexual. Tampouco é intenção do necrófilo que seu ato chegue ao conhecimento de terceiros. O fato, todavia, constitui crime porque, objetivamente, é aviltante.

O ato de deixar de recompor cadáver, devolvendo-lhe aspecto condigno para o sepultamento, constitui crime específico do art. 19 da Lei n. 9.434/97.

Além do cadáver, podem ser objeto material deste crime as cinzas. Cinzas de cadáver são o produto da cremação do corpo. Configura o delito, por exemplo, jogar fezes ou urinar sobre as cinzas.

Apesar de o tipo penal não mencionar de forma expressa, partes de um cadáver também podem ser objeto material deste crime, já que as próprias cinzas o são.

5.2.4.3. Sujeito ativo

Pode ser qualquer pessoa, inclusive familiares do falecido.

5.2.4.4. Sujeito passivo

A coletividade (crime vago) e os familiares da pessoa morta.

5.2.4.5. Consumação

No momento do ato de desrespeito.

5.2.4.6. Tentativa

Admissível, exceto na forma de desrespeito verbal.

5.2.4.7. Ação penal

Pública incondicionada.

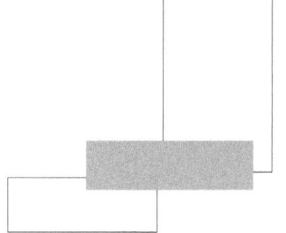

TÍTULO VI
6. DOS CRIMES CONTRA A DIGNIDADE SEXUAL

O Título VI da Parte Especial do Código Penal passou por grandes alterações em razão da aprovação da Lei n. 12.015/2009, que revogou algumas infrações penais de cunho sexual que estavam em descompasso com a realidade e, ao mesmo tempo, tipificou novos delitos, precipuamente para conferir maior proteção a crianças e adolescentes vítimas de atos de pedofilia. Além disso, ocorreram diversas outras modificações, como, por exemplo, a unificação dos crimes de estupro e atentado violento ao pudor, a modificação na titularidade da ação penal e até mesmo o nome do Título que, anteriormente, era "Dos Crimes Contra os Costumes" e passou a ser "Dos Crimes Contra a Dignidade Sexual" (considerado mais apropriado).

O Título em questão possui seis capítulos (o Capítulo III, que tipificava os delitos de rapto violento e rapto consensual encontra-se revogado). Saliente-se, outrossim, que os Capítulos IV e VII, possuem a mesma denominação – "Disposições gerais" –, e serão analisados durante a exposição dos crimes dos Capítulos I e II.

O Título VI é composto pelos seguintes Capítulos:

Capítulo I – Dos crimes contra a liberdade sexual;

Capítulo I-A – Da exposição da intimidade sexual;

Capítulo II – Dos crimes sexuais contra vulnerável;

Capítulo IV – Disposições gerais;

Capítulo V – Do lenocínio e do tráfico de pessoa para fim de prostituição ou outra forma de exploração sexual;

Capítulo VI – Do ultraje público ao pudor;

Capítulo VII – Disposições gerais.

Capítulo I

DOS CRIMES CONTRA A LIBERDADE SEXUAL

6.1. Dos crimes contra a liberdade sexual

Os crimes previstos neste Capítulo atingem a faculdade de livre escolha do parceiro sexual, bem como a livre escolha do momento e dos atos sexuais que deseja praticar com o parceiro. Essa faculdade por ser violada pelo emprego de violência ou grave ameaça (estupro – art. 213) ou de fraude (violação sexual mediante fraude – art. 215).

Nesse Capítulo estão previstos também os delitos de importunação sexual (art. 215-A) e assédio sexual (art. 216-A).

6.1.1. Estupro

> *Art. 213. Constranger alguém, mediante violência ou grave ameaça, a ter conjunção carnal ou a praticar ou permitir que com ele se pratique outro ato libidinoso:*
>
> *Pena – reclusão, de seis a dez anos.*
>
> *§ 1º Se da conduta resulta lesão corporal de natureza grave ou se a vítima é menor de 18 ou maior de 14 anos:*
>
> *Pena – reclusão, de oito a doze anos.*
>
> *§ 2º Se da conduta resulta morte:*
>
> *Pena – reclusão, de doze a trinta anos.*

6.1.1.1. Objetividade jurídica

A faculdade de livre escolha do parceiro sexual, bem como do momento e dos atos sexuais que deseja praticar com o parceiro, ou seja, evitar que pessoas sejam forçadas à prática de atos sexuais contra sua vontade.

O art. 1º, V, da Lei n. 8.072/90, com a redação dada pela Lei n. 12.015/2009, considera de natureza hedionda, em suas formas consumada ou tentada, o "estupro (art. 213, *caput*, e §§ 1º e 2º)". Essa redação, que menciona também o *caput* do art. 213, afasta qualquer possibilidade de controvérsia, deixando claro que o estupro simples também possui natureza hedionda (além de suas figuras qualificadas).

6.1.1.2. Tipo objetivo

No *caput* do art. 213 está previsto o crime de estupro simples, cuja pena é de reclusão, de seis a dez anos. Neste delito, o agente emprega violência ou grave ameaça para coagir, obrigar a vítima a realizar o ato sexual. Premissa do crime, portanto, é o dissenso da vítima, isto é, que o ato seja realizado contra sua vontade. Deve, ademais, ser um dissenso sério, que indique que ela não aderiu à conduta do agente. Se durante um encontro uma pessoa diz à outra que não pretende manter relação sexual naquele momento, mas não toma nenhuma atitude quando ela começa a tirar sua roupa e não protesta de alguma forma contra o ato sexual, significa, na prática, que não houve emprego de violência física ou de grave ameaça, o que impede o enquadramento da conduta como estupro. Não é necessária, no entanto, a chamada "resistência heroica", em que a vítima luta fisicamente com o agente até suas últimas forças. Veja-se, por exemplo, a hipótese do estuprador que está armado, em que a luta por parte da vítima só lhe traria riscos maiores (até de morte). O crime resta perfeitamente delineado em razão do emprego da grave ameaça, ainda que a vítima não tenha lutado contra o estuprador.

Saliente-se que para a não tipificação do crime de estupro é necessária a anuência da outra parte para o ato sexual durante toda a sua prática. Se existia um consentimento inicial, mas a outra parte mostrou discordância no prosseguimento ou em relação a alguma outra prática sexual específica, e o agente, mediante violência ou grave ameaça, prosseguiu, configura-se o crime. Nesse sentido: "Estupro. Ato sexual. Concordância que deve perdurar durante toda a sua prática. Dissenso da vítima explícito e reiterado no decorrer do ato. Desnecessidade de reação física, heroica ou enérgica. Posterior passividade e troca de mensagens que não excluem o crime. Vítima constrangida a praticar coito anal mediante violência. Violência física configurada. Comprovação de todas as elementares do tipo penal de estupro" (STJ, AgRg no REsp 2.121.548-PR, Rel. Min. Sebastião Reis Júnior, 6ª Turma, por unanimidade, julgado em 13-8-2024, *DJe* 15-8-2024).

Importantíssima alteração foi trazida pela Lei n. 12.015/2009, que deixou de fazer distinção entre os crimes de estupro e atentado violento ao pudor, unindo-os sob a nomenclatura única de estupro. Pela legislação anterior, o estupro só se configurava com o ato da conjunção carnal (penetração do pênis na vagina), de modo que só podia ser cometido por homem contra mulher. Já o atentado violento ao pudor se constituía pela prática de qualquer outro ato de libidinagem (sexo anal, oral, introdução do dedo na vagina ou no ânus da vítima etc.) e podia ser cometido por homem ou mulher contra qualquer outra pessoa. Atualmente, entretanto, haverá estupro, quer tenha havido conjunção carnal, quer tenha sido praticado qualquer outro tipo de ato sexual.

A conjunção carnal está configurada com a penetração, ainda que parcial, do pênis na vagina.

Em relação a outros atos de libidinagem, o crime existe (de acordo com o texto legal), quer o agente tenha obrigado a vítima a *praticar* o ato, tendo um posicionamento ativo na relação (masturbar o agente, nele fazer sexo oral etc.), quer a tenha obrigado a *permitir que nela se pratique* o ato, tendo posicionamento passivo na relação (a receber sexo oral, a permitir que o agente introduza o dedo em seu ânus ou vagina, ou o pênis em seu ânus etc.).

Além dos exemplos já mencionados (sexo oral e anal e da introdução do dedo na vagina ou ânus da vítima) podem ser apontados inúmeros outros atos libidinosos que também configuram crime de estupro: passar a mão nos seios da vítima ou em suas nádegas, esfregar o órgão sexual no corpo dela, introduzir objeto em seu ânus ou vagina, beijo com a introdução da língua na boca da vítima (beijo lascivo) etc.

Nos termos do informativo 592 do Superior Tribunal de Justiça, "subsume-se ao crime previsto no art. 213, § 1º, do CP – a conduta de agente que abordou de forma violenta e sorrateira a vítima com a intenção de satisfazer sua lascívia, o que ficou demonstrado por sua declarada intenção de 'ficar' com a jovem – adolescente de 15 anos – e pela ação de impingir-lhe, à força, um beijo, após ser derrubada ao solo e mantida subjugada pelo agressor, que a imobilizou pressionando o joelho sobre seu abdômen" (REsp 1.611.910/MT, 6ª Turma, Rel. Min. Rogerio Schietti Cruz, julgado em 11-10-2016, *DJe* 27-10-2016). Este também o entendimento do Supremo Tribunal Federal: HC 134591/SP, 1ª Turma, rel. orig. Min. Marco Aurélio, red. p/ o ac. Min. Alexandre de Moraes, julgamento em 1-10-2019 (HC-134591). Em outubro de 2019, a 1ª Turma do Supremo Tribunal Federal também confirmou que o beijo lascivo constitui ato libidinoso. Nesta ação penal o réu era acusado de dar beijo lascivo em criança de 5 anos e foi condenado por estupro de vulnerável (HC 134.591/SP, Rel. Min. Marco Aurélio, Rel. p/ Acórdão Min. Alexandre de Moraes, Primeira Turma, julgado em 1º-10-2019, *DJe* 274 Divulg 10-12-2019 Public 11-12-2019).

Considerando que o delito de estupro engloba atualmente outros atos libidinosos além da conjunção carnal, forçoso concluir que para a sua configuração é desnecessário o contato físico entre o autor do crime e a vítima. Há crime, por exemplo, quando o agente introduz um vibrador no ânus da vítima contra a vontade desta ou quando a obriga a manter relação sexual com um animal. Configura-se igualmente o crime quando o sujeito obriga duas pessoas a manterem relação sexual contra a vontade delas.

É pressuposto do delito o envolvimento corpóreo da vítima no ato sexual. Por isso, se ela for simplesmente obrigada a assistir a um ato sexual envolvendo outras pessoas, o crime será o de constrangimento ilegal (art. 146) ou, se for menor de 14 anos, o de satisfação da lascívia mediante presença de criança ou adolescente (art. 218-A).

O crime de estupro pode caracterizar-se ainda que a roupa da vítima não seja tirada, como na hipótese de o agente deitar-se sobre ela ou passar a mão em seu órgão genital por sobre as vestes, desde que tenha havido violência física ou grave ameaça. Há controvérsia em torno de qual delito se configura quando o agente manda a vítima tirar a roupa, sem a obrigar à prática de qualquer ato sexual (contemplação lasciva). Para alguns, o crime é o de constrangimento ilegal, com o argumento de que o ato de ficar nu, por si só, não é ato libidinoso. Para outros, a conduta constitui ato libidinoso e o crime é o de estupro. O Superior Tribunal de Justiça firmou entendimento de que se trata de crime de estupro: "A maior parte da doutrina penalista pátria orienta no sentido de que a contemplação lasciva configura o ato libidinoso constitutivo dos tipos dos arts. 213 e 217-A do Código Penal – CP, sendo irrelevante, para a consumação dos delitos, que haja contato físico entre ofensor e ofendido" (RHC 70.976/MS, Rel. Min. Joel Ilan Paciornik, 5ª Turma, julgado em 2-8-2016, *DJe* 10-8-2016). No mesmo sentido: AgRg no REsp 1819419/MT, Rel. Min. Ribeiro Dantas, 5ª Turma, julgado em 19-9-2019, *DJe* 24-9-2019.

Como o tipo penal exige um *ato* de natureza sexual, não se tipifica o estupro quando o agente se limita ao uso de palavras para fazer propostas indecorosas à vítima, hipótese que tipificava a contravenção penal de importunação ofensiva ao pudor (art. 61 da LCP), mas que foi expressamente revogada pela Lei n. 13.718/2018. Quando o agente, intencionalmente, se encosta na vítima aproveitando-se da lotação e do movimento de um coletivo, incorre no crime de importunação sexual (art. 215-A), criado pela mesma Lei n. 13.718/2018, desde que não haja emprego de violência física ou grave ameaça, pois, se houver, o delito será o de estupro.

O estupro pressupõe emprego de violência física ou grave ameaça. A expressão violência abrange as agressões físicas, bem como o emprego de força física para dominar a vítima e viabilizar a conjunção carnal ou outro ato de libidinagem. Configuram-na a agressão a socos e pontapés, o ato de amarrar a vítima, de derrubá-la no chão e deitar-se sobre ela etc.

Na legislação atual, o estupro é sempre cometido mediante violência real (física). A Lei n. 12.015/2009 revogou o art. 224 do Código Penal, de modo que deixaram de existir as hipóteses de violência presumida como forma de execução do estupro. No regime atual, quem mantém relação sexual com pessoa menor de 14 anos, deficiente mental ou que não pode oferecer resistência comete crime denominado "estupro de vulnerável", previsto no art. 217-A, que tem pena mais grave do que o estupro simples.

Grave ameaça, por sua vez, é a promessa de mal injusto e grave, a ser causado na própria vítima do ato sexual ou em terceiro. Exs.: capturar um filho menor de idade e exigir que a mãe vá a um encontro sexual sob pena de matar a criança; perigoso bandido preso em penitenciária que aborda a mulher de outro preso em dia de visita íntima e exige relação sexual com ela sob pena de matar o marido etc.

O pai que se aproveita do medo da filha, maior de 14 e menor de 18 anos, decorrente do temor reverencial, para com ela praticar conjunção carnal ou outro ato libidinoso, responde por estupro qualificado pela idade da vítima (art. 213, § 1º). Se esta tiver menos de 14 anos, o delito será o de estupro de vulnerável.

É possível a responsabilização penal por crime de estupro por omissão por parte de quem tem o dever jurídico de evitar o resultado e, podendo fazê-lo, se omite. É o que ocorre, por exemplo, quando a mãe de uma adolescente de 15 anos nada faz para evitar que seu companheiro mantenha relações sexuais violentas com a filha. A mãe tinha o dever jurídico de proteção (art. 13, § 2º, a, do CP). Tendo permitido a prática do delito ou sua reiteração (quando cientificada de atos anteriores), responde por este juntamente com o companheiro. Se a vítima tem menos de 14 anos, ambos responderão por crime de estupro de vulnerável (art. 217-A). Em tais casos, como mencionado, a tipicidade em relação à mãe que se omitiu é dada pela norma de extensão do art. 13, § 2º, a, do Código Penal. Assim, como o fato de ser mãe da vítima foi considerado elementar do delito no caso concreto, não poderá a pena dela ser majorada pela regra do art. 226, II, do CP – relativa a crime sexual cometido contra descendente, sob pena de se incorrer em *bis in idem*.

O texto legal não exige para a tipificação do estupro que o agente tenha a específica intenção de satisfazer sua libido, seu apetite sexual. Assim, também comete o delito quem realiza o ato sexual forçado com intenção de vingar-se da vítima, humilhando-a com a prática do ato sexual, ou quem realiza o ato sexual violento a fim de vencer uma aposta. Em todos esses casos, a liberdade sexual da vítima foi atingida pelo emprego da violência ou grave ameaça, sendo irrelevante a motivação do agente (satisfação da lascívia ou outra qualquer). Lembre-se que, quando o legislador quer condicionar a tipificação de algum delito à finalidade do agente de satisfazer a própria lascívia, o faz de forma expressa, tal como ocorre no art. 218-A do Código Penal.

A Lei n. 12.015/2009 expressamente revogou o art. 214 do Código Penal, que tipificava o crime de atentado violento ao pudor. Não se trata, entretanto, de hipótese de *abolitio criminis*, porque a mesma lei, também de forma expressa, passou a tipificar como crime de estupro todas as condutas que antes caracterizavam o atentado violento. Assim, não há que falar em extinção da punibilidade para as pessoas já condenadas ou que estavam sendo acusadas por esse crime, na medida em que o art. 107, III, do Código Penal, só admite a extinção da punibilidade quando a nova lei deixa de considerar o fato como crime, o que não ocorreu. O fato continua sendo criminoso, apenas mudou de nome. Nesse sentido: STJ, HC 162.766/SP, 5ª Turma, Rel. Min. Laurita Vaz, julgado em 25-9-2012, *DJe* 2-10-2012.

6.1.1.3. Sujeito ativo

O crime de estupro pode ser praticado por qualquer pessoa, homem ou mulher. Trata-se de crime comum.

O homem que força uma mulher à conjunção carnal (penetração do pênis na vagina) responde por estupro. A mulher que obriga um homem a penetrá-la também responde por tal crime (hipótese rara). O homem que força outro homem ou uma mulher a nele realizar sexo oral responde por estupro. Da mesma forma, a mulher que força outra mulher ou um homem a nela fazer sexo oral.

O estupro admite coautoria e participação. Será considerado coautor aquele que empregar violência ou grave ameaça contra a vítima (ato executório), sem, entretanto, realizar conjunção carnal ou qualquer ato libidinoso com ela, porém a fim de viabilizar que o comparsa o faça. Trata-se da chamada coautoria funcional, na qual ocorre a divisão dos atos executórios. Existe também coautoria quando duas pessoas realizam atos sexuais concomitantemente com a vítima. Ex.: um dos agentes introduz o pênis na vagina da vítima enquanto o comparsa a obriga a nele fazer sexo oral. Considera-se partícipe, por sua vez, quem concorre para o crime sem realizar qualquer ato executório, tal como ocorre por parte de quem incentiva verbalmente outrem a cometer o estupro.

6.1.1.4. Sujeito passivo

Também pode ser homem ou mulher. O tipo penal não faz qualquer exigência especial quanto ao sujeito passivo.

Prostitutas podem ser vítimas deste crime quando forçadas a um ato sexual indesejado.

A conjunção carnal após a morte da vítima constitui crime de vilipêndio a cadáver (art. 212 do CP).

O bestialismo ou zoofilia – prática sexual com animal – configura crime de abuso contra animal, descrito no art. 32 da Lei n. 9.605/98 (Lei Ambiental).

O marido pode cometer estupro contra a própria esposa (ou vice-versa) e, em tal caso, a pena será aumentada em metade, conforme determina o art. 226, II, do Código Penal.

Saliente-se, outrossim, que a palavra da vítima tem grande importância na comprovação do estupro, na medida em que essa espécie de crime normalmente é cometido às escondidas, sem a presença de testemunhas. Assim, caso seja prestado com convicção e de forma coerente, seu depoimento é suficiente para o decreto condenatório. É evidente, entretanto, que existem falsas vítimas que simulam o estupro com a intenção de prejudicar outra pessoa (um parente, ex-marido, uma pessoa abastada a fim de lhe exigir dinheiro etc.). Por isso, é sempre relevante que o juiz analise com especial atenção o depoimento da vítima a fim de verificar possíveis contradições com os depoimentos anteriores por ela prestados ou a existência de eventual motivo para querer prejudicar o acusado. Em suma, é possível a condenação de um estuprador com base somente nas palavras e no reconhecimento efetuado pela vítima, desde que não haja razões concretas para que seu depoimento seja colocado em dúvida. Há uma presunção de que suas palavras são verdadeiras, sendo, contudo, relativa tal presunção. Nesse sentido: AgRg no AREsp 1595939/GO, Rel. Min. Ribeiro Dantas, 5ª Turma, julgado em 19-5-2020, *DJe* 27-5-2020; AgRg no AgRg no AREsp 1518912/MS, Rel. Min. Rogerio Schietti Cruz, 6ª Turma, julgado em 10-3-2020, *DJe* 17-3-2020; AgRg no AREsp 1586879/MS, Rel. Min. Nefi Cordeiro, 6ª Turma, julgado em 3-3-2020, *DJe* 9-3-2020; AgRg no AREsp 1531519/PE, Rel. Min. Laurita Vaz, 6ª Turma, julgado em 18-2-2020, *DJe* 2-3-2020; AgRg no AREsp 1594445/SP, Rel. Min. Reynaldo Soares da Fonseca, 5ª Turma, julgado em 6-2-2020, *DJe* 14-2-2020.

A respeito do tema, veja-se: "Outrossim, é assente na jurisprudência desta Corte e dos tribunais do País que, em crimes dessa natureza, à palavra da vítima deve ser atribuído especial valor probatório, quando coerente e verossímil, pois, em sua maior parte, são cometidos de forma clandestina, sem testemunhas e sem deixar vestígios, principalmente se forem praticados apenas atos libidinosos" (STJ, HC 455.862/SP, Rel. Min. Reynaldo Soares da Fonseca, 5ª Turma, julgado em 7-8-2018, *DJe* 15-8-2018); "A jurisprudência desta Corte tem entendimento firme no sentido de que, em razão das dificuldades que envolvem a obtenção de provas de crimes contra a liberdade sexual – praticados, no mais das vezes, longe dos olhos de testemunhas e, normalmente, sem vestígios físicos que permitam a comprovação dos eventos – a palavra da vítima adquire relevo diferenciado, como no caso destes autos, em que o depoimento da menor foi confirmado por sua genitora na fase judicial" (STJ, AgRg no AREsp 1.220.607/MS, Rel. Min. Jorge Mussi, 5ª Turma, julgado em 7-6-2018, *DJe* 1º-8-2018).

O Plenário do Supremo Tribunal Federal, por sua vez, decidiu que questionamentos sobre a vida sexual pregressa de vítima de crimes sexuais são vedados em audiências em que se apuram tais delitos, sob pena de nulidade, já que não guardam relação com a acusação: "O Tribunal, por unanimidade, conheceu da arguição de descumprimento de preceito fundamental e julgou procedentes os pedidos formulados pela arguente para i) conferir interpretação conforme à Constituição à expressão elementos alheios aos fatos objeto de apuração posta no art. 400-A do Código de Processo Penal, para excluir a possibilidade de invocação, pelas partes ou procuradores, de elementos referentes à vivência sexual pregressa da vítima ou ao seu modo de vida em audiência de instrução e julgamento de crimes contra a dignidade sexual e de violência contra a mulher, sob pena de nulidade do ato ou do julgamento, nos termos dos arts. 563 a 573 do Código de Processo Penal; ii) vedar o reconhecimento da nulidade referida no item anterior na hipótese de a defesa invocar o modo de vida da vítima ou a questionar quanto a vivência sexual pregressa com essa finalidade, considerando a impossibilidade do acusado se beneficiar da própria torpeza" (ADPF 1107, Rel. Cármen Lúcia, Tribunal Pleno, julgado em 23-5-2024, processo eletrônico *DJe* – s/n divulg 23-8-2024, public 26-8-2024).

Se ficar demonstrado em juízo que a pretensa vítima mentiu para prejudicar o acusado, simulando ter sido estuprada, responderá ela pelo delito de denunciação caluniosa (art. 339 do CP).

6.1.1.5. Consumação

Quando se trata da prática de atos sexuais diversos da conjunção carnal como o sexo oral ou o ato de introduzir o dedo na vagina da vítima, o estupro se consuma no exato momento em que realizado o ato libidinoso. Quando se trata da prática de conjunção carnal, o estupro consuma-se com a penetração, ainda que parcial, do pênis na vagina (independentemente de ejaculação). No entanto, se antes da penetração o agente realizar outro ato sexual independente, já terá praticado crime de estupro consumado.

6.1.1.6. Tentativa

É possível. Configura-se quando o agente inicia a execução do crime mediante o emprego da violência física ou grave ameaça, mas, por circunstâncias alheias à sua vontade, não consegue realizar qualquer ato sexual. É o que ocorre, por exemplo, quando o agente derruba a vítima no chão e começa a tirar sua roupa dizendo que vai estuprá-la, mas ela consegue sair correndo do local e fugir.

6.1.1.7. Concurso de crimes

Existem algumas situações que ocorrem com alguma frequência e que necessitam de especial atenção no que diz respeito ao tema concurso de crimes.

A primeira é aquela em que o agente, no mesmo contexto fático, realiza dois atos libidinosos contra a mesma vítima mediante o emprego de violência ou grave ameaça. Digamos, por exemplo, que o estuprador tenha forçado a vítima à conjunção carnal e, em seguida, à prática de sexo anal. Antes do advento da Lei n. 12.015/2009, encontrava-se pacificado o entendimento nos tribunais superiores de que o acusado deveria responder pelos crimes de estupro e atentado violento do pudor em concurso material. Argumentava-se ser incabível o reconhecimento da continuidade delitiva porque o estupro e o atentado violento eram previstos em dispositivos diferentes, de modo que não podiam ser tratados como crimes da mesma espécie, o que é requisito do crime continuado, nos termos do art. 71 do Código Penal. Após a Lei n. 12.015/2009, todavia, a conjunção carnal e o sexo anal forçados passaram a configurar o mesmo delito, ou seja, o estupro. Em razão disso, surgiu novamente controvérsia. Para a primeira corrente, deve ser aplicada a regra da continuidade delitiva, pois agora os crimes são da mesma espécie. Para a segunda, o crime de estupro passou a ter tipo misto alternativo, de modo que se contra a mesma vítima forem realizados vários atos libidinosos, no *mesmo contexto fático*, até mesmo com conjunção carnal dentre eles, o agente responderá por crime único. A pluralidade de atos sexuais deve, então, ser considerada pelo juiz na fixação da pena-base. Para esta corrente só há crime continuado se os atos sexuais forem cometidos em contextos fáticos diversos. Por fim, existe uma terceira corrente sustentando que o tipo penal do estupro não é alternativo porque possui apenas um verbo – "constranger" –, de modo que não é possível a punição por crime único e que, como são diversas as formas de execução (penetração vaginal e penetração anal), fica também afastada a continuidade delitiva, sendo assim aplicável o concurso material.

Em um primeiro momento, a questão se mostrou bastante tormentosa no Superior Tribunal de Justiça, com decisões divergentes (nos três sentidos supramencionados): a) *crime único*: HC 144.870/DF, 6ª Turma, Rel. Min. Og Fernandes, *DJe* 24-5-2010; HC 242.925, 5ª Turma, Rel. Min. Gilson Dipp; HC 239.778 e HC 239.781, 6ª Turma ambos relatados pelo Min. Og Fernandes; b) *crime continuado*: REsp 1.208.116/DF, 5ª Turma, Rel. Min. Laurita Vaz, *DJe* 5-10-2011; HC 113.918, Rel. Min. Jorge Mussi, *DJe* 9-5-2011; c) *concurso material*: HC 105.533/PR, 5ª Turma, Rel. Min. Laurita Vaz, *DJe* 7-2-2011).

Atualmente, entretanto, ambas as turmas criminais do Superior Tribunal de Justiça pacificaram entendimento no sentido de que se trata de crime único. A propósito: "A reforma introduzida pela Lei n. 12.015/2009 condensou num só tipo penal as condutas anteriormente tipificadas nos arts. 213 e 214 do CP, constituindo, hoje, um só crime o constrangimento, mediante violência ou grave ameaça, a ter conjunção carnal ou a praticar ou permitir que com ele se pratique outro ato libidinoso, na hipótese em que a conduta tenha sido praticada em um mesmo contexto fático e contra a mesma vítima, em observância ao princípio da retroatividade da lei mais benéfica. Trata-se, pois, de crime misto alternativo. 3. Na hipótese dos autos, verifica-se a ocorrência de crime único de estupro, pois as condutas delitivas – conjunção carnal, sexo anal e oral – foram praticados contra a mesma vítima e no mesmo contexto fático-temporal, o que inviabiliza a aplicação da continuidade delitiva. Ressalte-se, contudo, que, apesar de inexistir concurso de crimes, é de rigor a valoração na pena-base de todas as condutas que compuseram o tipo misto alternativo do atual crime de estupro, sob pena de vulneração da individualização da pena" (STJ, HC 325.411/SP, Rel. Min. Ribeiro Dantas, 5ª Turma, julgado em 19-4-2018, *DJe* 25-4-2018); "A jurisprudência do Superior Tribunal de Justiça é pacífica de que os crimes previstos nos arts. 213 e 214 do Código Penal, após a redação dada pela Lei n. 12.015/09, configuram crime único. Todavia, devem as diversas condutas praticadas serem valoradas na primeira fase do cálculo da pena. (...) Na hipótese dos autos, considerando que a vítima foi submetida a conjunção carnal e ato libidinoso diverso, no mesmo contexto fático, deve ser concedida a ordem para reconhecer a ocorrência de crime único" (HC 441.523/BA, Rel. Min. Joel Ilan Paciornik, 5ª Turma, julgado em 30-5-2019, *DJe* 11-6-2019); "A atual jurisprudência desta Corte Superior sedimentou-se no sentido de que, 'como a Lei n. 12.015/2009 unificou os crimes de estupro e atentado violento ao pudor em um mesmo tipo penal, deve ser reconhecida a existência de crime único de estupro, caso as condutas tenham sido praticadas contra a mesma vítima e no mesmo contexto fático' (AgRg no AREsp n. 233.559/BA, Rel. Ministra Assusete Magalhães, 6ª T., *DJe* 10-2-2014, destaquei)" (STJ, HC 412.473/SP, Rel. Min. Rogerio Schietti Cruz, 6ª Turma, julgado em 12-12-2017, *DJe* 19-12-2017).

De ver-se, entretanto, que, em 15 de agosto de 2019, o Plenário do STF, no julgamento do HC 100.181/RS, entendeu tratar-se concurso material quando há sexo vaginal e sexo anal contra a mesma vítima no mesmo contexto fático. No *site* da Corte Suprema constou: "Alexandre de Moraes observou que a questão discutida se refere a duas condutas que, antes da Lei de Crimes Sexuais, eram consideradas concurso material entre estupro e atentado violento ao pudor. No entanto, com o julgamento de hoje, a maioria dos ministros passou a considerar concurso material entre estupro (sexo vaginal) e estupro (sexo anal), ao entender que existem condutas diversas, apesar de ser o mesmo tipo penal" (Notícias STF – 15-8-2019).

O pai que estupra a filha em dias seguidos no interior da residência, comete crimes de estupro em continuidade delitiva, uma vez que as ações foram realizadas nas mesmas circunstâncias de tempo, local e modo de execução. Como se trata de vítima única, aplica-se a regra do crime continuado comum, em que o juiz fixa uma só pena, aumentada de um sexto a dois terços (art. 71, *caput*, do CP).

Quando alguém mantém a vítima presa em um cativeiro (em um sítio, em uma casa) para estuprá-la por diversas vezes, responde por crimes de estupro em continuidade delitiva e por crime de sequestro qualificado (art. 148, § 1º, V, do CP), em concurso material.

Quando várias pessoas agindo em conluio estupram a vítima em uma mesma oportunidade, revezando-se nas ações (umas seguram a vítima para a outra estuprar e depois invertem as posições), haverá crimes de estupro em continuidade delitiva. Como se trata de vítima única, aplica-se a regra do crime continuado comum em que o juiz fixa uma só pena, aumentada de um sexto a dois terços (art. 71, *caput*, do CP). O fato de o crime ter sido cometido mediante concurso de agentes tem como consequência o aumento de um a dois terços da pena, previsto no art. 226, IV, *a*, do Código Penal. Esses casos são conhecidos como "curra" ou "estupro coletivo".

Nos casos dos "maníacos estupradores", que cometem sucessivas violências sexuais contra *vítimas diversas* em determinada região, haverá também crime continuado. Em tal hipótese, contudo, deve ser aplicada a regra do art. 71, parágrafo único, do Código Penal, segundo a qual o juiz pode até triplicar a pena se os crimes integrantes da continuidade forem dolosos e tiverem sido praticados com emprego de violência ou grave ameaça, contra vítimas diversas. É evidente que se forem apenas duas vítimas o juiz poderá apenas somar as duas penas.

O estuprador que sabe ou deve saber que está contaminado com doença venérea e que obriga a vítima a com ele manter relação sexual, expondo-a ao perigo de contrair a moléstia, responde por estupro em concurso formal com o crime do art. 130, *caput*, do Código Penal (perigo de contágio de venéreo). A configuração desse crime pressupõe que o ato sexual seja capaz de transmitir a doença (conjunção carnal, sexo anal ou oral etc.), o que não ocorre quando ele, por exemplo, passa as mãos nos seios da vítima. Por se tratar de crime de *perigo*, pressupõe que não ocorra a transmissão da moléstia. Se houver, afasta-se a tipificação do crime do art. 130 e aplica-se a causa de aumento do art. 234-A, IV, do Código Penal, ao crime de estupro.

Se era intenção do estuprador transmitir a doença, responderá por estupro em concurso formal com o crime qualificado do art. 130, § 1º, do Código Penal, desde que a doença não seja transmitida (crime de perigo com dolo de dano). Se houver a transmissão, aplica-se a causa de aumento mencionada no parágrafo anterior.

6.1.1.8. Classificação doutrinária

Quanto à objetividade jurídica é crime simples e de dano. Em relação ao sujeito ativo, classifica-se como crime comum e de concurso eventual. No que diz respeito aos meios de execução é crime de ação livre. No que se refere ao momento consumativo, constitui delito instantâneo e material. Por fim, no que pertine ao elemento subjetivo, trata-se de infração penal dolosa.

6.1.1.9. Ação penal

Com a aprovação da Lei n. 13.718/2018, a ação penal passou a ser pública incondicionada.

Para fatos ocorridos antes da entrada em vigor de tal Lei, ou seja, até 24 de setembro de 2018, a ação penal é pública condicionada à representação.

Nos termos do art. 234-B do Código Penal, os processos que apuram crimes contra a dignidade sexual correm em segredo de justiça, independentemente de determinação judicial.

6.1.1.10. Estupro qualificado pela idade da vítima

> *Art. 213, § 1º – Se da conduta resulta lesão corporal de natureza grave ou se a vítima é menor de 18 ou maior de 14 anos:*
>
> *Pena – reclusão, de oito a doze anos.*

Essa figura – qualificada pela idade da vítima – foi introduzida no Código Penal pela Lei n. 12.015/2009. O reconhecimento da qualificadora pressupõe que tenha havido emprego de violência ou grave ameaça contra a vítima em tal faixa etária – maior de 14 e menor de 18 anos. Se a vítima for menor de 14 anos, configura-se crime de estupro de vulnerável (art. 217-A) – independentemente do emprego de violência ou grave ameaça.

Nos termos do art. 111, V, do Código Penal, o lapso prescricional somente começará a correr quando a vítima completar 18 anos. De acordo com esse dispositivo, quando a vítima do estupro tiver menos de 18 anos o prazo prescricional não se inicia a contar da consumação do delito, e sim da data em que ela completar 18 anos, salvo se antes disso a ação penal já tiver sido proposta.

Quando a vítima do estupro tem mais de 18 anos, o prazo prescricional tem início a partir da consumação do delito, nos termos do art. 111, I, do Código Penal.

A ação é pública incondicionada.

O ato sexual consentido com pessoa maior de 14 e menor de 18 anos não configura infração penal após a revogação dos crimes de sedução e corrupção de menores (antigo art. 218), exceto se a pessoa nessa faixa etária estiver se prostituindo ou sendo explorada sexualmente, hipótese que configura crime do art. 218-B, §2º, I, do CP.

6.1.1.11. Estupro qualificado pela lesão grave

> *Art. 213, § 1º – Se da conduta resulta lesão corporal de natureza grave ou se a vítima é menor de 18 ou maior de 14 anos:*
>
> *Pena – reclusão, de oito a doze anos.*

As hipóteses de lesão grave que qualificam o estupro são aquelas elencadas nos §§ 1º e 2º do art. 129 do Código Penal. Eventuais lesões *leves* decorrentes da violência empregada pelo estuprador ficam absorvidas pelo crime-fim (estupro), mas podem ser levadas em conta pelo juiz na fixação da pena-base (art. 59 do CP). A contravenção de vias de fato também fica absorvida.

A figura qualificada em estudo é exclusivamente preterdolosa em razão do montante de pena previsto em abstrato. Assim, pressupõe que haja dolo quanto ao estupro e culpa em relação ao resultado lesão grave. Se ficar demonstrado que houve dolo de provocar lesão grave ou gravíssima, o agente responderá por estupro simples em concurso material com o crime de lesão corporal grave.

A Lei n. 12.015/2009 trouxe importante alteração no texto legal, pois, no regime anterior, a figura qualificada exigia que a lesão grave fosse decorrente da violência empregada pelo estuprador. No texto atual, a qualificadora se configura se "da conduta" decorre o resultado agravador, passando a abranger, portanto, a lesão grave que decorre da grave ameaça (ex.: vítima que sofre ataque cardíaco em razão da ameaça empregada pelo estuprador e que fica com sequelas graves).

6.1.1.12. *Estupro qualificado pela morte*

Art. 213, § 2º – Se da conduta resulta morte:

Pena – reclusão, de doze a trinta anos.

Tal como se dá no parágrafo anterior, o crime de estupro qualificado pela morte é exclusivamente preterdoloso, pressupondo dolo em relação ao estupro e culpa quanto à morte. Essa conclusão é inevitável em razão do montante de pena previsto em abstrato para a figura qualificada. O crime qualificado se configura, por exemplo, quando o agente coloca uma mordaça na boca da vítima durante a prática do estupro e acaba provocando a morte por asfixia.

Como a morte é uma decorrência culposa da conduta do estuprador, o crime de estupro qualificado é julgado pelo juízo singular.

De outro lado, quando o agente estupra a vítima e, em seguida, intencionalmente a mata para assegurar sua impunidade, responde por crimes de estupro simples em concurso material com homicídio qualificado. Neste último caso, a pena a ser imposta é mais severa e o agente será julgado pelos dois delitos no Tribunal do Júri.

O estupro qualificado existe, quer a morte seja decorrência da violência, quer da grave ameaça utilizada pelo estuprador.

Na hipótese em que o estupro não passa da tentativa, mas o agente, culposamente, dá causa à morte da vítima, o crime qualificado considera-se consumado, uma vez que os crimes preterdolosos não admitem tentativa e o texto legal vincula a incidência da qualificadora ao evento morte. Com efeito, o dispositivo em estudo diz que a pena será de doze a trinta anos, "se da conduta resulta a morte".

Após a entrada em vigor da Lei n. 13.718/2018, todos os crimes contra a dignidade sexual apuram-se mediante ação pública incondicionada. Para fatos ocorridos antes da sua entrada em vigor, ou seja, até 24 de setembro de 2018, o tema é controvertido. Com efeito, nos termos da redação antiga do art. 225, *caput*, do Código Penal, nos crimes previstos nos Capítulos I e II do Título VI, a ação penal era pública condicionada à representação. De acordo com tal dispositivo, essa regra seria aplicável também ao estupro qualificado pela lesão grave ou morte, na medida em que tais figuras ilícitas estão previstas no Capítulo I. Essa conclusão, contudo, era inaceitável. Primeiro, porque a Constituição Federal reconhece o direito à vida e não pode deixar nas mãos de terceiros (cônjuge, ascendentes, descendentes ou irmãos) decidir se o agente será ou não punido. Segundo, porque é possível que a vítima não tenha cônjuge ou parentes próximos. A Procuradoria-Geral da República ingressou em setembro de 2009 com Ação

Direta de Inconstitucionalidade (ADIn 4.301) a fim de que o Supremo Tribunal Federal declarasse que a necessidade de representação no estupro qualificado pela lesão grave ou morte feria os princípios da proporcionalidade e razoabilidade, devendo o art. 225, *caput*, do Código Penal ser declarado inconstitucional quanto a esse aspecto, mantido seu alcance em relação aos demais crimes sexuais, inclusive o estupro simples. Nessa ação, a Procuradoria sustenta que, como o art. 225 é especial e posterior ao art. 101 do Código Penal, que trata da ação penal nos crimes complexos, não se poderia simplesmente fazer uso desse último dispositivo para afastar a nova regra. Daí por que se pleiteou a declaração da inconstitucionalidade (parcial) do art. 225. Comungávamos desse entendimento. Havia, porém, quem defendesse ser desnecessária a declaração de inconstitucionalidade do mencionado dispositivo, sugerindo que a regra do art. 101 do Código Penal deveria se sobrepor à do art. 225. Por esse entendimento, sendo o estupro qualificado um crime complexo (integrado por crimes de ação pública incondicionada), a ação penal para sua apuração seria igualmente pública incondicionada.

Saliente-se, novamente, que, com a entrada em vigor da Lei n. 13.718/2018, que modificou o art. 225 do Código Penal, a discussão perdeu o sentido para os fatos ocorridos após 25 de setembro de 2018, já que, a partir de tal data, todo e qualquer crime contra a dignidade sexual apura-se mediante ação pública incondicionada.

6.1.1.13. *Causas de aumento de pena (estupro majorado)*

Após o advento da Lei n. 12.015/2009, passaram a existir dois Capítulos com a mesma denominação – "Disposições Gerais" – no Título dos crimes contra a dignidade sexual. São os Capítulos IV e VII. Neles existem causas de aumento de pena aplicáveis aos crimes descritos nos arts. 213 a 218 (art. 226) e outras aplicáveis a todos os crimes contra a dignidade sexual (art. 234-A).

> *Art. 226. A pena é aumentada:*
>
> *I – de quarta parte, se o crime é cometido com o concurso de duas ou mais pessoas.*

Esse dispositivo foi **revogado** tacitamente, em relação ao crime de estupro, pela Lei n. 13.718/2018. Na tramitação do projeto que se transformou em referida Lei, restou aprovada na Câmara dos Deputados nova redação para o inciso I, com majoração de um terço da pena se o crime fosse cometido em local público, aberto ao público ou com grande aglomeração de pessoas, ou em meio de transporte público. Ocorre que, no Senado, foi rejeitada essa nova redação do inciso I. Por isso, acabou permanecendo a redação originária, que prevê aumento de um quarto quando o crime for praticado mediante concurso de agentes. Tal dispositivo, todavia, foi tacitamente revogado pela Lei n. 13.714/2018, que acrescentou o inciso IV, *a*, no art. 226, estabelecendo aumento de pena de um a dois terços se o crime for cometido mediante concurso de duas ou mais pessoas. Essa nova regra, contudo, chamada de estupro coletivo, só se aplica, obviamente, aos crimes de estupro. Em relação aos demais crimes sexuais, continua aplicável o art. 226, I.

Art. 226. A pena é aumentada:

II – de metade, se o agente é ascendente, padrasto ou madrasta, tio, irmão, cônjuge, companheiro, tutor, curador, preceptor ou empregador da vítima ou por qualquer outro título tiver autoridade sobre ela.

A enumeração legal é taxativa. São hipóteses em que a pena é maior em razão de o agente exercer autoridade ou ter algum tipo de parentesco ou relação próxima com a vítima. A lei descreve, inicialmente, uma série de hipóteses específicas e, ao final, utiliza-se de fórmula genérica para abranger toda e qualquer relação de fato ou de direito que implique autoridade sobre a vítima, por exemplo, do carcereiro sobre a presa, do companheiro da mãe da vítima, do professor de crianças (estupro de vulnerável com a pena aumentada) etc.

É evidente que não pode ser aplicada ao crime de estupro a agravante genérica do art. 61, II, *e*, do Código Penal, que se refere a crime cometido contra descendente, cônjuge ou irmão, na medida em que haveria *bis in idem*, pois o fato já é considerado causa especial de aumento de pena do delito. Se o crime, todavia, for cometido pelo filho contra a mãe, será aplicável a agravante genérica mencionada (crime contra "ascendente"), porque essa hipótese não consta do art. 226, II.

Observação: A Lei n. 11.106/2005 revogou o inc. III deste art. 226, de modo que o fato de o autor do crime ser casado com terceira pessoa não mais constitui causa de aumento de pena nos crimes sexuais.

Art. 226. A pena é aumentada:

Estupro coletivo – IV – de um terço a dois terços, se o crime é praticado: a) mediante concurso de dois ou mais agentes;

Apesar da discordância de Nélson Hungria[2] e Rogério Greco[3], prevalece o entendimento de que essa causa de aumento aplica-se tanto a casos de coautoria quanto de participação, na medida em que o legislador referiu-se genericamente ao concurso de pessoas, sem fazer restrição. É a opinião, dentre outros, de Heleno Cláudio Fragoso[4], Julio Fabbrini Mirabete[5], Guilherme de Souza Nucci[6], Luiz Régis Prado[7] e Damásio de Jesus[8]. Assim, existe o aumento quando duas pessoas estão no local agarrando a vítima a fim de viabilizar o estupro, como também na hipótese em que uma delas age apenas para induzir, instigar ou prestar auxílio material secundário à execução do delito. Argumenta-se que, se o legislador almejasse agravar a pena somente quando existissem duas pessoas no local realizando atos executórios, deveria ter feito uso da mesma expressão indicativa de coautoria utilizada no art. 146, § 1º, do Código Penal, que expres-

---

[2]   Nélson Hungria, *Comentários ao Código Penal*, v. VIII, p. 249-250.

[3]   Rogério Greco, *Código Penal comentado*, p. 575.

[4]   Heleno Cláudio Fragoso, *Lições de direito penal*, Parte especial, v. II, p. 44.

[5]   Julio Fabbrini Mirabete, *Manual de direito penal*, v. 2, p. 453.

[6]   Guilherme de Souza Nucci, *Código Penal comentado*, p. 1.122.

[7]   Luiz Régis Prado, *Comentários ao Código Penal*, p. 868.

[8]   Damásio de Jesus, *Direito penal*, v. 3, p. 147.

samente exige a união de pessoas para a *execução* do crime de constrangimento ilegal para que a pena de tal crime seja agravada.

A denominação estupro coletivo foi introduzida no Código Penal pela Lei n. 13.718/2018.

> *Art. 226. A pena é aumentada:*
>
> *Estupro corretivo – IV – de um terço a dois terços, se o crime é praticado:*
> *b) para controlar o comportamento social ou sexual da vítima.*

Nesse dispositivo, introduzido no Código pela Lei n. 13.718/2018, é a finalidade do agente que torna a pena mais severa: intenção de controlar o comportamento social ou sexual da vítima. Ex.: homem que estupra uma mulher porque esta é homossexual, visando modificar sua opção sexual ou puni-la por isso.

> *Art. 234-A. Nos crimes previstos neste Título a pena é aumentada:*
> *III – de metade a dois terços[9], se do crime resultar gravidez.*

Para a aplicação da majorante será necessário demonstrar que a gravidez foi resultante do ato sexual forçado.

Lembre-se de que o art. 128, II, do Código Penal, permite a realização de aborto, por médico, quando a gravidez for resultante de estupro, desde que haja consentimento da gestante, ou, se incapaz, de seu representante legal. A pena do réu, todavia, será majorada ainda que a vítima tenha optado pela interrupção da gravidez.

Observação: Os incisos I e II do art. 234-A foram vetados pela Presidência da República, após a aprovação da Lei n. 12.015/2009.

> *Art. 234-A. Nos crimes previstos neste Título a pena é aumentada:*
> *IV – de um terço a dois terços[10], se o agente transmite à vítima doença sexualmente transmissível de que sabe ou deveria saber ser portador, ou se a vítima é idosa ou pessoa com deficiência.*

São exemplos de doenças sexualmente transmissíveis a sífilis, a gonorreia, o cancro mole, o papilomavírus etc. É necessário que o agente saiba efetivamente estar acometido da doença ou que, ao menos, deva saber disso em razão de seu quadro clínico.

A pessoa acometida de Síndrome da Imunodeficiência Adquirida (AIDS) que comete crime de estupro e transmite a doença à vítima deve responder por estupro e por lesão corporal gravíssima pela transmissão de moléstia incurável (art. 129, § 2º, II, do CP). No dizer de Julio Fabbrini Mirabete[11]: "A transmissão da AIDS, pelo coito ou transfusão, enquanto não ocorre a morte da vítima, é crime de lesão corporal grave (gravíssima em verdade), que pode ser integrado por dolo direto ou even-

---

[9] Antes da entrada em vigor da Lei n. 13.718/2018, o aumento era feito em patamar fixo (metade da pena).

[10] Antes da entrada em vigor da Lei n. 13.718/2018, o aumento da pena no caso de transmissão de doença venérea era menor (um sexto até metade).

[11] Julio Fabbrini Mirabete, *Manual de direito penal*, v. 2, p. 113.

tual". Este também o entendimento adotado pelo Superior Tribunal de Justiça no julgamento do HC 160.982/DF, 5ª Turma, Rel. Min. Laurita Vaz, julgado em 17-5-2012, *DJe* 28-5-2012. Há, porém, quem entenda que o agente deve responder por estupro e tentativa de homicídio.

A Lei n. 13.718/2018 introduziu duas causas de aumento de pena nesse inciso, para as hipóteses em que a vítima é pessoa idosa (idade igual ou superior a 60 anos) ou portadora de deficiência (física ou mental). No caso da pessoa deficiente, é preciso fazer uma ressalva: se ficar demonstrado que a vítima não tinha o necessário discernimento para o ato em razão de deficiência mental ou que não podia oferecer qualquer resistência em razão de deficiência física, estará configurado crime de estupro de vulnerável (art. 217-A, § 1º), hipóteses em que não será cabível o aumento por se tratar de *bis in idem* – a mesma circunstância não pode ser elementar e causa de aumento de pena.

6.1.1.14. Casamento do estuprador com a vítima

O art. 107, VII, do Código Penal, previa a extinção da punibilidade do estuprador que se casasse com a vítima do crime sexual. Tal dispositivo, contudo, foi expressamente revogado pela Lei n. 11.106/2005. Ademais, não se pode cogitar de renúncia ou perdão em razão do casamento, porque essas causas extintivas da punibilidade são exclusivas da ação privada, e, atualmente, o crime de estupro é de ação penal pública.

Saliente-se, por fim, que a Lei n. 11.106/2005 igualmente revogou o art. 107, VIII, do Código Penal, que previa a extinção da punibilidade em certas hipóteses quando a vítima do crime sexual se casasse com terceira pessoa.

6.1.1.15. Cadastro de pessoas físicas condenadas e monitoração eletrônica

A Lei n. 15.035/2024 acrescentou um § 1º ao art. 243-B com o seguinte teor: "O sistema de consulta processual tornará de acesso público o nome completo do réu, seu número de inscrição no Cadastro de Pessoas Físicas (CPF) e a tipificação penal do fato a partir da condenação em primeira instância pelos crimes tipificados nos arts. 213, 216-B, 217-A, 218-B, 227, 228, 229 e 230 deste Código, inclusive com os dados da pena ou da medida de segurança imposta, ressalvada a possibilidade de o juiz fundamentadamente determinar a manutenção do sigilo".

O § 2º, por sua vez, ressalva que, "caso o réu seja absolvido em grau recursal, será restabelecido o sigilo sobre as informações a que se refere o § 1º deste artigo".

A inserção do nome no cadastro pela condenação em **primeira instância** é inconstitucional, pois fere o princípio da presunção de inocência.

O § 3º, por sua vez, diz que "os réus condenados por tais crimes passarão a ser monitorados por dispositivo eletrônico".

6.1.2. Violação sexual mediante fraude

> *Art. 215. Ter conjunção carnal ou praticar outro ato libidinoso com alguém, mediante fraude ou outro meio que impeça ou dificulte a livre manifestação de vontade da vítima:*
>
> *Pena – reclusão, de dois a seis anos.*
>
> *Parágrafo único. Se o crime é cometido com o fim de obter vantagem econômica, aplica-se também a multa.*

6.1.2.1. Objetividade jurídica

A liberdade sexual no sentido de se evitar que pessoas sejam induzidas fraudulentamente à prática de atos sexuais.

6.1.2.2. Tipo objetivo

No regime penal anterior à Lei n. 12.015/2009, cometia o crime de *posse* sexual mediante fraude (antigo art. 215) quem mantivesse conjunção carnal com mulher mediante fraude, e incorria no crime de *atentado ao pudor* mediante fraude quem a empregasse para induzir alguém (homem ou mulher) a praticar ou submeter-se à prática de qualquer ato libidinoso diverso da conjunção carnal (antigo art. 216). O primeiro crime tinha pena maior do que o segundo.

Com a aprovação da mencionada Lei, as condutas foram unificadas no art. 215 sob a nomenclatura "violação sexual mediante fraude". Atualmente, quem empregar fraude para manter conjunção carnal ou para praticar qualquer outro ato de libidinagem com a vítima incorrerá no mesmo crime e na mesma pena (reclusão, de dois a seis anos).

De acordo com o texto legal, é necessário que o agente empregue fraude ou outro meio que impeça ou dificulte a livre manifestação de vontade da vítima.

Fraude é qualquer meio iludente empregado para que a vítima tenha uma errada percepção da realidade e consinta no ato, ciente ou não da intenção sexual do agente. A fraude tanto pode ser empregada para criar a situação de engano na mente da vítima como para mantê-la em tal estado para que, assim, seja levada ao ato sexual. Os exemplos encontrados na jurisprudência são: médico que mente para a paciente a respeito da necessidade de exame ginecológico com o intuito de tocá-la; falso enfermeiro que entra em quarto de hospital para dar banho em mulher recentemente submetida a cirurgia, tocando em suas partes íntimas; líder espiritual que convence pessoa crédula a tomar um "passe" no qual deve tirar a roupa e se submeter a atos libidinosos como forma de agradar a "entidade" incorporada por aquele. Nesses exemplos a vítima foi ludibriada quanto à conotação do ato, não tendo ciência da finalidade sexual do agente. O crime também se configura quando um irmão gêmeo idêntico se passa pelo outro para realizar atos sexuais com a namorada ou esposa deste. Neste exemplo, a vítima tem ciência da conotação sexual, mas é enganada quanto à identidade do parceiro.

Não há crime quando alguém promete um emprego ou quando oferece dinheiro para obter a relação sexual e, em seguida, não honra a palavra, deixando de cumprir o prometido. Com efeito, a intenção do legislador foi a de punir os atos fraudulentos em que a vítima se entrega em face do erro e não por almejar algum tipo de vantagem em troca do próprio corpo. Nesses casos, não há ofensa à dignidade sexual. Da mesma maneira, não há crime quando o agente diz a uma moça que a ama apenas para que ela concorde em manter relação sexual e, após o ato, põe fim ao relacionamento.

Antes das modificações trazidas pela Lei n. 12.015/2009, os tipos penais dos crimes sexuais fraudulentos exigiam que a vítima *anuísse* com a conjunção carnal, que fosse *induzida* a praticar outra espécie de ato de libidinagem ou que *aceitasse* submeter-se a este. Existem, entretanto, situações em que o cenário montado pelo agente impede até mesmo que a vítima perceba a realização do ato de libidinagem e, portanto, oponha-se a ele. Um exemplo é o do médico que, estando a vítima em posição ginecológica e tendo sua visão encoberta por um lençol, não percebe que ele abriu o zíper da própria calça e esfregou o pênis em sua vagina, enquanto realizava o toque vaginal com o dedo. Corrigindo a omissão da legislação anterior, que poderia dar margem à não incriminação do agente, acrescentou-se no atual tipo penal uma fórmula genérica permitindo a tipificação do delito quando for empregado qualquer outro meio que impeça ou dificulte a livre manifestação de vontade da vítima. Saliente-se, contudo, que no crime em análise, o que o agente impede é a *manifestação de vontade* da vítima. Caso inviabilize sua capacidade de reação física pelo emprego de soníferos, anestésicos ou drogas, incorrerá ele no crime de estupro de vulnerável, por ter abusado de pessoa que não tinha qualquer possibilidade de resistência (art. 217-A, § 1º).

6.1.2.3. Sujeito ativo

Pode ser qualquer pessoa, homem ou mulher. Trata-se de crime comum.

6.1.2.4. Sujeito passivo

Pode ser qualquer pessoa. Não há qualquer outro requisito no tipo penal (virgindade, recato sexual etc.).

A lei não prevê majoração da pena se a vítima tiver mais de 14 e menos de 18 anos – pelo regime anterior à Lei n. 12.015/2009, a pena era agravada em tal hipótese.

Caso o agente empregue fraude para obter ato sexual com pessoa menor de 14 anos, responderá apenas por crime de estupro de vulnerável (art. 217-A), que é mais grave.

6.1.2.5. Consumação

No momento em que é realizado o ato sexual.

6.1.2.6. Tentativa

É possível quando o agente emprega o meio fraudulento, mas não consegue realizar o ato sexual.

6.1.2.7. Causas de aumento de pena

As majorantes previstas nos arts. 226 e 234-A do Código Penal aplicam-se ao crime de violação sexual mediante fraude, já que tais causas de aumento encontram-se previstas nas "Disposições Gerais" do Título em análise.

6.1.2.8. Incidência cumulativa da pena de multa

O parágrafo único do art. 215 prevê a aplicação cumulativa de pena de multa se o crime for cometido com o fim de obter vantagem econômica. Note-se, porém, que o médico que cobra pelas consultas em cujo transcorrer abusa fraudulentamente da paciente não comete o delito visando obter vantagem econômica, pois o pagamento é inerente ao atendimento médico. Se a intenção do legislador fosse a de punir o médico com multa cumulativa deveria ter adotado outra redação, como, por exemplo, "se o crime é cometido no desempenho de atividade remunerada". Aquele que engana uma prostituta para com ela ter relação e foge sem pagar, ao nosso ver, sequer comete o crime em análise, contudo, ainda que o cometesse, sua finalidade não seria a de obter vantagem econômica, e sim a relação sexual. Com esta, aliás, ele não obtém ganho patrimonial.

O dispositivo, portanto, se aplica, por exemplo, quando alguém comete o crime para vencer uma aposta que tenha feito com amigos.

6.1.2.9. Classificação doutrinária

Quanto à objetividade jurídica é crime simples e de dano. Em relação ao sujeito ativo, classifica-se como crime comum e de concurso eventual. No que diz respeito aos meios de execução é crime de ação livre. No que se refere ao momento consumativo, constitui delito instantâneo e material. Por fim, no que pertine ao elemento subjetivo, trata-se de infração penal dolosa.

6.1.2.10. Ação penal

Nos termos do art. 225 do Código Penal, com a redação dada pela Lei n. 13.718/2018, a ação penal é pública incondicionada. Caso a vítima seja menor de 18 anos, a prescrição somente começará a correr a partir da data em que a vítima completar a maioridade, salvo se antes disso a ação penal já tiver sido proposta (art. 111, V, do CP).

Nos termos do art. 234-B do Código Penal, os processos que apuram crimes contra a dignidade sexual correm em segredo de justiça.

6.1.3. Importunação sexual

> Art. 215-A. Praticar contra alguém e sem a sua anuência ato libidinoso com o objetivo de satisfazer a própria lascívia ou a de terceiro:
>
> Pena – reclusão, de 1 a 5 anos, se o ato não constitui crime mais grave.

6.1.3.1. Objetividade jurídica

A liberdade sexual.

6.1.3.2. Tipo objetivo

A inserção do presente tipo penal no Código Penal, por intermédio da aprovação da Lei n. 13.718/2018, teve por finalidade possibilitar punição mais rigorosa aos inúmeros casos de abuso sexual ocorridos, precipuamente em coletivos lotados. Antes da aprovação dessa Lei, tais atos sexuais eram enquadrados meramente como contravenção penal de importunação ofensiva ao pudor[12] (art. 61 da LCP).

O texto legal exige a efetiva prática de ato libidinoso contra alguém. Exs:. Esfregar o pênis nas nádegas da vítima, passar a mão em suas nádegas, órgão genital ou nos seios, ejacular sobre o corpo da vítima etc. É evidente que esses atos só serão enquadrados no presente tipo penal se o fato não constituir crime mais grave (subsidiariedade expressa no texto legal). Assim, se o agente empregar violência ou grave ameaça, ou se a vítima for pessoa vulnerável, estarão tipificados, respectivamente, os crimes de estupro (art. 213, *caput*) ou estupro de vulnerável (art. 217-A).

O texto legal exige que o ato seja praticado contra alguém e não com alguém, de modo que o contato físico não é imprescindível. É necessário, porém, que a conduta seja direcionada especificamente a uma ou algumas pessoas. Configura o delito, por exemplo, aproximar-se de alguém e começar a se masturbar na sua frente. Note-se que, antes da aprovação do texto final da Lei n. 13.718/2018 pelo Senado, o projeto aprovado pela Câmara dos Deputados considerava crime praticar o ato libidinoso "na presença

---

[12] Essa contravenção foi expressamente revogada pela própria Lei n. 13.718/2018.

de alguém", o que poderia gerar problemas interpretativos com o crime de ato obsceno. Com a modificação feita pelo Senado, e que se transformou efetivamente em lei, se o agente se masturbar em local público, mas a uma certa distância, sem que o ato seja feito especificamente em direção a uma ou algumas pessoas, restará configurado o crime de ato obsceno (art. 233).

O assédio verbal grosseiro não configura a presente infração penal.

É claro que o fato será atípico se houver concordância da vítima para o contato sexual.

O texto legal não exige que o fato ocorra em local público, aberto ou exposto ao público.

Para a configuração do ilícito penal é necessário que o ato seja realizado com o objetivo de satisfazer a própria lascívia ou a de terceiro (elemento subjetivo do tipo).

6.1.3.3. Sujeito ativo

Qualquer pessoa.

6.1.3.4. Sujeito passivo

Qualquer pessoa, exceto aquelas que se enquadram no conceito de vulnerável do art. 217-A do Código Penal, pois a prática de qualquer ato libidinoso com estas configura o crime de estupro de vulnerável.

6.1.3.5. Consumação

No momento em que praticado o ato libidinoso. Não é necessário que o agente aufira prazer sexual. Trata-se de crime formal.

6.1.3.6. Tentativa

Possível, em tese.

6.1.3.7. Ação penal

Pública incondicionada.

6.1.4. Assédio sexual

> Art. 216-A. Constranger alguém com o intuito de obter vantagem ou favorecimento sexual, prevalecendo-se o agente da sua condição de superior hierárquico ou ascendência inerentes ao exercício de emprego, cargo ou função:
>
> Pena – detenção, de um a dois anos.
>
> § 2º A pena é aumentada em até um terço se a vítima é menor de 18 anos.

6.1.4.1. Objetividade jurídica

A liberdade sexual, bem como a tranquilidade das pessoas no sentido de não serem importunadas em seu local de trabalho ou por quem se valha da importância de seu cargo ou função.

6.1.4.2. Tipo objetivo

O núcleo do tipo é o verbo *constranger*, que, neste tipo penal, tem o sentido de importunar, molestar com propostas ou condutas impertinentes de cunho libidinoso. Para a configuração do delito, portanto, é necessário que se trate de um assédio sexual constrangedor. Por isso, fazer um simples elogio ou gracejo eventual, ou, ainda, um convite para jantar, não tipificam a infração penal por não serem atos concretamente constrangedores. É claro, entretanto, que haverá crime se houver recusa da vítima e o chefe passar a importuná-la com reiteradas investidas.

O crime pode ser cometido por atos, gestos, palavras, escritos etc. Configuram a infração penal: beijar o pescoço, abraçar a vítima quando ela está de costas, trocar de roupa em sua presença, pedir para a funcionária experimentar uma *lingerie* ou pedir que vá trabalhar com roupas mais provocantes, remeter mensagens com cunho erótico, mostrar-lhe o pênis, fazer um convite para irem a um motel etc.

É plenamente possível que o patrão cometa o crime pelo simples assédio constrangedor ou até mesmo que prometa uma vantagem para a vítima ("relacione-se comigo e será promovida"). É também comum na tipificação da infração o emprego de ameaça que não seja considerada grave. Ex.: "se não aceitar sair comigo, não obterá férias no mês que pretende". Evidente, entretanto, que, se a ameaça for grave, estará tipificado crime de estupro, consumado ou tentado. É o caso, por exemplo, do diretor de colégio que diz que expulsará a aluna, simulando provas de que ela fez uso de entorpecente no banheiro da Instituição, caso ela não faça sexo com ele.

A promessa de demissão poderá igualmente ter graves contornos na mente da vítima, dependendo de sua condição ou de eventuais dificuldades financeiras pelas quais esteja passando, hipótese em que o enquadramento deverá ser no art. 213 do Código Penal.

6.1.4.3. Sujeito ativo

Pode ser qualquer pessoa, homem ou mulher. O assédio sexual pode ser cometido contra pessoa do mesmo sexo ou do sexo oposto.

Trata-se de crime próprio que só pode ser praticado por quem importune a vítima, prevalecendo-se de sua superioridade hierárquica ou da ascendência inerente ao exercício de emprego (relação laboral de natureza privada), cargo ou função (relação laboral de cunho público). Na hipótese de hierarquia, existe um superior e um subordinado, o que não ocorre no caso de ascendência em que o agente apenas goza de poder ou influência em relação à vítima (professores[13] ou diretores de colégio ou de universidades em relação aos estudantes; Prefeito em relação aos munícipes etc.).

Note-se que uma conduta que constitui crime quando cometida pelo superior é atípica se realizada pelo subordinado.

---

[13] Quanto à possibilidade de o professor cometer crime de assédio sexual: "É patente a aludida 'ascendência', em virtude da 'função' desempenhada pelo recorrente – também elemento normativo do tipo –, devido à atribuição que tem o professor de interferir diretamente na avaliação e no desempenho acadêmico do discente, contexto que lhe gera, inclusive, o receio da reprovação. Logo, a 'ascendência' constante do tipo penal objeto deste recurso não deve se limitar à ideia de relação empregatícia entre as partes. Interpretação teleológica que se dá ao texto legal" (STJ, REsp 1759135/SP, Rel. Min. Sebastião Reis Júnior, Rel. p/ Acórdão Min. Rogerio Schietti Cruz, 6ª Turma, julgado em 13-8-2019, *DJe* 1º-10-2019). No mesmo sentido: AgRg no REsp 1832392/SP, Rel. Min. Reynaldo Soares da Fonseca, 5ª Turma, julgado em 7-11-2019, *DJe* 22-11-2019.

Em razão do veto presidencial ao parágrafo único do art. 216-A, somente o assédio laboral constitui crime, sendo atípico o assédio proveniente de relações domésticas, de coabitação ou hospitalidade, ou, ainda, aquele proveniente de abuso de dever inerente a ofício ou ministério.

6.1.4.4. Sujeito passivo

Qualquer pessoa, homem ou mulher, desde que se enquadre nas hipóteses elencadas no tipo penal.

6.1.4.5. Consumação

Trata-se de crime formal, pois consuma-se no momento do assédio, independentemente da efetiva obtenção da vantagem ou favorecimento sexual visados. Caso ocorram, serão considerados exaurimento do delito.

6.1.4.6. Tentativa

É possível, por exemplo, na forma escrita (bilhete contendo proposta indecorosa que se extravia).

6.1.4.7. Causas de aumento de pena

De acordo com o § 2º do art. 216-A, a pena será aumentada em até um terço se a vítima do assédio for menor de 18 anos. Esse dispositivo foi introduzido no Código Penal pela Lei n. 12.015/2009. Interessante notar que não existe e nunca existiu o § 1º.

Aplicam-se, ainda, ao crime de assédio sexual as causas de aumento de pena do art. 226 do Código Penal, exceto a hipótese do art. 226, II, que prevê aumento de metade da pena se o agente for empregador da vítima, na medida em que constituiria *bis in idem*.

6.1.4.8. Classificação doutrinária

Quanto à objetividade jurídica é crime simples. Em relação ao sujeito ativo, classifica-se como crime próprio e de concurso eventual. No que diz respeito aos meios de execução é crime de ação livre e comissivo. No que se refere ao momento consumativo, constitui delito instantâneo e formal. Por fim, no que pertine ao elemento subjetivo, trata-se de infração penal dolosa.

6.1.4.9. Ação penal

Nos termos do art. 225 do Código Penal, a ação penal é pública incondicionada à representação. Se a vítima tiver menos de 18 anos, a prescrição somente começará a correr a partir da data em que ela completar a maioridade, salvo se antes disso a ação penal já tiver sido proposta (art. 111, V, do CP).

Nos termos do art. 234-B do Código Penal, os processos que apuram crimes contra a dignidade sexual correm em segredo de justiça.

Capítulo I-A

DA EXPOSIÇÃO DA INTIMIDADE SEXUAL

O presente capítulo foi introduzido no Código Penal pela Lei n. 13.772, de 19 de dezembro de 2018. O único crime deste capítulo é o "registro não autorizado da intimidade sexual" (art. 216-B).

6.1.A. Da exposição da intimidade sexual

6.1.A.1. Registro não autorizado da intimidade sexual

> Art. 216-B. Produzir, fotografar, filmar ou registrar, por qualquer meio, conteúdo com cena de nudez ou ato sexual ou libidinoso de caráter íntimo e privado sem autorização dos participantes: Pena – detenção, de 6 meses a 1 ano, e multa.
>
> Parágrafo único. Na mesma pena incorre quem realiza montagem em fotografia, vídeo, áudio ou qualquer outro registro com o fim de incluir pessoa em cena de nudez ou ato sexual ou libidinoso de caráter íntimo.

6.1.A.1.1. Objetividade jurídica

Resguardar a intimidade sexual.

6.1.A.1.2. Elementos do tipo

A presente infração penal (de menor potencial ofensivo) pune a pessoa que, sem o conhecimento da vítima, produz, fotografa, filma ou, por qualquer meio, registra cena com nudez ou ato sexual ou libidinoso de caráter íntimo e privado. Não é necessário que o agente esteja envolvido no ato sexual. Há crime, por exemplo, quando o namorado esconde uma câmera no quarto e filma a relação sexual com a namorada. Existe, também, infração penal quando o vizinho se esconde e filma o casal da residência ao lado mantendo relação sexual na piscina da casa deles.

A existência de autorização de todos os envolvidos exclui a tipicidade.

6.1.A.1.3. Sujeito ativo

Qualquer pessoa.

6.1.A.1.4. Sujeito passivo

As pessoas que foram filmadas, fotografadas etc. Se esta pessoa for menor de idade, estará configurado, em regra, crime mais grave previsto no art. 240, *caput*, da Lei n. 8.069/90 (Estatuto da Criança e do Adolescente), que pune com reclusão, de 4 a 8 anos, e multa, as condutas de produzir, reproduzir, dirigir, fotografar, filmar ou registrar, por qualquer meio, cena de sexo explícito ou pornográfica, envolvendo criança ou adolescente. De acordo com o art. 241-E, do Estatuto, para efeito dos crimes previstos nesta Lei, a expressão "cena de sexo explícito ou pornográfica' compreende qualquer situação que envolva criança ou adolescente em atividades sexuais explícitas, reais ou simuladas, ou exibição dos órgãos genitais de uma criança ou adolescente para fins primordialmente sexuais.

6.1.A.1.5. Consumação

No momento em que o agente filma, fotografa etc. Se, posteriormente, houver divulgação – igualmente não autorizada –, restará configurado também o crime do art. 218-C do Código Penal.

6.1.A.1.6. Tentativa

É possível.

6.1.A.1.7. Figura equiparada

O parágrafo único do art. 216-B prevê a mesma pena para quem realiza montagem em fotografia, vídeo, áudio ou qualquer outro registro com o fim de incluir pessoa em cena de nudez ou ato sexual ou libidinoso de caráter íntimo.

6.1.A.1.8. Ação penal

Pública incondicionada, de competência do Juizado Especial Criminal.

Capítulo II

DOS CRIMES SEXUAIS CONTRA VULNERÁVEL

O presente capítulo foi introduzido no Código Penal pela Lei n. 12.015/2009 a fim de conferir proteção às pessoas consideradas vulneráveis no âmbito sexual.

6.2. Dos crimes sexuais contra vulnerável

6.2.1. Estupro de vulnerável

> Art. 217-A. Ter conjunção carnal ou praticar outro ato libidinoso com menor de 14 anos:
>
> Pena – reclusão, de oito a quinze anos.
>
> § 1º Incorre nas mesmas penas quem pratica as ações descritas no caput com alguém que, por enfermidade ou deficiência mental, não tem o necessário discernimento para a prática do ato, ou que, por qualquer outra causa, não pode oferecer resistência.

6.2.1.1. Objetividade jurídica

A dignidade sexual das pessoas vulneráveis – menores de 14 anos, deficientes mentais que não têm o necessário discernimento para atos sexuais e pessoas impossibilitadas de oferecer resistência.

O art. 1º, VI, da Lei n. 8.072/90, considera hediondo o crime de estupro de vulnerável – em todas as suas modalidades.

6.2.1.2. Tipo objetivo

A Lei n. 12.015/2009 revogou expressamente o art. 224 do Código Penal, abandonando o sistema de presunções de violência, que tantas controvérsias geravam quanto à configuração do delito de estupro, e estabeleceu objetivamente como crime o ato de manter relacionamento sexual com uma das pessoas vulneráveis elencadas no tipo penal. Assim, pouco importa que uma moça de 12 anos seja prostituta e já tenha se relacionado com outros homens. Aquele que for flagrado com ela mantendo relação sexual, ciente de sua idade, responderá pelo crime. Não é possível se falar em vulnerabilidade relativa, capaz de afastar o enquadramento, pois a própria Exposição de Motivos do Projeto de Lei do Senado n. 253/2004, advinda da CPMI sobre a violência sexual e as redes de exploração sexual de crianças e adolescentes, assim esclarece: "Esse artigo, que tipifica o estupro de vulnerável, substitui o atual sistema de presunção de violência contra criança ou adolescente menor de 14 anos, previsto no art. 224 do Código Penal. Apesar de poder a CPMI advogar que é absoluta a presunção legal de que trata o art. 224, não é esse o entendimento em muitos julgados. O projeto de reforma do Código Penal, então, destaca a vulnerabilidade de certas pessoas, não somente crianças e adolescentes com idade até 14 anos, mas também a pessoa que, por enfermidade ou deficiência mental, não possuir discernimento para a prática do ato sexual, e aquele que não pode, por qualquer motivo, oferecer resistência; e com essas pessoas considera como crime ter conjunção carnal ou praticar qualquer outro ato libidinoso; sem entrar no mérito da violência ou sua presunção. Trata-se de objetividade fática.

Esclareça-se que, em se tratando de crianças e adolescentes na faixa etária referida, sujeitos de proteção especial prevista na Constituição Federal e na Convenção das Nações Unidas sobre os Direitos da Criança, ratificada pelo Brasil, não há situação admitida de compatibilidade entre o desenvolvimento sexual e o início da prática sexual. Afastar ou minimizar tal situação seria exacerbar a vulnerabilidade, numa negativa de seus direitos fundamentais".

O texto acima e a nova redação do dispositivo não deixam qualquer dúvida: o legislador quis afastar o entendimento jurisprudencial que vinha prevalecendo de que a presunção de violência era relativa, e considerar, objetivamente, como crime de estupro de vulnerável a conjunção carnal ou a prática de qualquer outro ato libidinoso com pessoa menor de 14 anos, deficiente mental ou que não possa oferecer resistência.

O Supremo Tribunal Federal já se pronunciou a respeito do tema, confirmando que o crime se tipifica em qualquer hipótese: "A violência presumida foi eliminada pela Lei n. 12.015/2009. A simples conjunção carnal com menor de quatorze anos consubstancia crime de estupro. Não se há mais de perquirir se houve ou não violência" (HC 101.456, 2ª Turma, Rel. Min. Eros Grau, *DJe* 076, p. 378). No mesmo sentido, tem decidido o Superior Tribunal de Justiça: "Pacificou-se a jurisprudência deste Superior Tribunal de Justiça no sentido de que, segundo o sistema normativo em vigor após a edição da Lei n. 12.015/09, a conjunção carnal ou outro ato libidinoso com menor de 14 (catorze) anos configura o crime do artigo 217-A do Código Penal independentemente de grave ameaça ou violência (real ou presumida), razão pela qual tornou-se irrelevante eventual consentimento ou autodeterminação da vítima para a configuração do delito" (AgRg no REsp 1.363.531/MG, 6ª Turma, Rel. Min. Maria Thereza de Assis Moura, julgado em 27-6-2014, *DJe* 4-8-2014).

Em 27 de agosto de 2015, no julgamento do Recurso Especial 1.480.881/PI, relatado pelo Min. Rogerio Schietti Cruz, a 3ª Seção do Superior Tribunal de Justiça, em julgamento realizado sob o rito de recursos repetitivos, aprovou a seguinte tese: "Para a caracterização do crime de estupro de vulnerável previsto no art. 217-A, *caput*, do Código Penal, basta que o agente tenha conjunção carnal ou pratique qualquer ato libidinoso com pessoa menor de 14 anos. O consentimento da vítima, sua eventual experiência sexual anterior ou a existência de relacionamento amoroso entre o agente e a vítima não afastam a ocorrência do crime" (tema 918). Posteriormente, em 25 de outubro de 2017, o Superior Tribunal de Justiça aprovou a Súmula 593, com idêntica redação. A Lei n. 13.718/2018 inseriu um § 5º no art. 217-A, estabelecendo que "as penas previstas no *caput* e nos §§ 1º, 3º e 4º deste artigo aplicam-se independentemente do consentimento da vítima ou do fato de ela ter mantido relações sexuais anteriormente ao crime".

Apenas o erro de tipo (que não se confunde com vulnerabilidade relativa) é que pode afastar o delito, quando o agente provar que, por erro plenamente justificado pelas circunstâncias, pensava que a vítima, que concordou em ter com ele relação sexual, já tinha 14 anos ou mais, por ter ela, por exemplo, mentido a idade e ter desenvolvimento corporal já avançado.

As condutas típicas consistem em ter conjunção carnal ou praticar qualquer outro ato libidinoso com uma das pessoas vulneráveis elencadas no tipo penal. A conjunção carnal é a penetração do pênis na vagina. Outros atos libidinosos são todos aqueles que têm conotação sexual, como o sexo anal ou oral, a introdução do dedo na vagina ou no ânus da vítima, passar as mãos nos seios ou nádegas etc. O delito não exige contato físico com a vítima, configurando-o também as condutas de convencer um menor de 14 anos a ficar nu na presença do agente (contemplação lasciva) ou a se masturbar em sua presença, por exemplo.

O Superior Tribunal de Justiça, em julho de 2022, no julgamento do *Tema 1.121*, em sede de recursos repetitivos (Resp 1.959.697/SC, Rel. Min. Ribeiro Dantas), aprovou a seguinte tese: "Presente o dolo específico de satisfazer à lascívia, própria ou de terceiro, a prática de ato libidinoso com menor de 14 anos configura o crime de estupro de vulnerável (art. 217-A do CP), independentemente da ligeireza ou da superficialidade da conduta, não sendo possível a desclassificação para o delito de importunação sexual (art. 215-A do CP)". Em suma, sendo a vítima menor de 14 anos, configura-se o crime de estupro de vulnerável em condutas como passar as mãos rapidamente nas nádegas ou nos seios da vítima, ainda que sobre sua roupa.

Para a configuração do crime, não se exige o emprego de violência física ou grave ameaça. Assim, mesmo que a vítima eventualmente afirme que consentiu no ato, estará configurada a infração penal, pois tal consentimento não é válido conforme se explicou acima. Caso haja emprego de violência física ou grave ameaça, por exemplo, contra uma criança de 11 anos de idade para forçá-la ao ato sexual, haverá também crime de estupro de vulnerável e não a figura simples de estupro do art. 213, já que não faria sentido aplicar a pena mais grave do art. 217-A apenas para os casos em que não houvesse emprego de violência ou grave ameaça. Em suma, com ou sem o emprego de violência ou grave ameaça, o crime será sempre o de estupro de vulnerável se a vítima se enquadrar em qualquer das hipóteses do art. 217-A, *caput* e seu § 1º.

O Superior Tribunal de Justiça, no julgamento do HC n. 478.310/PA (Rel. Min. Rogerio Schietti Cruz, 6ª Turma, julgado em 9-2-2021, *DJe* 18-2-2021), firmou entendimento no sentido de que o crime de estupro de vulnerável pode ser praticado de forma *virtual*. Em outras palavras, para a Corte estará configurado o delito se o agente, via *webcam*, mantiver contato com alguém menor de 14 anos e convencer a vítima a ficar nua diante da câmera (contemplação lasciva) ou a se masturbar, por exemplo. Se, todavia, o menor for convencido a assistir o agente se masturbando diante da câmera, sem que o menor em si pratique ato sexual ou fique nu, o crime será o do art. 218-A do Código Penal (satisfação de lascívia mediante presença de criança ou adolescente). Neste último crime, a palavra "presença" abrange a modalidade virtual.

"É muito comum que o autor do delito pratique atos libidinosos com a vítima em ocasiões diversas, hipótese em que se configura a continuidade delitiva. De acordo com a súmula n. 569 do STJ, 'a fração de aumento em razão da prática de crime continuado deve ser fixada de acordo com o número de delitos cometidos, aplicando-se 1/6 pela prática de duas infrações, 1/5 para três, 1/4 para quatro, 1/3 para cinco, 1/2 para seis e 2/3 para sete ou mais infrações'. Além disso, no julgamento do tema 1.202, em sede de recursos repetitivos, o STJ aprovou a seguinte tese: 'No crime de estupro de vulnerável, é possível a aplicação da fração máxima de majoração prevista no art. 71, caput, do Código Penal, ainda que não haja a delimitação precisa do número de atos sexuais praticados, desde que o longo período de tempo e a recorrência das condutas permita concluir que houve 7 ou mais repetições'".

De acordo com o art. 217-A, são considerados vulneráveis:

a) *Os menores de 14 anos.* Se o ato sexual for realizado na data do 14º aniversário e houver o consentimento do menor, o fato será considerado atípico. Se o agente, todavia, tiver empregado violência ou grave ameaça em tal oportunidade, responderá por estupro qualificado pela idade da vítima (art. 213, § 1º).

Em suma, considera-se vulnerável a pessoa que ainda não completou 14 anos.

b) *As pessoas portadoras de enfermidade ou deficiência mental, que não tenham o necessário discernimento para a prática do ato.* Para a comprovação do crime é necessária a realização de perícia médica para a constatação de que o problema mental retirava por *completo* da vítima o discernimento para o ato sexual.

O art. 6º, II, do Estatuto da Pessoa com Deficiência (Lei n. 13.146/2015), dispõe que a deficiência não afeta a plena capacidade civil da pessoa, inclusive para exercer direitos sexuais e reprodutivos. Tal dispositivo, portanto, reforça a conclusão de que pessoas com doença mental têm também direito de exercer sua sexualidade, exceto – de acordo com o Código Penal – se a enfermidade lhe retirar por completo a capacidade de entendimento. Repita-se, pois, que só haverá crime de estupro de vulnerável se a doença mental retirar *por completo* a capacidade de discernimento quanto ao ato sexual e houver prova idônea nesse sentido.

c) *As pessoas que, por qualquer outra causa, não podem oferecer resistência.* É indiferente que o fator impossibilitante da resistência da vítima seja prévio (doença incapacitante, paralisia corporal, idade avançada, estado de coma, desmaio), provocado pelo agente (ministração de sonífero ou droga na bebida da vítima, uso de anestésico etc.) ou causado por ela própria (embriaguez completa, uso de sonífero). É necessário que o agente se aproveite do estado de incapacidade de defesa e que se demonstre que este fator impossibilitava por completo a capacidade de a vítima se opor ao ato sexual.

6.2.1.3. Sujeito ativo

Qualquer pessoa. Homem ou mulher.

6.2.1.4. Sujeito passivo

Qualquer pessoa vulnerável.

6.2.1.5. Consumação

No instante em que é realizada a conjunção carnal (penetração, ainda que parcial, do pênis na vagina) ou qualquer outro ato libidinoso.

6.2.1.6. Tentativa

É possível.

6.2.1.7. Causas de aumento de pena

Aplicam-se ao crime de estupro de vulnerável as causas de aumento de pena dos arts. 226, II e IV, e 234-A, III e IV, do Código Penal, já estudadas no crime de estupro simples. Assim, a pena é aumentada em metade se o estupro é cometido por ascendente, padrasto ou madrasta, tio, irmão, cônjuge, companheiro, tutor, curador, preceptor ou empregador da vítima ou por pessoa que por qualquer outro título tem autoridade sobre ela; é aumentada de um a dois terços se o crime é cometido mediante concurso de dois ou mais agentes (estupro coletivo), para controlar o comportamento social ou sexual da vítima (estupro corretivo), se o agente transmite à vítima doença sexualmente transmissível de que sabe ou deveria saber ser portador, ou, ainda, se a vítima é idosa ou pessoa com deficiência; por fim, a pena é aumentada de metade a dois terços se resulta gravidez.

6.2.1.8. Estupro de vulnerável qualificado pelo resultado

> *Art. 217-A, § 3º – Se da conduta resulta lesão corporal de natureza grave:*
>
> *Pena – reclusão, de dez a vinte anos.*
>
> *§ 4º Se da conduta resulta morte:*
>
> *Pena – reclusão, de doze a trinta anos.*

Essas figuras qualificadas são exclusivamente preterdolosas. Só se configuram, portanto, nas hipóteses em que o resultado agravador – lesão corporal de natureza grave ou morte – for consequência culposa da conduta do estuprador.

Quando o agente quer ou assume o risco de provocar o resultado agravador, responde por crime de estupro de vulnerável em sua modalidade simples em concurso material com crime de lesão grave ou homicídio doloso.

6.2.1.9. Classificação doutrinária

Quanto à objetividade jurídica é crime simples e de dano. Em relação ao sujeito ativo, classifica-se como crime comum e de concurso eventual. No que diz respeito aos meios de execução é crime de ação livre. No que se refere ao momento consumativo, constitui delito instantâneo e material. Por fim, no que pertine ao elemento subjetivo, trata-se de infração penal dolosa.

6.2.1.10. Ação penal

É pública incondicionada, nos termos do art. 225 do Código Penal, com a redação que lhe foi dada pela Lei n. 13.718/2018.

Em junho de 2024, o Superior Tribunal de Justiça aprovou a Súmula 670, com o seguinte teor: "Nos crimes sexuais cometidos contra a vítima em situação de vulnerabilidade temporária, em que ela recupera suas capacidades físicas e mentais e o pleno discernimento para decidir acerca da persecução penal de seu ofensor, a ação penal é pública condicionada à representação se o fato houver sido praticado na vigência da redação conferida ao artigo 225 do Código Penal pela Lei 12.015, de 2009". Ex.: vítima maior de idade que é abusada sexualmente durante o efeito de sonífero. A súmula em tela, entretanto, somente se aplica a fatos ocorridos durante a vigência da redação do art. 225 do Código Penal dada pela Lei n. 12.015/2009 – que foi modificada pela Lei n. 13.718/2018. Para fatos ocorridos após a entrada em vigor desta última, a ação penal é sempre pública incondicionada.

Nos termos do art. 234-B do Código Penal, os processos que apuram essa modalidade de infração penal correm em segredo de justiça.

De acordo com o art. 111, V, do Código Penal, com a redação dada pela Lei n. 12.650/2012, o início do lapso prescricional em relação a todos os crimes contra a dignidade sexual de criança ou adolescente, previstos no Código Penal ou em lei especial, ocorre quando a vítima completar 18 anos, salvo se antes disso a ação penal já tiver sido iniciada. Se, todavia, a vítima do estupro de vulnerável for maior de 18 anos (portadora de deficiência mental ou que não possa por outra causa oferecer resistência), aplica-se a regra do art. 111, I, do Código Penal, segundo a qual o lapso prescricional se inicia com a consumação do delito.

6.2.2. Mediação para satisfazer a lascívia de outrem com pessoa vulnerável menor de 14 anos[14]

Art. 218, caput – Induzir alguém menor de 14 anos a satisfazer a lascívia de outrem:

Pena – reclusão, de dois a cinco anos.

6.2.2.1. Objetividade jurídica

A dignidade sexual da pessoa menor de 14 anos.

6.2.2.2. Tipo objetivo

Induzir significa convencer, persuadir o menor, com ou sem a promessa de alguma vantagem, para que satisfaça os desejos sexuais de outra pessoa. O agente visa, com a conduta, satisfazer a lascívia de terceiro e não a própria. Exige-se que a terceira pessoa seja determinada. Importante salientar que, se o agente convence uma adolescente de 13 anos de idade a manter conjunção carnal com terceiro e o ato se concretiza, este responde por estupro de vulnerável e quem induziu a menor é partícipe de tal crime. Assim, o delito em análise só se tipifica se a vítima for induzida a satisfazer a lascívia do terceiro, sem, todavia, realizar ato sexual efetivo com este. Exs.: a "fazer sexo" por telefone, a fazer-lhe um *striptease* etc. Evidente que não houve, por parte do legislador, intenção de criar exceção à teoria unitária ou monista.

6.2.2.3. Sujeito ativo

Pode ser qualquer pessoa. Trata-se de crime comum.

---

[14] A Lei n. 12.015/2009 introduziu esta nova figura criminosa no art. 218, *caput*, do Código Penal, sem, contudo, dar-lhe um nome. A inserção do *nomen juris* no texto legal, em verdade, não é obrigatória, embora usual. Na Lei Antidrogas (Lei n. 11.343/06), por exemplo, nenhuma das condutas ilícitas possui denominação. Em tais casos, cabe à doutrina definir o nome. No delito em análise, por existir crime semelhante no art. 227, chamado mediação para satisfazer a lascívia de outrem, a doutrina escolheu a nova denominação apenas acrescentando a idade da vítima. É necessário, entretanto, fazer um esclarecimento: a Lei n. 12.015/2009 não contém dispositivo determinando a expressa revogação do art. 218 que continha o antigo delito de corrupção sexual de menores. Tal lei, entretanto, reescreveu todo o dispositivo, deixando-o, todavia, sem nome. Por engano, entretanto, no site oficial de legislação do Planalto (planalto.gov.br) não foi apagado o nome antigo (o que deveria ter ocorrido diante da nova Lei que não repetiu tal denominação). Em tal site, portanto, consta o nome "corrupção de menores" acima do novo tipo penal. Algumas editoras perceberam esse engano e não inseriram o nome "corrupção de menores" em suas edições de Código Penal posteriores à Lei n. 12.015/2009. Outras, entretanto, não perceberam o erro e acabaram por reproduzi-lo.

6.2.2.4. Sujeito passivo

Crianças ou adolescentes menores de 14 anos.

6.2.2.5. Consumação

No momento em que o ato é realizado, independentemente de o terceiro restar sexualmente satisfeito por ter atingido o orgasmo. Trata-se de crime material porque pressupõe a realização do ato visando à satisfação da lascívia alheia.

6.2.2.6. Tentativa

É possível.

6.2.2.7. Classificação doutrinária

Quanto à objetividade jurídica é crime simples. Em relação ao sujeito ativo, classifica-se como crime comum e de concurso eventual. No que diz respeito aos meios de execução é crime de ação livre e comissivo. No que se refere ao momento consumativo, constitui delito instantâneo e material. Por fim, no que pertine ao elemento subjetivo, trata-se de infração penal dolosa.

6.2.2.8. Ação penal

Pública incondicionada.

O prazo prescricional, por sua vez, só tem início quando a vítima completar 18 anos, salvo se antes disso a ação penal já tiver sido proposta (art. 111, V, do CP).

Nos termos do art. 234-B do Código Penal, os processos que apuram essa modalidade de infração penal correm em segredo de justiça.

6.2.3. Satisfação de lascívia mediante presença de criança ou adolescente

> Art. 218-A. Praticar, na presença de alguém menor de 14 anos, ou induzi-lo a presenciar, conjunção carnal ou outro ato libidinoso, a fim de satisfazer a lascívia própria ou de outrem:
>
> Pena – reclusão, de dois a quatro anos.

6.2.3.1. Objetividade jurídica

A dignidade sexual da pessoa menor de 14 anos. O dispositivo procura preservar a inocência sexual dos menores, evitando que presenciem precocemente atos de cunho libidinoso.

6.2.3.2. Tipo objetivo

A infração penal configura-se quer o agente convença o menor a assistir o ato, quer simplesmente o realize em sua presença. O ato sexual pode ser a penetração do pênis na vagina (conjunção carnal) ou qualquer outro ato de conotação sexual (presenciar o agente se masturbar, a manter sexo oral ou anal com terceiro etc.). Nesse crime, o agente faz com que uma pessoa menor de 14 anos assista a ato sexual envolvendo o próprio agente ou outras pessoas. Caso o agente convença o menor a ficar nu ou a *praticar* atos sexuais (masturbar-se, por exemplo), o crime será o de estupro de vulnerável.

O tipo penal exige que a conduta seja realizada "na *presença*" do menor, situação que se concretiza quando o agente mantém contato com a vítima via *webcam* e pratica ato sexual diante da câmera para ser visto de imediato pelo menor. Se ele, todavia, convencer o menor a praticar também ato libidinoso diante da câmera, estará configurado crime de estupro de vulnerável, que – de acordo com o Superior Tribunal de Justiça – pode também ser praticado de modo virtual (HC 478.310/PA).

Premissa do crime é a intenção de satisfazer a própria lascívia ou de terceiro pelo fato de o ato sexual estar sendo presenciado por pessoa menor de 14 anos.

É necessário que o menor não se envolva sexualmente no ato de libidinagem, pois, se o fizer, o crime será o de estupro de vulnerável, que tem pena consideravelmente mais severa.

6.2.3.3. Sujeito ativo

Qualquer pessoa, homem ou mulher. Cuida-se de crime comum. Se o ato sexual for praticado por duas pessoas na presença do menor, a fim de satisfazer a lascívia de ambos, os dois respondem pelo crime.

6.2.3.4. Sujeito passivo

Crianças ou adolescentes, do sexo masculino ou feminino, menores de 14 anos.

6.2.3.5. Consumação

No instante em que é realizado o ato sexual na presença do menor, ainda que o agente não consiga satisfazer a própria lascívia ou a do terceiro (crime formal).

O prazo prescricional, porém, só tem início quando a vítima completar 18 anos, salvo se antes disso a ação penal já tiver sido proposta (art. 111, V, do CP).

6.2.3.6. Tentativa

É possível. Ex.: menor é convencido a presenciar o ato sexual, mas, quando o agente começa a tirar a roupa, policiais chegam ao local.

6.2.3.7. Classificação doutrinária

Quanto à objetividade jurídica é crime simples. Em relação ao sujeito ativo, classifica-se como crime comum e de concurso eventual. No que diz respeito aos meios de execução é crime de ação livre e comissivo. No que se refere ao momento consumativo, constitui delito instantâneo e formal. Por fim, no que pertine ao elemento subjetivo, trata-se de infração penal dolosa.

6.2.3.8. Ação penal

É pública incondicionada.

De acordo com o art. 234-B do Código Penal, os processos que apuram essa modalidade de infração penal correm em segredo de justiça.

6.2.4. Favorecimento da prostituição ou de outra forma de exploração sexual de criança ou adolescente ou de vulnerável

Art. 218-B. Submeter, induzir ou atrair à prostituição ou outra forma de exploração sexual alguém menor de 18 anos ou que, por enfermidade ou deficiência mental, não tem o necessário discernimento para a prática do ato, facilitá-la, impedir ou dificultar que a abandone:

Pena – reclusão, de quatro a dez anos.

6.2.4.1. Objetividade jurídica

A dignidade e a moralidade sexual do vulnerável. A lei visa ainda evitar danos à sua saúde e outros riscos ligados ao exercício da prostituição.

A Lei n. 12.978/2014 inseriu este crime, bem como as figuras de seus §§ 1º e 2º, no rol dos crimes hediondos (art. 1º, VIII, da Lei n. 8.072/90).

6.2.4.2. Tipo objetivo

O crime consiste em convencer alguém a se prostituir ou a se submeter a outras formas de exploração sexual, em colaborar para que alguém exerça a prostituição, ou em impedir ou dificultar, de algum modo, que a vítima abandone as referidas atividades. Em resumo, configura-se o delito pela conduta de introduzir alguém no mundo da prostituição, apoiá-lo materialmente enquanto a exerce ou impedir ou dificultar o abandono das atividades por parte de quem deseja fazê-lo.

Na figura ilícita em análise, a vítima deve ser pessoa menor de 18 anos ou com deficiência mental que lhe retire a capacidade de entender o caráter do ato. Caso a vítima tenha menos de 14 anos e fique provado o agenciamento de encontro sexual com pessoa determinada, haverá também punição por crime de estupro de vulnerável (o responsável pelo agenciamento será considerado partícipe desse crime). Se a vítima for pessoa maior de idade e sã, o induzimento à prostituição configura o crime do art. 228 do Código Penal, que tem pena menor.

Prostituição é o comércio do próprio corpo, em caráter habitual, visando à satisfação sexual de qualquer pessoa que se disponha a pagar para tanto. A prostituição pode ser a masculina ou a feminina.

Pune-se igualmente nesse tipo penal quem submete o menor ou o enfermo mental a qualquer outra forma de exploração sexual. Ex.: induzir uma menor a ser dançarina de *striptease*, a dedicar-se a "fazer sexo" por telefone ou via internet por meio de *webcams* (sem que haja efetivo contato físico com o cliente) etc.

Se o delito for cometido com intenção de lucro, deverá ser aplicada pena cumulativa de multa, nos exatos termos do art. 218-B, § 1º, do Código Penal. A intenção de lucro a que o dispositivo se refere é por parte do agente, na medida em que o favorecimento à prostituição pode ser cometido sem tal intuito.

Se o agente visar reiteradamente participação nos lucros de quem exerce a prostituição, incorrerá em crime de rufianismo (art. 230), que tem a pena agravada quando a vítima for menor de 18 anos e maior de 14.

Ressalve-se que, nos termos dos arts. 240 e 241 da Lei n. 8.069/90, com a redação que lhes foi dada pela Lei n. 11.829/2008, constitui crime específico produzir, reproduzir, dirigir, fotografar, filmar ou registrar, por qualquer meio, cena de sexo explícito ou pornográfica envolvendo criança ou adolescente, bem como oferecer, trocar, disponibilizar, transmitir, distribuir ou divulgar, por qualquer meio, referidas imagens. São também punidos aqueles que agenciarem ou recrutarem o menor para participar dessas cenas e aqueles que adquirirem, armazenarem ou possuírem tais fotografias, imagens ou registros.

Saliente-se, por fim, que o art. 218-B, inserido no Código Penal pela Lei n. 12.015/2009, por tratar do mesmo tema, revogou tacitamente o crime do art. 244-A da Lei n. 8.069/90.

6.2.4.3. Sujeito ativo

Pode ser qualquer pessoa. Trata-se de crime comum.

6.2.4.4. Sujeito passivo

Homem ou mulher menor de idade ou que, em razão de enfermidade mental, não tenha discernimento necessário para compreender a prostituição ou a exploração sexual.

6.2.4.5. Consumação

Quando a vítima assume uma vida de prostituição, colocando-se à disposição para o comércio carnal, ou quando passa a ser explorada sexualmente. Na modalidade de impedimento, consuma-se no momento em que a vítima não abandona as atividades. Nesta última figura, o crime é permanente. Na modalidade dificultar, consuma-se quando o agente cria o óbice.

6.2.4.6. Tentativa

É possível.

6.2.4.7. Classificação doutrinária

Quanto à objetividade jurídica é crime simples. Em relação ao sujeito ativo, classifica-se como crime comum e de concurso eventual. No que diz respeito aos meios de execução é crime de ação livre e comissivo. No que se refere ao momento consumativo, constitui delito instantâneo e material. Por fim, no que pertine ao elemento subjetivo, trata-se de infração penal dolosa.

6.2.4.8. Ação penal

É pública incondicionada.

No caso de vítima menor de 18 anos, o prazo prescricional só tem início quando a vítima completar tal idade, salvo se antes disso a ação penal já tiver sido proposta (art. 111, V, do CP).

Nos termos do art. 234-B do Código Penal, os processos que apuram essa modalidade de infração penal correm em segredo de justiça.

6.2.4.9. Figuras equiparadas

Art. 218-B, § 2º – Incorre nas mesmas penas:

I – quem pratica conjunção carnal ou outro ato libidinoso com alguém menor de 18 e maior de 14 anos na situação descrita no caput *deste artigo;*

II – o proprietário, o gerente ou o responsável pelo local em que se verifiquem as práticas referidas no caput *deste artigo.*

O inc. I pune quem faz programa sexual com pessoa menor de idade que esteja se prostituindo ou sendo vítima de exploração sexual. Cuida-se de modalidade de infração penal introduzida em nossa legislação pela Lei n. 12.015/2009. O ato de manter relação sexual com prostituta maior de idade continua não configurando crime.

O agente não será punido se tiver sido enganado a respeito da idade da prostituta ou se as circunstâncias o levaram a acreditar que ela era maior de idade. Temos, nesses casos, erro de tipo.

Há quem defenda que a expressão contida neste inc. I – "(...) alguém menor de 18 e maior de 14 anos na situação descrita no *caput* deste artigo" – refere-se apenas à prostituta que foi induzida ou atraída para esta atividade por terceiro. Não abrangeria, portanto, a hipótese de pessoas que tomaram a iniciativa de se prostituir sem que tenham sido influenciadas por outrem. É o que pensa Guilherme de Souza Nucci[15]. Não foi esta, entretanto, a intenção do legislador, conforme se verifica na Exposição de Motivos da Lei n. 12.015/2004, na qual se lê que "outra atenção foi dada em relação ao cliente da prostituição infantil, acrescentando-se o art. 218-B, do qual deve constar parágrafo a dispor que incorre também no crime de favorecimento quem tem conjunção carnal ou pratica outro ato libidinoso com pessoa menor de 18 e maior de 14 anos".

Em nenhum momento, esse texto exige que a vítima tenha sido induzida à prostituição por terceiro, ao contrário, esclarece que o próprio cliente é autor de favorecimento à prostituição, pois, dispondo-se a pagar pelo programa com prostituta em tal faixa etária, estimula sua prática. Não há dúvida de que o objetivo legal é desestimular a prostituição por menores de idade, sendo, em verdade, irrelevante, em relação ao cliente, se a vítima está a se prostituir por iniciativa própria ou incentivada por terceiro. O Superior Tribunal de Justiça adotou nosso entendimento: "O art. 218-B, § 2º, inciso I, do Código Penal, na situação de exploração sexual, não exige a figura do terceiro intermediador. 2. É lícito concluir que a norma traz uma espécie de presunção relativa de vulnerabilidade das pessoas menores de 18 e maiores de 14 anos. Assim, quem, se aproveitando da idade da vítima, oferece-lhe dinheiro em troca de favores sexuais está a explorá-la sexualmente, pois se utiliza da sexualidade de pessoa ainda em formação como mercancia. 3. Embargos de divergência rejeitados" (EREsp 1530637/SP, Rel. Min. Ribeiro Dantas, 3ª Seção, julgado em 24-3-2021, *DJe* 17-9-2021).

Para a configuração do delito, tampouco é exigida habitualidade nos programas com a prostituta menor. A propósito do tema, veja-se primorosa decisão do Superior Tribunal de Justiça no julgamento do HC 288.374/AM[16]. Em sentido contrário, o

---

[15]   Guilherme de Souza Nucci, *Código Penal Comentado*, p. 1.118.

[16]   "Se pode ser criticada a proteção paternalista estatal que retira do adolescente opção de trabalho, inclusive com o próprio corpo (sem admitir aqui valorações morais sobre o tema), não se pode porém ver essa opção política como absurda ou desarrazoada. A necessidade social por vezes até provoca o adolescente ao trabalho ou à prostituição, mas opta o Estado por isto não admitir, como

entendimento de Cezar Roberto Bitencourt[17], segundo o qual o cliente eventual não comete o delito.

Se tiver sido empregada violência ou grave ameaça para forçar a pessoa com mais de 14 e menos de 18 anos a se prostituir, o crime será o de estupro qualificado (art. 213, § 1º).

O consentimento do menor para o ato sexual remunerado não exclui o crime[18].

Lembre-se, outrossim, de que se a vítima tiver menos de 14 anos, a prática de ato sexual constituirá crime de estupro de vulnerável.

---

proteção ao melhor desenvolvimento do adolescente, na educação, na formação cidadã – seja isso concretamente possível ou não no momento.

Para impedir violações à proteção integral, não se pune o adolescente (que trabalha ou se prostitui), mas quem serve-se dessa atividade vedada (punindo administrativamente empregadores e criminalmente – opção política de tratamento mais gravoso – aos *clientes* da prostituição).

(...)

Para a realização do tipo penal, alega o impetrante a exigência de outras elementares implícitas, a condição de vulnerabilidade da vítima, a habitualidade da prostituição e do relacionamento reiterado com o acusado, assim como a impossibilidade de corrupção prévia da vítima. Nenhum desses elementos, porém, é admitido no texto normativo para a tipicidade.

O fato de já ser a vítima corrompida, atuante na prostituição, é irrelevante para o tipo penal. Não se pune a provocação de deterioração moral, mas o incentivo à atividade de prostituição, inclusive por aproveitamento eventual dessa atividade, como *cliente*.

Essa é a previsão típica do art. 218-B do CP, e especialmente de seu § 2º, I. Pune-se não somente quem atua para a prostituição do adolescente, induzindo/facilitando/submetendo ou dificultando/impedindo seu abandono, mas também quem serve-se desta atividade. É ação político-social de defesa do adolescente, mesmo contra a vontade deste, pretendendo afastá-lo do trabalho de prostituição pela falta de quem sirva-se de seu atendimento.

A condição de vulnerável é no tipo penal admitida por critério biológico ou etário, neste último caso pela constatação objetiva da faixa etária, de 14 a 18 anos, independentemente de demonstração concreta dessa condição de incapacidade plena de autogestão.

Tampouco faz o tipo penal qualquer exigência na habitualidade da mantença de relações sexuais com a prostituta adolescente. Habitualidade há na atividade de prostituição da adolescente, não nos contatos com aquele que de sua atividade serve-se. Basta no tipo penal único contato consciente com prostituta adolescente para que se configure o crime" (HC 288.374/AM, 6ª Turma, Rel. Min. Nefi Cordeiro, julgado em 5-6-2014, *DJe* 13-6-2014).

[17] Cezar Roberto Bitencourt, *Tratado de direito penal*, v. 4, p. 125.

[18] "1. Nos termos do art. 218-B do Código Penal, são punidos tanto aquele que capta a vítima, inserindo-a na prostituição ou outra forma de exploração sexual (*caput*), como também o cliente do menor prostituído ou sexualmente explorado (§ 1º). 2. Na espécie, o paciente, a quem se imputou a exploração sexual dos ofendidos, também figurou como 'cliente' dos menores, com eles praticando atos libidinosos, fatos que se enquadram na figura do inciso I do § 2º do art. 218-B do Estatuto Repressivo. Precedentes. 3. O crime de favorecimento da prostituição ou outra forma de exploração sexual de criança ou adolescente busca proteger a dignidade sexual do vulnerável, assegurando que possa se desenvolver de forma saudável, e, no momento apropriado, decidir livremente o seu comportamento sexual (...) 5. No caso dos autos, não há que se falar em atipicidade da conduta sob o argumento de que os adolescentes teriam consentido com a prática dos atos libidinosos, uma vez que a vulnerabilidade dos ofendidos restou devidamente comprovada no acórdão impugnado, tendo a autoridade impetrada registrado que o paciente, aproveitando-se da situação de miserabilidade dos ofendidos, os atraiu a se prostituírem, com eles mantendo relações sexuais mediante pagamento, o que caracteriza o delito do art. 218-B, § 2º, inciso I, do Código Penal" (STJ, HC 371.633/SP, Rel. Min. Jorge Mussi, 5ª Turma, julgado em 19-3-2019, *DJe* 26-3-2019).

A realização de ato sexual consentido com pessoa maior de 14 e menor de 18 anos, que não esteja se prostituindo e que não seja objeto de exploração sexual, não configura infração penal, na medida em que a Lei n. 11.106/2005 revogou o crime de sedução[19] (antigo art. 217 do CP) e a Lei n. 12.015/2009 revogou o delito de corrupção de menores[20] (antigo art. 218 do CP).

Na hipótese do inc. II, o legislador criou uma espécie de figura qualificada do crime de casa de prostituição (art. 229). Assim, o dono, gerente ou responsável por local onde haja prostituição ou exploração sexual de pessoa com menos de 18 anos ou com enfermidade mental, incorrerá no crime em análise, para o qual a pena é maior em relação àqueles que mantêm lupanar apenas com prostitutas maiores de idade. A punição, todavia, pressupõe que o agente saiba que há prostitutas menores de idade trabalhando no local. Haverá crime também por parte do dono de motel ou outra espécie de estabelecimento que permita que prostituta em referida faixa etária faça programa com clientes em suas dependências.

O § 3º do art. 218-B estabelece ainda que constitui efeito obrigatório da condenação a cassação da licença de localização e de funcionamento do estabelecimento.

A inserção do presente dispositivo no Código Penal pela Lei n. 12.015/2009 revogou tacitamente o delito previsto no art. 244-A, § 1º, da Lei n. 8.069/90 – que trata da mesma conduta típica.

6.2.5. Divulgação de cena de estupro ou de cena de estupro de vulnerável, de cena de sexo ou de pornografia

> *Art. 218-C. Oferecer, trocar, disponibilizar, transmitir, vender ou expor à venda, distribuir, publicar ou divulgar, por qualquer meio – inclusive por meio de comunicação de massa ou sistema de informática ou telemática –, fotografia, vídeo ou outro registro audiovisual que contenha cena de estupro ou de estupro de vulnerável ou que faça apologia ou induza a sua prática, ou, sem o consentimento da vítima, cena de sexo, nudez ou pornografia:*
>
> *Pena – reclusão, de 1 a 5 anos, se o fato não constitui crime mais grave.*

6.2.5.1. Objetividade jurídica

A dignidade e a moralidade sexual. Tutela-se, também, a honra e a imagem da pessoa cuja imagem é divulgada de forma não autorizada.

6.2.5.2. Tipo objetivo

A presente infração penal foi introduzida no Código Penal a fim de coibir a conduta de pessoas que divulgam cena de estupro ou de estupro de vulnerável ou cena que,

---

[19] "Seduzir mulher virgem, menor de 18 e maior de 14 anos, e ter com ela conjunção carnal, aproveitando-se de sua inexperiência ou justificável confiança: Pena – reclusão, de dois a quatro anos."

[20] "Corromper ou facilitar a corrupção de pessoa maior de 14 e menor de 18 anos, com ela praticando ato de libidinagem, ou induzindo-a a praticá-lo ou presenciá-lo: Pena – reclusão, de um a quatro anos."

de alguma forma, faça apologia ou induza à prática de um desses crimes sexuais. O dispositivo pune, outrossim, quem, sem o consentimento da vítima, divulga cena de sexo, nudez ou pornografia. A divulgação ou publicação pode ocorrer por qualquer meio, inclusive de comunicação de massa ou sistema de informática ou telemática. A maioria dos casos de que se tem notícia são de divulgação de imagens pelo aplicativo whatsapp, mas podem ocorrer por qualquer outro modo. A configuração do delito pressupõe a divulgação de fotografia, vídeo ou outro registro audiovisual que contenha uma das cenas já mencionadas.

As condutas típicas são: a) oferecer; b) trocar; c) disponibilizar; d) transmitir; e) vender; f) expor à venda; g) distribuir; h) publicar; i) divulgar.

Saliente-se que a pena do delito será aumentada de um a dois terços se o crime for praticado por agente que mantém ou tenha mantido relação íntima de afeto com a vítima ou com o fim de vingança ou humilhação. Não são poucos os casos noticiados de ex--namorados que haviam filmado relação sexual com a namorada e, após o término do relacionamento, divulgaram as imagens a fim de prejudicar a vítima. Também há casos de rapazes que filmam secretamente a relação sexual com alguma garota e, posteriormente, divulgam as imagens.

Ao tratar da pena da infração penal, o legislador deixou patenteada a sua natureza subsidiária (subsidiariedade expressa). Assim, quando a imagem divulgada envolver cena de sexo explícito ou pornográfica com criança ou adolescente, restará configurado o crime do art. 241-A do Estatuto da Criança e do Adolescente (Lei n. 8.069/90), cuja pena é de reclusão, de 3 a 6 anos, e multa. No que se refere à divulgação de cena de estupro de vulnerável (art. 217-A), o enquadramento será também em tal art. 241-A quando se tratar de pessoa vulnerável por ser menor de 14 anos, o mesmo ocorrendo quando se tratar de estupro qualificado por ser a vítima menor de 18 anos (art. 213, § 1º, do CP).

O fato de a vítima ter tomado a iniciativa de remeter, por exemplo, uma fotografia na qual aparece nua a alguma pessoa não exclui a prática do delito por parte de quem, sem estar autorizado por ela, divulgar a imagem para outras pessoas.

6.2.5.3. Sujeito ativo

Qualquer pessoa. Se o agente mantém ou tenha mantido relação íntima de afeto com a vítima, sua pena será aumentada de um a dois terços (§ 1º).

A lei não visa punir somente o responsável pela divulgação inicial. Parece-nos que quem receber a imagem e a compartilhar com outras pessoas ciente de que não havia autorização da vítima incorrerá igualmente na infração penal.

De acordo com o § 2º do art. 218-C, "não há crime quando o agente pratica as condutas descritas no *caput* deste artigo em publicação de natureza jornalística, cien-tífica, cultural ou acadêmica com a adoção de recurso que impossibilite a identificação da vítima, ressalvada sua prévia autorização, caso seja maior de 18 anos" (trata-se de excludente específica de ilicitude).

6.2.5.4. Sujeito passivo

A pessoa cuja imagem foi divulgada.

6.2.5.5. Consumação

No momento em que realizada qualquer das condutas típicas, independentemente de qualquer resultado.

6.2.5.6. Tentativa

É possível.

6.2.5.7. Ação penal

Pública incondicionada, nos termos da redação dada ao art. 225.

DO LENOCÍNIO E DO TRÁFICO DE PESSOA PARA FIM DE PROSTITUIÇÃO OU OUTRA FORMA DE EXPLORAÇÃO SEXUAL

6.3. Do lenocínio e do tráfico de pessoa para fim de prostituição ou outra forma de exploração sexual

6.3.1. Mediação para satisfazer a lascívia de outrem

> Art. 227. Induzir alguém a satisfazer a lascívia de outrem:
>
> Pena – reclusão, de um a três anos.

6.3.1.1. Objetividade jurídica

Evitar a exploração sexual.

6.3.1.2. Tipo objetivo

Nesta infração penal a vítima não é forçada ao ato sexual. Ela é convencida a entregar-se a terceiro ou a satisfazer sua lascívia de outra forma qualquer. O ato, portanto, é consentido.

Existem três pessoas envolvidas: aquele que induz, a pessoa que é induzida (vítima) e o terceiro beneficiário do ato sexual. Somente o primeiro responde pelo delito por ter incentivado a vítima a satisfazer a lascívia do terceiro. Este último não comete crime algum, pois, conforme mencionado, o ato sexual é consentido.

O que diferencia o crime em estudo do delito de induzimento à prostituição (art. 228) é a circunstância de que esta pressupõe *habitualidade* e a entrega do próprio corpo a pessoas indeterminadas que se disponham a pagar, enquanto no crime em análise a vítima é induzida a servir pessoa determinada – ainda que mediante paga.

6.3.1.3. Sujeito ativo

Qualquer pessoa. Trata-se de crime comum.

6.3.1.4. Sujeito passivo

Qualquer pessoa, homem ou mulher.

6.3.1.5. Consumação

No momento em que a vítima realiza algum ato capaz de satisfazer a lascívia do terceiro.

6.3.1.6. Tentativa

É possível.

6.3.1.7. Figuras qualificadas

> Art. 227, § 1º Se a vítima é maior de 14 e menor de 18 anos, ou se o agente é ascendente, descendente, cônjuge ou companheiro, irmão, tutor ou curador ou pessoa a quem esteja confiada para fins de educação, de tratamento ou guarda:
>
> Pena – reclusão, de dois a cinco anos.
>
> § 2º Se o crime é cometido com emprego de violência, grave ameaça ou fraude:
>
> Pena – reclusão, de dois a oito anos, além da pena correspondente à violência.

O § 1º do art. 227 prevê diversas qualificadoras, que se referem à idade da vítima (entre 14 e 18 anos), à relação de parentesco, casamento ou união estável entre autor do crime e vítima, ou, ainda, à existência de vínculo entre eles por estar a vítima confiada ao agente para fim de educação, tratamento ou guarda.

O § 2º, por sua vez, pune ainda mais gravemente a conduta quando cometida com emprego de violência, grave ameaça ou fraude. Além disso, se da violência empregada resultarem lesões corporais, ainda que leves, o agente responderá também pelo crime do art. 129 do Código Penal.

O reconhecimento de alguma das qualificadoras do § 2º, afasta a aplicação das figuras menos graves do § 1º, que, nesse caso, serão consideradas como circunstância judicial na aplicação da pena-base ou como agravante genérica (art. 61, II, e).

Note-se que no crime do art. 227, em sua modalidade básica, a vítima é induzida e não forçada a um ato para satisfazer a lascívia de terceiro. Já na figura qualificada do § 2º, o agente emprega violência ou grave ameaça para forçá-la a fazer algo contra sua vontade. Por isso, se ela for forçada a manter conjunção carnal ou a realizar outra espécie de ato libidinoso com terceiro, o agente responde por crime de estupro. Se o terceiro sabe que a vítima está sendo coagida, responde também por este crime. Se não sabe, apenas o coautor responde pelo estupro, tendo havido autoria mediata. Por isso, a qualificadora do art. 227, § 2º, tem aplicação somente para casos em que o agente emprega violência ou grave ameaça para forçar a vítima a fazer, por exemplo, "sexo por telefone" ou striptease para outrem, hipóteses não configuradoras de estupro.

6.3.1.8. Intenção de lucro

> Art. 227, § 3º Se o crime é cometido com o fim de lucro, aplica-se também multa.

O dispositivo refere-se à intenção de lucro por parte do próprio autor do delito.

6.3.1.9. Ação penal

É pública incondicionada. No caso de vítima menor de 18 anos, o prazo prescricional somente terá início quando a vítima completar a maioridade, salvo se antes disso a ação penal já tiver sido proposta (art. 111, V, do CP).

Nos termos do art. 234-B do Código Penal, os processos que apuram esta modalidade de infração penal correm em segredo de justiça.

6.3.2. *Favorecimento da prostituição ou outra forma de exploração sexual*

Art. 228. Induzir ou atrair alguém à prostituição ou outra forma de exploração sexual, facilitá-la, impedir ou dificultar que alguém a abandone:

Pena – reclusão, de dois a cinco anos, e multa.

6.3.2.1. *Objetividade jurídica*

A moralidade sexual e os bons costumes, evitando-se a prostituição e os riscos à saúde pública, bem como das próprias prostitutas, que decorrem de tal atividade.

6.3.2.2. *Tipo objetivo*

Na modalidade "induzir", o agente procura pessoa determinada e a convence a ingressar no mundo da prostituição.

Na figura "atrair", o agente, por exemplo, anuncia que está contratando moças ou rapazes para se prostituírem.

A facilitação à prostituição, por sua vez, ocorre quando o agente, de alguma maneira, ajuda a prostituta a desenvolver suas atividades ou até mesmo a amealhar clientes. Exs.: porteiro de hotel que apresenta catálogo de prostitutas a hóspedes, motorista de táxi que diz conhecer garotas de programa e se dispõe a buscar um grupo delas para uma festa, sites que se dedicam a anunciar garotas e garotos de programa etc.

Por fim, existe o crime quando o agente realiza alguma ação visando obstar o abandono das atividades. Se ele, ao menos por uma vez, conseguiu evitar o abandono, diz-se que ele *impediu* a vítima de fazê-lo. Se, entretanto, apesar do óbice criado, a vítima conseguiu abandoná-la, diz-se que ele *dificultou* o abandono das atividades. O verbo "dificultar", introduzido pela Lei n. 12.015/2009, tirou parte da importância da figura do impedimento, pois sua consumação é antecipada, isto é, existe o crime se o agente cria o óbice, mas, mesmo assim, a prostituta consegue superá-lo e abandonar o comércio carnal. No impedimento, entretanto, o crime é permanente, o que viabiliza a prisão em flagrante a qualquer instante.

Em suma, constitui crime introduzir pessoa no mundo da prostituição, apoiá-la materialmente enquanto a exerce ou, de qualquer modo, impedir ou dificultar o abandono das atividades por parte de quem deseja fazê-lo.

Prostituição é o comércio do próprio corpo, em caráter *habitual*, visando à satisfação sexual de qualquer pessoa que se disponha a pagar para tanto. A prostituição a que se refere a lei pode ser a masculina ou a feminina.

Pune-se também nesse tipo penal quem submete a vítima a qualquer outra forma de exploração sexual. Ex.: induzir uma mulher a dedicar-se a "fazer sexo" com clientes via internet por meio de *webcams* (sem que haja efetivo contato físico com o cliente).

6.3.2.3. Sujeito ativo

Pode ser qualquer pessoa. Trata-se de crime comum.

A prostituição, em si, não constitui crime, de modo que a prostituta não é punida. Também não existe tipo penal incriminando quem com ela faça o programa sexual (desde que não se trate de prostituta menor de idade).

6.3.2.4. Sujeito passivo

Qualquer pessoa, homem ou mulher.

6.3.2.5. Consumação

Nas modalidades induzir e atrair, o crime se consuma quando a vítima passa a se prostituir. Na facilitação, o crime se consuma no momento da ação do sujeito no sentido de colaborar com a prostituição. Na modalidade dificultar, o crime consuma-se no instante em que o agente cria o óbice, ainda que a vítima abandone a prostituição. Na modalidade impedir, consuma-se quando a vítima não consegue abandonar as atividades e, nessa hipótese, conforme já mencionado, o delito tem natureza permanente.

6.3.2.6. Tentativa

É possível.

6.3.2.7. Figuras qualificadas

Art. 228, § 1º Se o agente é ascendente, padrasto, madrasta, irmão, enteado, cônjuge, companheiro, tutor ou curador, preceptor ou empregador da vítima, ou se assumiu, por lei ou outra forma, obrigação de cuidado, proteção ou vigilância:

Pena – reclusão, de três a oito anos.

§ 2º Se o crime é cometido com emprego de violência, grave ameaça ou fraude:

Pena – reclusão, de quatro a dez anos, além da pena correspondente à violência.

A enumeração legal é taxativa. Se a vítima for menor de 18 anos ou enferma mental, não se aplica a figura qualificada, ainda que presente uma das hipóteses deste § 1º, na medida em que existe crime específico, mais grave, no art. 218-B do Código Penal.

O § 2º pune ainda mais gravemente o delito quando cometido com emprego de violência, grave ameaça ou fraude. Além disso, estabelece que, se da violência empregada resultarem lesões corporais, ainda que leves, o agente responderá também pelo crime do art. 129 do Código Penal.

O reconhecimento de alguma das qualificadoras do § 2º afasta a aplicação das figuras menos graves do § 1º que, nesse caso, serão consideradas como circunstância judicial na aplicação da pena-base ou como agravante genérica (art. 61, II, e).

6.3.2.8. Intenção de lucro

Art. 228, § 3º Se o crime é cometido com o fim de lucro, aplica-se também multa.

O dispositivo refere-se à intenção de lucro por parte do próprio autor do delito.

O crime de favorecimento à prostituição, evidentemente, pode ser cometido sem intenção de lucro por parte do agente, que, por exemplo, aconselha alguém a iniciar-se na prostituição para que possa se sustentar ou sustentar a própria família. Caso ele o faça, todavia, a fim de obter alguma vantagem financeira, incorrerá também na pena de multa. Se o agente visar reiteradamente participação nos lucros de quem exerce a prostituição, incorrerá em crime de rufianismo (art. 230).

6.3.2.9. Ação penal

É pública incondicionada. No caso de vítima menor de 18 anos, o prazo prescricional somente terá início quando a vítima completar a maioridade, salvo se antes disso a ação penal já tiver sido proposta (art. 111, V, do CP).

Nos termos do art. 234-B do Código Penal, os processos que apuram esta modalidade de infração penal correm em segredo de justiça.

6.3.3. Casa de prostituição

Art. 229. Manter, por conta própria ou de terceiro, estabelecimento em que ocorra exploração sexual, haja, ou não, intuito de lucro ou mediação direta do proprietário ou gerente:

Pena – reclusão, de dois a cinco anos, e multa.

6.3.3.1. Objetividade jurídica

A moralidade sexual e os bons costumes, evitando-se a prostituição e os riscos à saúde pública, bem como das próprias prostitutas, que decorrem de tal atividade.

6.3.3.2. Tipo objetivo

O dispositivo diz respeito a casas de prostituição, casas de massagem onde haja encontros com prostitutas em quartos, boates em que se faça programa sexual com prostitutas etc. O tipo penal é abrangente, punindo o dono do estabelecimento, o gerente, os empregados que mantêm a casa etc. O texto legal, ademais, dispensa para a ocorrência do crime a intenção de lucro (normalmente existente) e a mediação direta do proprietário ou gerente na captação de clientes. Assim, não exclui o crime o fato de, no interior da casa de prostituição, serem as próprias moças quem se incumbem de se aproximar dos clientes e fazerem a proposta do encontro carnal.

Existem muitas boates cujos donos incentivam a frequência de prostitutas ou as atraem para o exercício de suas atividades no local, mas que, por não possuírem local apropriado para a prática de relações sexuais, não são enquadradas como casas de prostituição. Nesses casos, todavia, devem os responsáveis ser punidos ao menos pelo crime de favorecimento à prostituição – na forma de facilitação –, quando não cobrarem porcentagem ou valores das prostitutas, ou rufianismo, quando for cobrada comissão.

Para o reconhecimento do crime em análise, exige-se habitualidade, ou seja, o funcionamento reiterado do estabelecimento.

A existência de alvará de funcionamento concedido pelas autoridades competentes não exclui o crime, já que o responsável pelas atividades ilícitas evidentemente desvirtua a licença obtida para outros fins.

A prostituta que recebe clientes em sua casa para encontros sexuais, explorando o próprio comércio carnal, não incorre no crime em análise.

O fato de não haver grande resistência popular nos dias atuais à existência de casas de prostituição não exclui a ilicitude da conduta. Nesse sentido: "1. A eventual tolerância da sociedade ou das autoridades públicas não implica na atipicidade da conduta relativa à prática do crime previsto no art. 229 do Código Penal ("casa de prostituição"), valendo ressaltar que o alvará expedido tinha por objeto autorizar o funcionamento de um bar e não de uma casa para encontros libidinosos, não havendo que se falar, portanto, em aplicação do princípio da adequação social. Precedentes" (STJ, AgRg no REsp 1045907/PR, 5ª Turma, Rel. Min. Marco Aurélio Bellizze, julgado em 25-9-2012, *DJe* 2-10-2012); e "A jurisprudência desta Corte Superior orienta-se no sentido de que eventual tolerância de parte da sociedade e de algumas autoridades públicas não implica a atipicidade material da conduta de manter casa de prostituição, delito que, mesmo após as recentes alterações legislativas promovidas pela Lei n. 12.015/2009, continuou a ser tipificada no artigo 229 do Código Penal. 4. De mais a mais, a manutenção de estabelecimento em que ocorra a exploração sexual de outrem vai de encontro ao princípio da dignidade da pessoa humana, sendo incabível a conclusão de que é um comportamento considerado correto por toda a sociedade" (STJ, REsp 1.435.872/MG, 6ª Turma, Rel. Min. Sebastião Reis Júnior, Rel. p/ Acórdão Min. Rogerio Schietti Cruz, julgado em 3-6-2014, *DJe* 1º-7-2014).

6.3.3.3. Sujeito ativo

Pode ser qualquer pessoa.

Se alguém mantém a casa de prostituição por conta de terceiro, ambos respondem pelo crime.

6.3.3.4. Sujeito passivo

As pessoas exploradas sexualmente no estabelecimento. Pode ser homem ou mulher. A sociedade também é vítima deste crime, que tutela a moralidade e a saúde pública.

6.3.3.5. Consumação

Quando o estabelecimento começa a funcionar de forma reiterada. Trata-se de crime habitual e permanente. Enquanto a casa estiver em funcionamento e, em havendo prova da habitualidade, a prisão em flagrante será possível.

6.3.3.6. Tentativa

Em se tratando de crime habitual, há incompatibilidade com o instituto da tentativa.

6.3.3.7. Ação penal

É pública incondicionada.

Nos termos do art. 234-B do Código Penal, os processos que apuram essa modalidade de infração penal correm em segredo de justiça.

6.3.4. Rufianismo

Art. 230. Tirar proveito da prostituição alheia, participando diretamente de seus lucros ou fazendo-se sustentar, no todo ou em parte, por quem a exerça:

Pena – reclusão, de um a quatro anos, e multa.

6.3.4.1. Objetividade jurídica

Evitar a exploração da prostituição alheia.

6.3.4.2. Tipo objetivo

O rufião visa à obtenção de vantagem econômica reiterada em relação a prostituta ou prostitutas determinadas. É o caso, por exemplo, de pessoas que fazem agenciamento de encontro com prostitutas, que "empresariam" prostituta, que recebem participação nos lucros por lhe prestar segurança, ou, simplesmente, que se sustentam pelos lucros da prostituição alheia, sem que se trate de hipótese de estado de necessidade.

Trata-se de crime habitual que só se configura pelo proveito reiterado nos lucros da vítima.

6.3.4.3. Sujeito ativo

Pode ser qualquer pessoa. Trata-se de crime comum.

6.3.4.4. Sujeito passivo

A vítima é necessariamente pessoa que exerce a prostituição (homem ou mulher).

6.3.4.5. Consumação

Quando ocorrer reiteração na participação nos lucros ou no sustento pela prostituta.

6.3.4.6. Tentativa

Inadmissível por se tratar de crime habitual.

6.3.4.7. Figuras qualificadas

Art. 230, § 1º Se a vítima é menor de 18 e maior de 14 anos ou se o crime é cometido por ascendente, padrasto, madrasta, irmão, enteado, cônjuge, companheiro, tutor ou curador, preceptor ou empregador da vítima, ou por quem assumiu por lei ou outra forma, obrigação de cuidado, proteção ou vigilância:

Pena – reclusão, de três a seis anos, e multa.

§ 2º Se o crime é cometido mediante violência, grave ameaça, fraude ou outro meio que impeça ou dificulte a livre manifestação da vontade da vítima:

Pena – reclusão, de dois a oito anos, sem prejuízo da pena correspondente à violência.

Nas hipóteses do § 1º, a enumeração legal é taxativa, não podendo ser ampliada por analogia.

Se a vítima for menor de 18 e maior de 14 anos e o agente for, concomitantemente, uma das pessoas enumeradas no dispositivo, a pluralidade de qualificadoras deverá ser levada em conta pelo juiz na fixação da pena-base.

A pena do § 1º é maior do que a do § 2º, de forma que, em caso de estarem presentes ambas as modalidades, o juiz fixará somente a pena maior, devendo as do § 2º serem consideradas como circunstância judicial na fixação da pena-base (art. 59).

Se da violência empregada resultarem lesões, ainda que leves, as penas devem ser somadas.

6.3.4.8. Ação penal

Pública incondicionada. No caso de vítima menor de 18 anos, o prazo prescricional somente terá início quando a vítima completar a maioridade, salvo se antes disso a ação penal já tiver sido proposta (art. 111, V, do CP).

Nos termos do art. 234-B do Código Penal, os processos que apuram essa modalidade de infração penal correm em segredo de justiça.

6.3.5. Tráfico internacional de pessoa para fim de exploração sexual

Art. 231. Promover ou facilitar a entrada, no território nacional, de alguém que nele venha a exercer a prostituição ou outra forma de exploração sexual, ou a saída de alguém que vá exercê-la no estrangeiro:

Pena – reclusão, de três a oito anos.

§ 1º Incorre na mesma pena aquele que agenciar, aliciar ou comprar pessoa traficada, assim como, tendo conhecimento dessa condição, transportá-la, transferi-la ou alojá-la.

Esse dispositivo foi expressamente revogado pela Lei n. 13.344/2016. O tráfico internacional de pessoa para fim de exploração sexual passou a ser tipificado como crime no art. 149-A do Código Penal, com a denominação "tráfico de pessoas", desde que o fato ocorra mediante emprego de grave ameaça, violência, coação, fraude ou abuso. A existência de consentimento válido por parte de pessoa maior de idade exclui o delito.

6.3.6. Tráfico interno de pessoa para fim de exploração sexual

Art. 231-A. Promover ou facilitar o deslocamento de alguém dentro do território nacional para o exercício da prostituição ou outra forma de exploração sexual:

Pena – reclusão, de dois a seis anos.

§ 1º Incorre na mesma pena aquele que agenciar, aliciar, vender ou comprar pessoa traficada, assim como, tendo conhecimento dessa condição, transportá--la, transferi-la ou alojá-la.

Esse dispositivo foi expressamente revogado pela Lei n. 13.344/2016. O tráfico interno de pessoa para fim de exploração sexual passou a ser tipificado como crime no art. 149-A do Código Penal, com a denominação "tráfico de pessoas", desde que o fato ocorra mediante emprego de grave ameaça, violência, coação, fraude ou abuso. A existência de consentimento válido por parte de pessoa maior de idade exclui o delito.

6.3.7. Promoção de migração ilegal

> *Art. 232-A. Promover, por qualquer meio, com o fim de obter vantagem econômica, a entrada ilegal de estrangeiro em território nacional ou de brasileiro em país estrangeiro:*
>
> *Pena – reclusão, de 2 (dois) a 5 (cinco) anos, e multa.*
>
> *§ 1º Na mesma pena incorre quem promover, por qualquer meio, com o fim de obter vantagem econômica, a saída de estrangeiro do território nacional para ingressar ilegalmente em país estrangeiro.*
>
> *§ 2º A pena é aumentada de 1/6 (um sexto) a 1/3 (um terço) se:*
>
> *I – o crime é cometido com violência; ou*
>
> *II – a vítima é submetida a condição desumana ou degradante.*
>
> *§ 3º A pena prevista para o crime será aplicada sem prejuízo das correspondentes às infrações conexas.*

6.3.7.1. Introdução

Essas modalidades ilícitas foram introduzidas no Código Penal pela Lei n. 13.445/2017, conhecida como Lei de Migração. Tal lei revogou expressamente o Estatuto do Estrangeiro.

Merece críticas o legislador ao introduzir essas infrações penais no título que trata dos crimes contra a dignidade sexual, pois os novos crimes não guardam qualquer relação com referido bem jurídico. Melhor teria sido que os crimes constassem no título dos crimes contra a Administração Pública.

6.3.7.2. Objetividade jurídica

Tendo em vista que o dispositivo pune a promoção de migração ilegal, ou seja, feita sem a atenção aos ditames da própria Lei de Migração, conclui-se que os bens tutelados são a soberania nacional e a segurança interna do país. No caso da promoção de entrada ilegal de brasileiro em território estrangeiro e de saída ilegal de estrangeiro do país, tutela-se a boa relação entre o Brasil e os demais países.

6.3.7.3. Tipo objetivo

A figura principal (art. 232-A, *caput*) pune quem promove, por qualquer meio, com o fim de obter vantagem econômica, a entrada ilegal de estrangeiro em território nacional ou de brasileiro em país estrangeiro.

Trata-se de crime de ação livre, pois o próprio tipo penal pune quem promove a conduta por qualquer meio. Exs.: quem agencia ou realiza o transporte de tal maneira que o estrangeiro não passe por postos de controle, quem fornece documentação falsa para viabilizar o ingresso no país etc.

A figura equiparada do § 1º pune quem promove, por qualquer meio, com o fim de obter vantagem econômica, a saída de estrangeiro do território nacional para ingressar ilegalmente em país estrangeiro.

No que pertine aos brasileiros, a conduta pode se referir aos natos ou naturalizados.

De acordo com o art. 12 da Carta Magna, são brasileiros natos "a) os nascidos na República Federativa do Brasil, ainda que de pais estrangeiros, desde que estes não estejam a serviço de seu país; b) os nascidos no estrangeiro, de pai brasileiro ou mãe brasileira, desde que qualquer deles esteja a serviço da República Federativa do Brasil; c) os nascidos no estrangeiro de pai brasileiro ou de mãe brasileira, desde que sejam registrados em repartição brasileira competente ou venham a residir na República Federativa do Brasil e optem, em qualquer tempo, depois de atingida a maioridade, pela nacionalidade brasileira".

São brasileiros naturalizados: "a) os que, na forma da lei, adquiram a nacionalidade brasileira, exigidas aos originários de países de língua portuguesa apenas residência por um ano ininterrupto e idoneidade moral; b) os estrangeiros de qualquer nacionalidade, residentes na República Federativa do Brasil há mais de quinze anos ininterruptos e sem condenação penal, desde que requeiram a nacionalidade brasileira".

Por exclusão, estrangeiro é quem não é considerado brasileiro nato ou naturalizado.

Por território nacional entende-se toda a área compreendida entre as fronteiras nacionais, onde o Estado exerce sua soberania, aí incluídos o solo, os rios, os lagos, as baías, o mar territorial (faixa que compreende o espaço de 12 milhas contadas da faixa litorânea média – art. 1º da Lei n. 8.617/93) e o espaço aéreo sobre o território e o mar territorial (art. 11 da Lei n. 7.565/86).

Os §§ 1º e 2º do art. 5º do Código Penal esclarecem ainda que se consideram como extensão do território nacional as embarcações e aeronaves brasileiras, de natureza pública ou a serviço do governo brasileiro onde quer que se encontrem, bem como as aeronaves e as embarcações brasileiras, mercantes ou de propriedade privada, que se achem, respectivamente, no espaço aéreo correspondente ou em alto-mar (§ 1º) e as aeronaves ou embarcações estrangeiras de propriedade privada, achando-se aquelas em pouso no território nacional ou em voo no espaço aéreo correspondente, e estas em porto ou mar territorial do Brasil (§ 2º).

Parece-nos, contudo, que o tipo penal visa punir apenas o ingresso no território nacional físico, não abrangendo o território por extensão mencionado nos §§ 1º e 2º, do art. 5º, do CP.

É muito importante ressaltar a existência de elemento subjetivo do tipo consistente na intenção de obter vantagem econômica, tanto nas modalidades do *caput* quanto na figura do § 1º. Por isso, quem simplesmente auxilia o brasileiro ou o estrangeiro por amizade ou outra finalidade qualquer não comete qualquer dessas infrações penais.

6.3.7.4. Sujeito ativo

Trata-se de crime comum, que pode ser praticado por qualquer pessoa. A punição recai apenas sobre o terceiro que, de algum modo, promove a entrada ou a saída ilegal do brasileiro ou estrangeiro. O migrante não é alcançado pela norma penal.

6.3.7.5. Sujeito passivo.

O Estado.

6.3.7.6. Consumação

Nas figuras do *caput*, consuma-se com a entrada ilegal do estrangeiro no território nacional ou com a entrada ilegal do brasileiro em outro país.

Na forma equiparada do § 1º, a consumação se dá com a saída do estrangeiro do território brasileiro.

6.3.7.7. Tentativa

É possível.

6.3.7.8. Majorantes

Prevê o art. 232-A, § 2º, que as penas serão aumentadas de 1/6 a 1/3, se o crime for cometido com violência ou se a vítima for submetida a condição desumana ou degradante.

6.3.7.9. Autonomia da infração penal

O § 3º do art. 232-A prevê que a pena prevista para os crimes será aplicada sem prejuízo das correspondentes às infrações conexas. A intenção do legislador é deixar patenteado que o crime em análise não absorve e não é absorvido por outras infrações penais eventualmente cometidas, como, por exemplo, tráfico de pessoas (art. 149-A do CP), falsificação ou uso de documento falso (arts. 297 e 304 do CP) etc.

6.3.7.10. Ação penal

Pública incondicionada, de competência da Justiça Federal.

Capítulo VI

DO ULTRAJE PÚBLICO AO PUDOR

6.4. Do ultraje público ao pudor

Neste Capítulo estão previstos os crimes de ato obsceno (art. 233) e escrito ou objeto obsceno (art. 234).

6.4.1. Ato obsceno

> *Art. 233. Praticar ato obsceno em lugar público, ou aberto ou exposto ao público:*
>
> *Pena – detenção, de três meses a um ano, ou multa.*

6.4.1.1. Objetividade jurídica

O pudor público.

6.4.1.2. Tipo objetivo

Ato obsceno é o ato revestido de sexualidade e que fere o sentimento médio de pudor. Ex.: exposição de órgãos sexuais, manter relação sexual ou fazer sexo oral em local público, masturbar-se de forma visível em trem do metrô etc. Se o ato for realizado na presença de pessoa menor de 14 anos, configura crime mais grave do art. 218-A.

A micção voltada para a via pública com exposição do pênis caracteriza o ato obsceno. Também configura o delito o *trottoir* feito por travestis nus nas ruas.

Exibicionismo é a denominação dada ao desvio de personalidade que faz com que a pessoa tenha o costume de expor seus órgãos sexuais em público.

O tipo penal exige a prática de um ato, e, por isso, o mero uso da palavra não tipifica ato obsceno. O beijo dado em local público há muito tempo não é considerado ato obsceno, pois até mesmo em novelas e filmes é praticado com frequência e presenciado por pessoas de todas as idades.

O tipo penal não exige que o agente tenha finalidade erótica. O ato pode ser praticado por vingança, por brincadeira (grupo de rapazes que passam de carro e mostram o pênis em frente ao um bar lotado), por aposta (correr nu em via pública) etc. Em qualquer caso, há crime.

Só se configura o delito se o fato ocorrer em um dos locais elencados no texto legal: a) *local público*: ruas, praças, parques etc.; b) *local aberto ao público*: onde qualquer pessoa pode entrar, ainda que sujeita a condições, como o pagamento de ingresso – teatro, cinema, estádio de futebol etc. Não há o crime, entretanto, se as pessoas pagam o ingresso justamente para ver *show* de sexo explícito, por exemplo; e c) *local exposto ao público*: é um local privado, mas que pode ser visto por número indeterminado de pessoas que passem pelas proximidades. Ex.: terraço, varanda, jardim de uma residência, interior de automóvel etc. Se o agente pode ser visto por vários vizinhos, já é o suficiente para configurar o delito.

A publicidade a que se refere o tipo penal diz respeito ao local onde o fato ocorre e não à necessidade de presença de pessoas. Assim, se um homem está fazendo sexo oral em outra pessoa no banco de uma praça pública em momento em que não há outras pessoas passando pelo local, mas policiais flagram a cena, o fato constitui crime porque existia a possibilidade de pessoas passarem por ali a qualquer momento. No entanto, entende-se que não há crime se o ato é praticado em local afastado e ermo, que não pode ser visto pelas pessoas, como no caso de casal que está tendo relação sexual, de madrugada, em estrada de terra longínqua e não iluminada.

Também não se punem mulheres que desfilam com os seios à mostra no Carnaval, com o argumento de que, em geral, estão retratando indígenas ou algum personagem. Ademais, o fato é socialmente aceito.

6.4.1.3. Sujeito ativo

Pode ser qualquer pessoa, homem ou mulher. Trata-se de crime comum. Se, por exemplo, duas pessoas estão fazendo sexo explicitamente em local público, são coautoras do delito.

6.4.1.4. Sujeito passivo

A coletividade, bem como qualquer pessoa que presencie o ato.

6.4.1.5. Consumação

Com a prática do ato obsceno, ainda que não seja presenciado por qualquer pessoa, mas desde que pudesse sê-lo, ou, ainda, quando o assistente não se sente ofendido. Trata-se de crime formal e de perigo.

6.4.1.6. Tentativa

Discute-se acerca da existência da tentativa, por ser duvidosa a possibilidade de fracionamento da conduta. Magalhães Noronha[21], Rogério Greco[22], Luiz Régis Prado[23] e Damásio de Jesus[24] não a admitem, ao contrário de Julio Fabbrini Mirabete[25], Cezar

[21]   E. Magalhães Noronha, *Direito penal,* v. 2, p. 385.
[22]   Rogério Greco, *Código Penal comentado,* p. 592.
[23]   Luiz Régis Prado, *Comentários ao Código Penal,* p. 886.
[24]   Damásio de Jesus, *Direito penal,* v. 3, p. 178.
[25]   Julio Fabbrini Mirabete, *Manual de direito penal,* v. 2, p. 476.

Roberto Bitencourt[26], Paulo José da Costa Junior[27], Celso Delmanto[28] e Heleno Cláudio Fragoso[29], que a aceitam. Entendemos não ser possível a tentativa, pois, ou o agente realiza efetivamente o ato obsceno, e o crime está configurado, ou não o faz, e o fato é irrelevante juridicamente.

6.4.1.7. Ação penal

É pública incondicionada, de competência do Juizado Especial Criminal.

6.4.2. Escrito ou objeto obsceno

Art. 234. Fazer, importar, exportar, adquirir ou ter sob sua guarda, para fim de comércio, de distribuição ou de exposição pública, escrito, desenho, pintura, estampa ou qualquer objeto obsceno:

Pena – detenção, de seis meses a dois anos, ou multa.

Parágrafo único. Incorre na mesma pena quem:

I – vende, distribui ou expõe à venda ou ao público qualquer dos objetos referidos neste artigo;

II – realiza, em lugar público ou acessível ao público, representação teatral, ou exibição cinematográfica de caráter obsceno, ou qualquer outro espetáculo, que tenha o mesmo caráter;

III – realiza, em lugar público ou acessível ao público, ou pelo rádio, audição ou recitação de caráter obsceno.

6.4.2.1. Objetividade jurídica

O pudor público, a moralidade sexual pública.

6.4.2.2. Tipo objetivo

Trata-se de crime de ação múltipla, uma vez que o tipo penal contém vários verbos separados pela partícula "ou".

Para que exista o delito, o agente deve *fazer* (confeccionar), *importar* (introduzir no território nacional), *exportar* (tirar do País), *adquirir* (obter a propriedade) ou *ter sob sua guarda* (ter pessoalmente a custódia) o objeto material. Este deve ser um escrito, pintura, estampa ou qualquer objeto obsceno.

Para a tipificação do crime, exige a lei que o agente tenha intenção de comércio, distribuição ou exposição pública do objeto (elemento subjetivo do tipo). Não se tem punido, todavia, donos de *sex shops* que vendem objetos com formas de órgãos sexuais, desde que a exposição e a venda dos produtos ocorram em local fechado e apenas para pessoas maiores de idade.

---

[26]   Cezar Roberto Bitencourt, *Tratado de direito penal,* v. 4, p. 107.
[27]   Paulo José da Costa Junior, *Curso de direito penal,* p. 720.
[28]   Celso Delmanto, *Código Penal comentado,* p. 725.
[29]   Heleno Cláudio Fragoso, *Lições de direito penal,* Parte especial, v. II, p. 79.

Nos incs. I, II e III, há figuras equiparadas (punidas com as mesmas penas), em relação a quem comercializa, expõe à venda ou distribui os objetos mencionados, apresenta ao público peça teatral ou filmes cinematográficos de caráter obsceno, ou realiza audição ou declamação obscenas em local público ou acessível ao público.

É de se ressalvar que, nos dias atuais, não tem havido repressão a essa modalidade de infração penal, sob o fundamento de que a sociedade moderna não se abala, por exemplo, com a exibição de espetáculos ou de revistas pornográficas, desde que para adultos. Segundo Heleno Cláudio Fragoso[30], "a pesquisa veio demonstrar que não há dano na exibição de espetáculos obscenos, que, ao contrário, podem evitar ações delituosas em matéria sexual, pela gratificação que constituem para certas pessoas". Por essas razões, não se tem punido o dono do cinema que exibe filme pornográfico, o jornaleiro que vende revistas da mesma natureza, salvo se expuser uma revista com cena de sexo explícito com as páginas abertas, visíveis a todos, inclusive crianças que passem pelo local. Da mesma forma, haverá crime se o dono de uma loja de televisão, frequentada por pessoas de todas as idades, mantiver, em horário comercial, televisão ligada exibindo filmes pornográficos.

6.4.2.3. Sujeito ativo

Pode ser qualquer pessoa. Trata-se de crime comum.

6.4.2.4. Sujeito passivo

A coletividade, bem como qualquer pessoa afetada pelo escrito ou objeto obsceno.

6.4.2.5. Consumação

Com a ação, independentemente da efetiva ofensa à moral pública.

6.4.2.6. Tentativa

É possível.

6.4.2.7. Ação penal

É pública incondicionada.

---

[30] Heleno Cláudio Fragoso, *Lições de direito penal*, Parte especial, v. II, p. 86.

TÍTULO VII
7. DOS CRIMES CONTRA A FAMÍLIA

Neste Título estão previstos os crimes que atingem a organização familiar. São, ao todo, quatro Capítulos, assim divididos:

Capítulo I – Dos crimes contra o casamento;

Capítulo II – Dos crimes contra o estado de filiação;

Capítulo III – Dos crimes contra a assistência familiar;

Capítulo IV – Dos crimes contra o pátrio poder, tutela ou curatela.

Capítulo I

DOS CRIMES CONTRA O CASAMENTO

7.1. Dos crimes contra o casamento

No presente Capítulo estão previstos os crimes de bigamia (art. 235), induzimento a erro essencial e ocultação de impedimento (art. 236), conhecimento prévio de impedimento (art. 237), simulação de autoridade para celebração de casamento (art. 238) e simulação de casamento (art. 239).

7.1.1. Bigamia

> *Art. 235. Contrair alguém, sendo casado, novo casamento:*
>
> *Pena – reclusão, de dois a seis anos.*
>
> *§ 1º Aquele que, não sendo casado, contrai casamento com pessoa casada, conhecendo essa circunstância, é punido com reclusão ou detenção, de um a três anos.*
>
> *§ 2º Anulado por qualquer motivo o primeiro casamento, ou por outro motivo que não a bigamia, considera-se inexistente o crime.*

7.1.1.1. Objetividade jurídica

Proteger a organização familiar, mais especificamente o casamento monogâmico, de modo a evitar reflexos indesejados na ordem jurídica no que pertine aos direitos e obrigações entre os cônjuges

7.1.1.2. Tipo objetivo e sujeito ativo

Premissa deste crime é que ao menos um dos contraentes seja casado. Este, ao contrair novo matrimônio, responde pela figura ilícita do *caput*, que tem pena de dois a seis anos de reclusão. O consorte, se solteiro e ciente da condição do outro (dolo direto), responde pela figura privilegiada do § 1º, que tem pena de reclusão ou detenção de um a três anos. Se desconhece tal condição, não responde pelo crime por falta de dolo. Ao contrário, será também considerado sujeito passivo do delito.

Se os dois já são casados, ambos respondem pela figura principal.

Na modalidade do *caput* o crime é classificado como próprio, pois a lei exige uma circunstância especial no sujeito ativo – ser casado.

93

Respondem também pelo crime do § 1º as pessoas ou testemunhas que, cientes do fato, colaborem para a concretização do segundo casamento. Tais pessoas são consideradas partícipes da infração penal.

Se o agente é separado judicialmente ou separado de fato, mas ainda não é divorciado, comete o crime quando se casa novamente. Apenas o divórcio extingue o vínculo e abre a possibilidade de novo matrimônio lícito.

Após o advento da Lei do Divórcio (Lei n. 6.515/77), que passou a permitir o divórcio e a contração de novo matrimônio após a formalização daquele, bem como a aprovação de novas leis facilitando o a realização do divórcio (redução de tempo e de várias formalidades), diminuiu consideravelmente a prática do delito de bigamia.

Caso o primeiro casamento seja nulo ou anulável, mas não tenha ainda sido declarado como tal, haverá crime. No entanto, o § 2º esclarece que, sendo posteriormente declarada a anulação ou nulidade do primeiro casamento, considera-se inexistente o delito.

O simples casamento religioso – por parte de quem já é casado – não configura o crime, salvo se for realizado na forma do art. 226, § 2º, da Constituição Federal (com efeitos civis).

Por falta de previsão legal, não constitui crime viver em união estável com duas pessoas.

7.1.1.3. Sujeito passivo

O Estado, o cônjuge ofendido do primeiro casamento, bem como o cônjuge de boa-fé do segundo.

7.1.1.4. Consumação

No momento em que os nubentes manifestam formalmente a vontade de contrair casamento perante a autoridade competente, durante a celebração. Para tal fim, nem sequer é exigido o termo de casamento, que é simples prova do delito. Trata-se de crime instantâneo, de efeitos permanentes.

7.1.1.5. Tentativa

É possível quando, iniciada a celebração, a concretização do casamento é impedida. Há, todavia, entendimento, consideravelmente minoritário, em sentido oposto, sob o fundamento de que, ou há a manifestação de vontade, e o crime está consumado, ou não há, hipótese em que o fato é atípico (mero ato preparatório).

Não há divergência, entretanto, no sentido de que o processo de habilitação (anterior à celebração) constitui mero ato preparatório, não configurando a tentativa de bigamia, mas, sim, crime de falsidade ideológica (art. 299) a declaração de pessoa casada de que é desimpedida. Veja-se, porém, que a consumação da bigamia absorve a falsidade (crime-meio).

7.1.1.6. Ação penal

Pública incondicionada.

Como a ocorrência do crime de bigamia comumente permanece ignorada por tempo considerável, houve por bem o legislador criar regra especial no que pertine ao início do prazo prescricional deste delito, determinando que o lapso somente passe a correr da data em que o fato se tornar conhecido da autoridade pública (art. 111, IV, do CP).

7.1.2. Induzimento a erro essencial e ocultação de impedimento

Art. 236. Contrair casamento, induzindo em erro essencial o outro contra-ente, ou ocultando-lhe impedimento que não seja casamento anterior:

Pena – detenção, de seis meses a dois anos.

Parágrafo único. A ação penal depende de queixa do contraente enganado e não pode ser intentada senão depois de transitar em julgado a sentença que, por motivo de erro ou impedimento, anule o casamento.

7.1.2.1. Objetividade jurídica

A regularidade na constituição do casamento, nos termos exigidos pela Lei Civil.

7.1.2.2. Tipo objetivo

A conduta típica é *contrair* casamento. A caracterização do delito pressupõe que o agente tenha induzido o consorte inocente em erro essencial ou que lhe tenha ocultado a existência de impedimento para a celebração do casamento – que não o matrimônio anterior, que configuraria o crime de bigamia. Premissa do crime, portanto, é que a outra parte esteja de boa-fé e tenha sido enganada pelo consorte.

As hipóteses de erro essencial estão expostas no art. 1.557 do Código Civil, havendo crime, por exemplo, quando o sujeito mente a respeito de sua identidade ou oculta tratar-se de criminoso ou portador de defeito físico irremediável que não caracterize deficiência ou de moléstia grave e transmissível, por contágio ou por herança, capaz de pôr em risco a saúde do outro cônjuge ou de sua descendência.

As hipóteses de impedimento para o casamento estão elencadas no art. 1.521 do Código Civil, havendo crime, assim, se o agente se casar ocultando encontrar-se em uma das situações ali elencadas.

O crime em estudo é exemplo de norma penal em branco porque pressupõe complemento, que é encontrado em outra lei.

7.1.2.3. Sujeito ativo

Pode ser qualquer pessoa, homem ou mulher.

7.1.2.4. Sujeito passivo

O Estado e o contraente de boa-fé.

7.1.2.5. Consumação

No momento da celebração do casamento.

7.1.2.6. Tentativa

Apesar de possível no plano fático, é inviável em termos jurídicos. Com efeito, o parágrafo único do art. 236 diz que a ação penal só pode ser proposta se já tiver transitado em julgado a sentença que anulou o casamento em razão do erro ou do impedimento. Ora, só existe sentença declarando a tal anulação se o casamento se concretizou.

7.1.2.7. Ação penal

É privada personalíssima, na medida em que o art. 236, parágrafo único, prevê que a ação só pode ser proposta pelo cônjuge ofendido. Assim, em caso de morte do titular da ação penal, não será possível a substituição no polo ativo, ocorrendo, por consequência, a extinção da punibilidade.

A competência é do Juizado Especial Criminal porque a pena máxima é de dois anos.

O prazo prescricional tem início na data em que transita em julgado a sentença que declarou a anulação do casamento. Se antes disso a ação não poderia ser proposta, o prazo prescricional não poderia estar já em andamento.

A sentença que anula o casamento é condição de procedibilidade.

7.1.3. Conhecimento prévio de impedimento

> *Art. 237. Contrair casamento, conhecendo a existência de impedimento que lhe cause nulidade absoluta:*
>
> *Pena – detenção, de três meses a um ano.*

7.1.3.1. Objetividade jurídica

A regularidade do matrimônio.

7.1.3.2. Tipo objetivo

A conduta típica é contrair casamento sabendo da existência de impedimento que lhe cause nulidade absoluta. Cuida-se de norma penal em branco porque exige complemento da lei civil à qual cabe definir as hipóteses de impedimento matrimonial. Atualmente, tais impedimentos encontram-se nos incs. I a VII do art. 1.521 do Código Civil; contudo, se o casamento se der com infração à hipótese do inc. VI (casamento anterior), o crime será o de bigamia. Se o impedimento for referente aos demais incisos, estará configurado este crime do art. 237.

Se o agente sabe do impedimento e *omite* o fato da pessoa com quem vai se casar, incorre no crime em análise. O delito do artigo anterior – ocultação de impedimento – só se configura quando o agente *fraudulentamente oculta* o fato. Assim, se o sujeito mente para esconder o impedimento, comete delito mais grave do art. 236. Se apenas se omite, comete o crime em estudo.

Saliente-se, ainda, que se o sujeito narra ao outro contraente a existência do impedimento antes de o matrimônio se realizar e este aceita se casar mesmo assim, ambos respondem pelo delito.

A infração penal somente é compatível com o dolo direto, na medida em que o dispositivo exige que o agente conheça o impedimento matrimonial. Correto concluir, portanto, que ele quer se casar com pessoa com quem não pode. Não se admite, portanto, a figura do dolo eventual.

7.1.3.3. Sujeito ativo

Pode ser qualquer pessoa. Se ambos os cônjuges souberem da existência do impedimento, serão coautores do crime.

7.1.3.4. Sujeito passivo

O Estado e o outro contraente, desde que esteja de boa-fé.

7.1.3.5. Consumação

No momento em que realizado o casamento.

7.1.3.6. Tentativa

É possível quando, iniciada a celebração, a cerimônia é interrompida antes da concretização do casamento.

7.1.3.7. Ação penal

Pública incondicionada, de competência do Juizado Especial Criminal.

7.1.4. Simulação de autoridade para celebração de casamento

> *Art. 238. Atribuir-se falsamente autoridade para celebração de casamento:*
>
> *Pena – detenção, de um a três anos, se o fato não constitui crime mais grave.*

7.1.4.1. Objetividade jurídica

A regularidade formal do ato matrimonial.

7.1.4.2. Tipo objetivo

A conduta típica consiste em simular a condição de juiz de paz para celebrar matrimônio. O art. 98, II, da Constituição Federal, ao tratar da Justiça de Paz, diz que ela é "Remunerada, composta de cidadãos eleitos pelo voto direto, universal e secreto, com mandato de quatro anos e competência para, na forma da lei, celebrar casamentos, verificar, de ofício ou em face de impugnação apresentada, o processo de habilitação e exercer atribuições conciliatórias, sem caráter jurisdicional, além de outras previstas na legislação".

É evidente que, na prática, a intenção do sujeito é obter a remuneração pelo casamento; caso consiga, responderá apenas por crime de estelionato porque o tipo em estudo é expressamente subsidiário. Assim, considerando que esse crime configura-se pela simples conduta de se atribuir a condição de autoridade para celebração de casamento, estará configurado o ilícito somente se, posteriormente, ele não obtiver qualquer vantagem econômica como consequência de tal ato.

O casamento realizado por autoridade incompetente é anulável, mas se convalida se não for proposta a ação para a anulação no prazo de dois anos a contar da celebração (arts. 1.550, VI, e 1.560, II, do Código Civil).

7.1.4.3. Sujeito ativo

Pode ser qualquer pessoa.

7.1.4.4. Sujeito passivo

O Estado e os cônjuges de boa-fé.

7.1.4.5. Consumação

No momento em que o agente se atribui falsamente a condição de juiz de paz, independentemente da efetiva celebração do casamento. Cuida-se de crime formal.

7.1.4.6. Tentativa

É possível quando o ato puder ser fracionado. Na prática, entretanto, é extremamente improvável sua configuração.

7.1.4.7. Ação penal

Pública incondicionada. Considerando que a pena mínima é de um ano, possível a suspensão condicional do processo, se presentes os demais requisitos do art. 89 da Lei n. 9.099/95.

7.1.5. Simulação de casamento

> Art. 239. Simular casamento mediante engano de outra pessoa:
>
> Pena – detenção, de um a três anos, se o fato não constitui elemento de crime mais grave.

7.1.5.1. Objetividade jurídica

A organização familiar e o regime jurídico do casamento.

7.1.5.2. Tipo objetivo

Simular significa fingir que está se casando. Para que haja crime, é necessário que o agente, por meio *fraudulento*, engane o outro nubente, de tal forma que este acredite que está mesmo se casando. Se duas pessoas combinam fazer uma brincadeira com amigos, simulando que estão se casando, e os convidam para uma festa de matrimônio, o fato não constitui crime, pois para sua tipificação a pessoa enganada deve ser aquela apta para consentir no casamento, e não terceiros. Excepcionalmente, entretanto, poderá ocorrer o crime quando ambos os nubentes souberem da farsa, mas enganarem os pais de um deles, menor de idade, para que dê seu consentimento, nos termos do art. 1.517 do Código Civil.

O Juiz de Paz ou o Oficial do Cartório de Registro Civil que realiza a cerimônia, mas dolosamente engana os noivos e não registra ou não leva a registro o ato no livro respectivo, comete falsidade ideológica, consistente em omitir declaração que devia constar em documento público.

De acordo com o próprio texto legal, o crime em estudo fica absorvido quando o fato constitui crime mais grave (subsidiariedade expressa). Assim, se o fato é, por exemplo, meio de execução para a obtenção de vantagem econômica indevida, a conduta será enquadrada como crime de estelionato (art. 171); já se a intenção do agente é manter relação sexual com moça que, por exemplo, assegura que só perderá a virgindade após o matrimônio, o crime será o de violação sexual mediante fraude (art. 215).

7.1.5.3. Sujeito ativo

Pode ser qualquer pessoa. Trata-se de crime comum.

7.1.5.4. Sujeito passivo

O Estado e a pessoa enganada.

7.1.5.5. Consumação

No momento da celebração simulada.

7.1.5.6. Tentativa

É possível.

7.1.5.7. Ação penal

Pública incondicionada.

7.1.6. Adultério

> *Art. 240. Cometer adultério:*
>
> *Pena – detenção, de quinze dias a seis meses.*
>
> *§ 1º Incorre na mesma pena o corréu.*
>
> *§ 2º A ação penal somente pode ser intentada pelo cônjuge ofendido, e dentro de um mês após o conhecimento do fato.*
>
> *§ 3º A ação penal não pode ser intentada:*
>
> *I – pelo cônjuge desquitado;*
>
> *II – pelo cônjuge que consentiu no adultério ou o perdoou, expressa ou tacitamente.*
>
> *§ 4º O Juiz pode deixar de aplicar a pena:*
>
> *I – se havia cessado a vida em comum dos cônjuges;*
>
> *II – se o querelante havia praticado qualquer dos atos previstos no art. 317 do Código Civil.*

A menção ao crime de adultério e às suas regras quanto à ação penal e ao perdão judicial foram mantidas nesta obra apenas por razões históricas, já que esse crime foi revogado expressamente pela Lei n. 11.106/2005, tendo havido *abolitio criminis*. O delito de adultério punia o relacionamento sexual, fora do casamento, com pessoa do sexo oposto.

Capítulo II

DOS CRIMES CONTRA O ESTADO DE FILIAÇÃO

7.2. Dos crimes contra o estado de filiação

Nesse Capítulo estão previstos os crimes de registro de nascimento inexistente (art. 241), parto suposto, supressão ou alteração de direito inerente a estado civil de recém-nascido (art. 242) e sonegação de estado de filiação (art. 243).

7.2.1. Registro de nascimento inexistente

> Art. 241. Promover no registro civil a inscrição de nascimento inexistente:
>
> Pena – reclusão, de dois a seis anos.

7.2.1.1. Objetividade jurídica

O estado de filiação e a fé pública nos documentos oficiais.

7.2.1.2. Tipo objetivo

A conduta típica consiste em registrar ou dar causa ao registro de pessoa que não nasceu, havendo, também, infração na conduta de registrar natimorto como se tivesse nascido vivo. Por se tratar de crime especial, a sua configuração afasta a aplicação do crime de falsidade ideológica.

7.2.1.3. Sujeito ativo

Trata-se de crime comum, que pode ser praticado por qualquer pessoa (pai e mãe fictícios, Oficial do Registro Civil quando ciente da falsidade etc.). Também respondem pelo crime os partícipes, como médicos que tenham atestado o nascimento inexistente, "testemunhas" do nascimento inexistente etc.

7.2.1.4. Sujeito passivo

O Estado, bem como a pessoa que venha a ser lesada pelo crime.

7.2.1.5. Consumação

No momento em que é feito o registro.

7.2.1.6. Tentativa

É possível, como, por exemplo, na hipótese em que a concretização do ato registral é obstada por terceiro ou quando o Oficial desconfia da documentação apresentada e não o realiza.

7.2.1.7. Prescrição

Determina o art. 111, IV, do Código Penal, que o prazo prescricional somente tem início a partir da data que o fato se torna conhecido das autoridades.

7.2.1.8. Ação penal

Pública incondicionada.

7.2.2. Parto suposto. Supressão ou alteração de direito inerente ao estado civil de recém-nascido

> Art. 242. Dar parto alheio como próprio; registrar como seu o filho de ou-trem; ocultar recém-nascido ou substituí-lo, suprimindo ou alterando direito inerente ao estado civil:
>
> Pena – reclusão, de dois a seis anos.
>
> Parágrafo único. Se o crime é cometido por motivo de reconhecida nobreza:
>
> Pena – detenção, de um a dois anos, podendo o juiz deixar de aplicar a pena.

7.2.2.1. Objetividade jurídica

O estado de filiação.

7.2.2.2. Tipo objetivo

O presente dispositivo pune quatro condutas ilícitas autônomas, conforme analisaremos a seguir.

7.2.2.2.1. Dar parto alheio como próprio

Trata-se de delito cujo sujeito ativo é necessariamente do sexo feminino e consiste em apresentar à sociedade um recém-nascido como se fosse seu próprio filho, quando, em verdade não é. Trata-se, pois, de crime próprio. É necessário que a mulher tenha a específica intenção de criar uma situação jurídica em que se faça passar por mãe do infante, introduzindo-o em sua família. É desnecessário para a caracterização do delito o registro do menor no cartório respectivo.

Sujeito passivo é o Estado e os herdeiros da autora do delito.

A consumação ocorre no instante em que é criada uma situação que leve outras pessoas a interpretar que o filho é dela.

A tentativa é possível.

7.2.2.2.2. Registrar como seu o filho de outrem

Nesta infração penal o agente (homem ou mulher) promove a inscrição no Registro Civil de criança declarando tratar-se de filho próprio, quando, em verdade, cuida-se de filho de outrem. Respondem também pelo crime o Oficial do Cartório e os pais verdadeiros se, cientes da intenção dos agentes, colaboram para a efetivação do registro.

Incorre na presente infração penal, outrossim, a pessoa que passa a viver maritalmente com uma gestante, ciente de que ela se encontra grávida de outro homem, e, após o nascimento, registra o recém-nascido como filho dele próprio e de sua companheira. Trata-se de crime comum.

Sujeitos passivos são o Estado e as pessoas lesadas pela conduta.

O delito em análise absorve o crime de falsidade ideológica.

A consumação se dá no momento em que o registro é efetivado.

É possível a tentativa.

7.2.2.2.3. Ocultar recém-nascido, suprimindo ou alterando direito inerente ao estado civil

Pratica essa modalidade de crime quem, dolosamente, esconde o recém-nascido visando, com isso, suprimir os direitos inerentes ao estado civil do neonato. Assim, comete também o crime quem intencionalmente deixa de registrar o menor, ainda que continue a sustentá-lo. Trata-se de crime comum, pois pode ser cometido por qualquer pessoa.

Sujeitos passivos são o Estado e o neonato prejudicado.

O crime se consuma quando a ocultação atinge os direitos do recém- -nascido.

A tentativa é possível.

7.2.2.2.4. Substituir recém-nascido, suprimindo ou alterando direito inerente ao estado civil

O delito consiste em trocar dolosamente recém-nascidos (em berçário, em creche etc.), pouco importando que um deles seja natimorto. As crianças, portanto, passam a viver em famílias trocadas. Trata-se de crime comum, pois pode ser cometido por integrantes de uma das famílias, por integrantes das duas ou até por terceira pessoa.

Vítimas são os neonatos e os familiares que não tenham tomado parte no crime.

A infração penal se consuma no momento em que a troca atinge os direitos civis do recém-nascido, não sendo necessário o registro.

A tentativa é possível.

7.2.2.3. Figura privilegiada e perdão judicial

De acordo com o art. 242, parágrafo único, "se o crime é praticado por motivo de reconhecida nobreza", o juiz pode reduzir a pena para detenção de um a dois anos ou deixar de aplicar a pena, concedendo o perdão judicial. A reconhecida nobreza é evidenciada quando a conduta demonstra generosidade ou afeto do agente que visa criar e educar a criança e, por isso, a registrou em seu nome, por exemplo. Esses benefícios são aplicáveis a todas as infrações penais contidas no art. 242.

7.2.2.4. Prescrição

De acordo com o art. 111, IV, do Código Penal, o prazo prescricional para a conduta de registrar nascimento inexistente ou registrar como próprio o filho de outrem (falsificação de assento de registro civil), só tem início a partir da data que o fato se torna conhecido. Nas demais modalidades ilícitas do art. 242, o prazo prescricional começa a ser contado da data da consumação (art. 111, I, do CP).

7.2.3. Sonegação de estado de filiação

> *Art. 243. Deixar em asilo de expostos ou outra instituição de assistência filho próprio ou alheio, ocultando-lhe a filiação ou atribuindo-lhe outra, com o fim de prejudicar direito inerente ao estado civil:*
>
> *Pena – reclusão, de um a cinco anos, e multa.*

7.2.3.1. Objetividade jurídica

O estado de filiação.

7.2.3.2. Tipo objetivo

O crime consiste em deixar, ou seja, abandonar em asilo de expostos ou outra instituição assistencial, pública ou particular, o próprio filho ou filho alheio. É necessário, ainda, que o agente oculte o estado de filiação ou lhe atribua outro, com o fim de prejudicar direito inerente ao estado civil.

7.2.3.3. Sujeito ativo

No caso de abandono do próprio filho, o delito é classificado como próprio, pois só pode ser cometido por um ou por ambos os pais. Em se tratando de filho alheio, o sujeito ativo pode ser qualquer pessoa.

7.2.3.4. Sujeito passivo

O Estado e o menor – que pode ser lesado em seus direitos.

7.2.3.5. Consumação

No momento em que o menor é deixado na instituição. Não é necessário que o agente consiga atingir sua finalidade de sonegar o estado de filiação; basta tal intenção.

7.2.3.6. Tentativa

É possível.

7.2.3.7. Ação penal

Pública incondicionada.

Capítulo III

DOS CRIMES CONTRA A ASSISTÊNCIA FAMILIAR

7.3. Dos crimes contra a assistência familiar

No presente Capítulo estão previstos os crimes de abandono material (art. 244), entrega de filho a pessoa inidônea (art. 245), abandono intelectual (art. 246) e abandono moral (art. 247).

7.3.1. Abandono material

> Art. 244. Deixar, sem justa causa, de prover a subsistência do cônjuge, ou de filho menor de 18 anos ou inapto para o trabalho, ou de ascendente inválido ou maior de 60 anos, não lhes proporcionando os recursos necessários ou faltando ao pagamento de pensão alimentícia judicialmente acordada, fixada ou majorada; deixar, sem justa causa, de socorrer descendente ou ascendente gravemente enfermo:
>
> Pena – detenção, de um a quatro anos, e multa, de uma a dez vezes o maior salário mínimo vigente no País.
>
> Parágrafo único. Nas mesmas penas incide quem, sendo solvente, frustra ou ilide, de qualquer modo, inclusive abandono injustificado de emprego ou função, o pagamento de pensão alimentícia judicialmente acordada, fixada ou majorada.

7.3.1.1. Objetividade jurídica

O dispositivo tutela a família, no sentido de ser observada a regra Constitucional que prevê a obrigação de assistência material recíproca. De acordo com o art. 229 da Constituição Federal, "os pais têm o dever de assistir, criar e educar os filhos menores, e os filhos maiores têm o dever de ajudar e amparar os pais na velhice, carência ou enfermidade". Tutela, outrossim, o direito à pensão alimentícia judicialmente acordada, fixada ou majorada.

7.3.1.2. Tipo objetivo

Na primeira modalidade, o legislador incrimina o cônjuge, ascendente ou descendente que, sem justa causa, deixa de prover a subsistência de seus dependentes (cônjuge, filho menor de 18 anos ou incapacitado para o trabalho, ou, ainda, ascendente inválido ou maior de 60 anos). É evidente que só existirá o crime se a vítima estiver passando por necessidades materiais e o agente, podendo prover-lhe a subsistência, intencionalmente deixar de fazê-lo.

Na segunda modalidade, o agente, sem justa causa, deixa de efetuar o pagamento da pensão alimentícia acordada, fixada ou majorada em *processo judicial*. A eventual existência de prisão civil pela inadimplência do dever alimentar não exclui o crime, mas o tempo que o agente permanecer preso como consequência poderá ser descontado na execução penal, sendo, portanto, caso de detração (art. 42 do CP).

Para a existência do delito, é necessário que o fato se dê sem justa causa (elemento normativo do tipo). Há justa causa, por exemplo, quando o sujeito encontra-se com grave enfermidade e necessita utilizar recursos financeiros para seu próprio tratamento ou quando foi vítima de crime contra o patrimônio etc.

Tendo sido fixada a pensão alimentícia, o fato de outra pessoa ajudar a sustentar o filho (avós, por exemplo) não exime a responsabilidade daquele que se omite.

O parágrafo único do art. 244 pune com as mesmas penas do *caput* o sujeito que frustra ou ilide de qualquer modo o pagamento de pensão alimentícia. Trata-se de punir o emprego de fraude tendente a afastar o encargo, como, por exemplo, deixar de trabalhar para que o valor da pensão não seja descontado da folha de pagamento, ocultar rendimentos etc.

Saliente-se, outrossim, que a Lei de Alimentos (art. 22, *caput*, da Lei n. 5.478/68) prevê pena de seis meses a um ano de detenção para o empregador ou o funcionário público que deixar de prestar ao juízo competente as informações necessárias à instrução de processo ou execução de sentença ou acordo que fixe pensão alimentícia. Além disso, incorrerá na mesma pena quem, de qualquer modo, ajudar o devedor a eximir-se ao pagamento de pensão alimentícia judicialmente fixada, acordada ou majorada, ou se recusar ou procrastinar a execução da ordem de descontos em folhas de pagamento expedida pelo juiz competente (art. 22, parágrafo único, da Lei n. 5.478/68).

A parte final do art. 244, *caput*, prevê também a tipificação do crime de abandono material por parte de quem, sem justa causa, deixa de socorrer materialmente ascendente ou descendente gravemente enfermo (mental ou fisicamente), independentemente da idade.

Por sua vez, o art. 90, parágrafo único, da Lei n. 13.146/2015 (Estatuto da Pessoa com Deficiência) estabelece pena de reclusão, de seis meses a três anos, e multa para quem deixa de prover as necessidades básicas de pessoa com deficiência quando obrigado por lei ou mandado. Tal dispositivo, por ter pena menor do que a do art. 244 do Código Penal, só terá incidência quando faltar alguma das elementares deste último delito.

7.3.1.3. Sujeito ativo

Trata-se de crime próprio, pois só pode ser cometido por cônjuge, ascendente, descendente etc.

7.3.1.4. Sujeito passivo

O cônjuge, o filho menor de 18 anos ou incapacitado para o trabalho, o ascendente inválido ou maior de 60 anos, bem como o ascendente ou descendente gravemente enfermo. Como se trata de norma incriminadora, não existe a possibilidade de analogia para abranger o abandono material de convivente nos casos de união estável. Com o objetivo de corrigir tal lacuna, existe projeto de lei em tramitação no Congresso Nacional para inserir tal hipótese no art. 244 do Código Penal.

7.3.1.5. Consumação

Na primeira e na última figuras, a consumação se dá quando o agente, ciente de que a vítima passa por necessidades, deixa de socorrê-la materialmente. Exige-se permanência na conduta, não havendo crime no ato transitório, em que há ocasional omissão por parte do devedor. Na segunda figura, a consumação ocorre no dia seguinte ao término do prazo para o pagamento da pensão estipulada.

Em todas as modalidades, o crime tem natureza permanente.

7.3.1.6. Tentativa

O crime é omissivo próprio e, por tal motivo, não admite a forma tentada.

7.3.2. Entrega de filho menor a pessoa inidônea

> Art. 245. Entregar filho menor de 18 anos a pessoa em cuja companhia saiba ou deva saber que o menor fica moral ou materialmente em perigo:
>
> Pena – detenção, de um a dois anos.
>
> § 1º A pena é de um a quatro anos de reclusão, se o agente pratica delito para obter lucro, ou se o menor é enviado para o exterior.
>
> § 2º Incorre, também, na pena do parágrafo anterior quem, embora excluído o perigo moral ou material, auxilia a efetivação de ato destinado ao envio de menor para o exterior, com o fito de obter lucro.

7.3.2.1. Objetividade jurídica

A assistência familiar, no sentido do cuidado que devem ter os pais em relação aos filhos menores, nos termos do art. 229 da Constituição Federal, o qual afirma que "os pais têm o dever de assistir, criar e educar os filhos menores".

7.3.2.2. Tipo objetivo

A conduta típica é entregar o filho menor a alguém, sendo, ainda necessário demonstrar que a pessoa que o recebeu é inidônea, ou seja, que o menor ficou moral ou materialmente em perigo em sua companhia. Configura, pois, o delito entregar o menor para mendigo que não tenha condições de lhe fornecer os cuidados necessários, alcoólatra, dependente químico, pessoa com grave enfermidade mental ou portadora de doença contagiosa etc. Trata-se de crime de perigo abstrato, em que a lei presume o risco em razão da condição da pessoa inidônea. Basta, portanto, provar a situação de tal pessoa, hipótese em que o risco sofrido pelo menor é considerado consequência inexorável.

Para a configuração do delito, contudo, é necessário que o agente saiba efetivamente do risco que o menor correrá na companhia daquela pessoa ou que deva sabê-lo.

7.3.2.3. Sujeito ativo

Apenas os pais podem figurar como autores deste crime, já que o tipo penal contém a expressão "entregar o próprio filho" a pessoa inidônea. Trata-se, pois, de crime próprio. É irrelevante que se trate de pai natural ou adotivo. Qualquer deles pode cometer o delito.

O crime não pode ser cometido, por exemplo, pelo tutor.

7.3.2.4. Sujeito passivo

O filho menor de 18 anos.

7.3.2.5. Consumação

No instante em que o menor é entregue à pessoa inidônea. Não é necessário que fique em poder dela por tempo prolongado ou que o menor sofra qualquer espécie de dano.

7.3.2.6. Tentativa

É possível quando se evidencia, por exemplo, que o pai pretendia entregar o filho, mas que foi obstado por autoridade ou por outro parente da criança ou adolescente.

7.3.2.7. Figuras qualificadas

De acordo com o art. 245, § 1º, a pena é de um a quatro anos de reclusão, se o agente pratica o delito para obter lucro, ou se o menor é enviado para o exterior. Na primeira modalidade qualificada, basta a intenção de lucro por parte do agente. Ex.: para que o filho trabalhe e o pai fique com o dinheiro. Na segunda, o menor é mandado para o exterior.

O § 2º, por sua vez, prevê a mesma pena do parágrafo anterior para quem, embora excluído o perigo moral ou material, auxilia a efetivação de ato destinado ao envio de menor para o exterior, com o fito de obter lucro. Ocorre que tal modalidade do delito foi tacitamente revogada pelo art. 239 do Estatuto da Criança e do Adolescente (Lei n. 8.069/90), que pune quem promove ou auxilia a efetivação de ato destinado ao envio de criança ou adolescente para o exterior com inobservância das formalidades legais ou com fito de lucro. A pena, nesse caso, é de reclusão, de quatro a seis anos, e multa.

7.3.2.8. Ação penal

Pública incondicionada. Na figura simples, a competência é do Juizado Especial Criminal.

7.3.3. Abandono intelectual

> Art. 246. Deixar, sem justa causa, de prover a instrução primária de filho em idade escolar:
>
> Pena – detenção, de 15 dias a um mês, ou multa.

7.3.3.1. Objetividade jurídica

Assegurar que os pais providenciem a educação primária dos filhos menores de idade.

7.3.3.2. Tipo objetivo

O delito consiste no descumprimento, por parte dos pais, do dever de prover à instrução intelectual dos filhos menores em idade escolar. A instrução primária a que se refere o texto penal é, atualmente, chamada de ensino fundamental (art. 210 da Constituição Federal). A Lei n. 9.394/96 – Lei de Diretrizes e Bases da Educação Nacional – complementa o tipo penal em estudo (norma penal em branco), estabelecendo a obrigatoriedade dos pais ou responsáveis em efetuar a matrícula dos menores, a partir dos seis anos de idade, no ensino fundamental. Este é obrigatório, dura nove anos e tem por objetivo a formação básica do cidadão (art. 32). Assim, cometem o crime os pais que não efetuam a matrícula, sem justa causa, quando a criança atinge a idade para o início do ensino fundamental (seis anos), bem como aqueles que permitem a evasão do ensino antes de completado o ciclo de nove anos mencionado na Lei de Diretrizes. Apesar de a Lei n. 9.394/96 obrigar também os responsáveis legais pelo menor a efetuar sua matrícula, o tipo penal do art. 246 só pune quem não matricula os próprios filhos.

A eventual existência de justa causa para o descumprimento da obrigação exclui o delito. Constitui justa causa, hábil a afastar a infração penal, a ausência de vagas em escolas públicas, a penúria da família, a longa distância da moradia da família até a escola mais próxima, a impossibilidade de manter o filho adolescente arredio frequentando as aulas etc.

A configuração do delito pressupõe a existência de dolo na conduta dos genitores, no sentido de privar os filhos menores da educação do ensino fundamental.

7.3.3.3. Sujeito ativo

Apenas os pais podem ser o sujeito ativo e é irrelevante se vivem ou não em companhia de seus filhos. Assim, ainda que não convivam com seus filhos, são obrigados a lhes prover a instrução. Trata-se de crime próprio, que, entretanto, não abrange os meros tutores ou curadores do menor.

7.3.3.4. Sujeito passivo

Os filhos menores de idade em idade escolar.

7.3.3.5. Consumação

No momento em que, após a criança atingir a idade escolar, os genitores revelam inequivocamente a vontade de não cumprir com o dever familiar deixando de lhe propiciar concretamente a instrução primária. Trata-se de crime permanente, pois sua consumação perdura enquanto o menor não for enviado à escola.

7.3.3.6. Tentativa

Inadmissível por se tratar de crime omissivo próprio.

7.3.3.7. Ação penal

Pública incondicionada, de competência do Juizado Especial Criminal.

7.3.4. Abandono moral

Art. 247. Permitir alguém que menor de 18 anos, sujeito a seu poder ou confiado à sua guarda ou vigilância:

I – frequente casa de jogo ou mal-afamada ou conviva com pessoa viciosa ou de má vida;

II – frequente espetáculo capaz de pervertê-lo ou de ofender- lhe o pudor, ou participe de representação de igual natureza;

III – resida ou trabalhe em casa de prostituição;

IV – mendigue ou sirva a mendigo para excitar a comiseração pública.

Pena – detenção, de um a três meses, ou multa.

7.3.4.1. Objetividade jurídica

A formação moral da criança ou adolescente. A denominação "abandono moral" não consta expressamente do Código Penal, mas há consenso na doutrina em torno desse nome em face das peculiaridades do delito, que pressupõe que o responsável permita que o menor seja colocado em situações perigosas à sua formação moral.

7.3.4.2. Tipo objetivo

O delito consiste em permitir que o menor realize uma das condutas elencadas nos incisos do art. 247. A permissão pode ser expressa ou tácita, tendo, neste último caso, o sentido de tolerância por parte responsável que está ciente da conduta do menor.

Para a tipificação da hipótese do inc. I, é preciso que o menor frequente com habitualidade casa de jogo ou mal-afamada (casa de prostituição, bar etc.), ou que conviva com pessoa viciosa ou de má vida. É necessário que o responsável saiba desse comportamento e permita, de forma expressa ou tácita, que se repita. Distingue-se do crime do art. 245, pois, neste, o agente entrega o menor a *pessoa determinada* cujo comportamento ou meio de vida expõe a vítima a risco material ou moral.

A permissão para que o adolescente vá uma única vez em uma casa de prostituição não se enquadra no tipo penal, que exige frequência nessa conduta.

No caso do inc. II, 1ª parte, também se exige habitualidade do menor em frequência a espetáculo capaz de pervertê-lo (*show* de sexo explícito ou de *striptease* etc.). Em sua 2ª parte, entretanto, não é necessária habitualidade, bastando que o agente consinta em que o menor participe de representação de igual natureza. Caso, todavia, haja encenação de sexo explícito ou de cena pornográfica envolvendo o menor, o produtor ou diretor incorrerá em crime mais grave, previsto no art. 240 da Lei n. 8.069/90, e o responsável que, conscientemente, der autorização, estará incurso no mesmo crime.

Na hipótese do inc. III, o agente permite que o menor more ou trabalhe em casa de prostituição. É evidente que o trabalho a que a lei se refere é outro qualquer (garçom, atendente, faxineiro), e nunca o de prostituta ou garoto de programa, pois, em relação a estes, a permissão dos pais para seu exercício constitui crime mais grave.

Por fim, no inc. IV, a permissão é para que o menor mendigue ou sirva de mendigo para excitar a comiseração pública. O pai, ao permitir que seu filho menor mendigue ou ao "cedê-lo" ou "alugá-lo" a terceiro para que o utilize em atos de mendicância, comete o crime em estudo. O terceiro que faz uso do menor praticava a contravenção penal descrita no art. 60, *c*, da LCP, que, todavia, foi revogada pela Lei n. 11.983/2009.

7.3.4.3. Sujeito ativo

Trata-se de crime próprio, pois só pode ser cometido pelos pais ou tutores, ou por outras pessoas a quem tenha sido confiada a guarda ou a vigilância da vítima.

7.3.4.4. Sujeito passivo

Apenas o menor de 18 anos que se encontre nas condições elencadas no tipo penal – sob o poder, guarda ou vigilância do agente.

7.3.4.5. Consumação

No momento em que o menor realiza a conduta elencada no tipo penal, independentemente da efetiva verificação de danos à sua moral. Nas hipóteses em que se exige a habitualidade de atos por parte do menor, a consumação só se dará pela reiteração permitida pelo agente.

7.3.4.6. Tentativa

É possível, quando o responsável, por exemplo, dá autorização para que o menor passe a mendigar com terceiro, mas o ato em si não se concretiza. Nas modalidades habituais não se admite a tentativa.

7.3.4.7. Ação penal

Pública incondicionada, de competência do Juizado Especial Criminal.

Capítulo IV

DOS CRIMES CONTRA O PÁTRIO PODER, TUTELA OU CURATELA

7.4. Dos crimes contra o pátrio poder, tutela ou curatela

7.4.1. Induzimento a fuga, entrega arbitrária ou sonegação de incapazes

> Art. 248. Induzir menor de 18 anos, ou interdito, a fugir do lugar em que se acha por determinação de quem sobre ele exerce autoridade, em virtude de lei ou de ordem judicial; confiar a outrem sem ordem do pai, do tutor ou curador algum menor de 18 anos ou interdito, ou deixar, sem justa causa, de entregá-lo a quem legitimamente o reclame:
>
> Pena – detenção, de um mês a um ano, ou multa.

7.4.1.1. Objetividade jurídica

O pátrio poder (atualmente chamado de poder familiar), a tutela e a curatela.

7.4.1.2. Tipo objetivo

Há, em verdade, três condutas distintas neste tipo penal, que necessitam ser analisadas separadamente, conforme faremos.

7.4.1.2.1. Induzimento a fuga de menor ou interdito

Nesta modalidade, o agente convence o incapaz a fugir da casa dos pais ou representantes legais. Premissa da infração penal é que não haja consentimento dos pais ou representantes do menor. É necessário que a fuga ocorra por tempo razoável (juridicamente relevante).

Na presente figura delituosa, o agente não acompanha o menor em sua fuga, pois, se o fizesse, cometeria crime mais grave, previsto no art. 249 (subtração de incapaz).

O delito só se consuma se o incapaz efetivamente empreender fuga.

A tentativa é possível quando o agente entabula conversa a fim de convencer o menor ou interdito a fugir, mas este não o faz ou é impedido por terceiro de fazê-lo.

7.4.1.2.2. Entrega não autorizada de menor ou interdito a terceiro

Em tal hipótese, o agente entrega o incapaz a terceiro sem a anuência dos responsáveis. Se houver a concordância, o fato é atípico por expressa determinação legal. Comete o crime, por exemplo, o diretor de escola ou asilo que entrega o menor ou interdito a terceiro sem autorização dos responsáveis.

A consumação ocorre no momento da entrega.

A tentativa é possível.

7.4.1.2.3. Sonegação de incapaz

Nesta modalidade, o agente deixa de entregar o menor ou interdito, sem justa causa (elemento normativo), a quem legitimamente o reclama. Há justa causa, por exemplo, quando o menor está doente e a locomoção pode lhe agravar o quadro.

O crime se consuma no momento da primeira recusa na devolução. Essa modalidade de crime é omissiva e não admite a tentativa. Assim, tendo havido recusa, o crime estará consumado, ainda que seja acionada a polícia e o menor restituído por intervenção dos policiais.

7.4.1.3. Sujeito ativo

Pode ser qualquer pessoa, inclusive os pais se tiverem sido afastados do poder familiar. Trata-se de crime comum.

7.4.1.4. Sujeito passivo

As vítimas são os pais, tutores ou curadores, bem como os menores de idade e os interditos.

O menor emancipado não pode ser sujeito passivo do crime em análise.

O pródigo só é interditado em relação a questões patrimoniais, de modo que também não pode ser vítima deste delito.

7.4.1.5. Ação penal

Pública incondicionada, de competência do Juizado Especial Criminal.

7.4.2. Subtração de incapazes

Art. 249. Subtrair menor de 18 anos ou interdito ao poder de quem o tem sob sua guarda em virtude de lei ou de ordem judicial:

Pena – detenção, de dois meses a dois anos, se o fato não constitui elemento de outro crime.

§ 1º O fato de ser o agente pai ou tutor do menor ou curador do interdito não o exime de pena, se destituído ou temporariamente privado do pátrio poder, tutela, curatela ou guarda.

§ 2º No caso de restituição do menor ou do interdito, se este não sofreu maus-tratos ou privações, o juiz pode deixar de aplicar pena.

7.4.2.1. Objetividade jurídica

O direito à guarda da pessoa menor de 18 anos ou interdita, exercido pelo titular do poder familiar, tutor, curador etc.

7.4.2.2. Tipo objetivo

O crime consiste em retirar o menor de 18 anos ou o interdito da esfera de vigilância de quem exerce o poder familiar, a tutela, a curatela ou a guarda. Para a caracterização do delito, não importa se houve consentimento do menor, uma vez que tal consentimento é totalmente inválido. A lei não exige qualquer intenção específica por parte do sujeito ativo. Assim, há crime ainda que a intenção seja dar um futuro melhor ao menor ou afastá-lo da convivência da mãe que passou a viver em união estável com outro homem etc.

Ao estabelecer a pena do crime do art. 249, o legislador determinou que sua tipificação somente ocorrerá quando o fato não constituir crime mais grave (subsidiariedade expressa), por exemplo, sequestro ou extorsão mediante sequestro. O crime ficará também absorvido quando a intenção do agente for a colocação do menor subtraído em família substituta, uma vez que o art. 237 do Estatuto da Criança e do Adolescente (Lei n. 8.069/90) pune com reclusão, de dois a seis anos, e multa, quem subtrai criança ou adolescente ao poder de quem o tem sob sua guarda em virtude de lei ou ordem judicial *com o fim de colocação em lar substituto.*

7.4.2.3. Sujeito ativo

Pode ser qualquer pessoa, inclusive os pais, tutores ou curadores do menor ou interdito, desde que tenham sido destituídos ou afastados temporariamente do direito de guarda ou do poder familiar, tutela ou curatela.

7.4.2.4. Sujeito passivo

Os titulares do direito violado, bem como o menor ou interdito subtraído.

7.4.2.5. Consumação

No momento da subtração efetivada contra a vontade do titular do direito de guarda do menor ou interdito. Trata-se de crime de natureza permanente cuja consumação se prolonga no tempo, enquanto o menor ou interdito não for restituído.

7.4.2.6. Tentativa

É possível.

7.4.2.7. Perdão judicial

Prevê o § 2º do art. 249 uma hipótese de perdão judicial, qual seja, quando o agente restituir o menor ou interdito sem tê-lo submetido a maus-tratos ou privações de qualquer ordem.

7.4.2.8. Ação penal

Pública incondicionada, de competência do Juizado Especial Criminal.

TÍTULO VIII
8. DOS CRIMES CONTRA A INCOLUMIDADE PÚBLICA

Os crimes deste Título são relacionados a condutas que atingem ou colocam em risco a segurança da coletividade. Subdividem-se em três Capítulos, dependendo da forma como a coletividade é afetada:

Capítulo I – Dos crimes de perigo comum;

Capítulo II – Dos crimes contra a segurança dos meios de comunicação e transporte e outros serviços públicos;

Capítulo III – Dos crimes contra a saúde pública.

DOS CRIMES DE PERIGO COMUM

8.1. Dos crimes de perigo comum

8.1.1. Incêndio

> Art. 250. Causar incêndio, expondo a perigo a vida, a integridade física ou o patrimônio de outrem:
>
> Pena – reclusão, de três a seis anos, e multa.

8.1.1.1. Objetividade jurídica

Preservar a incolumidade pública, evitando riscos à vida, à integridade física e aos bens das pessoas decorrentes de incêndios.

8.1.1.2. Tipo objetivo

No delito em análise, o agente provoca intencionalmente a combustão de algum material no qual o fogo se propaga. É necessário, ainda, que o incêndio provocado, em razão de suas proporções, cause risco efetivo (concreto) para número elevado e indeterminado de pessoas ou coisas. A situação de risco pode também decorrer do pânico provocado pelo incêndio (em um cinema, teatro, edifício etc.).

A provocação de incêndio em uma casa de campo afastada não coloca em risco a coletividade e, por isso, configura apenas o crime de dano qualificado, previsto no art. 163, parágrafo único, II, do Código Penal.

O crime de incêndio pode ser cometido por ação ou por omissão. Incorre na modalidade omissiva, por exemplo, quem tem o dever jurídico de evitar o resultado porque acidentalmente deu origem a uma pequena chama e, podendo fazê-lo, resolve se omitir e deixar o fogo tomar grandes proporções, de modo a colocar em risco grande número de pessoas.

Por se tratar de infração que deixa vestígios, exige-se a realização de perícia no local, tanto para demonstrar a ocorrência do incêndio como do perigo comum dele decorrente. Com efeito, dispõe o art. 173 do Código de Processo Penal que "No caso de incêndio, os peritos verificarão a causa e o lugar em que houver começado, o perigo que dele tiver resultado para a vida ou o patrimônio alheio, a extensão do dano e o seu valor e as demais circunstâncias que interessarem à elucidação do fato".

8.1.1.3. Sujeito ativo

Pode ser qualquer pessoa, inclusive o proprietário do local incendiado. Trata-se de crime comum.

8.1.1.4. Sujeito passivo

A coletividade representada pelo Estado e as pessoas expostas a risco em relação à sua integridade ou patrimônio.

8.1.1.5. Consumação

Quando o incêndio cria a situação de perigo a número indeterminado de pessoas.

8.1.1.6. Tentativa

É possível quando o agente é impedido de dar início às chamas após ter, por exemplo, jogado gasolina no local, ou quando ateia fogo, mas este é imediatamente apagado por terceiros, que impedem que tome as proporções necessárias para provocar perigo comum. A propósito: "A tentativa de incêndio é admissível tanto na hipótese de o agente ser obstado de atear fogo no objeto visado, desde que iniciados os atos de execução, como no de o fogo ateado não expor a perigo a incolumidade pública, por haver sido logo debelado graças à intervenção de terceiros" (TJSP, Rel. Djalma Lofrano, *RT* 600/326).

8.1.1.7. Distinção

Se a intenção do agente era matar alguém, responde por crime de homicídio (consumado ou tentado, conforme o resultado) qualificado pelo emprego de fogo, em concurso formal com o crime de incêndio.

Observe-se, por sua vez, que a caracterização do crime de incêndio absorve o delito de dano qualificado pelo emprego de substância inflamável, previsto no art. 163, parágrafo único, II, do CP. Esta última infração penal só se caracteriza quando o fogo não causa perigo comum, aplicando-se, portanto, a situações de menor dimensão. Nesse sentido: "Para a caracterização do crime de incêndio é indispensável a ocorrência de risco efetivo para a vida, a integridade física ou o patrimônio de um número indeterminado de pessoas. A destruição de coisas determinadas, sem produzir perigo coletivo, pode configurar delito de dano" (TJRJ, Rel. Paulo Gomes da Silva Filho, *RDTJRJ* 16/319).

Se o agente havia cometido outro crime no local – um furto, por exemplo – e provoca grande incêndio no imóvel para que não se descubra a subtração anterior, responde por crime de furto em concurso material com o crime de incêndio, aplicando-se, em relação ao último, a agravante genérica do art. 61, II, *b*, do Código Penal – intenção de assegurar a ocultação de outro crime.

8.1.1.8. Majorantes

De acordo com o inc. I do § 1º do art. 250 do Código Penal, a pena do crime de incêndio doloso é aumentada em um terço quando o crime é cometido com o intuito de obter vantagem pecuniária em proveito próprio ou alheio.

Para a incidência da causa de aumento basta a *intenção* de obter a vantagem pecuniária como decorrência do incêndio, sendo desnecessário que o agente efetivamente consiga obtê-la. O próprio texto legal deixa claro que é indiferente que ele queira a vantagem para si próprio ou para terceiro.

A vantagem visada deve ser de caráter patrimonial, já que esse requisito está expresso na lei.

Configura a majorante, por exemplo, provocar incêndio para destruir os títulos de crédito que representam uma dívida do agente ou para danificar o estoque de um concorrente para que sua empresa seja contratada para o fornecimento dos mesmos produtos etc.

Se a intenção do agente é a de obter o valor de seguro, fica absorvido o crime de estelionato (na modalidade de fraude contra seguradora – art. 171, § 2º, V, do CP), respondendo o agente pelo crime de incêndio com a pena majorada pela intenção de obtenção de vantagem pecuniária, que tem pena consideravelmente maior.

Já o inc. II do § 1º do art. 250, contém um extenso rol de majorantes que têm relação com a maior gravidade do fato em razão do local do incêndio, independentemente de qualquer outro resultado. O aumento também é de um terço:

A agravação se dá quando o incêndio é provocado:

a) em casa habitada ou destinada a habitação;

b) em edifício público ou destinado a uso público ou a obra de assistência social ou de cultura;

c) em embarcação, aeronave, comboio ou veículo de transporte coletivo;

d) em estação ferroviária ou aeródromo;

e) em estaleiro, fábrica ou oficina;

f) em depósito de explosivo, combustível ou inflamável;

g) em poço petrolífero ou galeria de mineração;

h) em lavoura, pastagem, mata ou floresta.

A enumeração legal é taxativa e não aceita ampliação por analogia.

O ato de provocar incêndio em mata ou floresta constitui crime previsto no art. 41 da Lei n. 9.605/98 (Lei de Proteção Ambiental). Esse crime tem pena menor – reclusão, de dois a quatro anos, e multa –, pois se configura quando referido incêndio não provoca perigo concreto a diversas pessoas. Se o causar, o crime é o de incêndio com a pena majorada.

8.1.1.9. Majorantes decorrentes do resultado

De acordo com a 1ª parte do art. 258 do Código Penal, se do crime doloso de perigo comum resultar lesão corporal de natureza grave, a pena privativa de liberdade será aumentada de metade, e se resultar morte, será aplicada em dobro.

Em suma, se do crime doloso de incêndio:

a) resultar lesão corporal de natureza grave, a pena será aumentada de metade;

b) resultar morte, a pena será aplicada em dobro.

Essas hipóteses são exclusivamente preterdolosas, pois pressupõem dolo na conduta inicial (crime de perigo comum) e culpa no resultado agravador (lesão corporal grave ou morte). Conforme mencionado anteriormente, existindo dolo em relação à morte, o agente responde por homicídio doloso qualificado pelo emprego de fogo (art. 121, § 2º, III, do CP), em concurso formal com o delito de incêndio. Se há dolo de causar as lesões, haverá crime de lesões corporais graves em concurso formal com o crime simples de perigo comum.

8.1.1.10. Ação penal

Pública incondicionada.

8.1.1.11. Incêndio culposo

> *Art. 250, § 2º – Se culposo o incêndio, a pena é de detenção, de seis meses a dois anos.*

Trata-se de crime que ocorre quando alguém não toma os cuidados necessários em determinada situação e, por consequência, provoca um incêndio que expõe a perigo a incolumidade física ou o patrimônio de número indeterminado de pessoas. Ex.: atirar ponta de cigarro em local onde pode ocorrer combustão, não tomar as cautelas devidas em relação a fios elétricos desencapados etc.

As majorantes do § 1º não se aplicam ao crime de incêndio culposo.

8.1.1.12. Majorantes do crime culposo

Nos termos da 2ª parte do art. 258, se em razão do crime culposo resultar lesão corporal, a pena aumenta-se de metade; se resultar morte, aplica-se a pena cominada ao homicídio culposo, aumentada de um terço.

Há, portanto, duas hipóteses:

a) se o incêndio culposo provocar lesão corporal em alguém – qualquer que seja sua natureza, inclusive leve –, a pena será aumentada em metade;

b) se provocar morte, a pena será a do homicídio culposo (detenção de 1 a 3 anos), aumentada de um terço.

8.1.1.13. Ação penal

Pública incondicionada, de competência do Juizado Especial Criminal, exceto quando resulta lesão corporal ou morte, hipótese em que a pena máxima supera o limite de dois anos e passa à competência do Juízo Comum.

8.1.2. Explosão

> *Art. 251. Expor a perigo a vida, a integridade física ou o patrimônio de outrem, mediante explosão, arremesso ou simples colocação de engenho de dinamite ou de substância de efeitos análogos:*
>
> *Pena – reclusão, de três a seis anos, e multa.*
>
> *§ 1º Se a substância utilizada não é dinamite ou explosivo de efeitos análogos:*
>
> *Pena – reclusão, de um a quatro anos, e multa.*

8.1.2.1. Objetividade jurídica

Preservar a incolumidade pública, evitando riscos à vida, à integridade física e aos bens das pessoas decorrentes.

8.1.2.2. Tipo objetivo

São previstas as seguintes condutas típicas: a) *provocar explosão:* significa provocar o estouro de substância, com a produção de estrondo e violento deslocamento de ar pela brusca expansão das substâncias que a compõem; b) *arremessar explosivo:* lançamento feito à distância, com as mãos ou aparelhos. Para a configuração da situação de risco, basta o arremesso, sendo desnecessária a efetiva explosão; c) *colocação de explosivos:* significa armar o explosivo em determinado local, como, por exemplo, colocar minas explosivas em um terreno. A situação de risco existe, ainda que não haja a efetiva explosão. A propósito: "Comete o crime de explosão, previsto no art. 251 do CP, aquele que enterra no chão bombas de dinamite, expondo a perigo evidente a vida, a integridade física e o patrimônio de outrem" (TJSP, Rel. Thomaz Carvalhal, *RT* 393/243).

O objeto material nesses crimes é a dinamite ou substância de efeitos análogos (*caput*) ou qualquer outra substância explosiva de menor potencial (forma privilegiada do § 1º).

8.1.2.3. Sujeito ativo

Pode ser qualquer pessoa, inclusive o proprietário do local onde ocorreu a explosão. Trata-se de crime comum.

8.1.2.4. Sujeito passivo

O Estado e as pessoas expostas a risco em relação à sua integridade ou patrimônio.

8.1.2.5. Consumação

Com a provocação da situação de perigo a número indeterminado de pessoas.

8.1.2.6. Tentativa

É possível.

8.1.2.7. Distinção

Se a intenção do agente é provocar a morte de alguém com uma grande explosão que concomitantemente provoca risco a número elevado de pessoas, responde pelo homicídio qualificado pelo emprego de explosivo (art. 121, § 2º, III, do CP), em concurso formal como o delito de explosão.

A configuração do crime de explosão absorve o crime de dano qualificado pelo uso de substância explosiva (art. 163, parágrafo único, II, do CP). O crime de dano qualificado pressupõe intenção de destruir bens individualizados com explosão de pequenas proporções, enquanto no crime em estudo o agente provoca explosão de proporções consideráveis ou faz arremesso ou colocação de explosivos capaz de provocá-la. No delito de explosão é necessária prova de que a conduta gerou perigo a número elevado de pessoas.

A pesca mediante utilização de explosivos constitui crime contra o meio ambiente, previsto no art. 35 da Lei n. 9.605/98, que tem pena de reclusão, de um a cinco anos. Caso, entretanto, sejam empregados razoavelmente próximos de pessoas que estejam nadando ou de outras embarcações, gerando, portanto, perigo para estes, configura-se o crime de explosão, que é mais grave. Nesse sentido: "Pratica o delito do art. 251 do

CP quem explode bombas para abater peixes, perto de outras embarcações ocupadas por terceiros" (TFR, Rel. William Patterson, JTFR, *Lex* 77/317).

Por fim, o art. 16, parágrafo único, III, da Lei n. 10.826/2003 (Estatuto do Desarmamento), pune com reclusão, de três a seis anos, e multa, quem possui, detém, fabrica ou emprega artefato explosivo, sem autorização e em desacordo com determinação legal ou regulamentar. No crime do art. 251, é necessário que a explosão crie perigo concreto a número indeterminado de pessoas, o que não ocorre no crime do Estatuto.

8.1.2.8. Majorantes

De acordo com o inc. I do § 1º do art. 250 do Código Penal (combinado com o art. 251, § 2º), a pena do crime de explosão dolosa é aumentada em um terço quando o crime é cometido com o intuito de obter vantagem pecuniária em proveito próprio ou alheio.

Para a incidência da causa de aumento basta a intenção de obter a vantagem pecuniária como decorrência da explosão, sendo desnecessário que o agente efetivamente consiga obtê-la. O próprio texto legal deixa claro que é indiferente que ele queira a vantagem para si próprio ou para terceiro.

A vantagem visada deve ser de caráter patrimonial, já que esse requisito está expresso na lei.

Se a intenção do agente é a de obter o valor de seguro, fica absorvido o crime de estelionato (na modalidade de fraude contra seguradora – art. 171, § 2º, V, do CP), respondendo o agente pelo crime de explosão com a pena majorada pela intenção de obtenção de vantagem pecuniária, que tem pena consideravelmente maior.

Já o inc. II do § 1º do art. 250, contém um extenso rol de majorantes que têm relação com a maior gravidade do fato em razão do local da conduta, independentemente de qualquer outro resultado. O aumento também é de um terço e a agravação se dá quando o agente atinge ou visa atingir:

a) casa habitada ou destinada a habitação;

b) edifício público ou destinado a uso público ou a obra de assistência social ou de cultura;

c) embarcação, aeronave, comboio ou veículo de transporte coletivo;

d) estação ferroviária ou aeródromo;

e) estaleiro, fábrica ou oficina;

f) depósito de explosivo, combustível ou inflamável;

g) poço petrolífero ou galeria de mineração;

h) lavoura, pastagem, mata ou floresta.

A enumeração legal é taxativa e não aceita ampliação por analogia.

8.1.2.9. Majorantes decorrentes do resultado

De acordo com a 1ª parte do art. 258 do Código Penal, se do crime doloso de perigo comum resultar lesão corporal de natureza grave, a pena privativa de liberdade será aumentada de metade, e se resultar morte, será aplicada em dobro.

Em suma, se do crime doloso de explosão:

a) resultar lesão corporal de natureza grave, a pena será aumentada de metade;

b) resultar morte, a pena será aplicada em dobro.

Essas hipóteses são exclusivamente preterdolosas, pois pressupõem dolo na conduta inicial (crime de perigo comum) e culpa no resultado agravador (lesão corporal grave ou morte). Conforme mencionado anteriormente, existindo dolo em relação à morte, o agente responde por homicídio doloso qualificado pelo emprego de explosivo (art. 121, § 2º, III, do CP), em concurso formal com o delito de explosão. Se há dolo de causar as lesões, haverá crime de lesões corporais graves em concurso formal com o crime simples de perigo comum.

8.1.2.10. Ação penal

Pública incondicionada.

8.1.2.11. Modalidade culposa

> *Art. 251, § 3º – No caso de culpa, se a explosão é de dinamite ou substância de efeitos análogos, a pena é de detenção, de seis meses a dois anos; nos demais casos, é de detenção de três meses a um ano.*

Trata-se de crime que se configura quando alguém não toma os cuidados necessários em determinada situação e, por consequência, provoca uma explosão que expõe a perigo a incolumidade física ou o patrimônio de número indeterminado de pessoas. Ex.: colocação de tambores de gás para utilização como combustível em veículo sem as cautelas necessárias, gerando explosão; estocagem de fogos de artifício ou pólvora em condições perigosas, que vem a causar fortes explosões etc.

Ressalte-se que também na explosão culposa existe diferenciação na pena se há o uso de dinamite ou apenas explosivo de menor potencial lesivo.

As causas de aumento de pena do § 2º não se aplicam ao crime de explosão culposa.

8.1.2.12. Majorantes do crime culposo

Nos termos da 2ª parte do art. 258, se em razão do crime culposo resultar lesão corporal, a pena aumenta-se de metade; se resultar morte, aplica-se a pena cominada ao homicídio culposo, aumentada de um terço.

Há, portanto, duas hipóteses: a) se a explosão culposa provocar lesão corporal em alguém – qualquer que seja sua natureza, inclusive leve –, a pena será aumentada em metade; b) se provocar morte, a pena será a do homicídio culposo (detenção de 1 a 3 anos), aumentada de um terço.

8.1.2.13. Ação penal

É pública incondicionada, de competência do Juizado Especial Criminal, exceto quando resulta lesão corporal ou morte em decorrência do uso de dinamite ou explosivo similar, hipótese em que a pena máxima supera o limite de dois anos e passa à competência do Juízo Comum.

8.1.3. Uso de gás tóxico ou asfixiante

> *Art. 252. Expor a perigo a vida, a integridade física ou o patrimônio de outrem, usando de gás tóxico ou asfixiante:*
>
> *Pena – reclusão, de um a quatro anos, e multa.*

8.1.3.1. Objetividade jurídica

A incolumidade pública.

8.1.3.2. Tipo objetivo

Este delito, que também é de perigo concreto, pressupõe que o agente exponha a risco número indeterminado de pessoas pelo uso de gás tóxico ou asfixiante. Tóxico é o gás venenoso, ainda que não mortal. Asfixiante é aquele que causa sufocação. Comete o crime, por exemplo, quem faz uso irregular de bomba de gás lacrimogêneo durante manifestação popular ou, como também já se viu, quem libera gás de pimenta em estádios de futebol provocando perigo a grande número de torcedores.

No tipo penal em análise, a exposição a risco deve ser: a) da vida ou da integridade física; b) do patrimônio (gases que coloquem em risco animais ou plantações, por exemplo).

O art. 54, § 2º, V, da Lei n. 9.605/98 (Lei de Proteção ao Meio Ambiente) pune mais severamente quem causa poluição pelo lançamento de resíduos gasosos em tais níveis que resultem ou possam resultar em danos à saúde humana, ou que provoquem a mortandade de animais ou a destruição significativa da flora. Em face desse dispositivo, boa parte da doutrina entende derrogado o art. 252 no que diz respeito à provocação de perigo à saúde humana. Não comungamos desse entendimento, na medida em que o art. 54, § 2º, V, da Lei Ambiental refere-se exclusivamente ao lançamento de resíduos que provoquem poluição. Resíduos são apenas os materiais que sobram após uma ação ou processo produtivo. Resíduo é lixo. De acordo com o dicionário Michaelis, resíduo é "a substância que resta depois de uma operação química ou de uma destilação; resto, sobra". Ora, não há que cogitar de não estar mais em vigor o crime do Código Penal nas condutas acima mencionadas de acionar bomba de gás lacrimogêneo em público ou lançar gás de pimenta em estádio de futebol, na medida em que nada têm a ver com lançamento de resíduos gasosos. Tampouco estamos diante de hipótese de poluição.

Distingue-se o crime em análise da contravenção do art. 38 da Lei das Contravenções Penais, em que basta a emissão abusiva de fumaça, vapor ou gás que possam ofender ou molestar alguém, hipóteses em que o perigo é individual. Ademais, não é necessário na contravenção que o gás seja tóxico ou asfixiante.

8.1.3.3. Sujeito ativo

Pode ser qualquer pessoa. Trata-se de crime comum.

8.1.3.4. Sujeito passivo

A coletividade e as pessoas expostas a risco no caso concreto.

8.1.3.5. Consumação

No momento em que é criada a situação de perigo comum.

8.1.3.6. Tentativa

É possível.

8.1.3.7. Majorantes decorrentes do resultado

Nos termos da 1ª parte do art. 258 do Código Penal, se do crime doloso de perigo comum resultar lesão corporal de natureza grave, a pena privativa de liberdade será aumentada de metade, e se resultar morte, será aplicada em dobro.

Assim, se em razão do crime doloso de uso de gás tóxico ou asfixiante:

a) resultar lesão corporal de natureza grave, a pena será aumentada de metade;

b) resultar morte, a pena será aplicada em dobro.

Essas hipóteses são exclusivamente preterdolosas, ou seja, pressupõem dolo na conduta inicial (crime de perigo comum) e culpa no resultado agravador (lesão corporal grave ou morte).

8.1.3.8. Ação penal

Pública incondicionada.

8.1.3.9. Modalidade culposa

> Art. 252. – Parágrafo único. Se o crime é culposo:
>
> Pena – detenção, de três meses a um ano.

A conduta culposa configura-se, por exemplo, em casos de vazamento de gases tóxicos em indústrias, decorrentes de negligência na manutenção das máquinas em que são utilizados ou de imprudência ou imperícia no manuseio dos equipamentos.

8.1.3.10. Causas de aumento de pena

Nos termos da 2ª parte do art. 258, se, em razão do crime culposo, resultar lesão corporal, a pena aumenta-se de metade; se resultar morte, aplica-se a pena cominada ao homicídio culposo, aumentada de um terço.

Há, portanto, duas situações:

a) se o crime culposo provocar lesão corporal em alguém – qualquer que seja sua natureza, inclusive leve –, a pena será aumentada de metade;

b) se provocar morte, a pena será a do homicídio culposo (detenção de 1 a 3 anos), aumentada de um terço.

8.1.3.11. Ação penal

É pública incondicionada.

8.1.4. Fabrico, fornecimento, aquisição, posse ou transporte de explosivo, gás tóxico ou asfixiante

> Art. 253. Fabricar, fornecer, adquirir, possuir ou transportar, sem licença da autoridade, substância ou engenho explosivo, gás tóxico ou asfixiante, ou material destinado à sua fabricação:
>
> Pena – detenção, de seis meses a dois anos, e multa.

8.1.4.1. Objetividade jurídica

A incolumidade pública.

8.1.4.2. Tipo objetivo

No delito em análise, o agente não provoca explosão ou faz efetivo uso de gás tóxico ou asfixiante. As condutas típicas têm menor periculosidade e, por consequência, pena menor, consistindo em fabricar, fornecer, adquirir, possuir ou transportar, sem licença da autoridade, substância ou engenho explosivo, gás tóxico ou asfixiante, ou material destinado à sua fabricação.

Em relação a substâncias ou engenhos explosivos, o dispositivo está revogado pelo art. 16, parágrafo único, III, do Estatuto do Desarmamento (Lei n. 10.826/2003), que pune mais gravemente (reclusão, de três a seis anos, e multa) aquele que possui, detém, fabrica ou emprega artefato explosivo ou incendiário, sem autorização ou em desacordo com determinação legal ou regulamentar. Embora tal tipo penal não mencione alguns verbos contidos no art. 253, como, por exemplo, "transportar" ou "adquirir", a verdade é que tais condutas estão abrangidas pelo verbo "possuir" existente na Lei n. 10.826/2003.

O art. 253 continua em vigor em relação a gases tóxicos ou asfixiantes, bem como no que diz respeito às *substâncias* explosivas (tolueno, por exemplo), e materiais destinados à sua fabricação (pólvora ou detonador, por exemplo), já que o Estatuto do Desarmamento só faz referência a artefato explosivo (dinamite já pronta, por exemplo).

O tipo penal exige que a conduta ocorra sem licença da autoridade (elemento normativo do tipo). É claro, portanto, que não há crime quando o agente efetua o transporte do gás tóxico devidamente autorizado pela autoridade competente.

Cuida-se de crime de perigo abstrato, no qual a lei presume o perigo à coletividade quando inexiste a licença da autoridade.

8.1.4.3. Sujeito ativo

Pode ser qualquer pessoa. Trata-se de crime comum.

8.1.4.4. Sujeito passivo

A coletividade.

8.1.4.5. Consumação

No instante em que é realizada a conduta típica, independentemente de qualquer resultado.

8.1.4.6. Tentativa

Considerando que o dispositivo transformou em crime atos preparatórios do delito descrito no art. 251, a tentativa não é admissível.

8.1.4.7. Ação penal

Pública incondicionada, de competência do Juizado Especial Criminal.

8.1.5. Inundação

> Art. 254. Causar inundação, expondo a perigo a vida, a integridade física ou o patrimônio de outrem:

Pena – reclusão, de três a seis anos, e multa, no caso de dolo, ou detenção, de seis meses a dois anos, no caso de culpa.

8.1.5.1. Objetividade jurídica

A incolumidade pública.

8.1.5.2. Tipo objetivo

Causar inundação significa provocar o alagamento de um local de grande extensão pelo desvio das águas de seus limites naturais ou artificiais, de forma que não seja possível controlar a força da corrente. O crime pode ser praticado por ação (rompimento de um dique, represamento) ou por omissão.

É indiferente que a inundação seja violenta (abertura total de comporta, rompimento de um dique, por exemplo) ou lenta (represamento, por exemplo), bastando que tenha o potencial de expor a perigo a coletividade.

8.1.5.3. Sujeito ativo

Pode ser qualquer pessoa, inclusive o dono do local que venha a ser inundado.

8.1.5.4. Sujeito passivo

A coletividade representada pelo Estado e as pessoas expostas a risco quanto à sua integridade ou patrimônio.

8.1.5.5. Consumação

Quando as águas se espalham de tal maneira que criam efetiva situação de perigo para número indeterminado de pessoas. Trata-se de crime de perigo concreto.

8.1.5.6. Tentativa

É possível.

8.1.5.7. Distinção

Por ser crime mais grave, o delito de inundação absorve o delito de usurpação ou desvio de águas (art. 161, § 1º, do CP).

A inundação pode ser provocada dolosa ou culposamente, sendo que, no último caso, o resultado decorre da não observância de um cuidado necessário (no sentido de evitar a inundação), e a pena evidentemente é mais branda.

Se a intenção do agente é provocar a morte de alguém por meio de uma inundação, responde por homicídio qualificado (art. 121, § 2º, III, do CP), em concurso formal com o crime em estudo.

8.1.5.8. Majorantes decorrentes do resultado

Nos termos da 1ª parte do art. 258 do Código Penal, se do crime doloso de perigo comum resultar lesão corporal de natureza grave, a pena privativa de liberdade será aumentada de metade, e se resultar morte, será aplicada em dobro.

Assim, se em razão do crime doloso de inundação:

a) resultar lesão corporal de natureza grave, a pena será aumentada de metade;

b) resultar morte, a pena será aplicada em dobro.

Essas hipóteses são exclusivamente preterdolosas, ou seja, pressupõem dolo na conduta inicial (crime de perigo comum) e culpa no resultado agravador (lesão corporal grave ou morte). Dessa forma, como já mencionado anteriormente, existindo dolo em relação à morte, o agente responde por homicídio doloso qualificado em concurso formal com o crime doloso de inundação. Se há intenção de causar as lesões, haverá crime de lesões corporais graves em concurso com o crime simples de perigo comum.

Já a 2ª parte do art. 258 estabelece que, se em razão do crime culposo resultar lesão corporal, a pena aumenta-se de metade e, se resultar morte, aplica-se a pena cominada ao homicídio culposo, aumentada de um terço.

Há, portanto, duas hipóteses:

a) se a inundação culposa provocar lesão corporal em alguém – qualquer que seja sua natureza, inclusive leve –, a pena será aumentada de metade;

b) se provocar morte, a pena será a do homicídio culposo (detenção de 1 a 3 anos), aumentada de um terço.

8.1.5.9. Ação penal

É pública incondicionada.

8.1.6. Perigo de inundação

> Art. 255. Remover, destruir ou inutilizar, em prédio próprio ou alheio, expondo a perigo a vida, a integridade física ou o patrimônio de outrem, obstáculo natural ou obra destinada a impedir inundação:
>
> Pena – reclusão, de um a três anos, e multa.

8.1.6.1. Objetividade jurídica

A incolumidade pública.

8.1.6.2. Tipo objetivo

Esse crime pressupõe a não ocorrência da inundação, uma vez que a existência desta tipifica o delito previsto no artigo anterior, que é mais grave. A conduta aqui incriminada consiste exclusivamente em tirar, eliminar ou tornar ineficaz algum obstáculo (margem, por exemplo) ou obra (barragem, dique, comporta etc.) cuja finalidade é evitar a inundação.

De acordo com Nélson Hungria[31], se sobrevém a inundação, o agente responde por concurso formal entre o crime de perigo de inundação e o delito de inundação culposa. Entendemos, porém, que quem remove ou destrói obstáculo natural ou obra destinada a impedir inundação, ainda que não queira provocá-la de forma específica, assume o risco de produzir o resultado e, caso este efetivamente sobrevenha, o agente responde por crime de inundação dolosa (com dolo eventual).

---

[31] Nélson Hungria, *Comentários ao Código Penal*, v. VIII, p. 50.

8.1.6.3. Sujeito ativo

Pode ser qualquer pessoa, até mesmo o dono do imóvel de onde foi retirado o obstáculo ou obra destinada a impedir a inundação.

8.1.6.4. Sujeito passivo

A coletividade representada pelo Estado e também as pessoas que sejam expostas a risco.

8.1.6.5. Consumação

Trata-se de crime doloso, em que o agente objetiva provocar uma situação de risco à coletividade pela simples remoção do obstáculo, não visando à efetiva ocorrência da inundação. Assim, o crime se consuma com a situação de perigo concreto decorrente de sua conduta (remoção, destruição ou inutilização do obstáculo ou obra).

8.1.6.6. Tentativa

É possível quando o agente, por exemplo, não consegue remover o obstáculo.

Não se confunde o crime de tentativa de inundação (art. 254), em que o agente quer, mas não consegue provocá-la, com o crime de perigo de inundação, em que o agente efetivamente não quer provocá-la.

8.1.6.7. Ação penal

É pública incondicionada.

8.1.7. Desabamento ou desmoronamento

> Art. 256. Causar desabamento ou desmoronamento, expondo a perigo a vida, a integridade física ou o patrimônio de outrem:
>
> Pena – reclusão, de um a quatro anos, e multa.

8.1.7.1. Objetividade jurídica

A incolumidade pública.

8.1.7.2. Tipo objetivo

A primeira conduta típica consiste em causar *desabamento*, ou seja, provocar a queda de obras construídas pelo homem (edifícios, pontes ou quaisquer outras construções). A segunda consiste em causar desmoronamento, o que significa provocar a queda de parte do solo (barrancos, morros, pedreiras etc.).

É necessário, ainda, que o desabamento ou desmoronamento tenham sido provocados dolosamente e que tal conduta provoque perigo concreto à integridade física ou ao patrimônio de número indeterminado de pessoas.

8.1.7.3. Sujeito ativo

Pode ser qualquer pessoa, inclusive o dono do imóvel atingido.

8.1.7.4. Sujeito passivo

A coletividade representada pelo Estado e as pessoas expostas a risco em relação à sua integridade ou patrimônio.

8.1.7.5. Consumação

O crime se consuma com a provocação de perigo concreto à integridade física ou ao patrimônio de número indeterminado de pessoas. Não basta criar a situação de perigo de desabamento. A consumação do delito pressupõe que a queda se concretize e exponha a perigo a vida ou o patrimônio de diversas pessoas.

8.1.7.6. Tentativa

É possível.

8.1.7.7. Majorantes decorrentes do resultado

Nos termos da 1ª parte do art. 258 do Código Penal, se do crime doloso de perigo comum resultar lesão corporal de natureza grave, a pena privativa de liberdade será aumentada de metade, e se resultar morte, será aplicada em dobro.

Assim, se em razão do crime doloso de desabamento ou desmoronamento:

a) resultar lesão corporal de natureza grave, a pena será aumentada de metade;

b) resultar morte, a pena será aplicada em dobro.

Essas hipóteses são exclusivamente preterdolosas, ou seja, pressupõem dolo na conduta inicial (crime de perigo comum) e culpa no resultado agravador (lesão corporal grave ou morte). Dessa forma, como já mencionado anteriormente, existindo dolo em relação à morte, o agente responde por homicídio doloso qualificado pelo perigo comum causado (art. 121, § 2º, III, do CP), em concurso formal com o delito de desabamento ou desmoronamento. Se há intenção de causar as lesões, haverá crime de lesões corporais graves em concurso com o crime simples de perigo comum.

8.1.7.8. Ação penal

Pública incondicionada.

8.1.7.9. Modalidade culposa

> Art. 256. Parágrafo único – Se o crime é culposo:
> Pena – detenção, de seis meses a um ano.

Trata-se de infração penal de ocorrência razoavelmente corriqueira. Configura-se, por exemplo, quando o desabamento ou desmoronamento é causado pela não observância das regras próprias na edificação de casas ou prédios, quando valas são feitas irregularmente próximas a edificações, quando é retirada terra ou desmatada área que impede a queda de barrancos etc.

Também na figura culposa exige-se que o desabamento tenha colocado em situação de risco concreto número indeterminado de pessoas. Saliente-se que a conduta de provocar desabamento de construção ou, por erro no projeto ou na execução, dar-lhe causa, sem, todavia, gerar perigo comum, configura a contravenção penal do art. 29 da LCP.

8.1.7.10. Majorantes

A 2ª parte do art. 258 estabelece que, se em razão do crime culposo resultar lesão corporal, a pena aumenta-se de metade e, se resultar morte, aplica-se a pena cominada ao homicídio culposo, aumentada de um terço.

Há, portanto, duas hipóteses:

a) se o desabamento culposo provocar lesão corporal em alguém – qualquer que seja sua natureza, inclusive leve –, a pena será aumentada de metade;

b) se provocar morte, a pena será a do homicídio culposo (detenção de 1 a 3 anos), aumentada de um terço. Essa hipótese é muito comum em desabamentos de prédios, viadutos, obras do metrô em construção etc.

8.1.7.11. Ação penal

Pública incondicionada, de competência do Juizado Especial Criminal, exceto se resultar morte, hipótese em que a pena máxima supera o patamar de dois anos.

8.1.8. Subtração, ocultação ou inutilização de material de salvamento

> *Art. 257. Subtrair, ocultar ou inutilizar, por ocasião de incêndio, inundação, naufrágio ou outro desastre ou calamidade, aparelho, material ou qualquer meio destinado a serviço de combate ao perigo, de socorro ou salvamento, ou impedir ou dificultar serviço de tal natureza:*
>
> *Pena – reclusão, de dois a cinco anos, e multa.*

8.1.8.1. Objetividade jurídica

A incolumidade pública.

8.1.8.2. Tipo objetivo

Na primeira parte do dispositivo pune-se quem *subtrai* (tira o bem do local), *oculta* (esconde) ou *inutiliza* (destrói ou torna de outra forma imprestável) objeto destinado a salvamento. É necessário que o fato ocorra por ocasião de incêndio, inundação, naufrágio ou outro desastre, ou calamidade, razão pela qual a lei presume o risco que decorre da conduta. Esta deve recair sobre aparelho, material ou qualquer meio destinado a serviço de combate ao perigo, de socorro ou salvamento. Ex.: extintor de incêndio, escadas, mala de primeiros socorros, bote salva-vidas, bomba de água, rede de salvamento etc.

Existe o crime se o agente realiza qualquer das condutas típicas, em relação a qualquer dos objetos materiais, em uma das ocasiões mencionadas no tipo penal.

A segunda figura típica configura-se quando o agente dificulta ou impede o serviço de socorro. A conduta pode se dar por ação (violência ou fraude) ou por omissão (deixar de retirar um veículo que impede a chegada do socorro, por exemplo).

Se foi o próprio agente quem provocou o perigo e depois dificultou o socorro, responde pelos dois crimes em concurso material.

8.1.8.3. Sujeito ativo

Pode ser qualquer pessoa, inclusive o proprietário do material de salvamento. Trata-se de crime comum.

8.1.8.4. Sujeito passivo

A coletividade e as pessoas efetivamente expostas a risco no caso concreto.

8.1.8.5. Consumação

No instante em que o agente subtrai, oculta ou inutiliza os objetos, ainda que não consiga impedir o socorro.

Trata-se de crime de perigo abstrato. Na segunda modalidade criminosa, o delito se consuma quando o agente efetivamente dificulta ou impede o socorro.

8.1.8.6. Tentativa

É possível.

8.1.8.7. Causas de aumento de pena decorrentes do resultado

Nos termos da 1ª parte do art. 258 do Código Penal, se do crime doloso de perigo comum resultar lesão corporal de natureza grave, a pena privativa de liberdade será aumentada de metade, e se resultar morte, será aplicada em dobro.

Assim, se do crime doloso em análise:

a) resultar lesão corporal de natureza grave, a pena será aumentada de metade;

b) resultar morte, a pena será aplicada em dobro.

Essas hipóteses são exclusivamente preterdolosas, ou seja, pressupõem dolo na conduta inicial (crime de perigo comum) e culpa no resultado agravador (lesão corporal grave ou morte). É difícil, todavia, visualizar na prática mera conduta culposa quanto ao evento agravador. Com efeito, ainda que o agente não tenha tido a intenção específica de causar lesão grave ou morte (dolo direto), se intencionalmente impediu o socorro em situação de incêndio ou inundação, e a vítima acabou morrendo pela falta de socorro, sua conduta será interpretada como dolo eventual em relação ao resultado morte, devendo ser responsabilizado por homicídio doloso em concurso com o crime em estudo em sua figura simples.

8.1.8.8. Ação penal

Pública incondicionada.

8.1.9. Difusão de doença ou praga

> Art. 259. Difundir doença ou praga que possa causar dano a floresta, plantação ou animais de utilidade econômica:
>
> Pena – reclusão, de dois a cinco anos, e multa.
>
> Parágrafo único. No caso de culpa, a pena é detenção, de um a seis meses, ou multa.

A figura principal desse dispositivo encontra-se tacitamente revogada pelo art. 61 da Lei de Proteção ao Meio Ambiente (Lei n. 9.605/98), que pune com reclusão, de um a quatro anos, e multa quem "disseminar doença ou praga ou espécies que possam causar dano à agricultura, à pecuária, à fauna, à flora ou aos ecossistemas". Esse era o único crime do Capítulo em que se punia tão somente o perigo ao patrimônio, já que, nos demais tipos penais, o perigo envolve também a vida e a integridade física das pessoas.

A modalidade culposa está ainda em vigor porque não existe figura semelhante na lei ambiental. Pressupõe que, por falta de cuidado, o agente dê causa à difusão de doenças ou pragas potencialmente perigosas a florestas, plantações ou animais de utilidade doméstica.

DOS CRIMES CONTRA A SEGURANÇA DOS MEIOS DE COMUNICAÇÃO E TRANSPORTE E OUTROS SERVIÇOS PÚBLICOS

8.2. Dos crimes contra a segurança dos meios de comunicação e transporte e outros serviços públicos

8.2.1. Perigo de desastre ferroviário

> *Art. 260. Impedir ou perturbar serviço de estrada de ferro:*
>
> *I – destruindo, danificando ou desarranjando, total ou parcialmente, linha férrea, material rodante ou de tração, obra de arte ou instalação;*
>
> *II – colocando obstáculo na linha;*
>
> *III – transmitindo falso aviso acerca do movimento dos veículos ou interrompendo ou embaraçando o funcionamento de telégrafo, telefone ou radiotelegrafia;*
>
> *IV – praticando outro ato de que possa resultar desastre:*
>
> *Pena – reclusão, de dois a cinco anos, e multa.*

8.2.1.1. Objetividade jurídica

A incolumidade pública.

8.2.1.2. Tipo objetivo

Impedir é fazer com que pare de funcionar o serviço ferroviário, e perturbar significa atrapalhar seu funcionamento.

O próprio tipo penal enumera as formas como o agente cria a situação de perigo comum:

a) Destruindo, danificando ou desarranjando, total ou parcialmente, a linha férrea (trilhos, dormentes), material rodante (vagões) ou de tração (locomotivas), obra de arte (túneis e pontes) ou instalação (aparelho de sinalização, chaves de desvio, cabines etc.).

b) Colocando obstáculo na pista. O obstáculo pode ser uma pedra de grandes proporções, o corpo de um boi ou cavalo, um veículo etc.

c) Transmitindo falso aviso acerca do movimento dos veículos ou interrompendo ou embaraçando o funcionamento de telégrafo, telefone ou radiotelegrafia. A interrupção do sistema de comunicação deve gerar perigo de desastre ferroviário, pois, caso contrário, estaria presente o crime do art. 266, que possui pena consideravelmente menor.

d) Praticando outro ato de que possa resultar desastre. Trata-se aqui de fórmula genérica que tem a finalidade de abranger qualquer outra situação provocadora de perigo. Abrange até mesmo omissões por parte de ferroviários que possam provocar risco aos usuários.

Pode parecer, à primeira vista, que o tipo penal em estudo é de ação vinculada porque o legislador, inicialmente, elencou, pormenorizadamente, as formas pelas quais o agente impede ou perturba o serviço de estrada de ferro, gerando perigo de desastre ferroviário. Acontece que, ao final, com a inserção da fórmula genérica no inc. IV, o crime admite qualquer meio de execução, sendo, assim, de ação livre.

Estrada de ferro, nos termos do art. 260, § 3º, do Código Penal, é "qualquer via de comunicação em que circulem veículos de tração mecânica, em trilhos ou por meio de cabo aéreo". Tal conceito abrange os trens, teleféricos, metrôs, bondes etc. Por se tratar de crime de perigo comum, exige-se que se trate de estrada de ferro destinada a transporte público. Apesar de não haver menção expressa nesse sentido no art. 260, a conclusão não pode ser outra em face da redação dada ao crime do art. 262, previsto no mesmo Capítulo: "expor a perigo *outro meio de transporte público impedindo*-lhe ou dificultando-lhe o funcionamento".

Para a configuração do crime em estudo, basta o dolo de realizar uma das condutas típicas, a fim de impedir ou perturbar o serviço ferroviário, tendo ciência do perigo de desastre que deles decorre. Não é necessário que o agente queira especificamente provocar a situação de perigo, basta que tenha ciência de que sua ação poderá desencadeá-la.

8.2.1.3. Sujeito ativo

Qualquer pessoa. Trata-se de crime comum.

8.2.1.4. Sujeito passivo

A coletividade e as pessoas expostas a perigo.

8.2.1.5. Consumação

No momento em que é gerado o perigo concreto, ou seja, o risco imediato de desastre.

8.2.1.6. Tentativa

É possível.

8.2.1.7. Ação penal

Pública incondicionada.

8.2.1.8. Desastre ferroviário

> Art. 260, § 1º – Se do fato resulta desastre:
> Pena – reclusão, de quatro a doze anos, e multa.

Premissa do crime simples descrito no *caput* é que a conduta não cause o desastre, mas apenas perigo de sua ocorrência. Caso este se concretize em razão de uma das condutas descritas no tipo penal, estará configurado o delito de desastre ferroviário, cuja pena é consideravelmente maior.

8.2.1.8.1. Majorantes

Nos termos do art. 263, combinado com o art. 258 do Código Penal, se do desastre doloso resultar lesão grave, a pena de reclusão será aumentada em metade e, se resultar morte, será aplicada em dobro. Essas hipóteses são exclusivamente *preterdolosas*, pois, se o agente quer provocar a morte, responde por crime de homicídio qualificado.

8.2.1.9. Desastre ferroviário culposo

> Art. 260, § 2º – No caso de culpa, ocorrendo desastre:
>
> Pena – detenção, de seis meses a dois anos.

Na modalidade culposa, basta que alguém, por qualquer espécie de imprudência, negligência ou imperícia, dê causa a um acidente ferroviário. Ex.: motorista de automóvel que cruza os trilhos sem a atenção devida e causa colisão com um trem; maquinista que não reduz a velocidade ao se aproximar de local habitado etc.

8.2.1.9.1. Majorantes

Nos termos do art. 263, combinado com o art. 258 do Código Penal, se do desastre resulta lesão, ainda que leve, a pena aumenta-se em metade e, se resulta morte, aplica-se a pena do homicídio culposo aumentada de um terço.

8.2.1.10. Ação penal

Pública incondicionada.

8.2.2. Atentado contra a segurança de transporte marítimo, fluvial ou aéreo

> Art. 261. Expor a perigo embarcação ou aeronave, própria ou alheia, ou praticar qualquer ato tendente a impedir ou dificultar navegação marítima, fluvial ou aérea:
>
> Pena – reclusão, de dois a cinco anos.

8.2.2.1. Objetividade jurídica

A incolumidade pública no sentido de que a segurança nos meios de transporte referidos no tipo penal não seja colocada em risco.

8.2.2.2. Tipo objetivo

O dispositivo incrimina duas condutas.

A primeira consiste em e expor a perigo embarcação ou aeronave, própria ou alheia. Embarcação é toda construção destinada a navegar sobre águas (lancha, navio, catamarã, balsa). Aeronave é "todo aparelho manobrável em voo, que possa sustentar-se e circular no espaço aéreo, mediante reações aerodinâmicas, apto a transportar pessoas ou coisas" (art. 106 da Lei n. 7.565/86 – Código Brasileiro de Aeronáutica). Abrange não só os aviões de qualquer porte mas também helicópteros, balões, dirigíveis etc.

Para a configuração do delito, é necessário que a embarcação ou aeronave seja destinada ao transporte público, mesmo que realizado por particulares. Essa conclusão é inevitável em razão de o delito subsidiário previsto no art. 262 punir o atentado contra a segurança de *outro* meio de transporte público.

A conduta típica consiste em, de alguma forma, colocar em situação de perigo concreto a embarcação ou aeronave (própria ou de terceiro). Ex.: fazer manobras arriscadas para se exibir.

O responsável por rádio pirata que, ciente do risco, atrapalha com a transmissão a conversa entre o piloto e a torre de comando na aproximação com a pista comete o crime em tela.

De acordo com o art. 39, parágrafo único, da Lei Antidrogas (Lei n. 11.343/2006), incorrerá em pena de quatro a seis anos de reclusão, além de 400 a 600 dias-multa, quem conduzir embarcação ou aeronave destinada ao transporte público de passageiros *após o consumo de drogas*, expondo a dano potencial a incolumidade de outrem.

A segunda conduta incriminada consiste em praticar qualquer ato tendente a impedir ou dificultar navegação marítima, fluvial ou aérea.

Pode configurar o crime a colocação de obstáculos, as falsas informações a respeito de tormentas, a remoção de sinalizações etc.

8.2.2.3. Sujeito ativo

Pode ser qualquer pessoa, inclusive o dono da aeronave ou embarcação, conforme esclarece o próprio tipo penal.

8.2.2.4. Sujeito passivo

A coletividade e as pessoas efetivamente expostas ao perigo.

8.2.2.5. Consumação

Trata-se de crime de perigo concreto em suas duas figuras, de modo que a consumação só ocorrerá quando se verificar a situação de perigo.

8.2.2.6. Tentativa

É possível.

8.2.2.7. Ação penal

Pública incondicionada.

8.2.2.8. Sinistro em transporte marítimo, fluvial ou aéreo

> Art. 261, § 1º – Se do fato resulta naufrágio, submersão ou encalhe de embarcação ou queda ou destruição de aeronave:
>
> Pena – reclusão, de quatro a doze anos.

Esta modalidade qualificada do delito foi estabelecida com a finalidade de punir mais gravemente a conduta que provoque resultado danoso à embarcação ou aeronave, ainda que pertencente ao próprio autor do crime. Diverge a doutrina em torno da natureza dessa forma qualificada. Para Damásio de Jesus[32], Julio Fabbrini Mirabete[33] e Nélson Hungria[34], não se trata de hipótese exclusivamente preterdolosa, abrangendo também o dolo quanto ao sinistro. Já para Magalhães Noronha[35], Alberto Silva Franco[36], Fernando Capez[37] e Heleno Cláudio Fragoso[38], a figura é exclusivamente preterdolosa.

8.2.2.8.1. Majorantes

Nos termos do art. 263, combinado com o art. 258 do Código Penal, se do sinistro resulta lesão grave, a pena de reclusão é aumentada em metade e, se resulta morte, é aplicada em dobro. Essas hipóteses são exclusivamente *preterdolosas*, pois, se o agente quer provocar a morte, responde por crime de homicídio qualificado.

8.2.2.9. *Intenção de lucro*

> Art. 261, § 2º – Aplica-se, também, a pena de multa, se o agente pratica o crime com intuito de obter vantagem econômica, para si ou para outrem.

É o que ocorre, por exemplo, com o piloto de uma aeronave que, por aposta, efetua acrobacia, ou que recebe dinheiro de empresa concorrente para dificultar a prestação de serviço daquela em que trabalha etc.

8.2.2.10. *Modalidade culposa*

> Art. 261, § 3º – No caso de culpa, se ocorre o sinistro:
>
> Pena – detenção, de seis meses a dois anos.

É o que ocorre, por exemplo, quando o sujeito dá causa ao evento pela falta de manutenção no equipamento.

8.2.2.10.1. Majorantes

Nos termos do art. 263, combinado com o art. 258 do Código Penal, se do sinistro resulta lesão, ainda que leve, a pena aumenta-se em metade e, se resulta morte, aplica--se a pena do homicídio culposo aumentada de um terço.

8.2.2.11. *Ação penal*

Pública incondicionada.

8.2.3. *Atentado contra a segurança de outro meio de transporte*

> Art. 262. Expor a perigo outro meio de transporte público, impedir-lhe ou dificultar-lhe o funcionamento:

---

[32] Damásio de Jesus, *Direito penal*, v. 3, p. 306.
[33] Julio Fabbrini Mirabete, *Manual de direito penal*, v. 3, p. 125.
[34] Nélson Hungria, *Comentários ao Código Penal*, v. VIII, p. 83.
[35] E. Magalhães Noronha, *Direito penal*, v. 3, p. 400.
[36] Alberto Silva Franco, *Código Penal e sua interpretação jurisprudencial*, p. 2.725.
[37] Fernando Capez, *Curso de direito penal*, v. 3, p. 193.
[38] Heleno Cláudio Fragoso, *Lições de direito penal*, Parte especial, v. II, p. 188.

Pena – detenção, de um a dois anos.

§ 1º Se do fato resulta desastre, a pena é de reclusão, de dois a cinco anos.

8.2.3.1. Objetividade jurídica

A incolumidade pública.

8.2.3.2. Tipo objetivo

As condutas típicas são as mesmas dos arts. 260 e 261, isto é, impedir ou dificultar o funcionamento de um meio de transporte, gerando perigo concreto à incolumidade pública. A diferença é que, naqueles dispositivos, que têm pena maior, o risco é gerado em estrada de ferro, embarcação ou aeronave, enquanto, no delito ora em análise, é causado em outro meio qualquer de transporte público (ônibus, táxis, lotações etc.). Abrange também a exposição a perigo de embarcação lacustre, já que o dispositivo anterior só menciona as marítimas e as fluviais.

Comete o crime, por exemplo, quem deixa um grande tronco de madeira ou pedras em via pública, quem retira uma placa sinalizadora, quem atira uma pedra e quebra um semáforo, quem instala inadequadamente um tanque de gás em seu táxi etc.

8.2.3.3. Sujeito ativo

Pode ser qualquer pessoa, inclusive o proprietário do veículo ou seus funcionários. Trata-se de crime comum.

8.2.3.4. Sujeito passivo

A coletividade e as pessoas efetivamente expostas a risco no caso concreto.

8.2.3.5. Consumação

Quando ocorre a situação de perigo coletivo decorrente da conduta do sujeito.

8.2.3.6. Tentativa

É possível.

8.2.3.7. Figura qualificada e majorante

Se do fato resulta desastre, o crime é qualificado, nos termos do § 1º. Além disso, nos termos do art. 263, combinado com o art. 258 do Código Penal, se do desastre resulta lesão grave, a pena de reclusão é aumentada em metade e, se resulta morte, é aplicada em dobro. Essas hipóteses são exclusivamente *preterdolosas*, pois, se o agente quer provocar a morte, responde por crime de homicídio qualificado.

8.2.3.8. Ação penal

Pública incondicionada, de competência do Juizado Especial Criminal em sua figura simples.

8.2.3.9. Modalidade culposa

Art. 262, § 2º – No caso de culpa, se ocorre desastre:

Pena – detenção, de três meses a um ano.

A modalidade culposa somente é punida quando dela decorre desastre. Não há crime em, culposamente, expor a perigo os meios de transporte acima referidos.

8.2.3.9.1. Majorantes

Nos termos do art. 263, combinado com o art. 258 do Código Penal, se do desastre culposo resulta lesão, ainda que leve, a pena aumenta-se em metade e, se resulta morte, aplica-se a pena do homicídio culposo aumentada de um terço.

8.2.3.10. Ação penal

Pública incondicionada.

8.2.4. Arremesso de projétil

> *Art. 264. Arremessar projétil contra veículo, em movimento, destinado ao transporte público por terra, por água ou pelo ar:*
>
> *Pena – detenção, de um a seis meses.*
>
> *Parágrafo único. Se do fato resulta lesão corporal, a pena é de detenção, de seis meses a dois anos; se resulta morte, a pena é a do art. 121, § 3º, aumentada de um terço.*

8.2.4.1. Objetividade jurídica

A incolumidade pública, no que se refere à segurança nos meios de transporte coletivos.

8.2.4.2. Tipo objetivo

A conduta típica consiste em arremessar, que significa atirar, jogar um projétil. Este é um objeto sólido capaz de ferir ou causar dano em coisas ou pessoas (pedaços de pau, pedras etc.). Não estão compreendidos pelo conceito os corpos líquidos ou gasosos. Além disso, o disparo de arma de fogo nas proximidades de veículo em movimento configura crime mais grave previsto no art. 15 da Lei n. 10.826/2003 (Estatuto do Desarmamento).

Para que exista crime, é necessário que o projétil seja lançado contra veículo em movimento por terra, mar ou ar. Exige-se também que o veículo seja destinado a transporte coletivo (ônibus, navios, aviões etc.). Assim, o arremesso de projétil contra veículo de uso particular ou de transporte público que esteja parado pode caracterizar apenas outro crime (lesões corporais, dano, furto etc.).

8.2.4.3. Sujeito ativo

Pode ser qualquer pessoa. Trata-se de crime comum.

8.2.4.4. Sujeito passivo

A coletividade.

8.2.4.5. Consumação

Com o arremesso, ainda que não atinja o alvo. Trata-se de crime de perigo abstrato, cuja configuração independe da efetiva demonstração da situação de risco. O perigo, portanto, é presumido.

8.2.4.6. Tentativa

É possível quando o agente movimenta o braço para lançar o projétil e é detido por alguém.

8.2.4.7. Majorantes

Nos termos do parágrafo único do art. 264, se do fato resulta lesão corporal, ainda que leve, a pena é aumentada para seis meses a dois anos de detenção e, se resulta morte, a pena é a do homicídio culposo, aumentada de um terço. Essas qualificadoras são exclusivamente preterdolosas, pois, se o agente quer provocar a morte, responde por crime de homicídio doloso, que absorve o delito de arremesso de projétil.

8.2.4.8. Distinção

O crime de atentado contra a segurança de outro meio de transporte coletivo (art. 262) pressupõe dolo específico de expor a perigo o meio de transporte público, colocando em risco grande número de pessoas, ou de dificultar ou impedir seu funcionamento, requisitos que não existem no delito de arremesso de projétil. Nesse sentido: "Agente que indignado com o aumento da tarifa arremessa pedra contra coletivo em movimento. Não se confundem as figuras típicas dos arts. 262 e 264 do CP de 1940, que, não obstante guardem entre si alguma afinidade representada pelo corresponder comum a crime contra a segurança dos meios de transporte, distinguem-se fundamentalmente, pelo elemento subjetivo componente de um e de outro dos tipos considerados. No primeiro – art. 262 – o elemento subjetivo que o identifica é o dolo, a vontade deliberada de expor a perigo qualquer meio de transporte público, ou a vontade de impedir-lhe ou dificultar-lhe o funcionamento. É o intuito de frustrar a prestação do serviço de transporte público genericamente considerado, o que, certamente, é um plus em relação ao elemento subjetivo integrante do tipo descrito no art. 264. Nesse último, ao contrário, vislumbra-se o elemento subjetivo no singelo gesto de atirar projétil, na vontade de lançá-lo contra o veículo em movimento, sem qualquer consideração ao propósito consciente de expor a perigo o transporte ou de impedir-lhe ou dificultar-lhe o funcionamento. Basta-lhe a vontade livre e consciente de praticar a ação incriminada, sabendo o agente que cria possibilidade de causar dano pessoal ou patrimonial" (TACRIM-SP, Rel. Canguçu de Almeida, *Jutacrim* 85/537).

8.2.4.9. Ação penal

Pública incondicionada.

8.2.5. Atentado contra a segurança de serviço de utilidade pública

Art. 265. Atentar contra a segurança ou o funcionamento de serviço de água, luz, força ou calor, ou qualquer outro de utilidade pública:

Pena – reclusão, de um a cinco anos, e multa.

Parágrafo único. Aumentar-se-á a pena de um terço até a metade, se o dano ocorrer em virtude de subtração de material essencial ao funcionamento dos serviços.

8.2.5.1. Objetividade jurídica

A incolumidade pública no sentido da manutenção dos serviços de utilidade pública.

8.2.5.2. Tipo objetivo

As condutas típicas consistem em: a) atentar contra a segurança dos serviços, isto é, torná-los inseguros, perigosos. Ex.: deixar desencapados fios de alta tensão em postes públicos; b) atentar contra o funcionamento dos serviços, ou seja, provocar a paralisação destes. Ex.: cortar os cabos elétricos fazendo faltar energia em uma região.

Não basta à configuração do delito quebrar a lâmpada de um único poste. É necessário que pessoas indeterminadas sejam ou possam ser prejudicadas.

Além dos serviços expressamente mencionados no texto legal – água, luz, força ou calor –, estão também abrangidos os serviços de gás, de limpeza etc., em razão da fórmula genérica contida no dispositivo – "qualquer outro serviço de utilidade pública".

É indiferente que o serviço seja prestado por entidade pública ou particular (concessionárias de serviço público, sociedades de economia mista etc.).

Dependendo da motivação, poderá restar configurado crime de terrorismo do art. 2º, § 1º, IV, da Lei n. 13.260/2016.

8.2.5.3. Sujeito ativo

Pode ser qualquer pessoa, inclusive o próprio fornecedor do serviço ou algum funcionário da empresa prestadora.

8.2.5.4. Sujeito passivo

A coletividade, além das pessoas eventualmente prejudicadas pela falta ou má prestação do serviço.

8.2.5.5. Consumação

No momento em que o agente realiza a conduta capaz de perturbar a segurança ou o funcionamento do serviço. Trata-se de crime de perigo abstrato em que se presume o risco decorrente da ação.

8.2.5.6. Tentativa

É possível.

8.2.5.7. Majorante

Haverá agravação de um terço da pena quando o dano ocorrer em razão de furto de material essencial ao funcionamento dos serviços. Ex.: a subtração de grande quantidade de fios elétricos que provoque falta de energia em área considerável.

8.2.5.8. Ação penal

Pública incondicionada.

8.2.6. Interrupção ou perturbação de serviço telegráfico ou telefônico

Art. 266. Interromper ou perturbar serviço telegráfico, radiotelegráfico ou telefônico, impedir ou dificultar-lhe o restabelecimento:

Pena – detenção, de um a três anos, e multa.

§ 1º Incorre na mesma pena quem interrompe serviço telemático ou de informação de utilidade pública, ou impede ou dificulta-lhe o restabelecimento.

§ 2º Aplicam-se as penas em dobro, se o crime é cometido por ocasião de calamidade pública.

8.2.6.1. Objetividade jurídica

A incolumidade pública no que diz respeito à regularidade dos serviços telegráficos e telefônicos.

8.2.6.2. Tipo objetivo

O texto legal pune quem provoca a interrupção total do serviço e também os que apenas prejudicam seu funcionamento. Pune, ainda, aqueles que, de algum modo, impedem ou criam óbices ao restabelecimento do serviço cujo defeito não foi por eles provocado.

Para a configuração do crime, não basta prejudicar o funcionamento de um aparelho telefônico ou telegráfico, já que o tipo penal tutela o interesse coletivo na manutenção do serviço. É preciso que a conduta afete o serviço de uma região, prejudicando número indeterminado de pessoas (todos os moradores de uma rua ou de um bairro, por exemplo).

O impedimento de contato telefônico entre duas pessoas determinadas configura o crime do art. 151, § 1º, III, do Código Penal.

8.2.6.3. Sujeito ativo

Qualquer pessoa, inclusive os funcionários da prestadora do serviço.

8.2.6.4. Sujeito passivo

A coletividade e as pessoas prejudicadas por não poderem utilizar o serviço adequadamente.

8.2.6.5. Consumação

No momento em que o agente realiza a conduta descrita no tipo penal. Trata-se de crime de perigo abstrato.

8.2.6.6. Tentativa

É possível. Ex.: pessoa flagrada prestes a cortar os cabos telefônicos que possibilitam o funcionamento dos aparelhos em certa região.

8.2.6.7. Figura equiparada

O § 1º do art. 266 do Código Penal foi inserido pela Lei n. 12.737/2012 e tem por finalidade punir os chamados "crackers" que, intencionalmente e, em regra, sem qualquer motivo (apenas por diversão), paralisam o funcionamento de sites de utilidade pública – Ministérios, Tribunais, empresas telefônicas ou de energia, da Receita Federal, de autarquias previdenciárias etc.

8.2.6.8. Majorante

Se o delito for praticado por ocasião de calamidade pública, as penas (detenção e multa) serão aplicadas em dobro (art. 266, § 2º). São hipóteses de calamidade pública as grandes enchentes, inundações, deslizamentos de encostas de morros etc. Em tais situações, a necessidade de uso do telefone, por exemplo, se exacerba e a impossibilidade de sua utilização prejudica o socorro e impede ou dificulta que as pessoas atingidas peçam auxílio.

8.2.6.9. Ação penal

Pública incondicionada.

Capítulo III

DOS CRIMES CONTRA A SAÚDE PÚBLICA

8.3. Dos crimes contra a saúde pública

8.3.1. Epidemia

> Art. 267. Causar epidemia, mediante a propagação de germes patogênicos:
>
> Pena – reclusão, de dez a quinze anos.
>
> § 1º Se do fato resulta morte, a pena é aplicada em dobro.

8.3.1.1. Objetividade jurídica

Proteger a saúde pública.

8.3.1.2. Tipo objetivo

A conduta típica consiste em propagar germes patogênicos, o que significa difundir, espalhar vírus, bacilos ou protozoários capazes de produzir moléstias infecciosas. Ex.: meningite, sarampo, gripe, febre amarela etc. O crime pode ser praticado por qualquer meio: contaminação do ar, da água, transmissão direta etc.

É necessário, também, que a conduta provoque epidemia (resultado), ou seja, contaminação de grande número de pessoas em determinado local ou região. Por isso, a doutrina costuma dizer que se trata de crime de perigo concreto. Entendemos, porém, cuidar-se de crime de dano, pois, conforme mencionado, exige a efetiva transmissão da doença a grande número de pessoas. O perigo é para aqueles que ainda não foram contaminados.

Trata-se de crime doloso que pressupõe a específica intenção de provocar a disseminação dos germes. Se a conduta visa apenas à transmissão da moléstia a pessoa determinada, configura-se o crime de lesão corporal.

8.3.1.3. Sujeito ativo

Pode ser qualquer pessoa. O delito pode ser cometido por alguém que já esteja contaminado ou por pessoas não contaminadas.

8.3.1.4. Sujeito passivo

A coletividade e as pessoas que forem contaminadas.

8.3.1.5. Consumação

Quando se verifica a epidemia, vale dizer, com a ocorrência de inúmeros casos da doença.

8.3.1.6. Tentativa

É possível na hipótese de o agente propagar os germes patogênicos, mas não provocar a epidemia que visava.

8.3.1.7. Majorante

A pena é aplicada em dobro se resulta morte (art. 267, § 1º). Quanto ao resultado agravador, é possível que se tenha verificado dolosa ou culposamente, tendo em vista o *quantum* final da pena (20 a 30 anos). Para que se verifique a causa de aumento, basta a ocorrência de uma única morte. O crime de epidemia qualificado pela morte é considerado hediondo pelo art. 1º, VII, da Lei n. 8.072/90.

8.3.1.8. Modalidade culposa

Art. 267, § 2º – No caso de culpa, a pena é de detenção, de um a dois anos, ou, se resulta morte, de dois a quatro anos.

Se a provocação da epidemia for culposa, aplica-se a pena de detenção de um a dois anos e, se dela resulta morte, de dois a quatro anos.

A transmissão não intencional da doença para pessoa determinada, sem a provocação de epidemia, não configura o crime.

8.3.1.9. Ação penal

Pública incondicionada.

8.3.2. Infração de medida sanitária preventiva

Art. 268. Infringir determinação do poder público, destinada a impedir introdução ou propagação de doença contagiosa:

Pena – detenção, de um mês a um ano, e multa.

Parágrafo único. A pena é aumentada de um terço, se o agente é funcionário da saúde pública ou exerce a profissão de médico, farmacêutico, dentista ou enfermeiro.

8.3.2.1. Objetividade jurídica

A incolumidade pública, no sentido da preservação da saúde pública.

8.3.2.2. Tipo objetivo

O crime em análise constitui espécie de norma penal em branco, pois exige complemento de lei ou ato administrativo no qual o poder público determine, de forma expressa, providência visando impedir a introdução no País de doença contagiosa ou a sua propagação. No ano de 2009, o Ministério da Saúde publicou *recomendação* no sentido de que as pessoas deveriam evitar viagens a países em que a gripe A (H1N1) já se encontrava disseminada, por exemplo, no Chile e na Argentina. O descumprimento a essa recomendação, entretanto, não constituiria crime, já que o tipo penal exige descumprimento a determinação do poder público, pressupondo, assim, proibições expressas ou ações imperativas. Ex.: proibição de viagem e retorno ao Brasil de local onde haja pessoas infectadas.

A conduta típica consiste em "infringir" a determinação do poder público, de modo que, dependendo do conteúdo desta, a desobediência pode se dar por ação ou por omissão.

8.3.2.3. Sujeito ativo

Pode ser qualquer pessoa. Trata-se de crime comum. Se for um dos profissionais elencados no parágrafo único (funcionário da saúde pública, médico, farmacêutico, dentista ou enfermeiro), a pena será aumentada em um terço. Nesse caso, o aumento pressupõe a inobservância do preceito no desempenho das atividades profissionais, e não em atividades particulares.

8.3.2.4. Sujeito passivo

A coletividade, bem como pessoas que eventualmente venham a ser infectadas.

8.3.2.5. Consumação

Basta o descumprimento da determinação do poder público. Cuida-se, portanto, de crime de perigo abstrato em que se presume o risco decorrente da desobediência, sendo desnecessária a efetiva introdução ou propagação da doença contagiosa.

8.3.2.6. Tentativa

É possível.

8.3.2.7. Ação penal

É pública incondicionada.

8.3.3. Omissão de notificação de doença

> Art. 269. Deixar o médico de denunciar à autoridade pública doença cuja notificação é compulsória:
> Pena – detenção, de seis meses a dois anos, e multa.

8.3.3.1. Objetividade jurídica

A saúde pública.

8.3.3.2. Tipo objetivo

A tipificação do delito pressupõe que o médico desrespeite a obrigação de comunicar doença cuja notificação seja compulsória. Referida obrigação pode ser decorrente de lei, decreto ou regulamento administrativo (norma penal em branco). São exemplos o cólera, a febre amarela, a difteria etc.

A Lei n. 6.259/75 regulamenta a notificação compulsória de doenças. Estabelece seu art. 7º que são de notificação compulsória às autoridades sanitárias os casos suspeitos ou confirmados: I – de doenças que podem implicar medidas de isolamento ou quarentena, de acordo com o Regulamento Sanitário Internacional; II – de doenças constantes de relação elaborada pelo Ministério da Saúde, para cada Unidade da

Federação, a ser atualizada periodicamente. A Portaria n. 1.100/96 do Ministério da Saúde complementa o inc. II, elencando o rol de doenças de notificação compulsória.

O art. 8º da referida lei estabelece a obrigação da notificação por parte de médicos e outros profissionais da área da saúde, bem como aos responsáveis por organizações e estabelecimentos públicos e particulares de saúde e ensino, de casos suspeitos ou confirmados das doenças relacionadas em conformidade com o art. 7º. Nota-se, entretanto, que o art. 269 considera como crime somente a *omissão do médico*. O art. 10, VI, da Lei n. 6.437/77, por sua vez, prevê sanções administrativas (multa e/ou advertência) ao médico e *outras pessoas* que se omitam na obrigação da notificação compulsória de doença.

O art. 10 da Lei n. 6.259/75 diz que a notificação compulsória de casos de doenças tem caráter sigiloso, o qual deve ser observado pelos profissionais especificados no caput do art. 8º desta Lei que tenham procedido à notificação, pelas autoridades sanitárias que a tenham recebido e por todos os trabalhadores ou servidores que lidam com dados da notificação. O parágrafo único, por seu turno, acrescenta que a identificação do paciente, fora do âmbito médico sanitário, somente poderá efetivar-se, em caráter excepcional, em caso de grande risco à comunidade, a juízo da autoridade sanitária e com conhecimento prévio do paciente ou do seu responsável.

Os demais dispositivos da Lei n. 6.259/75 regulamentam as providências que as autoridades sanitárias devem tomar após a notificação no acompanhamento do paciente a fim de evitar a propagação da doença.

8.3.3.3. Sujeito ativo

Trata-se de crime próprio, que somente pode ser praticado por médico. O profissional não se isenta da responsabilidade ao alegar que a notificação poderia configurar, de sua parte, crime de violação de sigilo profissional, na medida em que este crime só se configura quando não há justa causa para a notificação e, na hipótese em análise, essa justa causa existe por determinação legal. Ademais, conforme acima mencionado, a notificação tem caráter sigiloso.

8.3.3.4. Sujeito passivo

A coletividade, que pode ser prejudicada pela não comunicação da doença, de forma a dificultar ou retardar o combate à propagação.

8.3.3.5. Consumação

Cuida-se de crime omissivo próprio, que se consuma no momento em que o médico deixa de observar o prazo previsto em lei, decreto ou regulamento para a efetivação da comunicação. O crime é de perigo presumido (abstrato).

8.3.3.6. Tentativa

É inadmissível, já que se trata de crime omissivo próprio.

8.3.3.7. Ação penal

Pública incondicionada.

8.3.4. Envenenamento de água potável ou de substância alimentícia ou medicinal

> Art. 270. Envenenar água potável, de uso comum ou particular, ou substância alimentícia ou medicinal destinada a consumo:

Pena – reclusão, de dez a quinze anos.

§ 1º Está sujeito à mesma pena quem entrega a consumo ou tem em depósito, para o fim de ser distribuída, a água ou a substância envenenada.

8.3.4.1. Objetividade jurídica

A saúde pública.

8.3.4.2. Tipo objetivo

O crime consiste em colocar, misturar veneno em água, alimento ou substância medicinal. Veneno é a substância química ou orgânica que, introduzida no organismo, tem o poder de causar a morte ou sérios distúrbios na saúde da vítima.

Para que o crime se configure, o agente deve querer a contaminação de água potável, de uso comum ou particular. Como se cuida de delito de perigo comum, só haverá crime se a água se destinar ao consumo de toda a coletividade ou ao consumo particular de pessoas indeterminadas (hóspedes de um hotel, detentos de uma prisão etc.). Assim, o envenenamento da água contida numa garrafa ou num copo o qual se sabe que será ingerida por pessoa determinada caracteriza crime de lesões corporais ou homicídio.

Há crime, também, se o envenenamento recai em alimentos ou em remédios que se destinam à distribuição a pessoas indeterminadas (que estejam em depósito para distribuição, em prateleira de supermercado etc.).

O crime em estudo não foi revogado pelo art. 54 da Lei n. 9.605/98, que pune a poluição de águas. Com efeito, o delito do Código Penal possui pena muito maior porque diz respeito ao envenenamento de água potável, enquanto o delito da lei ambiental pune a poluição por outro tipo de substância.

8.3.4.3. Sujeito ativo

Pode ser qualquer pessoa. Trata-se de crime comum.

8.3.4.4. Sujeito passivo

A coletividade.

8.3.4.5. Consumação

Quando a substância envenenada é colocada em situação na qual possa ser consumida por número indeterminado de pessoas. Cuida-se de crime de perigo abstrato.

8.3.4.6. Tentativa

É possível.

8.3.4.7. Figuras equiparadas

O § 1º do art. 270 prevê duas figuras equiparadas, para as quais aplica-se a mesma pena do *caput*, incriminando quem:

a) *Entrega a consumo água ou substância envenenada por outrem.* É evidente que, por se tratar de figura equiparada, a punição se dá a título de dolo.

b) *Tem em depósito, para o fim de ser distribuída, a água ou substância envenenada por outrem.* Essa figura consuma-se com o ato de ter a água ou substância em depósito, ainda que o agente não consiga atingir sua finalidade de distribuí-la. Trata-se, portanto, de crime formal. O crime é também permanente, sendo possível a prisão em flagrante enquanto a água ou substância estiver em depósito.

8.3.4.8. Majorantes

Nos termos do art. 285, em combinação com o art. 258, se resulta lesão grave, a pena será aumentada em metade e, se resulta morte, será aplicada em dobro. Essas hipóteses são exclusivamente preterdolosas, ou seja, pressupõem dolo na conduta inicial (crime contra a saúde pública) e culpa em relação ao resultado (lesão grave ou morte). Em havendo dolo quanto ao evento morte, o agente responde por homicídio doloso qualificado pelo envenenamento. Da mesma forma, se a provocação de lesão grave é intencional, o agente responde por crime de lesão corporal (em concurso com o crime contra a saúde pública).

A Lei n. 8.072/90 (Lei dos Crimes Hediondos), em sua redação originária, considerava o crime em estudo, quando qualificado pelo resultado morte, de natureza hedionda. Posteriormente, a Lei n. 8.930/94 alterou referida lei e excluiu tal figura do rol dos delitos hediondos.

8.3.4.9. Ação penal

Pública incondicionada.

8.3.4.10. Modalidade culposa

> Art. 270, § 2º – Se o crime é culposo:
> Pena – detenção, de seis meses a dois anos.

A modalidade culposa aplica-se tanto à figura do envenenamento descrita no *caput* como às formas equiparadas do § 1º.

8.3.4.11. Majorantes

Nos termos do art. 285, em combinação com o art. 258, se em decorrência do crime culposo resultar lesão corporal, ainda que leve, a pena será aumentada em metade e, se resultar morte, será aplicada a pena do crime de homicídio culposo aumentada em um terço.

8.3.4.12. Ação penal

Pública incondicionada, de competência do Juizado Especial Criminal, salvo se resultar lesão ou morte, hipóteses em que a pena máxima supera dois anos.

8.3.5. Corrupção ou poluição de água potável

> Art. 271. Corromper ou poluir água potável, de uso comum ou particular, tornando-a imprópria para o consumo ou nociva à saúde:
> Pena – reclusão, de dois a cinco anos.

8.3.5.1. Objetividade jurídica

A saúde pública.

8.3.5.2. Tipo objetivo

Água potável é aquela apta ao consumo (ingestão, banho etc.). Existem águas correntes que são potáveis, porém, em sua maior parte não o são, devendo ser colhidas (em rios, açudes, represas) e submetidas a tratamento pelas empresas responsáveis. Assim, quem poluir ou corromper água, de uso comum ou particular, apta ao consumo humano, incorre no crime em análise.

Por sua vez, em se tratando de poluição lançada sobre água não potável, haverá o crime do art. 54, *caput*, da Lei n. 9.605/98 e, caso tal poluição torne necessária a interrupção do abastecimento público de água em uma comunidade, estará presente o crime qualificado do art. 54, § 2º, III, da mesma lei.

Quando se diz que determinadas águas não são potáveis, não se quer dizer necessariamente que estejam poluídas. Conforme já mencionado, as águas de rios e represas, normalmente, não são potáveis, devendo passar por processos de filtragem e decantação para a retirada de impurezas naturais (sujeira, coliformes fecais de animais, detritos provenientes de algas, micro-organismos etc.) e adição de cloro antes de serem destinadas ao consumo humano. Caso, todavia, alguém lance esgoto ou substâncias nocivas em rio ou represa que sirva à coleta para fornecimento a uma comunidade, incorre no crime do art. 54, § 2º, III, da Lei n. 9.605/98, porque não se trata de água potável. Caso, porém, se trate de água já tratada ou que seja naturalmente potável, a conduta tipifica o crime mais grave do art. 271 do Código Penal.

Existe, contudo, entendimento em sentido contrário, sustentando que o art. 54 da Lei Ambiental revogou o art. 271 do Código Penal, por se tratar de lei posterior e mais abrangente. Nesse sentido: "I. O tipo penal, posterior, específico e mais brando, do art. 54 da Lei n. 9.605/98 engloba completamente a conduta tipificada no art. 271 do Código Penal, provocando a ab-rogação do delito de corrupção ou poluição de água potável" (STJ – HC n. 178.423/GO, Rel. Min. Gilson Dipp, 5ª Turma, julgado em 6-12-2011, *DJe* 19-12-2011).

No mesmo sentido (revogação do art. 271), temos o entendimento de Celeste Pereira Gomes[39], Paulo Affonso Leme Machado[40] e Ney Moura Teles[41].

Com o devido respeito, não nos parece que o legislador tenha tido a intenção de aprovar lei especial – punindo crimes ambientais –, para abrandar a pena de quem polui água potável.

8.3.5.3. Sujeito ativo

Pode ser qualquer pessoa. Trata-se de crime comum.

8.3.5.4. Sujeito passivo

A coletividade e as pessoas prejudicadas por não poderem fazer uso da água ou por terem feito uso da água poluída.

---

[39] Celeste Leite dos Santos Pereira Gomes, *Crimes contra o meio ambiente: responsabilidade e sanção penal*, coord. Maria Celeste Cordeiro Leite Santos, p. 144.

[40] Paulo Affonso Leme Machado, Da poluição e de outros crimes ambientais na Lei 9.605/98, *Revista de Direito Ambiental* – Publicação oficial do Instituto "O Direito por um Planeta Verde", ano 4, n. 14, p. 9-19, São Paulo, RT, abr.-jun. 1999, p. 11.

[41] Ney Moura Teles, *Direito penal: parte geral: art. 1º a 120*, v. 1, p. 248.

8.3.5.5. Consumação

Trata-se de crime material, que só se consuma quando a água se tornar imprópria para o consumo de número indeterminado de pessoas. Com a poluição, presume-se o risco à coletividade (perigo abstrato).

8.3.5.6. Tentativa

É possível quando o agente lança sujeira na água potável, mas não a torna imprópria para o consumo.

8.3.5.7. Majorantes

Nos termos do art. 285, em combinação com o art. 258, se resulta lesão grave, a pena será aumentada em metade e, se resulta morte, será aplicada em dobro. Essas hipóteses são exclusivamente preterdolosas, ou seja, pressupõem dolo na conduta inicial (crime contra a saúde pública) e culpa em relação ao resultado (lesão grave ou morte). Em havendo dolo quanto ao evento morte, o agente responde por homicídio doloso. Da mesma forma, se a provocação de lesão grave é intencional, o agente responde por crime de lesão corporal (em concurso com o crime contra a saúde pública).

8.3.5.8. Ação penal

Pública incondicionada.

8.3.5.9. Modalidade culposa

> Art. 271. Parágrafo único – Se o crime é culposo:
> Pena – detenção, de dois meses a um ano.

Trata-se da hipótese em que a poluição é causada por imprudência, negligência ou imperícia.

8.3.5.10. Majorantes

Nos termos do art. 285, em combinação com o art. 258, se em decorrência do crime culposo resultar lesão corporal, ainda que leve, a pena será aumentada em metade e, se resultar morte, será aplicada a pena do crime de homicídio culposo aumentada em um terço.

8.3.5.11. Ação penal

Pública incondicionada, de competência do Juizado Especial Criminal, salvo se resultar morte, hipótese em que a pena máxima supera dois anos.

8.3.6. Falsificação, corrupção, adulteração ou alteração de substância ou produtos alimentícios

> Art. 272. Corromper, adulterar, falsificar ou alterar substância ou produto alimentício destinado a consumo, tornando- o nocivo à saúde ou reduzindo-lhe o valor nutritivo:
> Pena – reclusão, de quatro a oito anos, e multa.

8.3.6.1. Objetividade jurídica

A saúde pública.

8.3.6.2. Tipo objetivo

São punidas as seguintes condutas típicas: a) *corromper* (estragar, desnaturar); b) *falsificar* (utilizar substância diversa da que devia na produção do alimento); c) *adulterar* ou *alterar* (modificar para pior a substância alimentícia anteriormente fabricada ou produzida).

De acordo com o texto legal, para a existência do crime é preciso que, com a conduta típica, o alimento ou substância alimentícia torne-se nocivo à saúde ou tenha seu valor nutritivo diminuído. No primeiro caso, é necessária a demonstração de que, com a ingestão do alimento, haverá consequências maléficas para a saúde do consumidor (uso de água poluída ou de leite estragado na produção de alimento etc.). Na segunda hipótese, deve-se demonstrar que a conduta do agente reduziu a perfeição calórica, proteica etc. (adição de água pura em leite, por exemplo).

Trata-se de crime de perigo concreto, que exige prova de que o produto se tornou nocivo à saúde ou teve seu valor nutritivo reduzido.

O objeto material do crime é a substância alimentícia (qualquer substância que entre na produção do alimento) ou o próprio alimento destinado a consumo, ou seja, a ser consumido por número indeterminado de pessoas, pela população em geral. É, pois, crime de perigo comum.

8.3.6.3. Sujeito ativo

Pode ser qualquer pessoa. Trata-se de crime comum.

8.3.6.4. Sujeito passivo

A coletividade e eventualmente pessoas afetadas pelo produto corrompido.

8.3.6.5. Consumação

No exato instante em que o agente corrompe, adultera, falsifica ou altera a coisa. Por se tratar de crime de perigo, não se exige o efetivo malefício às vítimas. Se da ação resultar lesão grave ou morte, o crime será considerado qualificado, aplicando-se as penas contidas no art. 258 (remissão feita pelo art. 285).

8.3.6.6. Tentativa

Apesar de difícil a constatação, é admissível, já que o *iter criminis* pode ser cindido.

8.3.6.7. Majorantes

Nos termos do art. 285, em combinação com o art. 258, se resulta lesão grave, a pena será aumentada em metade e, se resulta morte, será aplicada em dobro. Essas hipóteses são exclusivamente preterdolosas, ou seja, pressupõem dolo na conduta inicial (crime contra a saúde pública) e culpa em relação ao resultado (lesão grave ou morte). Em havendo dolo quanto ao evento morte, o agente responde por homicídio doloso. Da mesma forma, se a provocação de lesão grave é intencional, o agente responde por crime de lesão corporal (em concurso com o crime contra a saúde pública).

8.3.6.8. Figuras equiparadas

Nos termos do art. 272, § 1º-A, "incorre nas penas deste artigo quem fabrica, vende, expõe à venda, importa, tem em depósito para vender ou, de qualquer forma, distribui ou entrega a consumo a substância alimentícia ou o produto falsificado, corrompido ou adulterado".

O objeto material é o mesmo, mas as condutas típicas são distintas.

O § 1º do art. 272, por sua vez, esclarece que "está sujeito às mesmas penas quem pratica as ações previstas neste artigo em relação a bebidas, com ou sem teor alcoólico" (cerveja, uísque, guaraná, suco etc.).

8.3.6.9. Substância destinada à falsificação

O art. 277 do Código Penal pune quem vende, expõe à venda, tem em depósito ou cede substância destinada à falsificação de produtos alimentícios (bromato de potássio, sulfito de sódio). A pena é de reclusão, de um a cinco anos, e multa.

8.3.6.10. Ação penal

Pública incondicionada.

8.3.6.11. Modalidade culposa

> Art. 272, § 2º – Se o crime é culposo:
>
> Pena – detenção, de um a dois anos, e multa.

O dispositivo pune quem por imprudência, negligência ou imperícia provoca a adulteração, corrupção etc.

8.3.6.12. Majorantes

Nos termos do art. 285, em combinação com o art. 258, se em decorrência do crime culposo resultar lesão corporal, ainda que leve, a pena será aumentada em metade e, se resultar morte, será aplicada a pena do crime de homicídio culposo aumentada em um terço.

8.3.6.13. Ação penal

Pública incondicionada, de competência do Juizado Especial Criminal, salvo se resultar lesão ou morte, hipóteses em que a pena máxima supera dois anos.

8.3.7. Falsificação, corrupção, adulteração ou alteração de produto destinado a fins terapêuticos ou medicinais

> Art. 273. Falsificar, corromper, adulterar ou alterar produto destinado a fins terapêuticos ou medicinais:
>
> Pena – reclusão, de dez a quinze anos, e multa.

8.3.7.1. Objetividade jurídica

A saúde pública.

8.3.7.2. Tipo objetivo

A presente infração penal sofreu duas importantes alterações. A primeira delas, decorrente da Lei n. 9.677/98, modificou o tipo penal e aumentou consideravelmente a pena. A segunda, feita pela Lei n. 9.695/98, incluiu o delito no rol dos crimes hediondos, passando a constar no art. 1º, VII-B, da Lei n. 8.072/90.

As condutas típicas são as mesmas do delito anterior, que, entretanto, devem recair sobre produto destinado a fim terapêutico ou medicinal (objeto material). Abrange os medicamentos destinados a cura, melhora, controle ou prevenção de doenças de número indeterminado de pessoas ou a serem utilizados em tratamentos médicos (moderadores de apetite, anabolizantes, anestésicos, analgésicos etc.). O medicamento pode ser alopático ou homeopático.

Estão abrangidos no dispositivo, além dos medicamentos, as matérias-primas, os insumos farmacêuticos, os cosméticos, os saneantes e os de uso em diagnóstico (§ 1º-A).

Como a antiga redação exigia que a conduta tornasse o produto nocivo à saúde, requisito não repetido no atual tipo penal, pode-se concluir que o delito atualmente é de perigo presumido. É evidente, entretanto, que essa faceta é questionada por parte da doutrina em face do princípio da lesividade quando se trata, por exemplo, de mera falsificação de remédio para dor de cabeça.

8.3.7.3. Sujeito ativo

Trata-se de crime comum, que pode ser cometido por qualquer pessoa.

8.3.7.4. Sujeito passivo

A coletividade e, eventualmente, as pessoas afetadas pelo crime.

8.3.7.5. Consumação

No instante em que o agente corrompe, falsifica, adultera ou altera o produto, independentemente de qualquer resultado ou do efetivo consumo por qualquer pessoa. Como já mencionado, trata-se de crime de perigo. Se em virtude de eventual nocividade do medicamento ou da ineficácia decorrente da falsificação sobrevém lesão grave ou morte (ou a aceleração desses resultados), serão aplicadas as qualificadoras do art. 258 (com a remissão do art. 285), desde que o resultado seja culposo (delito preterdoloso). À toda evidência, porém, o resultado agravador em geral decorre de dolo (ao menos eventual), hipótese em que há concurso material entre o homicídio doloso e o delito em estudo.

8.3.7.6. Tentativa

É possível.

8.3.7.7. Figuras equiparadas

A lei pune com as mesmas penas quem importa, vende, expõe à venda, tem em depósito para vender ou, de qualquer forma, distribui ou entrega a consumo produto falsificado, corrompido, adulterado ou alterado, bem como pratica tais ações em relação a produtos em quaisquer das seguintes condições (§ 1º-B):

I – sem registro, quando exigível, no órgão de vigilância sanitária competente;

II – em desacordo com a fórmula constante do registro previsto no inciso anterior;

III – sem as características de identidade e qualidade admitidas para a sua comercialização;

IV – com redução de seu valor terapêutico ou de sua atividade;

V – de procedência ignorada;

VI – adquiridos de estabelecimento sem licença da autoridade sanitária competente.

8.3.7.8. Ação penal e pena

Pública incondicionada.

A Lei n. 9.677/98 aumentou a pena em abstrato para dez a quinze anos de reclusão, e multa. A pena anteriormente prevista era de um a três anos de reclusão. Ocorre que, no ano de 2015, a Corte Especial do Superior Tribunal de Justiça, no julgamento no HC 239.363/PR, reconheceu a inconstitucionalidade do preceito secundário (pena em abstrato) deste dispositivo por ofensa aos princípios da proporcionalidade e da razoabilidade, porque o legislador teria sido açodado na modificação legislativa ao estabelecer penas tão altas. Como consequência, determinou que, por analogia, devem ser aplicadas a este crime as penas do delito de tráfico de drogas (art. 33, *caput*, da Lei n. 11.343/2006): reclusão, de cinco a quinze anos.

Veja-se a ementa do julgamento: "Arguição de inconstitucionalidade. Preceito secundário do art. 273, § 1º-B, V, do CP. Crime de ter em depósito, para venda, produto destinado a fins terapêuticos ou medicinais de procedência ignorada. Ofensa ao princípio da proporcionalidade. 1. A intervenção estatal por meio do Direito Penal deve ser sempre guiada pelo princípio da proporcionalidade, incumbindo também ao legislador o dever de observar esse princípio como proibição de excesso e como proibição de proteção insuficiente. 2. É viável a fiscalização judicial da constitucionalidade dessa atividade legislativa, examinando, como diz o Ministro Gilmar Mendes, se o legislador considerou suficientemente os fatos e prognoses e se utilizou de sua margem de ação de forma adequada para a proteção suficiente dos bens jurídicos fundamentais. 3. Em atenção ao princípio constitucional da proporcionalidade e razoabilidade das leis restritivas de direitos (CF, art. 5º, LIV), é imprescindível a atuação do Judiciário para corrigir o exagero e ajustar a pena cominada à conduta inscrita no art. 273, § 1º-B, do Código Penal. 4. O crime de ter em depósito, para venda, produto destinado a fins terapêuticos ou medicinais de procedência ignorada é de perigo abstrato e independe da prova da ocorrência de efetivo risco para quem quer que seja. E a indispensabilidade do dano concreto à saúde do pretenso usuário do produto evidencia ainda mais a falta de harmonia entre o delito e a pena abstratamente cominada (de 10 a 15 anos de reclusão) se comparado, por exemplo, com o crime de tráfico ilícito de drogas – notoriamente mais grave e cujo bem jurídico também é a saúde pública. 5. A ausência de relevância penal da conduta, a desproporção da pena em ponderação com o dano ou perigo de dano *à saúde pública decorrente da ação e a inexistência de consequência calamitosa do agir convergem para que se conclua pela falta de razoabilidade da pena prevista na lei. A restrição da liberdade individual não pode ser excessiva, mas compatível e proporcional à ofensa causada pelo comportamento humano criminoso. 6. Arguição acolhida para declarar inconstitucional o preceito secundário da norma"* (STJ, AI no HC 239.363/PR, Corte Especial, Rel. Min. Sebastião Reis Júnior, julgado em 26-2-2015, *DJe* 10-4-2015).

Note-se que a decisão que declarou a inconstitucionalidade do preceito secundário refere-se especificamente ao crime do art. 273, § 1º-B, V, do Código Penal, porque esta era a hipótese em julgamento no caso específico. Outras decisões do Superior Tribunal de Justiça, todavia, esclarecem que a regra vale também para as outras modalidades do delito: REsp 1.368.868/MG, 6ª Turma, Rel. Min. Rogerio Schietti Cruz, julgado em 23-6-2015, *DJe* 3-8-2015; HC 260.847/PR, 6ª Turma, Rel. Min. Sebastião Reis Júnior, julgado em 19-5-2015, *DJe* 29-5-2015; REsp 915.442/SC, 6ª Turma, Rel. Min. Maria

Thereza de Assis Moura, julgado em 14-12-2010, *DJe* 1-2-2011; e HC 259.627/PR, Rel. Min. Sebastião Reis Júnior, julgado em 19-5-2015, *DJe* 29-5-2015.

No âmbito do Supremo Tribunal Federal, há decisões que reconhecem a constitucionalidade da pena: RE 844.152 AgR, Rel. Min. Gilmar Mendes; RE 662.090 AgR, Rel. Min. Cármen Lúcia; e RE 870.410 AgR, Rel. Min. Roberto Barroso.

No julgamento do tema 1003, em sede de repercussão geral, o Plenário da Corte Suprema reconheceu a inconstitucionalidade da pena da figura descrita no art. 273, § 1º-B, inciso I: "É inconstitucional a aplicação do preceito secundário do artigo 273 do Código Penal, com a redação dada pela Lei 9.677/1998 – reclusão de 10 a 15 anos – à hipótese prevista no seu parágrafo 1º-B, inciso I, que versa sobre importar, vender, expor à venda, ter em depósito para vender ou, de qualquer forma, distribuir ou entregar produto sem registro no órgão de vigilância sanitária. Para estas situações específicas, fica repristinado o preceito secundário do artigo 273, na redação originária – reclusão de um a três anos e multa" (RE 979962, Rel. Min. Roberto Barroso, Tribunal Pleno, j. 24-3-2021, p. 14-6-2021). O Supremo Tribunal Federal entendeu que a pena descrita atualmente fere o princípio da proporcionalidade.

8.3.7.9. Modalidade culposa

> *Art. 273, § 2º – Se o crime é culposo:*
> *Pena – detenção, de um a três anos, e multa.*

Pune o dispositivo o agente que por imprudência, negligência ou imperícia dá causa à adulteração, corrupção etc.

8.3.7.10. Majorantes

Nos termos do art. 285, em combinação com o art. 258, se em decorrência do crime culposo resultar lesão corporal, ainda que leve, a pena será aumentada em metade e, se resultar morte, será aplicada a pena do crime de homicídio culposo aumentada em um terço.

8.3.7.11. Ação penal

Pública incondicionada.

8.3.7.12. Substância destinada à falsificação

O art. 277 do Código Penal pune quem vende, expõe à venda, tem em depósito ou cede substância destinada à falsificação de produtos alimentícios, terapêuticos ou medicinais. A pena é de reclusão, de um a cinco anos, e multa.

8.3.7.13. Outras condutas ilícitas relacionadas

Os arts. 274 a 276 do Código Penal, todos com redação alterada pela Lei n. 9.677/98, punem, com penas de reclusão de um a cinco anos, e multa, as seguintes condutas ilícitas:

a) empregar, no fabrico de produto destinado a consumo, revestimento, gaseificação artificial, matéria corante, substância aromática, antisséptica, conservadora ou qualquer outra não expressamente permitida pela legislação sanitária (art. 274);

b) inculcar, em invólucro ou recipiente de produtos alimentícios, terapêuticos ou medicinais, a existência de substância que não se encontra em seu conteúdo ou que nele existe em quantidade menor que a mencionada (art. 275);

c) vender, expor à venda, ter em depósito para vender ou, de qualquer forma, entregar a consumo produto nas condições dos arts. 274 e 275 (art. 276).

Esses tipos penais também não exigem demonstração da nocividade dos produtos.

8.3.8. Outras substâncias nocivas à saúde pública

> Art. 278. Fabricar, vender, expor à venda, ter em depósito para vender, ou, de qualquer forma, entregar a consumo coisa ou substância nociva à saúde, ainda que não destinada à alimentação ou a fim medicinal:
>
> Pena – detenção, de um a três anos, e multa.

8.3.8.1. Objetividade jurídica

A saúde pública.

8.3.8.2. Tipo objetivo

Para a tipificação do crime em estudo, é necessário que a coisa ou substância seja nociva à saúde, isto é, que seja capaz de provocar dano orgânico ou psicológico às pessoas que dele se utilizem. Se o exame pericial constatar a nocividade, ainda que baixa, estará aperfeiçoado o ilícito penal.

Requisito do crime é que a substância ou coisa sejam destinadas ao consumo público.

O objeto material pode ser uma pomada, um inseticida, uma tinta etc., desde que nocivo à saúde por alguma razão.

Caso se trate de produto alimentício ou medicinal, estarão configurados crimes mais graves descritos nos arts. 272 e 273, de modo que o crime em estudo é subsidiário.

Entendemos que, se houver relação de consumo, por ser o adquirente o destinatário final do produto (art. 2º da Lei n. 8.078/90), estará tipificado o crime do art. 7º, IX, da Lei n. 8.137/90, que pune com detenção, de dois a cinco anos, ou multa, quem vende, tem em depósito para vender ou expõe à venda, ou de qualquer forma, entrega matéria-prima ou mercadoria em condições impróprias para o consumo. É que o art. 18, § 6º, II, da Lei n. 8.078/90 define que todo produto nocivo ao consumidor é impróprio para o consumo.

8.3.8.3. Sujeito ativo

Pode ser qualquer pessoa.

8.3.8.4. Sujeito passivo

A coletividade e as pessoas que eventualmente sofram algum dano em decorrência do crime.

8.3.8.5. Consumação

No momento da realização da conduta típica, independentemente de qualquer resultado. Trata-se de crime de perigo abstrato.

8.3.8.6. Tentativa

É possível.

8.3.8.7. Majorantes

Nos termos do art. 285, em combinação com o art. 258, se resulta lesão grave, a pena será aumentada em metade e, se resulta morte, será aplicada em dobro. Essas hipóteses são exclusivamente preterdolosas, ou seja, pressupõem dolo na conduta inicial (crime contra a saúde pública) e culpa em relação ao resultado (lesão grave ou morte). Em havendo dolo quanto ao evento morte, o agente responde por homicídio doloso. Da mesma forma, se a provocação de lesão grave é intencional, o agente responde por crime de lesão corporal (em concurso com o crime contra a saúde pública).

8.3.8.8. Ação penal

Pública incondicionada.

8.3.8.9. Modalidade culposa

> *Parágrafo único. Se o crime é culposo:*
>
> *Pena – detenção, de dois meses a um ano.*

Configura-se quando a conduta for decorrente da falta de cuidado ou de atenção por parte do agente.

8.3.8.10. Majorantes

Nos termos do art. 285, em combinação com o art. 258, se em decorrência do crime culposo resultar lesão corporal, ainda que leve, a pena será aumentada em metade e, se resultar morte, será aplicada a pena do crime de homicídio culposo aumentada em um terço.

8.3.8.11. Ação penal

Pública incondicionada, de competência do Juizado Especial Criminal, exceto no caso de evento morte, em que a pena máxima supera dois anos.

8.3.9. Medicamento em desacordo com receita médica

> *Art. 280. Fornecer substância medicinal em desacordo com receita médica:*
>
> *Pena – detenção, de um a três anos, ou multa.*

8.3.9.1. Objetividade jurídica

A saúde pública.

8.3.9.2. Tipo objetivo

A conduta típica é fornecer, isto é, entregar a substância medicinal a alguém. A entrega pode se dar a título oneroso ou gratuito. Substância medicinal é aquela destinada à cura, melhora, controle ou prevenção de moléstias.

O tipo penal pressupõe que o fornecimento seja feito em desacordo com a receita emitida pelo médico. Essa divergência pode dizer respeito à espécie, quantidade ou qualidade da substância. Não há crime, entretanto, quando o princípio ativo é o mesmo, tratando-se de medicamento genérico.

No caso de a receita ter sido emitida por outro profissional que não médico, a entrega em desacordo com a receita é atípica por não haver menção no tipo penal em análise. Ex.: receita emitida por dentista.

Se o farmacêutico entender que a receita está errada, deverá observar o que dispõe o art. 254 do Regulamento do Departamento Nacional da Saúde: "Para aviar uma receita que lhe pareça perigosa, deverá o farmacêutico consultar o médico, que retificará ou fará declaração expressa e escrita de que assume a responsabilidade da mesma, declaração que o farmacêutico copiará no livro de registro do receituário e na própria receita, que ficará em seu poder".

Caso, todavia, o médico não seja encontrado e a situação seja de urgência, o farmacêutico deverá corrigir a receita, estando, nesse caso, acobertado pela excludente do estado de necessidade.

8.3.9.3. Sujeito ativo

Normalmente o farmacêutico. O crime, entretanto, pode ser praticado por qualquer funcionário de uma farmácia (balconista, atendente etc.).

8.3.9.4. Sujeito passivo

Costuma-se dizer que é a coletividade; contudo, somente fica exposta efetivamente a risco a pessoa a quem a substância foi entregue para dela fazer uso.

8.3.9.5. Consumação

Trata-se de crime formal, que se consuma no momento em que a substância é entregue, ainda que o destinatário, posteriormente, dela não faça uso. Cuida-se, ainda, de crime de perigo abstrato.

8.3.9.6. Majorantes

Nos termos do art. 285, em combinação com o art. 258, se resulta lesão grave, a pena será aumentada em metade e, se resulta morte, será aplicada em dobro. Essas hipóteses são exclusivamente preterdolosas, ou seja, pressupõem dolo na conduta inicial (crime contra a saúde pública) e culpa em relação ao resultado (lesão grave ou morte). Em havendo dolo quanto ao evento morte, o agente responde por homicídio doloso. Da mesma forma, se a provocação de lesão grave é intencional, o agente responde por crime de lesão corporal (em concurso com o crime contra a saúde pública).

8.3.9.7. Ação penal

Pública incondicionada.

8.3.9.8. Modalidade culposa

> *Parágrafo único. Se o crime é culposo:*
> *Pena – detenção, de dois meses a um ano.*

A conduta culposa configura-se quando o agente, normalmente o farmacêutico, mostra-se descuidado na análise da receita ou na preparação da substância (em farmácia de manipulação), fornecendo medicamento em desacordo com o constante da receita.

8.3.9.9. Majorantes

Nos termos do art. 285, em combinação com o art. 258, se em decorrência do crime culposo resultar lesão corporal, ainda que leve, a pena será aumentada em metade e, se resultar morte, será aplicada a pena do crime de homicídio culposo aumentada em um terço.

8.3.9.10. Ação penal

Pública incondicionada, de competência do Juizado Especial Criminal, exceto no caso de evento morte, em que a pena máxima supera dois anos.

8.3.10. Exercício ilegal da medicina, arte dentária ou farmacêutica

> *Art. 282. Exercer, ainda que a título gratuito, a profissão de médico, dentista ou farmacêutico, sem autorização legal ou excedendo-lhe os limites:*
>
> *Pena – detenção, de seis meses a dois anos.*
>
> *Parágrafo único. Se o crime é praticado com o fim de lucro, aplica-se também multa.*

8.3.10.1. Objetividade jurídica

A saúde pública.

8.3.10.2. Tipo objetivo

O exercício de determinadas profissões exige conhecimento técnico e teórico bastante aprofundado; por isso, são fiscalizadas pelo Poder Público. É o que ocorre com a medicina, a odontologia e a farmácia, em que o exercício da profissão por pessoa não capacitada pode gerar danos à saúde pública. Por esse motivo, incriminou o legislador o exercício ilegal dessas profissões.

Prevê o dispositivo duas condutas típicas:

a) *Exercer a profissão de médico, dentista ou farmacêutico, sem autorização legal.* Trata-se de crime comum, que pode ser cometido por qualquer pessoa que não possua o respectivo diploma universitário ou seu registro no Departamento Nacional de Saúde. Assim, comete o crime aquele que, sem possuir tal registro, mantém consultório para atender clientes, expede receitas, ministra tratamentos, realiza cirurgias etc. Nos termos da lei, o crime existe ainda que o fato ocorra a título gratuito, mas, se o agente visa ao lucro, será aplicada também a pena de multa, nos termos do parágrafo único.

A propósito: "Acusado que, não sendo médico, atendia como ortopedista e traumatologista. Perigo daí resultante. A traumatologia e a ortopedia são especialidades médicas que, exercidas por leigo, com habitualidade, configuram o exercício ilegal da medicina, como crime de perigo que é, não exigindo a lei qualquer lesão ou prejuízo a terceiro. Basta a potencialidade do dano" (TARS, Rel. Alaor Wiltgen Terra, *RT* 446/485);

"Exerce ilegalmente a Medicina, com fim de lucro, o estudante de Medicina que, mediante receituário assinado em branco por profissional habilitado, dirige clínica clandestina, atendendo a doentes e a eles fornecendo receituário" (TARJ, Rel. Gama Malcher, *RT* 513/474).

A pessoa que se dedica às atividades de parteira, não se tratando de caso de estado de necessidade pela ausência de médico na região, comete o crime em estudo.

Quem exerce as funções de veterinário sem ser habilitado comete exercício ilegal de profissão – art. 47 da Lei das Contravenções Penais – já que a hipótese não é mencionada no art. 282.

O protético que passa a exercer atividades próprias do dentista comete exercício ilegal da odontologia.

b) *Exercer a profissão de médico, dentista ou farmacêutico, excedendo-lhe os limites.*

Cuida-se de crime próprio que somente pode ser cometido por quem é médico, dentista ou farmacêutico e, no exercício de sua profissão, extrapola os seus limites. É o que ocorre, por exemplo, quando um dentista faz cirurgia no tórax da vítima; quando um farmacêutico passa a atender clientes e expedir receitas; quando um médico passa a clinicar além dos limites permitidos para sua especialidade etc.

8.3.10.3. Sujeito ativo

Conforme já mencionado, na primeira figura pode ser cometido por qualquer pessoa e, na segunda, apenas por médicos, dentistas ou farmacêuticos que extrapolem os limites de sua profissão.

8.3.10.4. Sujeito passivo

A coletividade e as pessoas que tenham sido atendidas pelo agente.

8.3.10.5. Consumação

Com a habitualidade, ou seja, com a reiteração de condutas privativas de médicos, dentistas ou farmacêuticos, ou pela repetição de atos em que o agente extrapole os limites de sua profissão.

Trata-se de crime de perigo abstrato, que se configura ainda que se prove que o agente, embora não fosse médico, por exemplo, clinicava com extrema competência.

8.3.10.6. Tentativa

Inadmissível, pois, ou existe a reiteração de atos e o crime está consumado, ou não existe e o fato é atípico.

8.3.10.7. Estado de necessidade

Tem-se admitido a excludente do estado de necessidade em casos em que a atividade é exercida em locais longínquos onde não existe profissional legalmente habilitado. Nesse sentido: "Onde não há médicos e a comunicação com lugares de maiores recursos é difícil, não pratica o exercício ilegal da medicina o leigo que, valendo-se de sua experiência e de seus rudimentares conhecimentos, faz curativos, ministra e prescreve medicamentos, sem comprometer a saúde dos que dele se socorrem" (*Jutacrim*

81/299); "Punir-se por exercício ilegal da medicina um farmacêutico que, no sertão, na falta, ainda que momentânea, de médico, atende casos simples, fornecendo remédios a doentes, é solução que o Judiciário tem repudiado em vários arestos" (RT 264/56).

8.3.10.8. Majorantes

Nos termos do art. 285, em combinação com o art. 258, se resulta lesão grave, a pena será aumentada em metade e, se resulta morte, será aplicada em dobro. Essas hipóteses são exclusivamente preterdolosas, ou seja, pressupõem dolo na conduta inicial (crime contra a saúde pública) e culpa em relação ao resultado (lesão grave ou morte).

Se ficar demonstrado que houve dolo eventual em relação ao evento morte, o agente responde por homicídio doloso em concurso material com o crime simples do art. 282.

8.3.10.9. Distinções

O exercício ilegal de outras profissões, por exemplo, da advocacia, pode configurar a contravenção penal descrita no art. 47 da Lei das Contravenções Penais.

O crime do art. 282 não se confunde com o delito de curandeirismo (art. 284). Neste, o agente se dedica à cura de moléstias por meios extravagantes, não científicos, sendo pessoa sem conhecimentos técnicos da medicina. Naquele, o sujeito ativo é pessoa com alguma aptidão e conhecimento técnico em relação à profissão (enfermeiros, práticos, estudantes de medicina, leigos com algum conhecimento etc.), que procura aplicar métodos científicos imitando os procedimentos médicos. A propósito: "No exercício ilegal da medicina, o agente demonstra aptidões e alguns conhecimentos da arte médica, ministrando remédios da farmacopeia oficial; no curandeirismo, o sujeito ativo é pessoa ignorante e rude, que se dedica à cura de moléstia por meios extravagantes e grosseiros" (TACRIM-SP, Rel. Silva Rico, *Jutacrim* 87/393).

8.3.10.10. Ação penal

Pública incondicionada.

8.3.11. Charlatanismo

> Art. 283. Inculcar ou anunciar cura por meio secreto ou infalível:
>
> Pena – detenção, de três meses a um ano, e multa.

8.3.11.1. Objetividade jurídica

A saúde pública.

8.3.11.2. Tipo objetivo

Charlatão é o golpista que ilude a boa-fé dos doentes, inculcando ou anunciando cura por meio secreto ou infalível, ciente de que a afirmação é falsa. Normalmente o agente toma essa atitude visando à obtenção de lucro. Tal intento, entretanto, não é pressuposto do delito.

8.3.11.3. Sujeito ativo

Pode o crime ser praticado por qualquer pessoa, inclusive médico, desde que esteja de má-fé. Trata-se de crime comum.

8.3.11.4. Sujeito passivo

A coletividade e as pessoas que tenham sido atendidas pelo agente.

8.3.11.5. Consumação

No momento em que o agente *inculca* (afirma, recomenda) ou *anuncia* (divulga, propaga) o método secreto ou infalível de cura. Trata-se de crime de perigo abstrato, que se configura ainda que ninguém tenha se submetido ao falso tratamento.

8.3.11.6. Tentativa

É possível.

8.3.11.7. Majorantes

Nos termos do art. 285, em combinação com o art. 258, se resulta lesão grave, a pena será aumentada em metade e, se resulta morte, será aplicada em dobro. Essas hipóteses são exclusivamente preterdolosas, ou seja, pressupõem dolo na conduta inicial (crime contra a saúde pública) e culpa em relação ao resultado (lesão grave ou morte).

8.3.11.8. Distinção

O charlatanismo não se confunde com o exercício ilegal da medicina, uma vez que neste o agente acredita no tratamento recomendado, enquanto naquele o agente não crê na eficácia do meio de cura que anuncia.

Não se confunde também com o curandeirismo, que, por sua vez, é crime mais grave e pressupõe que o agente prescreva, ministre ou aplique medicamento.

8.3.11.9. Ação penal

Pública incondicionada.

8.3.12. Curandeirismo

> *Art. 284. Exercer o curandeirismo:*
>
> *I – prescrevendo, ministrando ou aplicando, habitualmente, qualquer substância;*
>
> *II – usando gestos, palavras ou qualquer meio;*
>
> *III – fazendo diagnósticos:*
>
> *Pena – detenção, de seis meses a dois anos.*
>
> *Parágrafo único. Se o crime é praticado mediante remuneração, o agente fica também sujeito à multa.*

8.3.12.1. Objetividade jurídica

A saúde pública.

8.3.12.2. Tipo objetivo

O curandeiro é pessoa sem conhecimentos técnicos e científicos e que deixa isso claro às pessoas, mas que as faz acreditar que pode curar por meio de rezas, passes, ervas, essências, benzeduras, intervenções espirituais etc. A propósito: "Qualquer princípio de crença a serviço da arte de curar é nocivo à saúde física e moral do povo e, portanto, constitui crime" (STF, Rel. Lafayette de Andrada, *RT* 310/746).

Trata-se de crime de ação vinculada, uma vez que o legislador descreve de forma pormenorizada as condutas típicas que o configuram:

a) *Prescrever, ministrar ou aplicar, habitualmente, qualquer substância*. Prescrever é receitar. Ministrar é entregar algo para que seja consumido. Aplicar é injetar, administrar. O objeto da conduta, nos termos da lei, pode ser qualquer substância (de origem animal, vegetal ou mineral, inócua ou não). É necessário, ainda, que o agente prescreva, ministre ou aplique a substância a pretexto de cura ou de prevenção de doença. Trata-se, entretanto, de crime mais grave que o charlatanismo, no qual o agente se limita a anunciar, afirmar a existência de cura secreta ou infalível.

b) *Usar gestos, palavras ou qualquer outro meio como método de cura*. Gestos são os passes. Palavras são as rezas, benzeduras. Além disso, a lei se utiliza de uma fórmula genérica, punindo quem, por qualquer outro meio, exerce práticas inócuas e fantasiosas no sentido de curar alguém (magias, simpatias etc.).

c) *Fazer diagnósticos*. Identificar doença com base nos sintomas apresentados pelo paciente. O diagnóstico somente pode ser feito por médicos, e, por isso, responde por curandeirismo o agente que realiza essa conduta.

8.3.12.3. Sujeito ativo

Pode ser qualquer pessoa, desde que não dotada de conhecimentos técnicos de medicina, pois, conforme já mencionado, responde por exercício ilegal dessa profissão aquele que possui tais conhecimentos, ainda que parcialmente, mas não tem diploma ou registro que o habilite a exercê-la: "O curandeirismo é uma especial modalidade do crime de exercício ilegal da medicina, consagrada como figura autônoma. No seu exercício a arte de curar despe-se inteiramente dos seus atributos científicos; serve-se da credulidade ingênua, da ignorância e, sobretudo, da superstição" (TACRIM-SP, Rel. Dante Busana, *Jutacrim* 75/355).

A liberdade de crença e de culto asseguradas no art. 5º, VI, da Constituição Federal, não exclui o crime quando padre, pastor ou líder religioso deixa de lado a pregação da fé e passa a atos concretos de tratamento da saúde de fiéis doentes por meio de benzeduras, tratamentos místicos, passes, ministração de óleos sem poder de cura etc.

8.3.12.4. Sujeito passivo

A coletividade e a pessoa submetida ao crivo do curandeiro.

O curandeirismo é crime de perigo abstrato, cuja existência dispensa prova de que pessoa determinada foi exposta a perigo efetivo. A lei presume que a prática dos atos descritos no dispositivo coloca em risco a saúde pública.

8.3.12.5. Consumação

Apesar de só haver menção expressa em relação à habitualidade na hipótese do inc. I, é pacífico que esta é exigida em todas as formas do delito (incs. I, II e III). Trata-se, assim, de crime habitual, que somente se consuma com a reiteração de condutas.

8.3.12.6. Tentativa

Inadmissível por se tratar de crime habitual.

8.3.12.7. Intenção de lucro

Nos termos do art. 284, parágrafo único, se o crime for cometido com intuito de lucro, será aplicada também pena de multa.

8.3.12.8. Majorantes

Nos termos do art. 285, em combinação com o art. 258, se resulta lesão grave, a pena será aumentada em metade e, se resulta morte, será aplicada em dobro. Essas hipóteses são exclusivamente preterdolosas, ou seja, pressupõem dolo na conduta inicial (crime contra a saúde pública) e culpa em relação ao resultado (lesão grave ou morte). Ex.: vítima que, acreditando nos métodos do curandeiro, deixa de procurar médicos e tratamentos adequados e acaba falecendo.

8.3.12.9. Ação penal

Pública incondicionada, de competência do Juizado Especial Criminal.

TÍTULO IX
9. DOS CRIMES CONTRA A PAZ PÚBLICA

9.1. Incitação ao crime

> Art. 286. Incitar, publicamente, a prática de crime:
> Pena – detenção, de três a seis meses, ou multa.

9.1.1. Objetividade jurídica

A paz pública.

9.1.2. Tipo objetivo

O delito consiste em instigar, provocar ou estimular a prática de crime de qualquer natureza, previsto no Código Penal ou em outras leis. Nos termos do art. 286, a incitação pública à prática de ato contravencional não constitui ilícito penal.

Exige o tipo penal que a conduta seja praticada em público, ou seja, na presença de número elevado de pessoas, uma vez que a conduta de induzir pessoa certa e determinada à prática de um crime específico constitui participação no delito efetivamente cometido.

É necessário, ainda, que o agente estimule grande número de pessoas a cometer determinada espécie de delito, pois a conduta de estimular genericamente o ingresso de pessoas à delinquência não se enquadra no texto legal.

Também não caracteriza o delito a simples opinião favorável no sentido de serem legalizadas certas condutas (porte de entorpecente, aborto etc.). Por essa razão, o Supremo Tribunal Federal, no julgamento da ADIn 4.274, ocorrido em 23 de novembro de 2011, autorizou a realização das chamadas "marchas da maconha", que consistem em manifestações pleiteando a descriminalização do uso desse entorpecente.

A incitação ao crime pode ser cometida por qualquer meio: panfletos, cartazes, discursos, gritos em público, *e-mails*, *sites* na internet, comentário ou *post* em rede social (*facebook*, *twitter*), entrevista em rádio, revista, jornal ou televisão etc. Comete o delito, por exemplo, quem mantém *site* na internet dizendo que todo marido traído deve espancar ou matar a esposa; ou quem, em entrevista, aconselha as pessoas a fazer ligações clandestinas de água, luz, gás etc.

Tendo em vista que o Supremo Tribunal Federal considerou, ao julgar a ADPF 130, que a Lei de Imprensa (Lei n. 5.250/67) não foi recepcionada pela Constituição Federal de 1988, não se encontra mais em vigor o delito de incitação ao crime previsto no art. 19 da referida lei. Assim, quem, em entrevista a uma rádio, propuser, por exemplo, que todos os empresários passem a sonegar impostos, comete incitação ao crime do Código Penal.

Quem incita a prática de preconceito racial ou a discriminação de raça, cor, religião, etnia ou procedência nacional comete infração mais grave, prevista no art. 20 da Lei n. 7.716/89.

9.1.3. Sujeito ativo

Qualquer pessoa. Trata-se de crime comum.

9.1.4. Sujeito passivo

A coletividade.

9.1.5. Consumação

Com a simples incitação pública, ou seja, quando número indeterminado de pessoas dela toma conhecimento. Trata-se de crime formal e de perigo abstrato, cuja caracterização dispensa a efetiva prática de crime por parte dos que receberam a mensagem.

9.1.6. Tentativa

É admitida na forma escrita, quando, por exemplo, extraviam-se os panfletos que seriam distribuídos ou quando o agente é impedido de entregá-los às pessoas etc.

9.1.7. Figuras equiparadas

A Lei n. 14.197/2021, inseriu, no parágrafo único do art. 286, hipóteses em que deve ser aplicada a mesma pena, ou seja, para quem:

a) incita, publicamente, animosidade entre as Forças Armadas,

b) incita, publicamente, animosidade entre as Forças Armadas e os poderes constitucionais, as instituições civis ou a sociedade.

9.1.8. Ação penal

Pública incondicionada, de competência do Juizado Especial Criminal.

9.2. Apologia de crime ou criminoso

> Art. 287. Fazer, publicamente, apologia de fato criminoso ou de autor de crime:
>
> Pena – detenção, de três a seis meses, ou multa.

9.2.1. Objetividade jurídica

A paz pública.

9.2.2. Tipo objetivo

Fazer apologia significa elogiar de forma eloquente, enaltecer, exaltar um crime já cometido ou o autor do delito por tê-lo praticado. Comete o ilícito penal, por exemplo, quem, em rede social, elogia um estuprador por ter escolhido uma vítima bonita ou um assassino porque matou determinada pessoa.

A apologia pressupõe o elogio inequívoco e perigoso. Assim, não se configura quando alguém apenas narra o fato ou se limita a tentar justificar as razões do criminoso.

Diferencia-se da incitação porque se refere a fato pretérito. Comete o crime, dessa forma, quem enaltece fato criminoso já ocorrido (previsto no Código Penal ou outras leis) ou o próprio autor do delito em razão do delito que cometeu.

A apologia a fato contravencional não se amolda ao tipo penal.

É também necessário que a apologia seja feita em público, isto é, que o enaltecimento ao ato criminoso ocorra na presença de número elevado de pessoas ou de modo que chegue ao seu conhecimento. Pode o delito ser cometido por qualquer meio: discurso, panfletos, cartazes, em redes sociais etc. Desde o julgamento da ADPF 130, em que o Supremo Tribunal Federal considerou inconstitucional a Lei de Imprensa (Lei n. 5.250/67), não se encontra mais em vigor o seu art. 19, § 2º, que previa pena mais grave para a apologia feita por meio de imprensa. Atualmente, portanto, o crime do art. 287 do Código Penal também pode ser cometido no rádio, televisão, jornal etc.

9.2.3. Sujeito ativo

Pode ser qualquer pessoa. Trata-se de crime comum.

9.2.4. Sujeito passivo

A coletividade.

9.2.5. Consumação

Com a exaltação feita em público, independentemente de qualquer outro resultado. Cuida-se de crime de mera conduta e de perigo abstrato.

9.2.6. Tentativa

É possível na forma escrita.

9.2.7. Ação penal

Pública incondicionada, de competência do Juizado Especial Criminal.

9.3. Associação criminosa

Art. 288. Associarem-se três ou mais pessoas, para o fim específico de cometer crimes:

Pena – reclusão, de um a três anos.

Parágrafo único. A pena aumenta-se até a metade se a associação é armada ou se houver a participação de criança ou adolescente.

9.3.1. Objetividade jurídica

Manter a paz pública.

9.3.2. Tipo objetivo

O delito configura-se pela associação de três ou mais pessoas com o fim específico de cometer reiteradamente crimes. Pressupõe, portanto, um acordo de vontades dos integrantes, no sentido de montarem um grupo para o cometimento dos crimes.

A denominação "associação criminosa" foi inserida no art. 288 do Código Penal pela Lei n. 12.850/2013. Até então o crime se chamava "quadrilha ou bando" e pressupunha o envolvimento mínimo de quatro pessoas no grupo. Saliente-se que a jurisprudência consolidada em relação ao crime de quadrilha ou bando é plenamente aplicável ao delito de associação criminosa, ressalvando-se, apenas, que agora a união de três pessoas já é suficiente.

O delito de associação criminosa distingue-se do concurso comum de pessoas (coautoria ou participação). Na associação criminosa, as pessoas reúnem-se de forma estável, enquanto no concurso elas se unem de forma momentânea. Além disso, na associação os agentes visam cometer número indeterminado de infrações, existindo, portanto, intenção de reiteração delituosa; já no concurso, visam à prática de crime determinado. A propósito: "É uma certa permanência ou estabilidade o que distingue o crime de quadrilha ou bando da simples participação criminosa (*societas sceleris* ou *societas in crimine*). Se os agentes não se unem para delinquir de modo indeterminado e permanente, mas em caráter transitório, ocorre, na realidade, ocasional concurso de agentes" (TJSP, Rel. Bittencourt Rodrigues, *RT* 744/560). A estabilidade do grupo como requisito do delito e a intenção de reiteração delituosa por parte dos integrantes são premissas que se encontram da própria redação do art. 288. Com efeito, o núcleo do tipo é "associarem-se", que transmite ideia de união contínua de esforços. Ademais, o texto legal usa a palavra "crimes" (no plural), reforçando que a associação criminosa pressupõe que os integrantes não tenham se unido para a prática de delito único.

O tipo penal do delito de associação criminosa, conforme mencionado, pressupõe a união de um número mínimo de três pessoas. Nessa contagem, incluem-se os menores de idade, que não podem ser punidos pela Justiça Comum, os associados que morreram após ingressar no grupo, os comparsas que não foram identificados ou que foram referidos apenas por meio de alcunhas etc. É necessário, contudo, que o Ministério Público descreva na denúncia o envolvimento mínimo de três pessoas na associação, ainda que não seja possível mencionar o nome completo de todas elas.

A associação necessariamente deve visar ao cometimento de crimes. Estes podem ser de qualquer natureza: homicídios, abortos, furtos, roubos, estelionatos, falsificações de documento, corrupção, crimes contra a ordem tributária etc. Os crimes visados podem ser todos da mesma espécie (grupo que só comete furtos, por exemplo) ou de espécies variadas.

Quando a associação visa à prática de crimes comuns, configura-se a modalidade simples da infração penal, descrita no art. 288, *caput*, do Código Penal. Caso, todavia, a intenção dos integrantes seja a prática de crimes hediondos, terrorismo ou tortura, tipifica-se a modalidade qualificada do delito, que surge da combinação do tipo penal do art. 288 com a pena prevista no art. 8º, *caput*, da Lei n. 8.072/90. Em tal hipótese, a pena é de reclusão, de três a seis anos.

Saliente-se que, quando se tratar de associação de duas ou mais pessoas, para prática de tráfico de drogas, restará configurado crime mais grave, descrito no art. 35, *caput*, da Lei n. 11.343/06 (Lei de Drogas), que, portanto, revogou tacitamente a menção ao crime de tráfico de drogas no mencionado art. 8º, *caput*.

A associação de pessoas para a prática reiterada de contravenção penal (jogo do bicho, por exemplo) não constitui associação criminosa, já que o art. 288 exige expressamente a união para a prática de crimes.

9.3.3. Sujeito ativo

Pode ser qualquer pessoa. Trata-se de crime comum e também de concurso necessário, pois sua existência depende da união de, ao menos, três pessoas. A hipótese é de concurso necessário de condutas paralelas, porque os envolvidos auxiliam-se mutuamente, visando a um resultado comum.

9.3.4. Sujeito passivo

A coletividade. Trata-se de crime vago, ou seja, de delito que tem como sujeito passivo entidade sem personalidade jurídica.

9.3.5. Consumação e concurso de crimes

O delito se consuma no momento em que ocorre o acordo de vontades entre os integrantes no sentido de formar a associação, independentemente da prática de qualquer crime. Trata de delito formal e de perigo – a lei visa punir a simples situação de perigo que representa para a coletividade a associação de pessoas com a finalidade de cometer crimes de forma contumaz.

Ressalte-se, outrossim, que o delito de associação criminosa é autônomo em relação aos delitos que efetivamente venham a ser cometidos por seus integrantes. Desse modo, haverá concurso material entre o delito de associação criminosa e as demais infrações efetivamente praticadas pelo grupo.

Quando os delitos cometidos forem furtos ou roubos, que já possuem qualificadora ou causa de aumento de pena pelo envolvimento de pelo menos duas pessoas, há divergência, na doutrina e na jurisprudência, quanto ao correto enquadramento, caso tais crimes sejam praticados por três ou mais membros de uma associação criminosa. Para alguns, os agentes respondem por associação em concurso material com furto ou roubo simples, porque a aplicação da qualificadora ou causa de aumento seria *bis in idem*. Para outros, os agentes respondem por associação criminosa e pelos crimes qualificados, porque a associação é um crime de perigo contra a coletividade decorrente da mera formação do grupo em caráter estável, enquanto a qualificadora decorre da maior gravidade da conduta contra a vítima do caso concreto. Este é o entendimento que vem sendo adotado no Supremo Tribunal Federal e no Superior Tribunal de Justiça.

O delito tem natureza permanente. Assim, enquanto não desmantelada a associação pela polícia (ou pela morte de alguns dos associados) ou desfeita por acordo de seus integrantes, mostra-se possível a prisão em flagrante (art. 303 do CPP).

9.3.6. Tentativa

É inadmissível, pois, ou existe a associação e o crime está consumado, ou apenas tratativas que constituem meros atos preparatórios.

9.3.7. Majorantes

O parágrafo único do art. 288, prevê que a pena será aumentada em até metade se a associação for armada ou se houver participação de criança ou adolescente.

Apesar das divergências, prevalece o entendimento de que basta um dos integrantes da associação atuar armado, desde que isso guarde relação com os fins criminosos do grupo. A propósito: "A utilização de arma por qualquer membro da quadrilha constitui elemento evidenciador da maior periculosidade do bando, expondo todos que o integram à causa de aumento de pena prevista no art. 288, parágrafo único, do Código Penal. Para efeito de configuração do crime de quadrilha armada, basta que um só de seus integrantes esteja a portar armas (STF, HC 72.992/SP, Rel. Min. Celso de Mello, *RTJ* 168/865).

O dispositivo abrange as armas próprias (fabricadas para servir como instrumento de ataque ou defesa – armas de fogo, punhais etc.) e impróprias (feitas com outra finalidade, mas que também podem matar ou ferir – facas, navalhas, estiletes etc.).

Saliente-se também que o dispositivo não diz que a pena será aumentada em metade, e sim que a pena "aumenta-se até a metade", de modo que o juiz pode escolher índice menor.

9.3.8. Delação premiada

O art. 8º, parágrafo único, da Lei n. 8.072/90 (Lei dos Crimes Hediondos) dispõe que o participante ou associado que denunciar à autoridade (juiz, promotor, delegado, policial militar) o bando ou quadrilha, possibilitando seu desmantelamento, terá a pena reduzida de um a dois terços. Apesar de o dispositivo mencionar expressamente o crime de "quadrilha ou bando" – denominação afastada pela Lei n. 12.850/2013 –, é viável sua aplicação ao delito de associação criminosa, uma vez que o dispositivo em questão constitui norma benéfica (que gera redução da pena).

Nos termos da lei, só haverá a diminuição da pena se a delação implicar o efetivo desmantelamento do grupo.

No caso do concurso material entre o delito de associação criminosa e outros delitos praticados por seus integrantes, a redução da pena atingirá apenas o primeiro (associação).

9.3.9. Classificação doutrinária

Quanto à objetividade jurídica é crime simples e de perigo. Em relação ao sujeito ativo, classifica-se como crime comum e de concurso necessário. No que diz respeito aos meios de execução é crime de ação livre e comissivo. No que se refere ao momento consumativo, constitui delito formal e permanente. Por fim, no que pertine ao elemento subjetivo, trata-se de infração penal dolosa.

9.3.10. Ação penal

É pública incondicionada.

9.3.11. Organização criminosa

O art. 2º, *caput*, da Lei n. 12.850/2013 tipificou um novo crime de concurso necessário denominado "organização criminosa". Tal infração penal consiste em "promover, constituir, financiar ou integrar, pessoalmente ou por interposta pessoa, organização criminosa". Cuida-se de delito mais grave do que o de associação criminosa (art. 288), porque apenado com reclusão, de três a oito anos, e multa, sem prejuízo das penas correspondentes às demais infrações penais praticadas. Insta salientar que o próprio art. 1º, § 1º, da Lei cuida de definir organização criminosa: "considera-se organização criminosa a associação de quatro ou mais pessoas estruturalmente ordenada e caracterizada pela divisão de tarefas, ainda que informalmente, com objetivo de obter, direta ou indiretamente, vantagem de qualquer natureza, mediante a prática de infrações penais cujas penas máximas sejam superiores a quatro anos, ou que sejam de caráter transnacional".

Saliente-se, contudo, que não basta que quatro ou mais pessoas se unam para cometer roubos, estelionatos ou extorsões (delitos que possuem pena máxima superior a quatro anos), para que se tipifique esta infração penal. Com efeito, se quatro roubadores se juntam para cometer "assaltos" em bares ou restaurantes sem uma estrutura organizada, com escolha aleatória das vítimas, sem divisão de tarefas e hierarquia entre os integrantes, o delito tipificado é o de associação criminosa. O delito de organização criminosa – o próprio nome diz – exige a demonstração de que seus membros integram um grupo com níveis hierárquicos bem delineados, com nítida divisão de tarefas e com alta periculosidade devido às infrações que cometem (com pena superior a 4 anos ou de caráter transnacional).

9.4. Constituição de milícia privada

Art. 288-A. Constituir, organizar, integrar, manter ou custear organização paramilitar, milícia particular, grupo ou esquadrão com a finalidade de praticar qualquer dos crimes previstos neste Código:

Pena – reclusão, de quatro a oito anos.

9.4.1. Objetividade jurídica

Preservar a paz pública.

9.4.2. Tipo objetivo

Esse dispositivo foi introduzido no Código Penal pela Lei n. 12.720/2012. Tal como o delito de associação criminosa, essa nova figura também pressupõe a associação de pessoas com a específica finalidade de cometer crimes. Por expressa previsão legal, entretanto, só se configura se a intenção for a de cometer crimes do Código Penal. Se a milícia visar exclusivamente ao cometimento de crimes de lei especial, o enquadramento será no delito de associação criminosa.

Apesar de não constar expressamente do tipo penal do art. 288-A, o próprio *nomen juris* da infração penal estampa que a ação ilícita diz respeito às "milícias privadas" que se unem sob o pretexto de prestar serviços de segurança em certa localidade e que, nesta condição, cometem crimes como extorsão, roubo, ameaça, tortura, usurpação de função pública, lesões corporais e até homicídios. O próprio histórico do projeto de lei que deu origem à Lei n. 12.720/2012 deixa clara tal destinação, sendo de se mencionar que o legislador se utilizou das expressões "organização paramilitar", "milícia particular", "grupo" ou "esquadrão" como figuras afins, e não para definir quatro espécies distintas de ilícito penal. No dispositivo em estudo, aliás, a palavra "grupo" está também empregada no sentido de organização paramilitar, e não no sentido específico de "grupo de extermínio" (em que a união se dá somente com o intuito de matar pessoas).

O aspecto que diferencia o delito de milícia privada do crime comum de associação criminosa é sua forma de atuação. Nas milícias, um grupo de pessoas previamente organizado toma, mediante violência e ameaça, determinado território (bairro, favela, morro) e passa a atuar de forma ostensiva (armados), fazendo as vezes da polícia preventiva – ao largo da atuação oficial, ignorando, portanto, o monopólio estatal da segurança pública. Seus integrantes passam a fazer patrulhas armadas pela região ocupada sob o pretexto de evitar outras práticas ilícitas (tráfico de drogas, roubos, furtos etc.). Para isso, cobram dos moradores e dos comerciantes valores semanais ou mensais – os que se recusam a pagar sofrem represálias: assaltos, depredações, disparos de arma de fogo em seus imóveis e, algumas vezes, até tortura e morte. Além disso, os integrantes da milícia costumam monopolizar a prestação de certos serviços ou a comercialização de determinados produtos na região dominada. Os moradores, por exemplo, são obrigados a comprar gás de cozinha ou combustível dos milicianos ou a adquirir planos clandestinos de TV a cabo com eles etc. Caso se recusem e procurem outros fornecedores, sofrem represálias.

As condutas típicas são:

a) *constituir*: significa criar, fundar;

b) *organizar*: estruturar, estabelecer bases para o funcionamento, colocar em ordem para as atividades;

c) *integrar*: unir-se às atividades do grupo, fazer parte da milícia;

d) *manter*: após a constituição da milícia, colaborar para que prossiga em suas atividades;

e) *custear*: colaborar financeiramente para a existência da organização. É evidente que os moradores e comerciantes da região extorquidos pelos milicianos não respondem pelo crime, na medida em que são vítimas da infração penal.

Apesar de o tipo penal conter diversas condutas típicas, diferenciando, por exemplo, aqueles que fundam a milícia daqueles que nela ingressam posteriormente, na prática todos os que tiverem colaborado para a existência e o funcionamento do grupo incorrerão no tipo penal. É evidente, entretanto, que o juiz, na fixação da pena-base, deverá levar em conta a maior ou menor responsabilidade do integrante, aplicando, por exemplo, pena maior aos líderes da milícia.

Pelo fato de o legislador ter inserido o novo tipo penal no art. 288-A do Código, é inevitável a conclusão de que seu significado e seu alcance devem ter como paradigma o delito de associação criminosa (art. 288, *caput*). Não é por outra razão que se pode dizer que se trata de crime formal e de perigo. Assim, haverá concurso material entre o crime de constituição de milícia privada com os delitos efetivamente praticados por seus integrantes. Ex.: os membros da milícia extorquem moradores e comerciantes para que paguem mensalmente pela ilegal prestação de serviços de segurança. Com isso, incorrem no crime de constituição de milícia (art. 288-A) em concurso material com delitos de extorsão (agravada pelo concurso de agentes – art. 158, § 1º, do CP).

A localização geográfica desse novo ilícito penal e a modificação decorrente da Lei n. 12.850/2013 (que passou a denominar "associação criminosa" o antigo delito de quadrilha e a exigir apenas três componentes no grupo) servem também de fundamento para que se conclua que o número mínimo para a formação de uma milícia é de três pessoas.

9.4.3. Sujeito ativo

Pode ser qualquer pessoa. Trata-se de crime comum. Muitas vezes, a milícia é composta por militares da ativa ou da reserva, mas isso não é requisito do delito.

9.4.4. Sujeito passivo

A coletividade e, principalmente, os moradores da região dominada.

9.4.5. Consumação

Com a constituição da milícia.

Em regra os membros da milícia cometem inúmeros delitos até serem presos e nesse caso respondem por estas infrações em concurso material com o delito de constituição de milícia privada.

A infração penal pressupõe estabilidade, ou seja, intenção de agir de forma reiterada. Cuida-se, assim, de crime permanente.

9.4.6. Tentativa

Tal como no crime de associação criminosa, o *conatus* não é possível.

9.4.7. Ação penal

Pública incondicionada.

TÍTULO X
10. DOS CRIMES CONTRA A FÉ PÚBLICA

Fé pública é a crença na veracidade dos documentos, símbolos e sinais que são empregados pelo homem em suas relações em sociedade. Não há, nos dias atuais, como se viver sem o uso de papel-moeda, cheques, documentos de veículos, Carteira de Habilitação e de identidade, contratos, notas fiscais etc. Se a falsificação desses papéis não for coibida, a população deixará de lhes dar credibilidade, prejudicando sobremaneira as relações sociais e jurídicas.

Os crimes de falso pressupõem que o agente imite um documento verdadeiro, o que pode se dar de duas maneiras: a) *immutatio veri*: mudança do verdadeiro (ex.: modificar o teor de um documento já existente); b) *imitatio veritatis*: imitação da verdade (ex.: criar um documento falso semelhante a um verdadeiro).

Os delitos contra a fé pública não têm como requisito a efetiva provocação de prejuízo econômico ou dano de outra natureza a terceiro. Basta a potencialidade lesiva decorrente da falsificação – o dano potencial. Quando a falsificação for grosseira, ou seja, quando puder ser reconhecida facilmente por toda e qualquer pessoa, o delito não restará caracterizado justamente pela ausência de potencialidade lesiva.

Devido à natureza do bem tutelado, as Cortes Superiores não admitem, em regra, a aplicação do princípio da insignificância aos crimes contra a fé pública: "O princípio da insignificância não é aplicado aos delitos cujo bem tutelado seja a fé pública. Precedente" (STJ, AgRg no AREsp 1.131.701/SP, Rel. Min. Rogerio Schietti Cruz, 6ª Turma, julgado em 17-4-2018, *DJe* 2-5-2018); "Ambas as Turmas da Terceira Seção desta Corte Superior de Justiça já se posicionaram pela não aplicação do princípio da insignificância aos Crimes contra a Fé Pública" (STJ, AgRg no REsp 1.644.250/RS, Rel. Min. Sebastião Reis Junior, 6ª Turma, julgado em 23-5-2017, *DJe* 30-5-2017).

Saliente-se, ainda, que todos os crimes contra a fé pública são dolosos. Não existe modalidade culposa nos crimes deste Título.

O Título dos Crimes Contra a Fé Pública divide-se em cinco Capítulos:

Capítulo I – Da moeda falsa;

Capítulo II – Da falsidade de títulos e outros papéis públicos;

Capítulo III – Da falsidade documental;

Capítulo IV – De outras falsidades;

Capítulo V – Das fraudes em certames de interesse público.

Capítulo I

DA MOEDA FALSA

10.1. Da moeda falsa

10.1.1. Moeda falsa

Art. 289. Falsificar, fabricando-a ou alterando-a, moeda metálica ou papel-moeda de curso legal no país ou no estrangeiro:

Pena – reclusão, de três a doze anos, e multa.

10.1.1.1. Objetividade jurídica

A fé pública no dinheiro em circulação.

10.1.1.2. Tipo objetivo

A conduta consiste em *falsificar*, o que pode ocorrer por meio de fabricação (criação da moeda falsa) ou de alteração (modificação de seu valor para maior). Pode recair sobre a moeda nacional ou qualquer moeda estrangeira, quer se trate de moeda metálica ou de papel-moeda.

Se a falsificação for grosseira, não estará configurado o crime em estudo, mas a conduta poderá, eventualmente, tipificar crime de estelionato, nos termos da Súmula 73 do Superior Tribunal de Justiça: "a utilização de papel-moeda grosseiramente falsificado configura, em tese, o crime de estelionato, da competência da justiça estadual". É de se ver, contudo, que, se a falsidade for grosseira, existe grande chance de ser reconhecido o crime impossível de estelionato, por absoluta ineficácia do meio, exceto se ficar demonstrado que a vítima poderia ser (ou foi) ludibriada, por ser, por exemplo, um estrangeiro, não acostumado com a moeda nacional.

A falsificação de papel-moeda que já deixou de circular não se amolda no tipo, podendo caracterizar estelionato. Ex.: falsificar cédula rara para enganar colecionador. A conduta de "usar, como propaganda, de impresso ou objeto que pessoa inexperiente ou rústica possa confundir com moeda" constitui contravenção penal (art. 44 da LCP).

Não se admite a aplicação do princípio da insignificância ao crime de moeda falsa, com o fundamento de que o crime de bagatela é incompatível com delitos que tutelam a fé pública (e não o valor do dinheiro em si). Nesse sentido: STF, HC 97.220/MG, 2ª

Turma, Rel. Min. Ayres Britto, *DJe* 164, 26-8-2011, p. 151. No mesmo sentido: "Conforme reiterada jurisprudência desta Corte Superior, o princípio da insignificância é inaplicável ao delito de moeda falsa uma vez que o bem jurídico tutelado é a fé pública, sendo, independentemente do valor falsificado ou da quantidade de moeda expedida, malferida a credibilidade da moeda e a segurança da sua tramitação. Não há, portanto, falar em mínima ofensividade da conduta" (STJ, AgRg no REsp 1.459.167/RS, Rel. Min. Gurgel de Faria, 5ª Turma, julgado em 16-2-2016, *DJe* 4-3-2016).

10.1.1.3. Sujeito ativo

Trata-se de crime comum, que pode ser cometido por qualquer pessoa.

10.1.1.4. Sujeito passivo

O Estado.

10.1.1.5. Consumação

Com a falsificação da cédula ou moeda, independentemente de qualquer outro resultado.

10.1.1.6. Tentativa

É possível, pois a conduta pode ser fracionada.

10.1.1.7. Figuras equiparadas

O § 1º do art. 289 prevê as mesmas penas para quem: a) importa; b) exporta; c) adquire; d) vende; e) troca; f) cede; g) empresta; h) guarda; i) introduz em circulação, por conta própria ou alheia, moeda falsa.

O objeto material em todas as condutas é a moeda que o agente sabe ser falsa. Assim, enquanto o *caput* pune o autor da falsificação, o § 1º pune outras pessoas que sabem da falsidade e realizam uma das condutas típicas posteriores.

A propósito da inexistência de crime por parte de quem faz uso de dinheiro falso sem ter ciência da falsidade veja-se: TRF-1ª Região, Rel. Nelson Gomes da Silva, *DJU* 24-6-1991, p. 14.710; TRF, Rel. Min. Hélio Pinheiro, *DJU* 14-3-1985, p. 3.036.

10.1.1.8. Figura privilegiada

A modalidade descrita no § 2º do art. 289 é uma figura privilegiada do delito (detenção de 6 meses a 2 anos, e multa) e pune quem, após ter recebido a moeda falsa de boa-fé, toma conhecimento da falsidade e a recoloca em circulação.

10.1.1.9. Figuras qualificadas

Os §§ 3º e 4º do art. 289 punem o funcionário público, o gerente, o diretor ou o fiscal de banco que fabrica, emite ou autoriza a fabricação ou emissão de moeda com peso inferior ou em quantidade superior à autorizada, ou, ainda, que desvia ou faz circular moeda verdadeira cuja circulação não estava autorizada naquele momento. São figuras qualificadas porque possuem pena consideravelmente maior. Essas formas qualificadas constituem crimes próprios porque só podem ser cometidas pelas pessoas expressamente elencadas no texto legal.

10.1.1.10. Ação penal

Pública incondicionada, de competência da Justiça Federal, ainda que se trate apenas de moeda estrangeira.

10.1.2. Crimes assimilados ao de moeda falsa

> *Art. 290. Formar cédula, nota ou bilhete representativo de moeda com fragmentos de cédulas, notas ou bilhetes verdadeiros; suprimir, em nota, cédula ou bilhete recolhidos, para o fim de restituí-los à circulação, sinal indicativo de sua inutilização; restituir à circulação cédula, nota ou bilhete em tais condições, ou já recolhidos para o fim de inutilização:*
>
> *Pena – reclusão, de dois a oito anos, e multa.*
>
> *Parágrafo único. O máximo da reclusão é elevado a doze anos e multa, se o crime é cometido por funcionário que trabalha na repartição onde o dinheiro se achava recolhido, ou nela tem fácil ingresso, em razão do cargo.*

10.1.2.1. Tipo objetivo

No art. 290 do Código Penal, com a denominação acima, estão tipificadas três condutas que também envolvem moeda e que são punidas com reclusão, de dois a oito anos, e multa:

a) *Formação de cédula, nota ou bilhete representativo de moeda*. Em tal modalidade o agente junta fragmentos de cédulas, notas ou bilhetes verdadeiros (que se rasgaram, por exemplo), e forma uma nova cédula com aparência real.

b) *Supressão de sinal indicativo da inutilização de cédula, nota ou bilhete*. Nessa figura existe carimbo ou outro tipo de sinal indicando que a cédula foi tirada de circulação (por estar muito velha, por exemplo), e o agente consegue retirar esse sinal, mediante processo de lavagem, por exemplo, com a específica finalidade de restituí-la à circulação.

c) *Restituição à circulação*. Em tal hipótese, o agente recoloca em circulação a moeda nas condições dos itens *a* e *b*, ou aquela recolhida para fim de inutilização. Ressalte-se que, quando o próprio autor das condutas previstas nos itens anteriores recoloca o papel-moeda em circulação, só responde pela formação ou supressão (condutas anteriores). Assim, a hipótese em estudo pune a terceira pessoa, não responsável pela formação ou supressão do sinal indicativo, que restitui a cédula à circulação.

10.1.2.2. Figura qualificada

Se qualquer das condutas típicas elencadas no tópico anterior for praticada por funcionário que trabalha na repartição em que a moeda se encontra recolhida, ou que nela tem fácil ingresso em razão do cargo, a pena máxima é elevada para doze anos de reclusão (art. 290, parágrafo único, do Código Penal).

10.1.3. Petrechos para falsificação de moeda

> *Art. 291. Fabricar, adquirir, fornecer, a título oneroso ou gratuito, possuir ou guardar maquinismo, aparelho, instrumento ou qualquer objeto especialmente destinado à falsificação de moeda:*
>
> *Pena – reclusão, de dois a seis anos, e multa.*

10.1.3.1. Objetividade jurídica

A fé pública.

10.1.3.2. Tipo objetivo

As condutas ilícitas são *fabricar* (produzir), *adquirir* (obter a propriedade), *fornecer* (ceder), *possuir* (ter a posse) ou *guardar* (dar abrigo) qualquer maquinismo, instrumento ou objeto destinado à falsificação de moeda, como prensas, matrizes, moldes etc. É indiferente para a caracterização do delito que o agente esteja atuando a título oneroso ou gratuito.

Para a comprovação do crime, exige-se exame pericial nos objetos apreendidos a fim de demonstrar sua eficácia na produção de moeda falsa.

Trata-se de infração penal de caráter subsidiário, pois fica absorvida quando o agente, fazendo uso do maquinismo, efetivamente falsifica a moeda, hipótese em que incorre no crime do art. 289, que é mais grave.

10.1.3.3. Sujeito ativo

Qualquer pessoa. Trata-se de crime comum.

10.1.3.4. Sujeito passivo

O Estado.

10.1.3.5. Consumação

Com a prática de um dos comportamentos previstos na lei, sendo que, nas modalidades possuir ou guardar, o crime é permanente. O tipo é misto alternativo (verbos separados pela partícula "ou"), de modo que a realização de mais de uma conduta em relação aos mesmos objetos constitui crime único.

10.1.3.6. Tentativa

É possível, pois os atos executórios podem ser fracionados.

10.1.3.7. Ação penal

Pública incondicionada, de competência da Justiça Federal.

> *Emissão de título ao portador sem permissão legal*
>
> *Art. 292 – Emitir, sem permissão legal, nota, bilhete, ficha, vale ou título que contenha promessa de pagamento em dinheiro ao portador ou a que falte indicação do nome da pessoa a quem deva ser pago:*
>
> *Pena – detenção, de um a seis meses, ou multa.*
>
> *Parágrafo único – Quem recebe ou utiliza como dinheiro qualquer dos documentos referidos neste artigo incorre na pena de detenção, de quinze dias a três meses, ou multa.*

Capítulo II

DA FALSIDADE DE TÍTULOS E OUTROS PAPÉIS PÚBLICOS

10.2. Da falsidade de títulos e outros papéis públicos

10.2.1. Falsificação de papéis públicos

> *Art. 293. Falsificar, fabricando-os ou alterando-os:*
>
> *I – selo destinado a controle tributário, papel selado ou qualquer outro papel de emissão legal destinado à arrecadação de tributo;*
>
> *II – papel de crédito público que não seja moeda de curso legal;*
>
> *III – vale postal;*
>
> *IV – cautela de penhor, caderneta de depósito de caixa econômica ou de outro estabelecimento mantido por entidade de direito público;*
>
> *V – talão, recibo, guia, alvará ou qualquer outro documento relativo a arrecadação de rendas públicas ou a depósito ou caução por que o poder público seja responsável;*
>
> *VI – bilhete, passe ou conhecimento de empresa de transporte administrada pela União, Estado ou por Município:*
>
> *Pena – reclusão, de dois a oito anos, e multa.*

10.2.1.1. Objetividade jurídica

A fé pública nos papéis elencados no tipo penal.

10.2.1.2. Tipo objetivo

A conduta típica da figura principal (*caput*) é falsificar, que pode se dar por fabricação (criar imitando) ou alteração (modificação). O objeto material, entretanto, é que é variado, havendo longo rol de papéis no tipo penal:

I – *Selo destinado a controle tributário, papel selado ou qualquer outro papel de emissão legal destinado à arrecadação de tributo.* O dispositivo se refere a marcas que devem ser inseridas ou afixadas em produtos a fim de demonstrar o pagamento de qualquer tipo de tributo.

Nos termos do art. 293, § 1º, II, incorre na mesma pena quem importa, exporta, adquire, vende, troca, cede, empresta, guarda, fornece ou restitui à circulação selo falsificado destinado a controle tributário.

Além disso, no inc. III do § 1º do art. 293, pune-se quem importa, exporta, adquire, vende, expõe à venda, mantém em depósito, guarda, troca, cede, empresta, fornece, porta ou, de qualquer forma, utiliza, em proveito próprio ou alheio, no exercício de atividade comercial ou industrial, produto ou mercadoria:

a) *em que tenha sido aplicado selo falsificado que se destine a controle tributário.* É necessário, evidentemente, conhecimento a respeito de tal fato, já que o tipo penal faz uso da expressão em proveito próprio ou alheio.

b) *sem selo oficial, nos casos em que a legislação tributária determina a obrigatoriedade de sua aplicação.*

Note-se que o § 5º do art. 293 equipara a atividade comercial, para os fins desse dispositivo, qualquer forma de comércio irregular ou clandestino, inclusive o exercido em vias, praças ou outros logradouros públicos ou em residências.

II – *Papel de crédito público que não seja moeda de curso legal.* O dispositivo se refere a apólices e títulos da dívida pública.

III – *Vale postal.* Revogado pelo art. 36 da Lei n. 6.538/78.

IV – *Cautela de penhor, caderneta de depósito de caixa econômica ou de outro estabelecimento mantido por entidade de direito público.* Cautela de penhor é o título com o qual o sujeito pode retirar o bem empenhado das mãos do credor. Cadernetas de depósito eram utilizadas no passado para anotação de aplicações financeiras, como, por exemplo, a chamada caderneta de poupança.

V – *Talão, recibo, guia, alvará ou qualquer outro documento relativo a arrecadação de rendas públicas ou a depósito ou caução por que o poder público seja responsável.* Tendo em vista a parte final do inciso, que usa a fórmula genérica "qualquer outro documento", pode-se concluir que também o talão, recibo, guia ou alvará a que se refere o dispositivo devem ser referentes à arrecadação de rendas públicas ou a depósito ou caução por que o poder público seja responsável.

VI – *Bilhete, passe ou conhecimento de empresa de transporte administrada pela União, por Estado ou por Município.* Bilhete e passe são papéis que autorizam o transporte de pessoas, de forma gratuita ou não, em veículo de transporte coletivo. É muito comum a falsificação de bilhete de metrô. O tipo penal pune a fabricação e a alteração. Por isso, comete o crime nesta última figura quem consegue inserir créditos fraudulentamente em bilhete de metrô recarregável. Conhecimento, por sua vez, diz respeito ao transporte de mercadorias.

De acordo com o art. 293, § 1º, I, incorre nas mesmas penas quem usa, guarda, possui ou detém qualquer dos papéis falsificados a que se refere o artigo.

10.2.1.3. Figuras privilegiadas

O § 2º do art. 293 pune com reclusão, de um a quatro anos, e multa, quem suprime, em qualquer dos papéis mencionados, quando legítimos, com o fim de torná-los novamente utilizáveis, carimbo ou sinal indicativo de sua inutilização. Já o § 3º estabelece as mesmas penas para quem usa, depois de alterado, qualquer dos papéis a que se refere o § 2º.

Por sua vez, o § 4º prevê pena de detenção, de seis meses a dois anos, ou multa, para quem usa ou restitui à circulação, embora recebido de boa-fé, qualquer dos papéis falsificados ou alterados a que se referem este artigo e seu § 2º, depois de conhecer a falsidade ou alteração.

10.2.1.4. Sujeito ativo

Pode ser qualquer pessoa. Trata-se de crime comum. Nos termos do art. 295, se o crime for cometido por funcionário público prevalecendo-se de suas funções, a pena será aumentada em um sexto.

10.2.1.5. Sujeito passivo

O Estado e as pessoas, físicas ou jurídicas, eventualmente lesadas.

10.2.1.6. Consumação

No momento em que o agente realiza a conduta típica.

10.2.1.7. Tentativa

É possível.

10.2.1.8. Ação penal

Pública incondicionada. Na hipótese privilegiada do § 4º, a competência é do Juizado Especial Criminal.

10.2.2. Petrechos de falsificação

Art. 294. Fabricar, adquirir, fornecer, possuir ou guardar objeto especialmente destinado à falsificação de qualquer dos papéis referidos no artigo anterior:

Pena – reclusão, de um a três anos, e multa.

10.2.2.1. Objetividade jurídica

A fé pública.

10.2.2.2. Tipo objetivo

São punidas as condutas consistentes em *fabricar* (produzir), *adquirir* (obter a propriedade), *fornecer* (ceder), *possuir* (ter a posse) ou *guardar* (dar abrigo). Essas condutas típicas são as mesmas do crime de petrechos para falsificação de moeda (art. 291), sendo diverso apenas o objeto material, que serve especificamente para falsificar qualquer dos papéis mencionados no art. 293, e não para a falsificação de moeda. Cuida-se de tipo misto alternativo, em que a realização de mais de uma conduta em relação ao mesmo objeto material configura crime único.

É indiferente que o agente esteja atuando a título oneroso ou gratuito.

Para a comprovação do crime, exige-se exame pericial nos objetos apreendidos a fim de demonstrar sua eficácia na produção dos papéis falsos.

10.2.2.3. Sujeito ativo

Pode ser qualquer pessoa. Trata-se de crime comum. Nos termos do art. 295, a pena será exasperada em um sexto se o crime for cometido por funcionário público que, para tanto, se aproveite de alguma facilidade proporcionada pelo cargo.

10.2.2.4. Sujeito passivo

O Estado.

10.2.2.5. Consumação

Com a prática de um dos comportamentos previstos na lei, sendo que, nas modalidades possuir ou guardar, o crime é permanente.

10.2.2.6. Tentativa

É possível.

10.2.2.7. Subsidiariedade

O crime em análise é subsidiário, ficando absorvido quando o agente, fazendo uso do maquinismo, efetivamente comete a falsificação descrita no art. 293.

10.2.2.8. Ação penal

Pública incondicionada.

Capítulo III

DA FALSIDADE DOCUMENTAL

10.3. Da falsidade documental

Os principais crimes deste Capítulo são a falsidade material (arts. 297 e 298) e a ideológica (art. 299). Em ambos o objeto material é um documento. Considera-se como tal todo escrito devido a um autor determinado, que contém a exposição de fatos ou uma declaração de vontade, dotado de significação ou relevância jurídica e que pode, por si só, fazer prova de seu conteúdo.

Em resumo, para que seja considerado documento um papel deve conter os seguintes requisitos:

a) *forma escrita*: sobre coisa móvel, transportável e transmissível (papel, pergaminho etc.). Não integram o conceito de documento um quadro, uma fotografia, uma pichação, escritos em porta de veículos etc. Quem faz uma montagem em uma fotografia isolada não comete falsidade documental, mas pode responder por crime contra a honra ou contra a dignidade sexual (art. 216-B). Ex.: colocar o rosto de certa moça no corpo de mulher nua e divulgar pela internet. Já a troca de fotografia em uma carteira de identidade constitui falsidade material porque, nesse caso, a fotografia é apenas uma das partes que compõe a carteira de identidade, que é escrita. A propósito, veja-se STF, HC 75.690-5/SP, 1ª Turma, Rel. Min. Moreira Alves, *DJU* 3-4-1998, p. 4).

A adulteração de chassi de veículo ou de qualquer de seus elementos identificadores (numeração das placas, do motor, do câmbio) caracteriza o crime do art. 311 do Código Penal (com a redação dada pela Lei n. 9.426/96). Se, entretanto, o agente altera o número do chassi ou da placa no próprio documento do veículo (certificado de propriedade), caracteriza-se o crime de falsidade de documento público.

b) *autoria determinada*, identificável por assinatura, nome ou, quando a lei não faz essa exigência, pelo próprio conteúdo.

A autoria certa que se exige para que algo seja considerado documento é daquele de quem o documento deveria ter emanado, e não do autor da falsidade. A autoria da falsidade é necessária para a condenação do falsário, mas em nada se relaciona com o conceito de documento. Contratos, carteiras de identidade ou de habilitação, escrituras etc. são documentos porque neles consta a identificação das pessoas que o elaboraram.

c) *Seu conteúdo deve ter relevância jurídica*. O documento deve, portanto, expressar uma manifestação de vontade ou a exposição de um fato relevante (exs.: um testamento, um contrato de compra e venda, a qualificação de alguém etc.). Assim, a assinatura em um papel em branco não constitui documento, uma vez que não há qualquer conteúdo. Poderá se transformar em documento, contudo, após ser preenchido, desde que o conteúdo inserido tenha relevância jurídica. Assim, se for preenchido com uma simples receita de um prato típico, ainda que assinado, não é considerado documento.

d) *Valor probatório.* Para que seja considerado documento, o escrito deve ter o potencial de gerar consequências no plano jurídico, ou, em outras palavras, deve ter valor probatório por si só. Significa que, apresentado a alguém, deve ter o condão de fazer prova de seu conteúdo. Esse valor probatório decorre de leis, decretos, resoluções etc. O Código Civil, por exemplo, confere valor probatório aos contratos, que, portanto, são considerados documentos. O Código de Trânsito, por sua vez, confere valor probatório às Carteiras de Habilitação.

O escrito a lápis não tem valor probatório em razão da facilidade em ser alterado, razão pela qual não constitui documento.

A fotocópia não autenticada, nos termos do art. 232, parágrafo único, do Código de Processo Penal, não tem valor probatório e, por isso, não é documento. Se for autenticada, sim.

10.3.1. Falsificação de selo ou sinal público

> *Art. 296. Falsificar, fabricando-os ou alterando-os:*
>
> *I – selo público destinado a autenticar atos oficiais da União, de Estado ou de Município;*
>
> *II – selo ou sinal atribuído por lei a entidade de direito público, ou a autoridade, ou sinal público de tabelião:*
>
> *Pena – reclusão, de dois a seis anos, e multa.*
>
> *§ 1º Incorre nas mesmas penas:*
>
> *I – quem faz uso do selo ou sinal falsificado;*
>
> *II – quem utiliza indevidamente o selo ou sinal verdadeiro em prejuízo de outrem ou em proveito próprio ou alheio.*
>
> *III – quem altera, falsifica ou faz uso indevido de marcas, logotipos, siglas ou quaisquer outros símbolos utilizados ou identificadores de órgãos ou entidades da Administração Pública.*
>
> *§ 2º Se o agente é funcionário público, e comete o crime prevalecendo-se do cargo, aumenta-se a pena de sexta parte.*

10.3.1.1. Objetividade jurídica

A fé pública nos sinais e selos públicos elencados no texto legal.

10.3.1.2. Tipo objetivo

A conduta típica da figura principal (*caput*) é falsificar, que pode se dar por fabricação (criar imitando) ou alteração (modificação).

O objeto material é o selo ou sinal público. De acordo com Cezar Roberto Bitencourt[42], "selo e sinal são termos similares utilizados pelo legislador que têm o significado de marca a ser aposta ou estampada em determinados papéis para atribuir-lhes autenticidade". Na hipótese do inc. I o selo público falsificado deve ser destinado a autenticar atos oficiais da União, de Estado ou de Município, ao passo que no inc. II deve dizer respeito a selo ou sinal atribuído por lei a entidade de direito público, ou a autoridade, ou a sinal público de tabelião.

O delito em análise refere-se à falsificação do selo ou sinal em si e não daqueles já apostos em documento, hipótese que caracteriza o crime do art. 297 do Código Penal (falsidade material de documento).

10.3.1.3. Sujeito ativo

Pode ser qualquer pessoa. Trata-se de crime comum. Quando o crime é cometido por funcionário público, que para tanto se prevaleça de suas funções, a pena é aumentada em um sexto, nos termos do § 2º do art. 296.

10.3.1.4. Sujeito passivo

O Estado.

10.3.1.5. Consumação

No momento que falsificado ou alterado o selo ou sinal, independentemente de qualquer resultado.

10.3.1.6. Tentativa

É possível, na medida em que os atos executórios podem ser fracionados.

10.3.1.7. Figuras equiparadas

O § 1º do art. 296, prevê as mesmas penas do *caput* para quem:

I – *faz uso do selo ou sinal falsificado*. Só incorre nesta modalidade a pessoa que não foi a responsável pela falsificação. Com efeito, quem falsifica e depois faz uso do selo ou sinal falsificado só responde pela falsificação.

II – *utiliza indevidamente o selo ou sinal verdadeiro em prejuízo de outrem ou em proveito próprio ou alheio*. São necessários três requisitos: a) que o selo ou sinal sejam verdadeiros; b) que haja utilização indevida (elemento normativo); c) que sobrevenha o resultado (prejuízo a outrem ou vantagem para o agente ou terceiro).

III – *altera, falsifica ou faz uso indevido de marcas, logotipos, siglas ou quaisquer símbolos utilizados ou identificadores de órgãos ou entidades da Administração Pública.*

10.3.1.8. Ação penal

Pública incondicionada

---

42   Cezar Roberto Bitencourt, *Tratado de direito penal*, v. 4, p. 445.

10.3.2. Falsificação de documento público

Art. 297. Falsificar, no todo ou em parte, documento público, ou alterar documento público verdadeiro:

Pena – reclusão, de dois a seis anos, e multa.

10.3.2.1. Objetividade jurídica

A fé pública nos documentos públicos.

10.3.2.2. Tipo objetivo

O crime de falsificação de documento é mais conhecido pela denominação "falsidade material" e diz respeito aos elementos exteriores que compõem o documento. É a falsificação referente à forma, ao passo que a falsidade ideológica diz respeito unicamente ao conteúdo dos documentos.

O objeto material do delito em análise é o documento público, que é aquele elaborado por funcionário público, de acordo com as formalidades legais, no desempenho de suas funções. São exemplos: a carteira de identidade, o CPF, a Carteira de Habilitação, as Carteiras Funcionais, o Certificado de Reservista, o Título de Eleitor, as escrituras públicas etc.

Um particular pode cometer falsificação de documento público, desde que falsifique documento que deveria ter sido feito por funcionário público ou altere documento efetivamente elaborado por este. Não se trata, portanto, de crime próprio, podendo ser cometido por funcionário público ou por particular. Na hipótese de a falsificação ter sido feita por funcionário, prevalecendo-se de seu cargo, a pena sofrerá aumento de um sexto, nos termos do art. 297, § 1º.

Os documentos públicos subdividem-se em a) *formal e substancialmente públicos*, que são aqueles elaborados por funcionário público, com conteúdo e relevância jurídica de direito público (atos legislativos, executivos e judiciários); e b) *formalmente públicos e substancialmente privados*, que são elaborados por funcionário público, mas com conteúdo de interesse privado. Ex.: escritura pública de compra e venda de bem particular. Tal diferenciação, em verdade, não tem importância prática, na medida em que, em qualquer caso, a falsificação enquadra-se no art. 297 do Código Penal.

O art. 297, § 2º, do Código Penal, equipara alguns documentos particulares a documento público, permitindo, assim, a punição de quem os falsifica como incursos em crime mais grave. Os chamados "documentos públicos por equiparação" são os seguintes, de acordo com o texto legal:

a) os emanados de entidade *paraestatal* (autarquias, empresas públicas, sociedades de economia mista, fundações instituídas pelo Poder Público);

b) o título ao *portador* ou transmissível por *endosso* (cheque, nota promissória etc.);

c) as *ações* das sociedades mercantis: sociedades anônimas ou em comandita por ações;

d) os *livros mercantis*: utilizados pelos empresários para registro dos atos de comércio (livro diário, por exemplo);

e) o testamento *particular* (hológrafo): aquele escrito pessoalmente pelo testador.

Lembre-se que a pessoa que falsifica um cheque alheio para obter vantagem ilícita mediante a utilização da cártula só responde pelo crime de estelionato, ficando a falsidade documental absorvida por entender o Superior Tribunal de Justiça que se trata de crime meio. De acordo com a Súmula 17 do mencionado Tribunal, "quando o falso se exaure no estelionato, sem mais potencialidade lesiva, é por este absorvido".

As condutas típicas caracterizadoras da falsidade material são a) *falsificar*, no todo ou em parte; b) *alterar* documento verdadeiro.

Falsificar significa criar materialmente, formar um documento falso. É chamada, também, de contrafação. A falsificação é total, quando o documento é integralmente forjado. É o que ocorre, por exemplo, quando sobre um espelho falso de Carteira de Habilitação, o agente apõe carimbos e assinaturas também falsas, declarando habilitada pessoa que não passou pelos exames necessários. A falsificação é parcial, por sua vez, quando parte do documento é verdadeira quanto à forma e parte é falsa. Ex.: alguém furta um espelho verdadeiro em branco e o preenche, inserindo carimbos, assinaturas ou fotografias falsas.

Alterar consiste em modificar um documento verdadeiro. É o que ocorre, por exemplo, quando o agente troca a fotografia em um documento de identidade já existente, ou quando consegue alterar a categoria para a qual é habilitado em sua CNH.

A principal diferença entre a falsificação parcial e a alteração é que, nesta, sempre preexiste um documento autêntico cujos dizeres ou outros aspectos são modificados pelo agente. Na falsidade parcial, em regra, o documento já surge como trabalho de um falsário, ou seja, não há documento verdadeiro preexistente (quando o documento fica pronto já é falso). Assim, se o documento chegou a existir materialmente como verdadeiro e depois foi modificado, temos a figura da alteração.

Quando o agente obtém um espelho verdadeiro ainda não preenchido, extraviado do órgão oficial, ele ainda não está na posse de um documento completo, e sim de um papel que só será considerado documento quando estiver formalmente pronto (preenchido em suas lacunas, com a fotografia colocada, com a assinatura do responsável e a inserção dos devidos carimbos). Em tal caso, quando o agente elaborar o documento com um desses elementos falsos, teremos falsidade material parcial, pois, no exato instante em que ele ficar pronto, já será falso. Em suma, os elementos que integram a forma de um documento não se restringem ao papel (espelho), mas a todos os que foram acima mencionados (fotografia, carimbos, assinatura etc.). Assim, basta que um deles seja falso (apenas a assinatura, por exemplo), para que esteja presente a falsidade parcial. É evidente que, em tais casos, o conteúdo costuma também ser falso, pois não faz sentido falsificar a forma para inserir conteúdo verdadeiro. É de se lembrar, entretanto, que, como se trata de um só documento, o agente não pode responder por dois crimes e, em tal hipótese, responde apenas pelo crime mais grave, ou seja, a falsidade material (parcial) que, por ter pena maior, absorve a falsidade ideológica. É por isso que o falso ideológico pressupõe que o documento seja totalmente verdadeiro quanto à forma e só o seu conteúdo seja falso. Ex.: espelho de Carteira de Habilitação verdadeiro, preenchido e assinado pela autoridade competente, com a fotografia e carimbos devidos, no qual se afirma que certa pessoa passou nos exames de habilitação, quando isso é falso.

Conforme explicado acima, na falsidade parcial, em regra, não preexiste um documento verdadeiro. Há, entretanto, uma situação excepcional em que a falsidade parcial pode se configurar apesar da preexistência de um documento verdadeiro. É o que ocorre quando sobre este é feito um acréscimo totalmente autônomo, como, por exemplo, a criação de aval falso em um título de crédito verdadeiro. Nesse caso, não se diz ter havido alteração, pois não foi atingida qualquer parte já existente do documento, mas, sim, introduzida uma parte absolutamente independente (e falsa em sua assinatura). Em suma, se o agente modifica, por exemplo, o valor contido em um documento, aumentando-o, ele comete alteração, pois está atingindo parte já existente deste. Por sua vez, como a criação de um aval falso não atinge a parte já existente e verdadeira do título, caracteriza-se a falsificação parcial.

Resumindo:

a) quem falsifica o próprio espelho em uma gráfica e acrescenta dizeres inverídicos comete falsidade material (no todo);

b) quem tem em suas mãos um espelho verdadeiro em branco e, sem possuir legitimidade, o preenche com dados falsos, comete falsidade material (em parte). Nesse caso, ao menos a assinatura é falsa;

c) aquele que tem em seu poder um espelho verdadeiro e, tendo legitimidade para preenchê-lo, o faz com dados falsos, comete falsidade ideológica;

d) quem altera dizeres no texto de documento verdadeiro comete falsidade material, na modalidade alterar. Se o agente, entretanto, acrescenta dizeres totalmente autônomos em documento verdadeiro, sem afetar qualquer parte anteriormente dele constante, comete falsificação parcial (material).

A falsidade material é infração que deixa vestígios, de modo que é indispensável o exame de corpo de delito para a prova da materialidade (art. 158 do Código de Processo Penal). Esse exame pericial, chama-se exame documentoscópico.

Ao contrário do que ocorre com o crime de falsidade ideológica, o tipo penal da falsidade material não exige qualquer finalidade especial por parte do agente e tampouco que se demonstre a que fim o documento falso se destinava. Basta que a conduta seja dolosa.

10.3.2.3. Sujeito ativo

Pode ser qualquer pessoa. Trata-se de crime comum. Se o delito for cometido por funcionário público que, para tanto, se prevaleça das suas funções, a pena sofrerá um acréscimo de um sexto (art. 297, § 1º).

10.3.2.4. Sujeito passivo

O Estado e, eventualmente, alguém que venha a prejudicado pelo falso.

10.3.2.5. Consumação

Com a falsificação ou alteração, independentemente do uso ou de qualquer outra consequência posterior. Basta a *editio falsi*. Na modalidade falsificar, a consumação se dá quando o documento falso fica pronto. Na modalidade alterar, quando a modificação se concretiza.

A falsificação é crime de perigo, que se aperfeiçoa independentemente do uso.

O fato será considerado atípico quando a falsificação for grosseira, ou seja, quando for perceptível *ictu oculi* (a olho nu) por toda e qualquer pessoa que manuseie o documento.

Quando o falso é percebido por policiais que são treinados e acostumados ao manuseio de documentos, mas não é perceptível ao leigo, não se considera grosseira a falsificação.

10.3.2.6. Tentativa

É admissível, porque os atos executórios podem ser fracionados. Se a falsificação está em curso, mas o agente não consegue concluí-la por circunstâncias alheias à sua vontade, responde por delito tentado.

10.3.2.7. Classificação doutrinária

Trata-se de crime simples e de perigo quanto à objetividade jurídica. No que diz respeito ao sujeito ativo, o delito é comum e de concurso eventual. No que pertine aos meios de execução é crime de ação livre e comissivo. Quanto ao momento consumativo, cuida-se de crime formal e instantâneo. Por fim, trata-se de infração penal dolosa quando ao elemento subjetivo.

10.3.2.8. Ação penal

Pública incondicionada.

Se o documento foi ou devia ter sido emitido por autoridade federal, a competência é da Justiça Federal. Ex.: passaporte. Se, porém, foi ou devia ter sido emitido por funcionário público estadual ou municipal, a competência é da Justiça Estadual.

A falsificação de Carteira Nacional de Habilitação (CNH) é de competência da Justiça Estadual, pois, embora seja válida em todo o território nacional, é emitida por autoridade estadual.

10.3.2.9. Falsificação de dados em carteira de trabalho ou outros documentos previdenciários

A Lei n. 9.983/2000 acrescentou os §§ 3º e 4º ao art. 297, punindo com as mesmas penas da falsidade material de documento público a falsificação de determinados documentos que têm reflexos na Previdência Social. Na realidade, entretanto, as condutas típicas descritas constituem quase sempre hipóteses de falsidade ideológica. Os parágrafos têm a seguinte redação:

§ 3º *Nas mesmas penas incorre quem insere ou faz inserir:*

I – *na folha de pagamento ou em documento de informações que seja destinado a fazer prova perante a previdência social, pessoa que não possua a qualidade de segurado obrigatório;*

II – *na Carteira de Trabalho e Previdência Social do empregado ou em documento que deva produzir efeito perante a previdência social, declaração falsa ou diversa da que deveria ter sido escrita;*

III – *em documento contábil ou em qualquer outro documento relacionado com as obrigações da empresa perante a previdência social, declaração falsa ou diversa da que deveria ter constado.*

§ 4º *Nas mesmas penas incorre quem omite, nos documentos mencionados no § 3º, nome do segurado e seus dados pessoais, a remuneração, a vigência do contrato de trabalho ou de prestação de serviços.*

De acordo com a Súmula 62 do Superior Tribunal de Justiça "compete à Justiça Estadual processar e julgar o crime de falsa anotação na Carteira de Trabalho e Previdência

Social, atribuído à empresa privada". Caso, todavia, a finalidade da falsificação seja, de algum modo, fraudar a previdência social, a competência será da Justiça Federal, nos termos do art. 109, IV, da Carta Magna. Por sua vez, na hipótese do art. 297, § 4º, quando consiste na plena omissão do contrato de trabalho na respectiva Carteira de Trabalho e Previdência Social, sempre haverá ofensa aos interesses do INSS, pois o empregador que não registra o empregado evidentemente não deposita os valores previdenciários. Daí por que o Superior Tribunal de Justiça decidiu que, em tais casos, a competência é sempre da Justiça Federal: "A partir do julgamento no conflito de competência n. 127.706/RS, de relatoria do Ministro ROGÉRIO SCHIETTI CRUZ, esta egrégia Terceira Seção pacificou o entendimento no sentido de que 'o sujeito passivo primário do crime omissivo do art. 297, § 4º, do Diploma Penal, é o Estado, e, eventualmente, de forma secundária, o particular, terceiro prejudicado, com a omissão das informações, referentes ao vínculo empregatício e a seus consectários da CTPS. Cuida-se, portanto de delito que ofende de forma direta os interesses da União, atraindo a competência da Justiça Federal, conforme o disposto no art. 109, IV, da Constituição Federal' (DJe 9-4-2014)" (STJ, CC 145.567/PR, Rel. Min. Joel Ilan Paciornik, 3ª Seção, julgado em 27-4-2016, DJe 4-5-2016).

10.3.3. Falsificação de documento particular

> *Art. 298. Falsificar, no todo ou em parte, documento particular ou alterar documento particular verdadeiro:*
>
> *Pena – reclusão, de um a cinco anos, e multa.*
>
> *Falsificação de cartão*
>
> *Parágrafo único. Para fins do disposto no* caput, *equipara-se a documento particular o cartão de crédito ou débito.*

10.3.3.1. Objetividade jurídica

Preservar a fé pública nos documentos particulares.

10.3.3.2. Tipo objetivo

Documento particular é aquele que não é público propriamente e nem por equiparação. Os requisitos dos documentos particulares são os mesmos dos documentos públicos (forma escrita, autor certo, conteúdo com relevância jurídica e valor probatório), não sendo, todavia, elaborados por funcionário público no desempenho de suas funções. Ex.: contratos de compra e venda, de locação, notas fiscais, carteira de sócio de clube etc.

O documento particular registrado em cartório não tem sua natureza alterada. O registro é apenas para dar publicidade ao documento, no sentido de ficar registrada a sua existência em determinada data, mas não altera seu caráter particular. Assim, quando alguém registra um compromisso de compra e venda, a finalidade é demonstrar que tal contrato já havia sido celebrado em certa data, de modo que uma venda posterior a outra pessoa não tenha valor. Se, depois do registro, alguém modifica maliciosamente cláusulas do contrato, comete falsificação de documento particular (na modalidade de "alteração"). Por sua vez, se alguém altera a própria matrícula do imóvel no Cartório (registros ou averbações), comete falsificação de documento público.

A cópia autenticada de documento particular continua sendo documento particular.

A Lei n. 12.737/2012 equiparou a documento particular os cartões de crédito e de débito. Para que haja a punição pelo crime contra a fé pública, mostra-se necessário que o cartão falsificado seja semelhante a um verdadeiro.

10.3.3.3. Sujeito ativo

Pode ser qualquer pessoa. Trata-se de crime comum.

10.3.3.4. Sujeito passivo

O Estado e eventualmente as pessoas prejudicadas pelo documento falso.

10.3.3.5. Consumação

Com a falsificação ou alteração do documento, independentemente do uso ou de qualquer outra consequência posterior. Basta a *editio falsi*.

A falsificação é crime de perigo, que se aperfeiçoa independentemente do uso posterior.

10.3.3.6. Tentativa

É possível, pois os atos executórios podem ser fracionados e o agente, portanto, pode ser impedido de concluir uma falsificação que já iniciou.

10.3.3.7. Classificação doutrinária

Trata-se de crime simples e de perigo quanto à objetividade jurídica. No que diz respeito ao sujeito ativo, o delito é comum e de concurso eventual. No que pertine aos meios de execução é crime de ação livre e comissivo. Quanto ao momento consumativo, cuida-se de crime formal e instantâneo. Por fim, trata-se de infração penal dolosa quando ao elemento subjetivo.

10.3.3.8. Ação penal

Pública incondicionada.

De acordo com Súmula n. 104 do Superior Tribunal de Justiça, "compete à Justiça Estadual o processo e julgamento dos crimes de falsificação e uso de documento falso relativo a estabelecimento particular de ensino".

10.3.4. Falsidade ideológica

> *Art. 299. Omitir, em documento público ou particular, declaração que dele devia constar, ou nele inserir ou fazer inserir declaração falsa ou diversa da que devia ser escrita, com o fim de prejudicar direito, criar obrigação ou alterar a verdade sobre fato juridicamente relevante:*
>
> *Pena – reclusão, de um a cinco anos, e multa, se o documento é público, e reclusão, de um a três anos, e multa, se o documento é particular.*

10.3.4.1. Objetividade jurídica

A fé pública.

10.3.4.2. Tipo objetivo

A falsidade ideológica também é chamada de falsidade intelectual, ideal ou moral. Em tal modalidade de infração penal, o documento é autêntico em seus requisitos extrínsecos e emana realmente da pessoa que nele figura como seu autor, de modo que apenas as declarações nele contidas são falsas (falsidade de conteúdo).

O falso ideológico pode recair em documento público ou particular. No primeiro caso, a pena é de reclusão, de um a cinco anos, e multa e, no segundo, de um a três anos, e multa.

O texto legal incrimina três condutas típicas.

A primeira consiste em *omitir* declaração que devia constar do documento. Nessa modalidade, a conduta é obviamente omissiva pois se refere a uma declaração que deixou de constar. O agente elabora um documento deixando, dolosamente, de inserir alguma informação que era obrigatória.

A segunda consiste em *inserir* declaração falsa ou diversa da que devia constar. O agente, portanto, confecciona o documento inserindo informação inverídica ou diversa da que devia constar. Trata-se de conduta comissiva. Exs.: a autoridade responsável que elabora Carteira de Habilitação declarando que determinada pessoa é habilitada quando ela, em verdade, foi reprovada no exame (declaração falsa); ou declarando que a pessoa é habilitada em categoria diversa da qual ela foi efetivamente aprovada (declaração diversa da que deveria constar).

A terceira, por sua vez, consiste em *fazer inserir* declaração falsa ou diversa da que devia constar. Nessa modalidade, o agente fornece informação falsa a terceira pessoa, responsável pela elaboração do documento, e esta, sem ter ciência da falsidade, o confecciona. Ex.: alguém declara que é solteiro ao Tabelião durante a lavratura de uma escritura para prejudicar os direitos de sua esposa de quem está se divorciando.

Nas duas primeiras hipóteses (omitir e inserir) existe a chamada falsidade imediata, pois a própria pessoa que confeccionou o documento responde pelo falso ideológico. Na última modalidade (fazer inserir) a lei não pune quem confeccionou o documento, mas quem lhe transmitiu a informação falsa (falsidade mediata), pois, neste caso, quem o elaborou estava de boa-fé, desconhecia a falsidade da declaração. Se tal pessoa conhecesse a falsidade da declaração e, ainda assim, elaborasse o documento, seria autor do crime na modalidade inserir declaração falsa, ao passo que a pessoa que lhe solicitou ou incentivou para desse modo agir, seria partícipe de tal crime.

Para que exista falsidade ideológica, é necessário que o agente queira prejudicar direito, criar obrigação ou alterar a verdade sobre fato juridicamente relevante (elemento subjetivo do tipo). Ausentes tais finalidades, o fato será atípico.

A falsidade ideológica é crime que não pode ser comprovado pericialmente, pois o documento é verdadeiro em seu aspecto formal, sendo falso apenas o seu conteúdo. O juiz é quem deve avaliar no caso concreto se o conteúdo é verdadeiro ou falso. A propósito: "Afigura-se prescindível o exame de corpo de delito para a configuração do crime de falsidade ideológica, mormente em havendo a confissão do acusado sobre os fatos que lhe foram imputados. O exame de corpo de delito é indispensável somente em se tratando do falso material, apresentando-se a perícia até mesmo inócua para demonstrar a existência do falso ideológico, que admite outros meios de prova. Recurso provido" (STJ, REsp 421.828/PR, 6ª Turma, Rel. Min. Paulo Medina, v.u., julgado em 2-9-2003, *DJU* 22-9-2003, p. 398).

No caso de preenchimento abusivo de papel assinado em branco por outra pessoa há duas possibilidades. Se alguém recebeu o papel assinado em branco das mãos do signatário para que o preenchesse com determinado conteúdo, mas, maliciosamente, o fez de forma diversa, o crime é o de falsidade ideológica. De outro lado, se o papel assinado em branco foi obtido de forma ilícita (furto, roubo etc.), o crime é o de falsidade material, porque a assinatura "subtraída" equivale a uma assinatura falsa – o que configura o falso material.

A inserção de dados falsos em documentos, livros ou declarações exigidas pelas leis fiscais caracteriza crime contra a ordem tributária (art. 1º da Lei n. 8.137/90). Trata-se da falsidade ideológica tributária. Tal crime absorve o delito de falsidade ideológica comum. Saliente-se, ademais, que o pagamento do tributo antes do recebimento da denúncia ou durante o transcorrer da ação penal extingue a punibilidade do crime de sonegação fiscal, não sendo possível nesse caso a acusação pelo crime do art. 299 do Código Penal.

A falsificação de declaração particular só caracteriza o crime quando por si só puder criar obrigação, prejudicar direito ou alterar a verdade sobre fato juridicamente relevante. Não haverá crime, portanto, se a declaração particular for sujeita a exame obrigatório por parte de funcionário público (exame oficial). Nesse sentido: "Crime de falsidade ideológica. Art. 299, do Código Penal. Declaração de pobreza para obtenção de gratuidade judiciária. Não caracterização como documento para fins penais. Ação penal trancada. Ordem concedida. Declaração passível de averiguação ulterior não constitui documento para fins penais. HC deferido para trancar a ação penal" (STF, HC 85.976-3-MT, 2ª Turma, Rel. Min. Ellen Gracie, v.u., julgado em 13-12-2005, *DJU* 24-2-2006, p. 51); "*Habeas corpus*. Artigos 299 e 304 do Código Penal. Trancamento da ação penal. Declaração de pobreza falsa. Objetivo de obtenção dos benefícios da justiça gratuita. Condutas atípicas. Ordem concedida. 1. Somente se configura o crime de falsidade ideológica se a declaração prestada não estiver sujeita a confirmação pela parte interessada, gozando, portanto, de presunção absoluta de veracidade. 2. Esta Corte já decidiu ser atípica a conduta de firmar ou usar declaração de pobreza falsa em juízo, com a finalidade de obter os benefícios da gratuidade de justiça, tendo em vista a presunção relativa de tal documento, que comporta prova em contrário" (STJ, HC 218.570/SP, 6ª Turma, Rel. Min. Maria Thereza de Assis Moura, julgado em 16-2-2012, *DJe* 5-3-2012).

No que diz respeito à falsa declaração de pobreza, existe ainda o argumento de que o art. 100, parágrafo único, do novo CPC, que regulamenta atualmente tal tema, prevê que a consequência para a declaração falsa é o pagamento de multa no valor de 10 vezes o montante das custas processuais. Como esse dispositivo prevê multa de cunho administrativo e não ressalva a aplicação de sanção penal, a punição por falsidade ideológica mostra-se inviável (HC 261.074/MS, 6ª Turma, Rel. Min. Marilza Maynard, julgado em 5-8-2014). Observe-se que o mencionado dispositivo repete o que dizia o art. 4º da Lei n. 1.060/50 – que foi expressamente revogado pela Lei n. 13.105/2015 (novo CPC).

A simulação em negócio jurídico retratada documentalmente tipifica o falso ideológico. Na simulação, as partes contraentes de um negócio o fazem somente para prejudicar terceiros ou para fraudar a lei. O documento é verdadeiro, mas o conteúdo é falso.

Declarações falsas em requerimentos ou petições judiciais, ainda que sirvam de fundamento para um pedido, não caracterizam o delito porque não têm, por si só, valor probatório.

10.3.4.3. Sujeito ativo

Qualquer pessoa. Em se tratando de crime praticado por funcionário público prevalecendo-se do cargo, a pena será aumentada de um sexto, nos termos do art. 299, parágrafo único, do Código Penal.

Considerando que no delito em estudo o documento deve ser autêntico quanto à forma, conclui-se que o particular só pode cometer falsidade ideológica em documento público em duas hipóteses: a) se ele fizer um funcionário público de boa-fé inserir declaração falsa em documento público; b) se elaborar documento público por equiparação, de sua alçada, com declaração falsa.

10.3.4.4. Sujeito passivo

O Estado e, eventualmente, alguém que sofra prejuízo em razão do documento falso.

10.3.4.5. Consumação

Quando o documento fica pronto com a efetiva omissão ou inserção de declaração, de forma a tornar falso o seu conteúdo, mesmo que o agente não atinja a sua finalidade de prejudicar direito, criar obrigação etc. Trata-se de crime formal.

10.3.4.6. Tentativa

Possível apenas nas formas comissivas.

10.3.4.7. Falsidade em assento de registro civil

De acordo com o art. 299, parágrafo único, a pena da falsidade ideológica será aumentada de um sexto se a falsificação ou alteração for de assentamento de registro civil (nascimento, casamento, óbito, emancipação, interdição etc.), ou seja, se o agente insere ou faz inserir declaração falsa no próprio livro ou arquivo onde os atos são registrados no Cartório de Registro Civil de Pessoas Naturais. O legislador entendeu ser mais grave a conduta nesses casos, pois, sendo falsificado o próprio assento, todas as certidões dali extraídas posteriormente conterão as impropriedades dele decorrentes.

Veja-se, entretanto, que, dependendo da espécie de falsificação, o fato poderá caracterizar crime específico. Com efeito, quem promove a inscrição em registro civil de nascimento inexistente comete o crime do art. 241 do Código Penal. Além disso, quem registra como seu o filho de outrem responde pelo crime do art. 242, segunda figura, do Código Penal. Nesse último caso, temos o que alguns denominam de "adoção à brasileira", em que os interessados na adoção de um recém-nascido, visando evitar as delongas de um processo de adoção, comparecem ao cartório e registram o filho de outrem como próprio.

Exceto essas duas hipóteses especiais, qualquer outra falsificação feita no assentamento de *nascimento* caracteriza o crime de falsidade ideológica, com a pena majorada (art. 299, parágrafo único). Ex.: data ou local do nascimento. Além disso, caso não se trate de registro de nascimento, mas de qualquer outro tipo de registro civil (casamento, óbito etc.), o delito será sempre o de falsidade ideológica com a pena agravada.

Em todos os casos de falso em assento de registro civil, a prescrição só passa a correr da data em que o fato se torna conhecido (art. 111, IV, do CP).

10.3.4.8. Classificação doutrinária

Trata-se de crime simples e de perigo quanto à objetividade jurídica. No que diz respeito ao sujeito ativo, o delito é comum e de concurso eventual. No que pertine aos meios de execução é crime de ação livre e comissivo ou omissivo. Quanto ao momento consumativo, cuida-se de crime formal e instantâneo. Por fim, trata-se de infração penal dolosa quando ao elemento subjetivo.

10.3.4.9. Ação penal

Pública incondicionada.

10.3.5. Falso reconhecimento de firma ou letra

Art. 300. Reconhecer, como verdadeira, no exercício de função pública, firma ou letra que não o seja:

Pena – reclusão, de um a cinco anos, e multa, se o documento é público; e de um a três anos, e multa, se o documento é particular.

10.3.5.1. Objetividade jurídica

Preservar a fé pública nas letras ou firmas reconhecidas.

10.3.5.2. Tipo objetivo

Trata-se de crime semelhante à falsidade ideológica, porém com regras próprias. Consiste em reconhecer o agente como verdadeira firma ou letra que não o seja. Firma é a assinatura de alguém, e letra é o manuscrito de uma pessoa. O reconhecimento de firma é uma atividade corriqueira e tem a finalidade de demonstrar que a pessoa que assinou determinado contrato ou documento é efetivamente aquela. Para isso, as pessoas possuem nos tabelionatos uma ficha com o modelo de sua assinatura. Assim, se assinam algum contrato ou documento, a outra parte (ou ela própria) pode procurar o tabelionato para que a assinatura seja reconhecida como verdadeira. Existem várias formas de reconhecimento de firma – por autenticidade, por semelhança ou indireto –, e, como a lei não faz distinção, o crime abrange qualquer delas. O reconhecimento de letra é algo raro, pois, na prática, só é usado para reconhecer a autenticidade de testamentos lavrados de próprio punho pelo *de cujus*.

Deve-se ressaltar que se trata de crime doloso, porém, ao contrário do que ocorre na falsidade ideológica, a lei não exige um especial fim de agir. Não existe forma culposa.

Se o fato ocorrer para fins eleitorais, estará caracterizado o delito do art. 352 da Lei n. 4.737/65 (Código Eleitoral).

10.3.5.3. Sujeito ativo

O crime só pode ser cometido por quem tem atribuição legal para reconhecer firma ou letra (tabelião, escrevente do tabelionato, oficial do cartório de registro civil etc.).

Trata-se, pois, de crime próprio, porém o particular que colabora com o delito responde na condição de partícipe.

Quando um particular, agindo sozinho, reconhece uma firma, falsificando a assinatura de um tabelião ou de um funcionário autorizado, comete crime de falsificação de documento público ou particular (arts. 297 e 298), ou, eventualmente, de falsificação de sinal público de tabelião (art. 296, II).

10.3.5.4. Sujeito passivo

O Estado e, eventualmente, alguém que seja prejudicado.

10.3.5.5. Consumação

Com o reconhecimento da firma ou letra, independentemente de qualquer consequência posterior. Entende-se, inclusive, que o crime está consumado antes mesmo da devolução do documento. Trata-se, pois, de crime formal.

10.3.5.6. Tentativa

É possível.

10.3.5.7. Ação penal

Pública incondicionada.

10.3.6. Certidão ou atestado ideologicamente falso

> Art. 301. Atestar ou certificar falsamente, em razão de função pública, fato ou circunstância que habilite alguém a obter cargo público, isenção de ônus ou de serviço de caráter público, ou qualquer outra vantagem:
>
> Pena – detenção, de dois meses a um ano.

10.3.6.1. Objetividade jurídica

A fé pública, no sentido de se evitar que funcionários públicos emitam atestado ou certidão ideologicamente falsos a fim de beneficiar alguma pessoa perante a Administração.

10.3.6.2. Tipo objetivo

Não se deve confundir o crime em tela com o delito de falsidade ideológica (art. 299), que se refere à falsificação de um documento. Aqui a conduta recai sobre atestado ou certidão feito por funcionário público acerca de fato ou circunstância. No dizer de Damásio de Jesus[43], "atestado é um documento que traz em si o testemunho de um fato ou circunstância. O signatário o emite em face do conhecimento pessoal a respeito de seu objeto, obtido, na espécie do tipo, no exercício de suas atribuições funcionais. Certidão (ou certificado) é o documento pelo qual o funcionário, no exercício de suas atribuições oficiais, afirma a verdade de um fato ou circunstância contida em documento público". A diferença, portanto, é que a certidão

---

[43] Damásio de Jesus, *Direito penal*, v. 4, p. 66.

é feita com base em um documento guardado ou em tramitação em uma repartição pública, enquanto o atestado é um testemunho por escrito do funcionário público sobre um fato ou circunstância. Só existe o crime quando o atestado ou certidão emanam originariamente do funcionário público. A conduta de extrair cópia falsa de documento público guardado em repartição constitui crime mais grave, de falsidade documental.

O fato ou circunstância a que a lei se refere deve guardar relação com a pessoa destinatária.

Para a configuração desse delito o texto legal exige que o atestado ou certidão tenha por finalidade: a) habilitar alguém a obter cargo público; b) isentá-lo de ônus ou de serviço de caráter público; c) levá-lo à obtenção de qualquer outra vantagem. Essa última hipótese é uma formulação genérica, mas, segundo a doutrina dominante, deve ser interpretada em consonância com as três hipóteses anteriores, ou seja, a vantagem deve ter caráter público.

São exemplos: dar atestado de bom comportamento carcerário para preso conseguir algum benefício ou para determinada pessoa obter cargo público; atestar que alguém é pobre para obter defensor público ou a assistência do Ministério Público, ou, ainda, para obter vaga em hospital público; certificar que alguém já atuou como jurado para isentá-lo de novamente atuar nessa função etc.

Ressalte-se que, para a caracterização do delito, é necessário que o funcionário saiba da falsidade da informação e da finalidade a que se destina o atestado ou certidão (obtenção de cargo público, isenção de ônus etc.) e, mesmo assim, dolosamente o emita.

Se o crime é cometido com intenção de lucro, aplica-se também pena de multa (art. 301, § 2º).

10.3.6.3. Sujeito ativo

Trata-se de crime próprio, que só pode ser cometido por funcionário público no exercício de suas funções. Aquele que recebe o atestado ou certidão e dele faz uso incide no art. 304 do Código Penal, com a pena do art. 301.

10.3.6.4. Sujeito passivo

É o Estado.

10.3.6.5. Consumação

Apesar de ser controvertido o tema, prevalece na doutrina o entendimento de que basta a elaboração do atestado ou certidão falsa, não sendo necessária sua efetiva entrega ao destinatário. Comungamos, entretanto, da opinião minoritária de Damásio de Jesus[44], segundo a qual o crime só se consuma com a entrega do atestado ou certidão, na medida em que, antes disso, o funcionário pode simplesmente se arrepender e rasgá-lo, hipótese que deve ser interpretada como arrependimento eficaz, exatamente porque o crime ainda não estava consumado.

---

[44] Damásio de Jesus, *Direito penal*, v. 4, p. 67.

Há, porém, unanimidade no sentido de que o crime é formal, ou seja, sua consumação independe de o destinatário efetivamente conseguir, com o atestado ou certidão, obter o benefício visado.

10.3.6.6. Tentativa

Considerando a divergência existente quanto ao momento consumativo, diverge também a doutrina acerca da possibilidade de o crime admitir a forma tentada. Para Nélson Hungria[45], o fato de o crime se consumar com a efetiva elaboração do atestado ou certidão torna inviável a tentativa. Para os que, como nós, pensam que o crime se consuma com a entrega ao destinatário, é possível o *conatus*.

10.3.6.7. Ação penal

Pública incondicionada, de competência do Juizado Especial Criminal.

10.3.7. Falsidade material de atestado ou certidão

> *Art. 301, § 1º Falsificar, no todo ou em parte, atestado ou certidão, ou alterar o teor de certidão ou de atestado verdadeiro, para prova de fato ou circunstância que habilite alguém a obter cargo público, isenção de ônus ou de serviço de caráter público, ou qualquer outra vantagem:*
>
> *Pena – detenção, de três meses a dois anos.*

10.3.7.1. Objetividade jurídica

A fé pública.

10.3.7.2. Tipo objetivo

Nessa modalidade de delito, a falsidade do atestado ou certidão é material e, portanto, consiste em falsificar, no todo ou em parte, atestado ou certidão, ou alterar o teor de certidão ou atestado verdadeiro. É também necessário que o objeto da falsificação seja fato ou circunstância que habilite alguém a obter cargo público, isenção de ônus ou de serviço de caráter público, ou qualquer outra vantagem.

É necessário que o dolo do agente abranja a finalidade para a qual será utilizado o objeto material do crime.

10.3.7.3. Sujeito ativo

Há controvérsia em torno de quem pode ser sujeito ativo deste crime. A primeira corrente defende que só funcionário público pode cometê-lo, pois, apesar de não haver menção expressa (ao contrário do que ocorre no *caput*) exigindo que o crime seja praticado no exercício da função pública, a interpretação deste § 1º deve ser feita em consonância com aquele. A outra orientação é no sentido de que também o particular pode cometer o crime de falsidade material de atestado ou certidão. Para essa corrente, apenas a figura do *caput* exige a condição de funcionário público, porque apenas

---

45 Nélson Hungria, *Comentários ao Código Penal*, v. IX, p. 294.

este pode falsificar ideologicamente um atestado público ou uma certidão pública. Porém, quando se trata de falsidade material, qualquer pessoa – funcionário ou não – pode praticá-la. Por isso, a não menção à qualidade de funcionário público na figura do § 1º teria sido intencional, justamente para permitir que o particular também possa ser enquadrado no delito.

Em virtude dessa divergência, decorrente de o § 1º não exigir que o fato ocorra no desempenho de função pública, acaba havendo também forte dúvida quanto à interpretação da fórmula genérica "qualquer outra vantagem" contida no tipo penal. Para os seguidores da primeira corrente, a expressão refere-se a qualquer outra vantagem de natureza pública, e para a segunda envolve toda e qualquer espécie de vantagem.

Na prática, tem sido mais aceita a tese de que particulares também podem ser autores desse crime, o que possibilita a punição daqueles que, por exemplo, falsificam um atestado com a assinatura de um médico, declarando que certa pessoa está doente e impossibilitada de trabalhar. Por sua vez, quem usa tal atestado falso para justificar faltas no trabalho incorre no crime do art. 304 do Código Penal com a pena do art. 301, § 1º. Nesse sentido: "Falsidade material de atestado ou certidão – Crime comum. 1. Diversamente do tipificado no *caput* do art. 301 do Código Penal (Certidão ou Atestado Ideologicamente Falso), o crime previsto no § 1º daquele artigo (Falsidade Material de Atestado ou Certidão) não é crime próprio de servidor público, podendo ser praticado por qualquer pessoa. 2. Precedentes do Superior Tribunal de Justiça" (STJ, REsp 209.245/DF, 6ª Turma, Rel. Min. Hamilton Carvalhido, julgado em 1º-3-2001, *DJU* 13-8-2001, p. 296). No mesmo sentido: STJ, REsp 209.450/DF, 6ª Turma, Rel. Min. Fontes de Alencar, julgado em 9-10-2001, *DJU* 5-11-2001, p. 146; REsp 188.184/DF, 5ª Turma, Rel. Min. Felix Fischer, *DJ* 29-3-1999; REsp 209.245/DF, 6ª Turma, Rel. Min. Hamilton Carvalhido, *DJ* 13-8-2001; STJ, REsp 246.592/DF, Rel. Min. Arnaldo Esteves Lima, julgado em 29-5-2006, *DJU* 9-6-2006, p. 380/381; STJ, REsp 251.485/DF, 5ª Turma, Rel. Min. José Arnaldo da Fonseca, julgado em 18-12-2003, v.u., *DJU* 16-12-2004, p. 284-285.

Também entendendo que o sujeito ativo pode ser particular, temos as opiniões de Nélson Hungria[46], Damásio de Jesus[47], Fernando Capez[48], dentre outros.

Se o crime é cometido com intenção de lucro, aplica-se também pena de multa (art. 301 § 2º).

10.3.7.4. Sujeito passivo

O Estado e as pessoas lesadas pelo eventual uso do atestado materialmente falso.

10.3.7.5. Consumação

No exato instante em que o atestado ou certidão é falsificado ou alterado, independentemente da produção de qualquer resultado. Como nesta infração penal trata-se de terceiro falsificando materialmente o atestado ou certidão, não há divergência quanto ao momento consumativo.

---

[46]   Nélson Hungria, *Comentários ao Código Penal*, 2. ed., v. IX, p. 294-295.
[47]   Damásio de Jesus, *Direito penal*, v. 4, p. 68.
[48]   Fernando Capez, *Curso de direito penal*, v. 3, p. 335.

10.3.7.6. Tentativa

É possível.

10.3.7.7. Ação penal

Pública incondicionada, de competência do Juizado Especial Criminal.

10.3.8. Falsidade de atestado médico

> Art. 302. Dar o médico, no exercício da sua profissão, atestado falso:
>
> Pena – detenção, de um mês a um ano.
>
> Parágrafo único. Se o crime é cometido com o fim de lucro, aplica-se também multa.

10.3.8.1. Objetividade jurídica

A fé pública nos atestados médicos.

10.3.8.2. Tipo objetivo

O tipo penal é expresso no sentido de que o crime em análise pressupõe que um profissional da medicina forneça um atestado médico falso a alguém. O crime só se caracteriza quando o conteúdo do atestado guarda relação com as atribuições médicas: existência de certa doença, necessidade de repouso para convalescência, atendimento de pessoa em consulta médica, atestado de óbito etc. A falsidade pode ser total ou parcial, mas deve referir-se a ato juridicamente relevante. O atestado deve ter sido dado por escrito.

Quem usa o atestado médico falso incorre no crime do art. 304 com a pena do art. 302.

10.3.8.3. Sujeito ativo

Trata-se de crime próprio, pois só pode ser cometido por médico. Admite, porém, a participação de terceiro. Conforme já mencionado, quem não é médico e falsifica atestado médico comete o crime do art. 301, § 1º, do CP.

Veja-se que, quando o médico fornece o atestado no desempenho de função pública (por trabalhar em hospital público, por exemplo), comete o crime do art. 301 do Código Penal, que é mais grave. Ademais, se recebeu alguma vantagem para a emissão do atestado falso, haverá crime ainda mais grave – corrupção passiva.

Se o particular, autor de atestado próprio falso, é dentista, veterinário ou qualquer outro profissional que não seja da área médica, não estará configurado o crime em tela, e sim o de falsidade ideológica, do art. 299. Esse tratamento jurídico dado pelo Código Penal merece severas críticas, pois pune o delito praticado pelo médico com pena menor que a de outros profissionais. Em tais hipóteses, trata-se de dentista emitindo atestado falso de dentista (e não de médico). Conforme mencionado anteriormente, quem não é médico e falsifica atestado dessa natureza (médico) incorre no crime do art. 301, § 1º (falsidade material de atestado).

Se o médico dá o atestado falso a alguém por amizade, incorre na figura comum do delito, porém, se o faz com o intuito de lucro, cobrando por sua emissão, incorre na figura agravada do parágrafo único, cuja única consequência é a aplicação cumulativa de pena de multa.

10.3.8.4. Sujeito passivo

O Estado e qualquer outra pessoa prejudicada pelo uso do atestado falso, como, por exemplo, o empregador a quem o atestado é apresentado a fim de abonar faltas ao trabalho.

10.3.8.5. Consumação

No momento em que o médico fornece o atestado falso a alguém.

10.3.8.6. Tentativa

É possível.

10.3.8.7. Ação penal

Pública incondicionada.

10.3.9. Reprodução ou alteração de selo ou peça filatélica

Art. 303. Reproduzir ou alterar selo ou peça filatélica que tenha valor para coleção, salvo quando a reprodução ou alteração está visivelmente anotada na face ou no verso do selo ou peça:

Pena – detenção, de um a três anos, e multa.

Parágrafo único. Na mesma pena incorre quem, para fins de comércio, faz uso do selo ou peça filatélica.

Esse dispositivo foi revogado pelo art. 39 da Lei n. 6.538/78, que pune as mesmas condutas.

10.3.10. Uso de documento falso

Art. 304. Fazer uso de qualquer dos papéis falsificados ou alterados, a que se referem os arts. 297 a 302:

Pena – a cominada à falsificação ou à alteração.

10.3.10.1. Objetividade jurídica

A fé pública.

10.3.10.2. Tipo objetivo

Caracteriza o crime o uso de quaisquer dos documentos falsos descritos nos arts. 297 a 302 do Código Penal, como, por exemplo, de documento material ou ideologicamente falso. O uso de documento falso é um crime remetido, uma vez que a descrição típica se integra pela menção a outros dispositivos legais. A própria pena para quem faz uso do documento falso é a mesma prevista para o autor da falsificação.

Trata-se de crime acessório, pois sua existência pressupõe a ocorrência de um crime anterior, qual seja, o de falsificação do documento.

Fazer uso significa apresentar o documento a alguém, tornando-o acessível à pessoa que se pretende iludir. Caracteriza-se o crime pela apresentação do documento a qualquer pessoa, e não apenas a funcionário público. É necessário, entretanto, que tenha sido apresentado com a finalidade de fazer prova sobre fato relevante.

Se o documento é apreendido em poder do agente, em decorrência de busca domiciliar ou em revista pessoal feita por policiais, não há crime, pois não houve efetiva apresentação do documento. Por isso é que se diz que a posse e o porte do documento falso são atípicos quando ele não é concretamente apresentado pelo agente a outrem.

Após certa polêmica, pacificou-se o entendimento de que há crime quando a pessoa apresenta um documento falso em razão de solicitação ou exigência policial. Nesse sentido: "Reiterada é a jurisprudência desta Corte e do STF no sentido de que há crime de uso de documento falso ainda quando o agente o exibe para a sua identificação em virtude de exigência por parte de autoridade policial" (STJ, REsp 193.210/DF, 5ª Turma, Rel. Min. José Arnaldo da Fonseca, julgado em 20-4-1999, *DJ* 24-5-1999, p. 190); "O delito previsto no art. 304 do Código Penal consuma-se mesmo quando a carteira de habilitação falsificada é exibida ao policial por exigência deste, e não por iniciativa do agente. Precedentes" (STJ, HC 240.201/SP, 5ª Turma, Rel. Min. Laurita Vaz, julgado em 25-3-2014, *DJe* 31-3-2014); "A circunstância de o documento falsificado ser solicitado pelas autoridades policiais não descaracteriza o crime do art. 304 do Código Penal" (STJ, AgRg no REsp 1.369.983/RS, 6ª Turma, Rel. Min. Sebastião Reis Júnior, julgado em 6-6-2013, *DJe* 21-6-2013).

Em se tratando de cópia de documento, só haverá crime se o uso for de cópia autenticada. A cópia não autenticada não tem valor probatório e, por isso, não se enquadra no conceito de documento.

10.3.10.3. *Sujeito ativo*

Qualquer pessoa, exceto o autor da falsificação. Com efeito, está sedimentado o entendimento de que o falsário que posteriormente usa o documento que ele próprio falsificou responde apenas pela falsificação, sendo o uso um *post factum* impunível. Em suma, o crime de uso de documento falso só se configura quando a conduta é realizada por pessoa diversa daquela que efetivamente o falsificou. Nesse sentido: "De acordo com a jurisprudência do Supremo Tribunal Federal e do Superior Tribunal de Justiça, o crime de uso, quando cometido pelo próprio agente que falsificou o documento, configura 'post factum' não punível, vale dizer, é mero exaurimento do crime de falso. Impossibilidade de condenação pelo crime previsto no art. 304 do Código Penal" (STF, AP 530, 1ª Turma, Rel. Min. Rosa Weber, Rel. p/ Acórdão: Min. Roberto Barroso, julgado em 9-9-2014, *DJe* 17-11-2014).

Existem, entretanto, alguns julgados do Superior Tribunal de Justiça entendendo que, em verdade, é o crime de uso de documento falso que absorve a falsificação, por ser essa conduta um crime-meio: "considerar a absorção do uso do documento falso pela falsidade ideológica significa conferir prevalência ao crime-meio sobre o crime-fim, o que é conceitualmente inadequado, além de conduzir a situações de manifesta perplexidade, como o reconhecimento da prescrição todas as vezes que um documento falso é utilizado após o decurso de alguns anos de sua confecção, a depender do caso concreto. Desse modo, correta a aplicação do princípio da consunção, mediante o reconhecimento de que o crime-meio – falsidade ideológica – exauriu a sua potencialidade lesiva no crime-fim – uso desse documento falso –, e não o contrário" (AgRg no AgRg no AREsp 2.077.019-RJ,

Rel. Min. Daniela Teixeira, Rel. para o acórdão Ministro Reynaldo Soares da Fonseca, 5ª Turma, por maioria, julgado em 19-3-2024, *DJe* 5-4-2024).

10.3.10.4. Sujeito passivo

O Estado e, eventualmente, a pessoa enganada pela apresentação do documento falso.

10.3.10.5. Consumação

Com o uso, independentemente de o agente ter obtido qualquer vantagem e até mesmo que não engane o destinatário. A falsificação só não pode ser grosseira, pois, nesse caso, o fato é considerado atípico (crime impossível).

10.3.10.6. Tentativa

Não é admissível, pois, ou o agente usa o documento falso e está consumado o delito, ou não o utiliza, hipótese em que o fato é atípico.

10.3.10.7. Distinção

Quem usa documento verdadeiro de outra pessoa como se fosse próprio, infringe o art. 308 do Código Penal (espécie do crime chamado "falsa identidade").

Quem usa documento falso a fim de cometer estelionato só responde por este crime, nos termos da Súmula n. 17 do Superior Tribunal de Justiça, sendo o uso considerado crime-meio.

10.3.10.8. Classificação doutrinária

Trata-se de crime simples e de perigo quanto à objetividade jurídica. No que diz respeito ao sujeito ativo, o delito é comum e de concurso eventual. No que pertine aos meios de execução é crime de ação livre e comissivo. Quanto ao momento consumativo, cuida-se de crime formal e instantâneo. Por fim, trata-se de infração penal dolosa quando ao elemento subjetivo.

10.3.10.9. Ação penal

Pública incondicionada.

Caso o documento falso seja apresentado na Justiça Federal ou do Trabalho, a competência será da esfera federal. A propósito: "Crime de uso de documento particular falso. Competência. Apresentação perante a justiça do trabalho. Falsificação de recibos de pagamento de verbas rescisórias de empregado. Competência da Justiça Federal" (STJ, Conflito de Competência 47.993/PR, Rel. Min. Laurita Vaz, *DJU* 6-9-2005, p. 197).

De acordo com a Súmula 546 do Superior Tribunal de Justiça, "a competência para processar e julgar o crime de uso de documento falso é firmada em razão da entidade ou órgão ao qual foi apresentado o documento público, não importando a qualificação do órgão expedidor". Assim, se um documento estadual falso for utilizado em uma repartição pública federal, a competência será da Justiça Federal, e vice-versa.

10.3.11. Supressão de documento

> *Art. 305. Destruir, suprimir ou ocultar, em benefício próprio ou de outrem, ou em prejuízo alheio, documento público ou particular verdadeiro, de que não podia dispor:*

Pena – reclusão, de dois a seis anos, e multa, se o documento é público, e reclusão, de um a cinco anos, e multa, se o documento é particular.

10.3.11.1. Objetividade jurídica

A fé pública.

10.3.11.2. Tipo objetivo

As condutas típicas são: a) *destruir*: queimar, rasgar, eliminar, estragar, dilacerar etc.; b) *suprimir*: fazer desaparecer o documento, sem que tenha havido sua destruição ou ocultação; c) *ocultar*: esconder, colocar o documento em local que não possa ser encontrado.

Objeto material do crime é qualquer documento público ou particular. É necessária, ainda, intenção de obter alguma vantagem em proveito próprio ou alheio ou, ainda, de causar prejuízo a terceiro (elemento subjetivo do tipo).

10.3.11.3. Sujeito ativo

Pode ser qualquer pessoa, inclusive o proprietário do documento que dele não possa dispor por alguma razão.

10.3.11.4. Sujeito passivo

O Estado e a pessoa a quem a conduta cause prejuízo.

10.3.11.5. Consumação

Trata-se de crime formal, que se aperfeiçoa no momento em que o agente destrói, suprime ou oculta o documento, ainda que não atinja sua finalidade de obter vantagem ou causar prejuízo.

10.3.11.6. Tentativa

É possível, pois a conduta pode ser fracionada.

10.3.11.7. Ação penal

Pública incondicionada.

Capítulo IV

DE OUTRAS FALSIDADES

10.4. De outras falsidades

10.4.1. Falsificação do sinal empregado no contraste de metal precioso ou na fiscalização alfandegária ou para outros fins

> Art. 306. Falsificar, fabricando-o ou alterando-o, marca ou sinal empregado pelo poder público no contraste de metal precioso ou na fiscalização alfandegária, ou usar marca ou sinal dessa natureza, falsificado por outrem:
>
> Pena – reclusão, de dois a seis anos, e multa.

10.4.1.1. Objetividade jurídica

A fé pública, no sentido de se preservar a confiança nas marcas ou sinais empregados pelo poder público.

10.4.1.2. Tipo objetivo

Segundo o festejado doutrinador Damásio de Jesus[49], a "Marca corresponde a um selo de garantia com destinação de autenticar certos objetos ou de indicar a qualidade de determinados produtos ou a satisfação de requisitos legais. Sinal é a impressão simbólica do poder público com a finalidade de conferir a legitimidade do metal precioso".

As condutas típicas são as mesmas estudadas nos arts. 297 e 304: falsificar (criando ou alterando) ou usar.

10.4.1.3. Sujeito ativo

Pode ser qualquer pessoa. Trata-se de crime comum.

Tal como ocorre com as demais infrações deste título, só pode responder pelo crime de uso quem não tiver sido o autor da própria falsificação.

10.4.1.4. Sujeito passivo

O Estado e, eventualmente, alguém que venha a ser prejudicado pela conduta ilícita.

---

[49] Damásio de Jesus, *Direito penal,* v. 4, p. 88.

10.4.1.5. Consumação

Na falsificação, o crime se consuma com a fabricação ou alteração da marca ou sinal, independentemente do efetivo uso.

Já na modalidade de uso, o crime se consuma com sua primeira utilização.

10.4.1.6. Tentativa

É possível na falsificação e inadmissível no uso.

10.4.1.7. Figura privilegiada

Nos termos do parágrafo único do art. 306, a pena é de reclusão, de um a três anos, e multa, se a marca ou sinal falsificado é o que usa a autoridade pública para o fim de fiscalização sanitária, ou para autenticar ou encerrar determinados objetos, ou comprovar o cumprimento de formalidade legal.

10.4.1.8. Ação penal

Pública incondicionada.

10.4.2. Falsa identidade

> Art. 307. Atribuir-se ou atribuir a terceiro falsa identidade para obter vantagem, em proveito próprio ou alheio, ou para causar dano a outrem:
>
> Pena – detenção, de três meses a um ano, ou multa, se o fato não constitui elemento de crime mais grave.

10.4.2.1. Objetividade jurídica

A fé pública na palavra das pessoas quanto à própria identificação ou de terceiros.

10.4.2.2. Tipo objetivo

Identidade é o conjunto de características que servem para identificar uma pessoa: nome, filiação, estado civil, profissão, sexo etc.

Nesse crime, não há uso de documento falso ou verdadeiro. O agente simplesmente se atribui ou atribui a terceiro uma falsa identidade, mentindo a idade, dando nome inverídico etc. O delito pode ser cometido de forma oral ou escrita.

Para a caracterização do crime, é necessário que o agente vise obter alguma vantagem, em proveito próprio ou alheio, ou causar dano a outrem. Ex.: fazer uma prova na faculdade para outra pessoa; criar perfil falso de um artista no *facebook* ou no *twitter* etc.

Grande controvérsia envolvia o crime de falsa identidade na hipótese em que alguém, ao ser preso em flagrante, mentia verbalmente seu nome, a fim de esconder que já ostentava condenações anteriores, de modo a evitar o cumprimento de mandados de prisão contra ele existentes ou ainda quando mentia ser menor de idade. O entendimento que vinha prevalecendo era o de que o fato não constituía crime em razão de ter o acusado direito de não produzir prova contra si mesmo (*nemo tenetur se detegere*), sendo permitida essa forma de autodefesa, nos termos do art. 5º, LXIII, da Constituição Federal. Contra esse entendimento, argumentava-se que tal dispositivo da Carta

Magna, em verdade, permite apenas que o réu permaneça calado e não que minta em relação à sua qualificação. A conduta seria típica porque o agente obtém vantagem ao se identificar como outra pessoa. Sempre defendemos esta última corrente.

No Superior Tribunal de Justiça encontrava-se pacificado o entendimento de que o fato era atípico, em face do privilégio contra a autoincriminação, segundo o qual ninguém pode ser obrigado a produzir prova contra si mesmo. Acontece que, posteriormente, o Plenário do Supremo Tribunal Federal apreciou recurso extraordinário, no qual foi reconhecida repercussão geral, julgando caracterizado o delito em tais hipóteses: "Constitucional. Penal. Crime de falsa identidade. Artigo 307 do Código Penal. Atribuição de falsa identidade perante autoridade policial. Alegação de autodefesa. Artigo 5º, inciso LXIII, da Constituição. Matéria com repercussão geral. Confirmação da jurisprudência da corte no sentido da impossibilidade. Tipicidade da conduta configurada. O princípio constitucional da autodefesa (art. 5º, inciso LXIII, da CF/88) não alcança aquele que atribui falsa identidade perante autoridade policial com o intento de ocultar maus antecedentes, sendo, portanto, típica a conduta praticada pelo agente (art. 307 do CP). O tema possui densidade constitucional e extrapola os limites subjetivos das partes" (RE 640.139, Rel. Min. Dias Toffoli, *DJe* 198, 14-10-2011, p. 885. No mesmo sentido: RE 639.732, 1ª Turma, Rel. Min. Luiz Fux, julgado em 23-8-2011, *DJe* 175).

Como consequência desta decisão da Corte Suprema, as duas Turmas Criminais do Superior Tribunal de Justiça passaram também a entender que a conduta configura o crime de falsa identidade, até que, no ano de 2015, o Superior Tribunal de Justiça aprovou a Súmula 522, com o seguinte teor: "A conduta de atribuir-se falsa identidade perante autoridade policial é típica, ainda que em situação de alegada autodefesa".

Por ser tipo penal específico, tal delito prevalece sobre o de falsidade ideológica.

10.4.2.3. Sujeito ativo

Trata-se de crime comum, que pode ser cometido por qualquer pessoa.

10.4.2.4. Sujeito passivo

O Estado e, eventualmente, alguém que seja prejudicado pela conduta ilícita.

10.4.2.5. Consumação

Cuida-se de crime formal, que se consuma no instante em que o agente se atribui ou atribui a terceiro a falsa identidade, independentemente de conseguir a vantagem visada.

10.4.2.6. Tentativa

É possível, exceto na forma verbal.

10.4.2.7. Subsidiariedade

O legislador, ao estabelecer a pena do crime em estudo, expressamente previu sua subsidiariedade, restando este sempre absorvido quando o fato constituir crime mais grave.

Assim, embora no crime de falsa identidade a vantagem visada possa ser de qualquer natureza, caso seja meio para a obtenção de vantagem econômica, responderá o agente apenas por estelionato. Na hipótese de se passar por outra pessoa para enganar a vítima e conseguir realizar ato sexual com ela, o crime será o de violação sexual mediante fraude (art. 215). Ex.: passar-se por ginecologista para efetuar exame de toque em uma mulher.

No caso de o agente atribuir-se falsamente a qualidade de funcionário público, estará configurado o delito em estudo se ficar demonstrado que ele assim procedeu para obter alguma vantagem ou para causar prejuízo a terceiro. Sem que tenha havido essa intenção específica, estará caracterizada apenas a contravenção do art. 45 da Lei das Contravenções Penais ("fingir-se funcionário público").

Quando o agente usa documento falso para se passar por outra pessoa, caracteriza-se o crime do art. 304 do Código Penal – uso de documento falso – que possui pena mais severa. É o que ocorre, por exemplo, quando alguém usa documento alheio no qual foi inserida a própria fotografia. Se, todavia, o sujeito faz uso de documento de identidade alheio verdadeiro, incorre na modalidade do crime de falsa identidade descrita no art. 308 do Código Penal – que tem a pena ligeiramente maior do que a do art. 307.

10.4.2.8. Ação penal

Pública incondicionada, de competência do Juizado Especial Criminal.

10.4.3. Subtipo de falsa identidade (uso de documento de identidade alheio)

> Art. 308. Usar, como próprio, passaporte, título de eleitor, caderneta de reservista ou qualquer documento de identidade alheia ou ceder a outrem, para que dele se utilize, documento dessa natureza, próprio ou de terceiro:
>
> Pena – detenção, de quatro meses a dois anos, e multa, se o fato não constitui elemento de crime mais grave.

10.4.3.1. Objetividade jurídica

A fé pública no que tange à identificação das pessoas.

10.4.3.2. Tipo objetivo

A primeira conduta típica consiste em usar como próprio documento alheio. Nessa hipótese, o agente tem em suas mãos um passaporte, título de eleitor, carteira de reservista ou qualquer outro documento de identidade (RG, Carteira de Habilitação etc.) pertencente a terceiro, e dele se utiliza para fazer-se passar por tal pessoa. O documento deve ser verdadeiro, pois, se for falso, estará caracterizado crime mais grave, qual seja, o do art. 304 do Código Penal.

A segunda conduta típica consiste em ceder a outrem, para que dele se utilize, documento próprio ou de terceiro. Nessa modalidade a lei pune o sujeito que cede, entrega a alguém um documento verdadeiro, próprio ou de terceiro, para que dele se utilize. O crime se aperfeiçoa no momento da entrega. Aquele que recebe o documento deve estar imbuído da intenção de utilizá-lo para fazer-se passar por outra pessoa, mas, enquanto não faz uso efetivo de tal documento, o fato é atípico em relação a ele.

O legislador, ao tratar da pena relativa a essas infrações penais, estabelece que ela somente se aplica quando não constituir elemento de crime mais grave. Trata-se de hipótese de subsidiariedade expressa.

10.4.3.3. Sujeito ativo

Pode ser qualquer pessoa. Trata-se de crime comum.

10.4.3.4. Sujeito passivo

O Estado e a pessoa a quem o documento é apresentado.

10.4.3.5. Consumação

Na primeira figura, o crime se consuma com o uso, independentemente de qualquer outro resultado. Na segunda modalidade, o delito se consuma com a entrega do documento ao terceiro

10.4.3.6. Tentativa

A tentativa não é possível na primeira modalidade: ou o agente usa o documento e o crime está consumado, ou não o usa e o fato é atípico.

Na segunda modalidade a tentativa é possível quando o agente não consegue concretizar a entrega.

10.4.3.7. Ação penal

Pública incondicionada.

10.4.4. Fraude de lei sobre estrangeiros

> *Art. 309. Usar o estrangeiro, para entrar ou permanecer no território nacional, nome que não é o seu:*
>
> *Pena – detenção, de um a três anos, e multa.*

10.4.4.1. Objetividade jurídica

A fé pública.

10.4.4.2. Tipo objetivo

O crime consiste em apresentar-se o estrangeiro às autoridades usando nome que não é seu, a fim de ingressar ou permanecer em território nacional. Pressupõe o delito na hipótese em que a intenção do estrangeiro é permanecer no território nacional, que ele não esteja com sua situação legalizada no País nos termos da Lei n. 13.445/2017, pois, caso contrário, não haveria razão para a falsa identificação.

O crime existe, quer se trate de nome imaginário ou alheio.

Pode, ainda, ser praticado verbalmente ou por escrito.

Tipifica também o crime o uso de nome falso para entrar ou permanecer no território jurídico do País (mar territorial, espaço aéreo, navios nacionais em alto-mar etc.).

Trata-se de uma modalidade especial do crime de falsa identidade, que, entretanto, refere-se apenas ao uso do nome suposto, e não a outros dados qualificativos. Evidente, ademais, que se o agente usar documento de identidade alheio falsificado, incorrerá em crime mais grave previsto no art. 304 do Código Penal.

10.4.4.3. Sujeito ativo

Trata-se de crime próprio, que só pode ser cometido por estrangeiro.

10.4.4.4. Sujeito passivo

O Estado.

10.4.4.5. Consumação

Com a efetiva apresentação com nome fictício ou de terceiro. A redação do dispositivo deixa claro que se trata de crime formal, cuja consumação independe de o agente conseguir entrar ou permanecer no território nacional.

10.4.4.6. Tentativa

Não é possível, pois, ou o agente faz uso do nome falso e o delito está consumado, ou não o faz, e o fato é atípico.

10.4.4.7. Ação penal

É pública incondicionada, de competência da Justiça Federal (art. 109, X, da Constituição Federal).

10.4.5. Falsa atribuição de qualidade a estrangeiro

Art. 309. Parágrafo único – Atribuir a estrangeiro falsa qualidade para promover-lhe a entrada em território nacional:

Pena – reclusão, de um a quatro anos, e multa.

10.4.5.1. Objetividade jurídica

A fé pública.

10.4.5.2. Tipo objetivo

No crime em análise, o agente atesta um falso predicado ao estrangeiro (profissão, boa conduta, nacionalidade diversa da verdadeira), a fim de viabilizar sua entrada no território nacional. A conduta pode se dar de forma verbal ou por escrito e é necessário que tenha o poder de tornar possível o ingresso no território nacional.

10.4.5.3. Sujeito ativo

Pode ser qualquer pessoa. Trata-se de crime comum.

10.4.5.4. Sujeito passivo

O Estado.

10.4.5.5. Consumação

Trata-se de crime formal, que se consuma no momento em que o agente faz a atribuição falsa, ainda que o estrangeiro não obtenha êxito em ingressar no território nacional.

10.4.5.6. Tentativa

Não é possível.

10.4.5.7. Ação penal

É pública incondicionada.

10.4.6. Falsidade em prejuízo da nacionalização de sociedade

Art. 310. Prestar-se a figurar como proprietário ou possuidor de ação, títu-lo ou valor pertencente a estrangeiro, nos casos em que a este é vedada por lei a propriedade ou a posse de tais bens:

Pena – detenção, de seis meses a três anos, e multa.

10.4.6.1. Objetividade jurídica

A fé pública e a ordem econômica.

10.4.6.2. Tipo objetivo

Não basta que o sujeito se preste a figurar como "testa de ferro" em conversa entre amigos ou em reuniões. É necessário que concorde em figurar em contrato ou outro tipo de documento como dono ou possuidor de ação, título ou valor que, em verdade, pertence a estrangeiro quando, de acordo com a legislação brasileira, a este era vedada a propriedade ou posse. Cuida-se, pois, de simulação, em hipótese especial de falsidade ideológica.

Trata-se, outrossim, de norma penal em branco que depende de complemento por parte de outra lei ou do texto constitucional. Este, por exemplo, proíbe estrangeiros de serem donos de empresa jornalística (art. 222 da CF).

10.4.6.3. Sujeito ativo

Qualquer brasileiro. Trata-se de crime comum.

10.4.6.4. Sujeito passivo

O Estado.

10.4.6.5. Consumação

No instante em que o sujeito se passa por dono ou possuidor daquilo que pertence ao estrangeiro.

10.4.6.6. Tentativa

É possível.

10.4.6.7. Ação penal

É pública incondicionada.

10.4.7. Adulteração de sinal identificador de veículo

Art. 311. Adulterar, remarcar ou suprimir número de chassi, monobloco, motor, placa de identificação, ou qualquer sinal identificador de veículo automotor, elétrico, híbrido, de reboque, de semirreboque ou de suas combinações, bem como de seus componentes ou equipamentos, sem autorização do órgão competente:

Pena – reclusão, de três a seis anos, e multa.

§ 1º Se o agente comete o crime no exercício da função pública ou em razão dela, a pena é aumentada de um terço.

§ 2º Incorrem nas mesmas penas do caput deste artigo:

I – o funcionário público que contribui para o licenciamento ou registro do veículo remarcado ou adulterado, fornecendo indevidamente material ou informação oficial;

II – aquele que adquire, recebe, transporta, oculta, mantém em depósito, fabrica, fornece, a título oneroso ou gratuito, possui ou guarda maquinismo, aparelho, instrumento ou objeto especialmente destinado à falsificação e/ou adulteração de que trata o caput deste artigo; ou

III – aquele que adquire, recebe, transporta, conduz, oculta, mantém em depósito, desmonta, monta, remonta, vende, expõe à venda, ou de qualquer forma utiliza, em proveito próprio ou alheio, veículo automotor, elétrico, híbrido, de reboque, semirreboque ou suas combinações ou partes, com número de chassi ou monobloco, placa de identificação ou qualquer sinal identificador veicular que devesse saber estar adulterado ou remarcado.

§ 3º Praticar as condutas de que tratam os incisos II ou III do § 2º deste artigo no exercício de atividade comercial ou industrial:

Pena - reclusão, de 4 a 8 anos, e multa.

§ 4º Equipara-se a atividade comercial, para efeito do disposto no § 3º deste artigo, qualquer forma de comércio irregular ou clandestino, inclusive aquele exercido em residência.

10.4.7.1. Objetividade jurídica

A fé pública no sentido de serem preservados os sinais que identificam os veículos e o seu registro nos órgãos oficiais.

Cuida-se de infração penal inserida no Código Penal pela Lei n. 9.426/96 - modificada pela Lei n. 14.562, de 26 de abril de 2023 (que aumentou sua abrangência).

10.4.7.2. Tipo objetivo

O dispositivo pune o agente que adultera, suprime ou remarca número de chassi ou qualquer outro sinal identificador do veículo (placas, numeração do motor, do câmbio, numeração de chassi gravada nos vidros do automóvel etc.).

A remarcação ocorre quando o agente, utilizando-se de material abrasivo (raspagem, ácido), consegue apagar a numeração originária (ou parte dela) e, em seu lugar, colocar outro número com a utilização de ferramentas apropriadas. A adulteração, por sua vez, pode dar-se com qualquer espécie de montagem da numeração de um veículo em outro. A supressão, por fim, consiste em eliminar o número do chassi, a placa etc.

É evidente que o crime não se configura quando houver autorização para a remarcação emanada pelo órgão competente. Tal ressalva consta expressamente do texto legal, embora fosse desnecessária.

A conduta pode recair em número de: a) chassi; b) monobloco; c) motor; d) placas de identificação; e) qualquer outro sinal identificador (fórmula genérica) - ex.: número do câmbio.

A Lei n. 14.562/2023 acrescentou expressamente as placas de identificação no tipo penal. Antes disso, contudo, nossas Cortes Superiores já haviam firmado entendimento de que a adulteração de placas configurava o delito, por se enquadrar na fórmula genérica que já existia na redação originária do dispositivo, na medida em que o art. 115 do Código de Trânsito Brasileiro inclui as placas como sinais identificadores. Nesse sentido: "Este Superior Tribunal de Justiça já se manifestou no sentido de que 'o agente que substitui as placas originais de veículo automotor por placas de outro veículo enquadra-se na conduta prevista no art. 311 do Código Penal, tendo em vista a adulteração dos sinais identificadores' (REsp 799.565/SP, Relatora Ministra Laurita Vaz, 5ª Turma, julgado em 28-2-2008, DJe 7-4-2008)" (STJ REsp 1.722.894/RJ, Rel. Min. Jorge Mussi, 5ª Turma, julgado em 17-5-2018, DJe 25-5-2018); "Não há ilegalidade na condenação do paciente, quando demonstrada a adulteração de sinal identificador de motocicleta por meio de troca da placa original, conduta que se subsume ao tipo penal do art. 311 do CP" (STJ, HC 344.116/RS, Rel. Min. Rogerio Schietti Cruz, 6ª Turma, julgado em 17-3-2016, DJe 31-3-2016); "Configura-se o crime de adulteração de sinal identificador de veículo automotor, previsto no art. 311 do Código Penal, a prática dolosa de adulteração e troca das placas automotivas, não exigindo o tipo penal elemento subjetivo especial ou alguma intenção específica. Precedentes" (STF, HC 134713, Rel. Min. Rosa Weber, 1ª Turma, julgado em 16-8-2016, processo eletrônico DJe-116, divulg. 1º-6-2017, public. 2-6-2017).

A colocação de fita isolante para alterar a placa do veículo quer para que as infrações de trânsito eventualmente praticadas não sejam corretamente aplicadas, quer para burlar o chamado sistema de "rodízio" existente em cidades como São Paulo, configura a infração penal, conforme reiteradas decisões de nossos tribunais superiores. A propósito, veja-se: STF, RHC 116.371, 2ª Turma, Rel. Min. Gilmar Mendes, julgado em 13-8-2013, DJe-230, divulg. 21-11-2013, public. 22-11-2013; STJ, HC 336.517/SP, Rel. Min. Reynaldo Soares da Fonseca, 5ª Turma, julgado em 4-2-2016, DJe 15-2-2016; STJ, AgRg no REsp 1.670.062/SP, Rel. Min. Maria Thereza de Assis Moura, 6ª Turma, julgado em 27-6-2017, DJe 1º-8-2017.

A utilização de fita isolante não constitui falsificação grosseira porque nem sempre a placa modificada é objeto de inspeção manual por parte dos policiais. Com efeito, na maioria das vezes, o policial vê o carro em movimento e não percebe a adulteração e, justamente por isso, não lavra a multa – por estar o veículo transitando irregularmente em dia de rodízio. Além disso, se o motorista praticar infração de trânsito, o policial que estiver razoavelmente distante elaborará a multa inserindo no auto de infração o número errado da placa, pois, devido à distância, não conseguirá perceber a modificação. Do mesmo modo, os radares fotográficos gerarão multas irregulares.

Há, ainda, quem defenda que o delito em análise só se configura quando existe intenção por parte do agente de ocultar a procedência criminosa do veículo. Tal exigência, entretanto, não consta do tipo penal. Ademais, para tais hipóteses, já existe o crime de receptação. Assim, se o carro for roubado e o agente adulterar as placas, responderá pelos dois crimes em concurso material. Se o carro não for de origem criminosa e o agente adulterar a placa (com fita isolante ou de outra forma qualquer), responderá só pelo crime do art. 311. A propósito da desnecessidade de finalidade específica no crime do art. 311 do CP, veja-se: "A jurisprudência deste Superior Tribunal entende que a simples conduta de adulterar a placa de veículo automotor é típica, enquadrando-se no delito descrito no art. 311 do Código Penal. Não se exige que a conduta do agente seja dirigida a uma finalidade específica, basta que modifique qualquer sinal identificador de veículo automotor (ut, AgRg no AREsp 860.012/MG, Rel. Min. Rogerio Schietti Cruz, Sexta Turma, *DJe* 16/02/2017). 3. Inaplicável o princípio da consunção à hipótese – reconhecendo a incidência do *ante factum* impunível –, seja porque os crimes de adulteração de sinal identificador de veículo e o furto afetam bens jurídicos diversos – de um lado a fé pública e de outro o patrimônio – e, também, porque o primeiro não constitui, essencialmente, meio necessário para a prática do último, nele não encerrando a sua potencialidade lesiva, ou seja, os crimes subsistem em qualquer contexto fático, independentemente do outro (ut, HC 640.667/RS, Rel. Min. Ribeiro Dantas, 5ª Turma, *DJe* 15/03/2021)" (STJ – AgRg no AREsp 1828958/SE, Rel. Min. Reynaldo Soares da Fonseca, 5ª Turma, julgado em 11-5-2021, *DJe* 14-5-2021).

O crime em estudo, conforme já mencionado, é autônomo em relação a eventual furto ou receptação do veículo automotor, bem como no que diz respeito à falsificação do documento. Assim, quem furta um carro, adultera o número do chassi e troca suas placas, bem como falsifica a numeração no respectivo documento (tornando o veículo um dublê), comete três infrações penais em concurso material.

O texto originário do dispositivo punia apenas a adulteração ou remarcação que recaísse em veículo automotor, seus componentes ou equipamentos. A Lei n. 14.562/2023, aumentou a abrangência do dispositivo que passou também a punir as condutas que recaiam em veículo elétrico, híbrido, de reboque ou semirreboque ou de suas combinações.

De acordo com o Anexo I, do CTB (Lei n. 9.503/97):

a) Veículo automotor é o veículo a motor de propulsão a combustão, elétrica ou híbrida que circula por seus próprios meios e que serve normalmente para o transporte viário de pessoas e coisas ou para a tração viária de veículos utilizados para o transporte de pessoas e coisas, compreendidos na definição os veículos conectados a uma linha elétrica e que não circulam sobre trilhos (ônibus elétrico).

b) Reboque é o veículo destinado a ser engatado atrás de um veículo automotor;

c) Semirreboque é o veículo de um ou mais eixos que se apoia na sua unidade tratora ou é a ela ligado por meio de articulação.

10.4.7.3. Sujeito ativo

Pode ser qualquer pessoa, mas, se o crime for praticado por funcionário público, no exercício de suas funções ou em razão dela, a pena será aumentada de um terço (§ 1º).

10.4.7.4. Sujeito passivo

O Estado e outras pessoas eventualmente prejudicadas.

10.4.7.5. Consumação

Com a efetiva remarcação, supressão ou adulteração.

10.4.7.6. Tentativa

É possível, porque a conduta pode ser fracionada.

10.4.7.7. Figuras equiparadas

Após o advento da Lei n. 14.562/2023, passaram a existir três figuras equiparadas (mesmas penas) no §2º do art. 311:

O inciso I pune o funcionário público que contribui para o licenciamento ou registro do veículo com sinal identificador remarcado ou adulterado fornecendo indevidamente material (espelho de registro de veículo, documento de licenciamento, carimbos etc.) ou dando informação oficial (para que os marginais possam, por exemplo, providenciar a documentação de veículo dublê). Essas condutas do funcionário público dificultam sobremodo a descoberta e a apuração dos delitos, pois visam "esquentar" a documentação, que normalmente é de origem ilícita, de modo a fazer com que o veículo seja considerado em situação regular. Trata-se de crime próprio, que somente pode ser praticado por funcionário público (em geral em atuação junto ao Detran ou às Ciretrans).

O inciso II, por sua vez, pune quem adquire, recebe, transporta, oculta, mantém em depósito, fabrica, fornece, a título oneroso ou gratuito, possui ou guarda maquinismo, aparelho, instrumento ou objeto especialmente destinado à falsificação e/ou adulteração de que trata o *caput* deste artigo.

O delito se aperfeiçoa quer a conduta ocorra a título oneroso ou gratuito. É preciso, contudo, que se trate de maquinismo, aparelho ou instrumento que seja destinado especificamente à falsificação ou adulteração de chassi, monobloco, motor, placa etc. Assim, embora fitas isolantes possam ser utilizadas para adulterar a numeração de placas, não comete o crime quem possui fita isolante. Comete o crime, todavia, quem possui pinos próprios para remarcação de chassi em uma oficina, por exemplo.

O inciso III pune aquele que adquire, recebe, transporta, conduz, oculta, mantém em depósito, desmonta, monta, remonta, vende, expõe à venda, ou de qualquer forma utiliza, em proveito próprio ou alheio, veículo automotor, elétrico, híbrido, de reboque, semirreboque ou suas combinações ou partes, com número de chassi ou monobloco, placa de identificação ou qualquer sinal identificador veicular que devesse saber estar adulterado ou remarcado.

É comum que uma pessoa seja flagrada conduzindo veículo automotor com chassi ou placas adulteradas e não haja prova de que foi ele o autor da adulteração. Assim, não pode ser punido pela figura do caput e tampouco poderia ser punido por recepta-ção, pois o veículo com a numeração adulterada não é produto de crime e sim objeto material do delito do art. 311. Por isso, o legislador, por meio da Lei n. 14.562/2023, inseriu a presente figura equiparada, possibilitando a punição do condutor no art. 311, § 2º, III. Para a tipificação do delito, exige o texto legal que o agente deva saber da adulteração ou remarcação (dolo eventual). O tipo penal não menciona o agente que efetivamente sabe da adulteração ou remarcação (dolo direto), contudo, encontra-se pacificado nas Cortes Superiores que, também em tal hipótese, configura-se o ilícito penal (interpretação extensiva), por ser a situação mais grave (entendimento firmado em relação ao crime de receptação qualificada – art. 180, § 1º).

10.4.7.8. Figura qualificada

O § 3º pune mais severamente (reclusão de 4 a 8 anos, e multa) aqueles que prati-cam as condutas de que tratam os incisos II ou III do § 2º do art. 311 no exercício de atividade comercial ou industrial. Incorrem na figura qualificada, por exemplo, donos de lojas de compra e venda de veículos, donos de oficinas mecânicas etc.

Lembre-se, ainda, que o § 4º. equipara a atividade comercial, para efeito do dis-posto no § 3º, qualquer forma de comércio irregular ou clandestino, inclusive aquele exercido em residência.

10.4.7.9. Ação penal

Pública incondicionada.

Capítulo V

DAS FRAUDES EM CERTAMES DE INTERESSE PÚBLICO

10.5. Das fraudes em certames de interesse público

Art. 311-A. Utilizar ou divulgar, indevidamente, com o fim de beneficiar a si ou a outrem, ou de comprometer a credibilidade do certame, conteúdo sigiloso de:

I – concurso público;

II – avaliação ou exame públicos;

III – processo seletivo para ingresso no ensino superior; ou

IV – exame ou processo seletivo previstos em lei:

Pena – reclusão, de um a quatro anos, e multa.

§ 1º Nas mesmas penas incorre quem permite ou facilita, por qualquer meio, o acesso de pessoas não autorizadas às informações mencionadas no caput.

§ 2º Se da ação ou omissão resulta dano à administração pública:

Pena – reclusão, de dois a seis anos, e multa.

§ 3º Aumenta-se a pena de um terço se o fato é cometido por funcionário público.

10.5.1. Objetividade jurídica

A fé pública na lisura dos certames mencionados no tipo penal: concursos, avaliações ou exames públicos, processos seletivos para ingresso no ensino superior e exames ou processos seletivos previstos em lei.

10.5.2. Tipo objetivo

Os concursos, exames e avaliações mencionados no tipo penal pressupõem, obviamente, sigilo em relação ao conteúdo das questões que serão objeto da prova. Por isso, o dispositivo em análise, inserido no Código Penal pela Lei n. 12.550/2011, pune quem diretamente divulga o conteúdo sigiloso da prova a algum candidato ou a terceiro e também quem permite ou facilita, por qualquer meio, o acesso de pessoas não autorizadas a referido conteúdo.

A lei pune, outrossim, o candidato que maliciosamente toma ciência das questões e utiliza as informações em benefício próprio por ocasião da prova.

A figura delituosa alcança as informações sigilosas relativas a concursos públicos de qualquer espécie, avaliações ou exames públicos (ENEM, por exemplo), processos seletivos para ingresso no ensino superior (vestibulares) e exames ou processos seletivos previstos em lei (exame da Ordem dos Advogados do Brasil, por exemplo).

O tipo penal exige que o agente tenha intenção de beneficiar a si próprio ou a outrem, ou, ainda, de comprometer a credibilidade do certame. Responde pelo crime, por exemplo, quem subtrai da gráfica um exemplar da prova e, posteriormente, procura jornalistas a fim de vendê-la e demonstrar que é possível a fraude.

10.5.3. Sujeito ativo

Qualquer pessoa. Trata-se de crime comum.

Na elaboração de provas de concursos públicos e de outros tipos de exames seletivos, inúmeras são as pessoas que podem previamente ter contato com o material: os responsáveis pela confecção das questões, os funcionários das gráficas onde as provas são impressas, os responsáveis pela distribuição (muitas vezes, realizadas concomitantemente em pontos diversos do país), os fiscais das provas etc. Qualquer destes pode ser sujeito ativo do delito, caso transmita o conteúdo a outrem.

O candidato que obtém a informação maliciosamente também responde pelo crime, como, por exemplo, aquele que compra a prova ou que recebe as informações por ser amigo ou parente de alguém que trabalha em alguma das fases de sua elaboração. Em tal caso, o juiz poderá aplicar como pena substitutiva à prisão, dentre outras, a interdição temporária de direitos, consistente na proibição de inscrever-se em concursos, avaliações ou exame públicos pelo prazo da condenação (art. 47, V, do CP).

10.5.4. Sujeito passivo

O Estado, bem como as instituições e as pessoas prejudicadas (os demais candidatos, por exemplo).

10.5.5. Consumação

Por parte de quem divulga, o crime se consuma no momento em que o conteúdo é transmitido, ainda que o destinatário não consiga dele fazer uso por ser a farsa descoberta antes da realização da prova. Por parte do destinatário, o crime se consuma, de acordo com o tipo penal, no instante em que ele utiliza as informações recebidas, ainda que não seja aprovado no concurso ou que a prova seja cancelada ou anulada. Trata-se de crime formal.

10.5.6. Tentativa

É possível, pois a conduta pode ser fracionada.

10.5.7. Causa de aumento de pena

Prevê o art. 311-A, § 3º, que a pena será aumentada em um terço se o crime for cometido por funcionário público.

Se ficar demonstrado que o funcionário público agiu em razão de vantagem indevida, responderá por crime de corrupção passiva (em concurso material com o crime em estudo). Quem fez a oferta da vantagem incorrerá no crime de corrupção ativa.

Atualmente, o crime de violação de sigilo funcional (art. 325 do CP), por ser subsidiário, fica absorvido pelo delito em estudo – em sua forma majorada.

10.5.8. Figura qualificada

De acordo com o art. 311-A, § 2º, a pena é consideravelmente maior (reclusão, de dois a seis anos, e multa), se em razão da conduta houver dano à Administração Pública. O prejuízo a que o dispositivo se refere é o econômico, decorrente, por exemplo, da anulação do concurso ou exame público, que traz como consequência a necessidade de realização de novas provas, com todos os custos a elas inerentes.

10.5.9. Ação penal

Pública incondicionada.

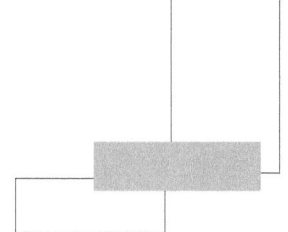

TÍTULO XI

11. DOS CRIMES CONTRA A ADMINISTRAÇÃO PÚBLICA

O Título XI da Parte Especial do Código Penal, que define os crimes contra a Administração Pública, subdivide-se em seis Capítulos:

Capítulo I – Dos crimes praticados por funcionário público contra a Administração em geral;

Capítulo II – Dos crimes praticados por particular contra a Administração em geral;

Capítulo II-A – Dos crimes praticados por particular contra a Administração Pública estrangeira;

Capítulo II-B – Dos crimes em licitações e contratos administrativos;

Capítulo III – Dos crimes contra a administração da justiça;

Capítulo IV – Dos crimes contra as finanças públicas.

Capítulo I

DOS CRIMES PRATICADOS POR FUNCIONÁRIO PÚBLICO CONTRA A ADMINISTRAÇÃO EM GERAL

11.1. Dos crimes praticados por funcionário público contra a Administração em geral

11.1.1. Introdução

Os delitos previstos neste Capítulo (arts. 312 a 326 do Código Penal) são conhecidos como crimes *funcionais*, porque só podem ser cometidos, de forma direta, por funcionário público. São, portanto, crimes *próprios*, na medida em que os tipos penais exigem expressamente determinada qualidade no sujeito ativo (ser funcionário público).

Ressalve-se, porém, que, embora a condição de funcionário público seja elementar de todos os delitos do capítulo (concussão, corrupção passiva, peculato, prevaricação etc.), é possível que particulares – pessoas que não exercem cargo, emprego ou função pública – sejam coautores ou partícipes quando, cientes da condição de funcionário público do comparsa, ajudem-no a cometer a infração penal. Tal possibilidade é evidente em razão da regra contida no art. 30 do Código Penal, segundo a qual as circunstâncias de caráter pessoal, quando elementares de um crime, comunicam-se aos comparsas. Assim, considerando que a condição de funcionário público (*intraneus*) é circunstância de caráter pessoal e, ao mesmo tempo, elementar de todos os crimes do Capítulo, o particular (*extraneus*) que colaborar para a prática do delito, também responderá pelo crime funcional. Quando um funcionário público e um amigo subtraem bens da repartição pública na qual trabalha o primeiro, eles são coautores do crime de peculato-furto (art. 312, § 1º). Quando o *extraneus* indica comerciantes para um fiscal exigir dinheiro, ele é partícipe do delito de concussão cometido pelo *intraneus*.

A doutrina divide as infrações penais previstas neste Capítulo em duas categorias:

a) crimes funcionais *próprios*, que são aqueles em que a exclusão da qualidade de funcionário público torna o fato atípico; e

b) crimes funcionais *impróprios*, que são aqueles em que a exclusão da qualidade de funcionário público gera a desclassificação para delito de outra natureza.

Se o Ministério Público, por exemplo, acusa alguém por crime de prevaricação, mas durante a instrução fica provado que ele não exercia cargo, emprego ou função pública, haverá absolvição por atipicidade da conduta. A prevaricação, portanto, é delito funcional próprio. No entanto, se o réu tivesse sido acusado pela prática de peculato, a demonstração de que não era funcionário público teria como efeito a desclassificação da conduta para furto ou apropriação indébita, sendo o peculato, portanto, crime funcional impróprio.

Considerando que em todos os crimes deste Título a qualidade de funcionário público constitui elementar, a eles não se aplica a agravante genérica do art. 61, II, g, do Código Penal, que diz respeito a crimes cometidos com abuso de poder ou violação de dever inerente a cargo, pois a incidência configuraria *bis in idem*.

Saliente-se que o funcionário transgressor pode ser punido tanto na esfera administrativa quanto na criminal, sendo que, em ambas, deve ser observado o princípio da ampla defesa. Referidas esferas são completamente independentes e o funcionário pode receber sanções em ambas. No âmbito criminal as regras a serem observadas serão estudadas em seguida e estão previstas no Código Penal e no Código de Processo Penal. Na esfera administrativa, as regras encontram-se no estatuto do funcionalismo público ou na lei orgânica do funcionário transgressor. As sanções administrativas costumam ser a advertência, a censura, a suspensão e até mesmo a demissão a bem do serviço público.

11.1.1.1. Procedimento especial

O Código de Processo Penal estabelece, em seus arts. 513 a 518, rito especial para a apuração dos crimes funcionais.

A diferença em relação ao rito comum é a possibilidade de o acusado apresentar uma defesa preliminar antes do recebimento da denúncia, quando se tratar de crime funcional afiançável (após o advento da Lei n. 12.403/2011, não há nenhum que não o seja).

De acordo com o art. 514 do Código de Processo Penal, o juiz, antes de receber a denúncia, deve notificar o funcionário público para que ofereça a defesa preliminar, por escrito, em um prazo de *15 dias*. Após essa fase, o juiz receberá ou rejeitará a denúncia. Recebendo-a, os atos procedimentais posteriores serão aqueles previstos para o rito ordinário, ainda que a pena máxima prevista seja inferior a quatro anos[50] (art. 518 do CPP), desde que não se trate de infração de menor potencial ofensivo[51], pois, quanto a estas, deve ser observado o rito sumariíssimo (prevaricação, por exemplo).

A regra do art. 514 do Código de Processo Penal, que estabelece a defesa preliminar, perdeu muito de sua relevância com a aprovação da Súmula 330 pelo Superior Tribunal de Justiça. Segundo tal Súmula a fase da defesa preliminar não será necessária se a denúncia se fizer acompanhar de *inquérito policial*. Em outras palavras, tal fase só precisa ser observada quando a denúncia for oferecida com base em outro tipo de procedimento (cópia de sindicância, peças de informação etc.) e, ainda, nesses casos, o descumprimento da regra só gerará a nulidade da ação penal se for provado o prejuízo,

---

[50] O rito ordinário, em regra, só se aplica a crimes que tenham pena máxima igual ou superior a 4 anos, nos termos do art. 394, § 1º, I, do Código de Processo Penal.

[51] Consideram-se infrações de menor potencial ofensivo os crimes que tenham pena máxima não superior a dois anos e as contravenções penais, nos termos do art. 61 da Lei n. 9.099/95.

pois o Supremo Tribunal Federal entende que a nulidade é relativa: "É pacífica a juris-prudência desta Corte no sentido de que, para o reconhecimento de nulidade decor-rente da inobservância da regra prevista no art. 514 do CPP, é necessária a demonstra-ção do efetivo prejuízo causado à parte. Improcede, pois, pedido de renovação de todo o procedimento criminal com base em alegações genéricas sobre a ocorrência de nuli-dade absoluta" (HC 128109, 2ª Turma, Rel. Min. Teori Zavascki, julgado em 8-9-2015, *DJe*-189, divulg. 22-9-2015, public. 23-9-2015).

Caso se trate de crime funcional cometido por quem goza de foro por prerrogativa de função (juiz de direito, prefeito, promotor de justiça, governador de Estado, Depu-tado, Senador etc.), deverá ser observado o rito especial previsto nos arts. 1º a 12 da Lei n. 8.038/90.

Saliente-se, ainda, que, nos termos do art. 33, § 4º, do Código Penal, o funcionário condenado por crime contra a Administração Pública somente pode progredir de regi-me durante a execução da pena, caso já tenha reparado o dano causado ou devolvido o produto do crime. O Plenário do Supremo Tribunal Federal teve a oportunidade de analisar a constitucionalidade do dispositivo e assim decidiu: "É constitucional o art. 33, § 4º, do Código Penal, que condiciona a progressão de regime, no caso de crime contra a Administração Pública, à reparação do dano ou à devolução do produto do ilícito" (EP 22 ProgReg-AgR, Tribunal Pleno, Rel. Min. Roberto Barroso, julgado em 17-12-2014, divulg. 17-3-2015, public. *DJe* 18-3-2015).

11.1.1.2. *Perda do cargo ou função pública como efeito da condenação*

De acordo com o art. 92, I, *a*, do Código Penal, é efeito da condenação a perda do cargo, função pública ou mandato eletivo quando aplicada pena privativa de liberdade por tempo igual ou superior a *um* ano, nos crimes praticados com abuso de poder ou violação de dever para com a Administração Pública. Assim, ao proferir sentença con-denatória por crime funcional, o juiz deverá atentar ao disposto em tal dispositivo, na medida em que todos os crimes desta natureza são cometidos com violação de dever para com a Administração. Nos termos do art. 92, parágrafo único, do Código Penal, tal efeito não é automático, devendo ser motivadamente declarado na sentença.

Uma vez transitada em julgado a decisão que decretou a perda do cargo, função ou mandato eletivo, o acusado somente poderá voltar a exercer função pública após obter a reabilitação criminal, nos moldes estabelecidos nos arts. 93 a 95 do Código Penal. Saliente-se que, com a reabilitação, o condenado readquire a capacidade para exercer cargo ou função pública, mas é vedada a recondução ao cargo anteriormente ocupado.

11.1.1.3. *Princípio da insignificância*

A aplicação do princípio da insignificância deve levar em conta não somente o montante do prejuízo provocado, mas também outros aspectos como a mínima ofensi-vidade da conduta do agente, a pequena periculosidade social da ação e o reduzido grau de reprovabilidade do comportamento. Por essa razão, prevalece o entendimento de que não é possível a absolvição de funcionário público que tenha desviado ou furtado bens de valor não muito elevado (peculato) ou que tenha se corrompido por pequeno valor ou por fato de pouca relevância, na medida em que o bem jurídico primordial-mente tutelado é a moralidade da Administração Pública. A propósito: "O entendimento firmado nas Turmas que compõem a Terceira Seção do Superior Tribunal de Justiça é no sentido de que não se aplica o princípio da insignificância aos crimes contra a Administração Pública, ainda que o valor da lesão possa ser considerado ínfimo, uma vez que a norma visa resguardar não apenas o aspecto patrimonial, mas, principalmente, a moral administrativa" (STJ, AgRg no REsp 1.275.835/SC, Rel. Min. Adilson Vieira Macabu (Desembargador Convocado do TJ/RJ), 5ª Turma, julgado em 11-10-2011, *DJe* 1º-2-2012). Em 20 de novembro de 2017, o Superior Tribunal de Justiça aprovou a Súmula 599 com o seguinte teor: "O princípio da insignificância é inaplicável aos crimes contra a Administração Pública".

Existe, porém, entendimento em sentido contrário, com o qual não comungamos: "Delito de peculato-furto. Apropriação, por carcereiro, de farol de milha que guarnecia motocicleta apreendida. Coisa estimada em treze reais. Res furtiva de valor insignificante. Periculosidade não considerável do agente. Circunstâncias relevantes. Crime de bagatela. Caracterização. Dano à probidade da administração. Irrelevância no caso. Aplicação do princípio da insignificância. Atipicidade reconhecida. Absolvição decretada. HC concedido para esse fim. Voto vencido. Verificada a objetiva insignificância jurídica do ato tido por delituoso, à luz das suas circunstâncias, deve o réu, em recurso ou habeas corpus, ser absolvido por atipicidade do comportamento" (STF, HC 112.388, 2ª Turma, Rel. Min. Ricardo Lewandowski, Relator p/ Acórdão Min. Cezar Peluso, julgado em 21-8-2012, *DJe*-181, divulg. 13-9-2012, public. 14-9-2012).

11.1.1.4. Conceito de funcionário público

Art. 327. Considera-se funcionário público, para efeitos penais, quem, embora transitoriamente ou sem remuneração, exerce cargo, emprego ou função pública.

Para fins penais, o conceito de funcionário público encontra-se no art. 327, *caput*, do Código Penal e alcança aqueles que embora transitoriamente ou sem remuneração, exercem cargo, emprego ou função pública.

Os cargos públicos são criados por lei, com denominação própria, em número certo e pagos pelos cofres públicos (Lei n. 8.112/90, art. 3º, parágrafo único). Exercem cargos públicos, por exemplo, o Presidente da República, os Deputados e Senadores, os Prefeitos, os Vereadores, os Juízes de Direito, os Delegados de Polícia, os escreventes, os oficiais de justiça, os auditores da Receita Federal etc.

A expressão emprego público, por seu turno, diz respeito ao servidor contratado em regime especial ou da CLT (Consolidação das Leis do Trabalho). Referida forma de contratação depende também de aprovação em concurso público, nos termos do art. 37, II, da Constituição Federal.

Por fim a expressão função pública abrange qualquer conjunto de atribuições públicas que não correspondam a cargo ou emprego público. Por isso, o jurado que recebe dinheiro para absolver alguém submetido a julgamento no Tribunal Popular, responde por crime de corrupção passiva, pois, ainda que transitoriamente e sem remuneração, exerce função pública.

11.1.1.4.1. Funcionário público por equiparação

Art. 327, § 1º Equipara-se a funcionário público quem exerce cargo, emprego ou função em entidade paraestatal, e quem trabalha para empresa prestadora de serviço contratada ou conveniada para a execução de atividade típica da Administração Pública.

A atual redação deste dispositivo foi dada pela Lei n. 9.983/2000, aprovada com a finalidade de ampliar o alcance da equiparação.

De acordo com o texto legal, são equiparados a funcionário público – para fins penais – aqueles que:

a) exercem cargo, emprego ou função em *entidade paraestatal*. Abrange aqueles que exercem suas atividades em autarquias, sociedades de economia mista, empresas públicas ou fundações instituídas pelo Poder Público.

O Supremo Tribunal Federal, ao julgar o famoso caso do "mensalão" (Ação Penal n. 470/STF), confirmou tal interpretação ampla quanto ao conceito de entidade paraestatal, condenando funcionários do Banco do Brasil (sociedade de economia mista) por crimes "contra a Administração Pública".

b) trabalham em *empresa prestadora de serviço contratada ou conveniada para a execução de atividade típica da Administração Pública*. O dispositivo abrange aqueles que exercem suas funções em concessionárias ou permissionárias de serviço público (empresas contratadas) e também em empresas conveniadas, como, por exemplo, a Santa Casa de Misericórdia.

O conceito de funcionário público por equiparação não abrange as pessoas que trabalham em empresas contratadas com a finalidade de prestar serviço para a Administração Pública quando não se trata de atividade típica desta. Ex.: trabalhador de empreiteira contratada para construir viaduto.

Médicos (particulares) que trabalham em convênios com o SUS são considerados funcionários públicos por equiparação. Assim, como já recebem pagamento do Estado pelos serviços prestados, caso cobrem dos pacientes, devem ser responsabilizados por corrupção passiva. Nesse sentido: "A jurisprudência desta Corte Superior é no sentido que 'compete à Justiça Estadual processar e julgar o feito destinado a apurar crime de concussão consistente na cobrança de honorários médicos ou despesas hospitalares a paciente do SUS por se tratar de delito que acarreta prejuízo apenas ao particular, sem ofensa a bens, serviços ou interesse da União' (CC 36.081/RS, Rel. Min. Arnaldo Esteves de Lima, 3ª Seção, julgado em 13-12-2004, *DJ* 1º-2-2005, p. 403)" (STJ, AgRg no AREsp 1.027.491/RS, Rel. Min. Joel Ilan Paciornik, 5ª Turma, julgado em 17-5-2018, *DJe* 1º-6-2018); "Nos termos da nova redação atribuída ao § 1º do art. 327 do Código Penal, equipara-se a funcionário público quem exerce cargo, emprego ou função em entidade paraestatal, e quem trabalha para empresa prestadora de serviço contratada ou conveniada para a execução de atividade típica da Administração Pública. Os médicos e administradores de hospitais particulares participantes do Sistema Único de Saúde exercem atividades típicas da Administração Pública, mediante contrato de direito público ou convênio, nos termos do § 1º do art. 199 da Constituição da República, equiparando-se, pois, a funcionário público para fins penais, nos termos do § 1º do art. 327 do Código Penal. Recurso especial provido" (STJ, REsp 331.055/RS, 6ª Turma, Rel. Min. Paulo Medina, julgado em 26-6-2003, v.u., *DJU* 25-8-2003).

Igualmente, podem ser punidos por crimes funcionais os advogados dativos, nomeados para defender pessoas carentes, que já recebem do Estado pelos serviços prestados, mas que cobram das pessoas cujos direitos defendem judicialmente. A propósito: "O advogado que, por força de convênio celebrado com o Poder Público, atua de forma remunerada em defesa dos agraciados com o benefício da Justiça Pública, enquadra-se no conceito de funcionário público para fins penais. (Precedente). Recurso desprovido" (STJ, RHC 17.321-SP, 5ª Turma, Rel. Min. Felix Fischer, v.u., julgado em 28-6-2005, *DJU* 22-8-2005, p. 304).

A equiparação do § 1º do art. 327, por se encontrar no Capítulo do Código Penal que dispõe acerca dos crimes *praticados por* funcionário público, só tem incidência quando diz respeito ao *sujeito ativo* do delito. Por isso, xingar funcionário de uma empresa pública (carteiro, por exemplo) constitui injúria e não desacato. Se o mesmo funcionário, contudo, apropria-se de um bem da empresa, responde por peculato e não por apropriação indébita. Embora esse entendimento seja praticamente pacífico na doutrina, existem precedentes no STF em sentido contrário: "Considerando que o disposto no § 1º do art. 327 do CP, que equipara a funcionário público, para os efeitos penais, quem exerce cargo, emprego ou função em entidade paraestatal, abrange os servidores de sociedade de economia mista e de empresas públicas e que esta equiparação se aplica tanto ao sujeito passivo do crime como ao ativo, a Turma indeferiu habeas corpus impetrado em favor de paciente acusado da prática do delito de tráfico de influência (CP, art. 332) – teria recebido determinada importância para exercer influência sobre funcionários de sociedade de economia mista –, em que se alegava a atipicidade do fato (CP, art. 332: 'Solicitar, exigir, cobrar ou obter, para si ou para outrem, vantagem ou promessa de vantagem, a pretexto de influir em ato praticado por funcionário público no exercício da função'). Precedentes citados: RHC 61.653-RJ (*RTJ* 111/267) e HC 72.198-PR (*DJU* 26-5-1995)" (STF, HC 79.823-RJ, Rel. Min. Moreira Alves, julgado em 28-3-2000).

11.1.1.5. Causa de aumento de pena

> Art. 327, § 2º A pena será aumentada da terça parte quando os autores dos crimes previstos neste Capítulo forem ocupantes de cargos em comissão ou de função de direção ou assessoramento de órgão da administração direta, sociedade de economia mista, empresa pública ou fundação instituída pelo poder público.

Cargo em comissão é aquele em que o sujeito é nomeado sem a necessidade de concurso público (cargo em confiança).

O aumento também é cabível quando o agente ocupa função de direção (Presidente de um Tribunal, Diretor de uma empresa pública) ou assessoramento (assessores de Deputados ou da Presidência do Tribunal etc.).

11.1.2. Peculato

O crime de peculato pode ser *doloso* ou *culposo*.

A modalidade dolosa, por sua vez, possui as seguintes figuras: a) peculato-apropriação (art. 312, *caput*); b) peculato-desvio (art. 312, *caput*); c) peculato-furto (art. 312, §

1º); e d) peculato mediante erro de outrem (art. 313). Esta última modalidade é também chamada de peculato estelionato.

As figuras ilícitas que pressupõem prévia posse de bens ou valores por parte do funcionário público são denominadas peculato *próprio*, enquanto aquelas que não pressupõem a prévia posse são denominadas peculato *impróprio*.

11.1.2.1. Peculato-apropriação

> **Art. 312**, caput, *1ª parte* – *Apropriar-se o funcionário público de dinheiro, valor ou qualquer outro bem móvel, público ou particular, de que tem a posse em razão do cargo (...)*:
>
> *Pena* – *reclusão, de dois a doze anos, e multa.*

11.1.2.1.1. Objetividade jurídica

A finalidade do dispositivo é tutelar o patrimônio público e o particular (no que diz respeito a bens que estejam sob a custódia da Administração Pública) e a probidade administrativa.

11.1.2.1.2. Tipo objetivo

A conduta típica consiste em apropriar-se de coisa que não lhe pertence, isto é, tornar seu o bem alheio. O funcionário público recebe o bem na condição de mero possuidor – para que exerça a posse transitoriamente –, porém, passa a se comportar como se dono fosse.

Exige o tipo penal que o funcionário tenha recebido a posse em razão do cargo, vale dizer que o funcionário tenha recebido o bem legitimamente no desempenho da função pública que exerce.

A expressão "posse" abrange também a detenção e a posse indireta. Fora dessas hipóteses, não há peculato-apropriação.

Pode cometer o delito, por exemplo, o motorista que tem a posse do carro oficial, o carteiro que tem a posse das correspondências que deve entregar, o funcionário de repartição arrecadadora que tem a posse dos valores etc.

A posse deve, ainda, ter sido obtida de forma lícita. Se o funcionário emprega fraude para receber o bem incorre em crime de estelionato e se faz uso de violência contra pessoa ou grave ameaça responde por roubo ou extorsão.

Quando alguém por engano (não provocado pelo funcionário) a este entrega bens ou valores e ele destes se apropria, incorre no delito de peculato mediante erro de outrem (art. 313 do CP).

O peculato-apropriação é modalidade de peculato *próprio* porque pressupõe a prévia posse do bem por parte do funcionário.

De acordo com o texto legal, o objeto material do crime de peculato pode ser dinheiro, valor ou qualquer outro bem móvel. Bens imóveis, portanto, não podem ser objeto material do delito.

Não se enquadra no tipo penal em análise a conduta de usar indevidamente, em proveito próprio ou alheio, serviço ou mão de obra pública. Tais condutas, contudo, configuram ato de improbidade administrativa, descritas no art. 9º, IV, da Lei n.

8.429/92. É o que ocorre, por exemplo, quando o Diretor de uma escola pública determina ao jardineiro contratado pelo Estado que apare a grama de sua casa durante o horário de serviço.

Observe-se que o art. 1º, II, do Decreto-lei n. 201/67, que disciplina exclusivamente crimes praticados por prefeitos municipais, tipifica como infração penal, punida com reclusão, de dois a doze anos, a conduta de utilizar-se, indevidamente, em proveito próprio ou alheio, de bens, rendas ou serviços público.

De acordo com o art. 312, *caput*, do Código Penal, o objeto material do delito de peculato pode ser bem público ou particular. Quanto ao último é necessário, obviamente, que esteja sob a guarda ou custódia da Administração. Exs.: bens apreendidos que se encontram no interior de uma delegacia de polícia, valores que estão em poder do carteiro para que sejam entregues aos destinatários etc.

Nas hipóteses em que o objeto material pertence a particular, a doutrina também usa a denominação "peculato-malversação" (quer se trate de peculato-apropriação, peculato-desvio ou peculato-furto).

Quando a coisa particular não estiver sob a guarda ou custódia da Administração e o funcionário público dela se apropriar, responderá por apropriação indébita.

Se o funcionário fica com dinheiro público para se ressarcir de dívidas que o Estado tem para com ele, responde por peculato. No entanto, alguns defendem a existência tão somente do crime de exercício arbitrário das próprias razões (art. 345 do CP).

11.1.2.1.3. Sujeito ativo

O delito de peculato pode ser praticado por qualquer funcionário público.

Cuida-se de crime funcional impróprio porque, se ficar provado que o agente não era funcionário público, ocorrerá a desclassificação para outro delito (apropriação indébita) e não absolvição.

Se a conduta for realizada por prefeito municipal, o enquadramento do delito de peculato-apropriação deverá ser feito no art. 1º, I, do Decreto-lei n. 201/67 (lei especial) e não no art. 312, *caput*, do Código Penal.

Tutores, curadores, inventariantes, testamenteiros e depositários judiciais não são funcionários públicos. Por expressa disposição legal, respondem por apropriação indébita com a pena aumentada em um terço caso se apropriem de bens ou valores que receberam em razão do respectivo *munus* (art. 168, § 1º, II, do CP).

O administrador judicial da falência que se apodera de bem da massa comete crime específico no art. 173 da Lei n. 11.101/2005.

11.1.2.1.4. Sujeito passivo

O Estado, sempre. Caso o objeto material pertença a particular (peculato-malversação) este também será sujeito passivo.

11.1.2.1.5. Consumação

No momento em que o funcionário público passa a se comportar como dono do objeto, ou seja, quando ele inverte o ânimo que tem sobre a coisa.

11.1.2.1.6. Tentativa

É possível.

11.1.2.1.7. Classificação doutrinária

Quanto à objetividade jurídica peculato é crime simples e de dano. Em relação ao sujeito ativo, classifica-se como crime próprio e de concurso eventual. No que diz respeito aos meios de execução é crime de ação livre. No que se refere ao momento consumativo, constitui delito instantâneo e material. Por fim, no que pertine ao elemento subjetivo, trata-se de infração penal dolosa.

11.1.2.1.8. Ação penal

Pública incondicionada.

11.1.2.2. Peculato-desvio

> Art. 312, caput, 2ª parte – (...) ou desviá-lo, em proveito próprio ou alheio:
>
> Pena – reclusão, de dois a doze anos, e multa.

11.1.2.2.1. Objetividade jurídica

O patrimônio público e o particular (no que diz respeito a bens que estejam sob a custódia da Administração Pública) e a probidade administrativa.

11.1.2.2.2. Tipo objetivo

Nesta modalidade de peculato, o funcionário altera o destino do bem público ou particular que está em seu poder em razão da função. O funcionário público emprega o objeto em um fim diverso de sua destinação original, com o intuito de beneficiar-se ou de beneficiar terceiro. Comete o delito, por exemplo, o funcionário público que paga alguém com dinheiro público por serviço não prestado ou objeto não vendido à Administração Pública; o que empresta dinheiro público de que tem a guarda para ajudar amigos etc.

É pressuposto também desse crime que o funcionário tenha a posse lícita do bem (peculato próprio).

O desvio deve ser em proveito próprio ou de terceiros, porque, se for em proveito da própria Administração, haverá o crime do art. 315 do Código Penal (emprego irregular de verbas ou rendas públicas).

O proveito pode ser material (patrimonial) ou moral – como a obtenção de prestígio ou vantagem política.

Eventual aprovação de contas pelo Tribunal de Contas não exclui o crime.

O uso momentâneo do bem de que tem posse o funcionário para fins diversos do que se destina não constitui infração penal quando se trata de bem infungível. É o chamado peculato de uso. Ex.: usar veículo público para fins particulares e logo em seguida devolvê-lo. Nesse caso, não se configura o delito, exceto se o combustível for público e não for reposto, pois então o objeto material seria o combustível (que é fungível).

Caso se trate de bem fungível, configura-se de imediato o delito, tal como no caso do funcionário que usa o dinheiro público para pagar suas contas particulares. Responde pelo delito, ainda que o restitua pouco tempo depois.

Ressalve-se que mesmo que o uso seja de bem infungível, haverá crime específico se o funcionário público for Prefeito Municipal (art. 1º, II, do Decreto-lei n. 201/67).

Além disso, o uso de bem público por funcionário público para fins particulares, qualquer que seja a hipótese, caracteriza ato de improbidade administrativa, previsto no art. 9º, IV, da Lei n. 8.429/92.

11.1.2.2.3. Sujeito ativo

O delito de peculato-desvio pode ser praticado por qualquer funcionário público. Se a conduta, todavia, for realizada por prefeito municipal, o enquadramento do peculato-desvio deverá ser feito no art. 1º, I, do Decreto-lei n. 201/67 (lei especial) e não no art. 312, *caput*, do Código Penal.

11.1.2.2.4. Sujeito passivo

O Estado, sempre. Caso o objeto material pertença a particular (peculato-malversação) este também será sujeito passivo.

11.1.2.2.5. Consumação

No momento em que ocorre o desvio, independentemente de outro resultado.

11.1.2.2.6. Tentativa

É possível.

11.1.2.2.7. Classificação doutrinária

Quanto à objetividade jurídica peculato é crime simples e de dano. Em relação ao sujeito ativo, classifica-se como crime próprio e de concurso eventual. No que diz respeito aos meios de execução é crime de ação livre. No que se refere ao momento consumativo, constitui delito instantâneo e material. Por fim, no que pertine ao elemento subjetivo, trata-se de infração penal dolosa.

11.1.2.2.8. Ação penal

Pública incondicionada.

11.1.2.3. Peculato-furto

> Art. 312, § 1º Aplica-se a mesma pena, se o funcionário público, embora não tendo a posse do dinheiro, valor ou bem, o subtrai, ou concorre para que seja subtraído, em proveito próprio ou alheio, valendo-se de facilidade que lhe proporciona a qualidade de funcionário.

11.1.2.3.1. Objetividade jurídica

O patrimônio público e o particular (no que diz respeito a bens que estejam sob a custódia da Administração Pública) e a probidade administrativa.

11.1.2.3.2. Tipo objetivo

Essa figura criminosa é classificada como peculato *impróprio* porque pressupõe a inexistência de prévia posse do bem.

Cuida-se de infração penal assemelhada ao crime de furto quanto à conduta típica, mas que deste se diferencia porque só pode ser cometido por funcionário público que se valha de alguma facilidade proporcionada por esta qualidade para cometer o delito.

São duas as condutas típicas descritas no texto legal: a) subtrair; b) concorrer para que o bem seja subtraído.

Subtrair consiste em apossar-se do bem e levá-lo embora, com ânimo de assenhoreamento definitivo. Nesta modalidade, o próprio funcionário público realiza a conduta típica, ele próprio furta o bem. É o que ocorre, por exemplo, quando um funcionário subtrai computadores da repartição onde trabalha ou quando um policial civil subtrai objetos do interior de um carro apreendido que está no pátio da delegacia.

Concorrer para que o bem seja subtraído pressupõe que o agente não realize pessoalmente o ato da subtração, mas que, intencionalmente, colabore para que terceiro o faça. É o que ocorre, por exemplo, quando o funcionário entrega a chave do local onde trabalha a um amigo para que este vá de madrugada à repartição e subtraia bens de seu interior. Ambos respondem pelo peculato-furto. Trata-se de hipótese de concurso necessário.

Note-se que na hipótese acima, o funcionário que concorre para a subtração não é considerado mero partícipe e sim autor do crime na medida em que sua conduta (concorrer para a subtração) está prevista diretamente no tipo penal, não sendo necessário o uso da norma de extensão do art. 29 do CP: "quem, de qualquer modo, concorre para crime incide nas penas a este cominadas, na medida de sua culpabilidade".

Se o funcionário tiver sido meramente negligente em seu dever de vigilância, o crime será o de peculato *culposo*, caso alguém se aproveite de seu descuido para subtrair algum bem. É o que ocorre quando o funcionário, que está sozinho na repartição, sai para fumar e deixa as janelas abertas e alguém se aproveita desse momento de distração para subtrair objetos do local pulando a janela. Em tal hipótese, não há concurso de pessoas porque o funcionário e o terceiro não agiram em conluio. Cada qual responde por um delito. O funcionário incorre em peculato culposo e o terceiro responde por crime comum de furto.

A descrição legal do crime de peculato-furto exige, ainda, que o funcionário se valha de alguma facilidade proporcionada pelo seu cargo para realizar a conduta típica. Sem esse requisito, haverá furto comum. Desse modo, o funcionário que tem a chave de seu local de trabalho e dela faz uso para subtrair objetos no fim de semana, comete peculato-furto. Já o funcionário que arromba a porta para realizar a subtração incorre em crime de furto comum – qualificado pelo rompimento de obstáculo.

Tal como ocorre com as demais modalidades de peculato, o objeto material pode ser bem público ou particular que esteja sob a guarda ou custódia da Administração Pública. Assim, quando um policial entra em uma residência particular durante uma diligência qualquer e sorrateiramente subtrai um relógio que estava na cabeceira da cama do morador, incorre em crime de furto comum (art. 155 do Código Penal), porque, neste caso, o bem particular não estava sob a guarda ou custodia da Administração. Nesse exemplo, como o delito foi cometido com abuso de poder, poderá ser aplicada a agravante genérica do art. 61, II, *g*, do Código Penal.

11.1.2.3.3. Sujeito ativo

O delito de peculato-furto pode ser praticado por qualquer funcionário público.

Cuida-se de crime funcional impróprio porque, se ficar provado que o agente não era funcionário público, ocorrerá desclassificação para outro delito (furto comum) e não absolvição.

11.1.2.3.4. Sujeito passivo

O Estado, sempre. Caso o objeto material pertença a particular (peculato-malversação) este também será sujeito passivo.

11.1.2.3.5. Consumação

No instante em que o agente consegue deixar o local na posse do bem subtraído, ainda que seja imediatamente perseguido e preso e os bens recuperados.

11.1.2.3.6. Tentativa

É possível.

11.1.2.3.7. Classificação doutrinária

Quanto à objetividade jurídica peculato é crime simples e de dano. Em relação ao sujeito ativo, classifica-se como crime próprio e de concurso eventual. No que diz respeito aos meios de execução é crime de ação livre. No que se refere ao momento consumativo, constitui delito instantâneo e material. Por fim, no que pertine ao elemento subjetivo, trata-se de infração penal dolosa.

11.1.2.3.8. Ação penal

Pública incondicionada.

11.1.2.4. Peculato culposo

> *Art. 312, § 2º Se o funcionário concorre culposamente para o crime de outrem:*
>
> *Pena – detenção, de três meses a um ano.*

11.1.2.4.1. Objetividade jurídica

O patrimônio público e o particular (no que diz respeito a bens que estejam sob a custódia da Administração Pública).

11.1.2.4.2. Tipo objetivo

A configuração do peculato culposo pressupõe, evidentemente, que o funcionário público seja desidioso, descuidado, ou seja, que falte com a cautela a que estava obrigado na guarda ou vigilância da coisa pública (ou particular sob a custódia da Administração). A mera conduta culposa, todavia, não é suficiente para a tipificação do crime, sendo necessária a superveniência do resultado, isto é, que terceira pessoa cometa crime *doloso* aproveitando-se da facilidade advinda da conduta culposa do funcionário público, pouco importando se o terceiro é também funcionário público (peculato-apropriação, desvio ou furto) ou se é particular (furto, roubo, apropriação indébita).

Comete peculato culposo, por exemplo, o policial que, desnecessariamente, deixa uma viatura com os vidros abertos em via pública e dela se afasta, deixando-a sem vigilância, o que acaba possibilitando o furto do radiotransmissor por pessoa que passava pelo local. Saliente-se que, em tal hipótese, não há concurso de agentes entre o funcionário público e o terceiro, na medida em que não agiram em conluio. Os crimes, portanto, são autônomos: o funcionário responde por peculato culposo e o terceiro (no exemplo acima) por crime de furto comum. Ressalte-se que, se o funcionário tivesse consciência de que estava contribuindo para que outra pessoa cometesse o ato de subtração, ambos responderiam por peculato-furto. Em tal situação o funcionário teria agido com dolo e não de maneira culposa.

Quando a conduta culposa do funcionário causa prejuízo ao erário, sem que terceira pessoa se aproveite disso e pratique crime doloso, o fato não constitui peculato culposo, visto que ausente na hipótese um dos requisitos tipo penal. Ex.: funcionário que esquece uma janela aberta, de forma a permitir que uma chuva intensa penetre pelo local, danificando o piso da repartição pública.

11.1.2.4.3. Sujeito ativo

O delito de peculato pode ser praticado por qualquer funcionário público. Cuida-se de crime funcional próprio porque, se ficar provado que o agente não era funcionário público, o fato será atípico.

A punição do funcionário pelo peculato culposo pressupõe, conforme já explicado, que se prove que terceira pessoa se aproveitou de seu descuido para cometer crime em prejuízo da Administração, contudo é desnecessário que tal pessoa seja identificada.

11.1.2.4.4. Sujeito passivo

O Estado, sempre. Caso o objeto material pertença a particular (peculato-malversação) este também será sujeito passivo.

11.1.2.4.5. Consumação

No mesmo momento em que se consuma o crime do terceiro.

11.1.2.4.6. Tentativa

Inadmissível, pois não existe tentativa de crime culposo.

Quando uma pessoa tenta praticar um crime doloso, aproveitando-se da conduta culposa de um funcionário público, responde por tentativa desse crime doloso, enquanto em relação ao funcionário o fato é considerado atípico diante da ausência de prejuízo ao erário público.

11.1.2.4.7. Classificação doutrinária

Quanto à objetividade jurídica peculato culposo é crime simples e de dano. Em relação ao sujeito ativo, classifica-se como crime próprio e de concurso eventual. No que diz respeito aos meios de execução é crime de ação livre. No que se refere ao momento consumativo, constitui delito instantâneo e material.

11.1.2.4.8. Ação penal

Pública incondicionada, de competência do Juizado Especial Criminal, uma vez que a pena máxima é de um ano.

11.1.2.4.9. Reparação do dano e extinção da punibilidade

De acordo com o art. 312, § 3º, do Código Penal, a reparação do dano no peculato *culposo* tem como efeito a extinção da punibilidade, caso ocorra antes da sentença transitada em julgado, ou a redução de metade da pena, caso aconteça depois.

Considera-se ter havido reparação do dano quando o agente devolve o bem ou ressarce o respectivo prejuízo.

Lembre-se que a reparação do dano no peculato *doloso* em nenhuma hipótese gera a extinção da punibilidade. Se tal reparação ocorrer antes do recebimento da denúncia, aplicar-se-á o instituto do arrependimento posterior (art. 16 do CP), cuja consequência é a redução da pena de um a dois terços. Se ocorrer durante o tramitar da ação penal, será aplicada a atenuante genérica do art. 65, III, *b*, do Código Penal.

Saliente-se, ainda, que o art. 33, § 4º, do Código Penal condiciona a progressão de regime de cumprimento de pena das pessoas condenadas por crime contra a Administração à reparação do dano causado. Assim, ainda que realizada apenas em sede de execuções criminais, a reparação do dano no peculato doloso mostrar-se-á relevante para o condenado.

11.1.2.5. Peculato mediante erro de outrem

> Art. 313. Apropriar-se de dinheiro ou qualquer utilidade que, no exercício do cargo, recebeu por erro de outrem:
>
> Pena – reclusão, de um a quatro anos, e multa.

11.1.2.5.1. Objetividade jurídica

A moralidade da Administração Pública, bem como o patrimônio público ou particular (no que diz respeito a bens que estejam sob a custódia da Administração Pública).

11.1.2.5.2. Tipo objetivo

Essa modalidade do delito, embora conhecida como peculato-estelionato, possui, em verdade, semelhança com o crime de apropriação de coisa havida por erro (art. 169, *caput*, do CP), cometido, todavia, por funcionário público em razão do cargo. Com efeito, constitui premissa do delito em estudo que a vítima entregue um bem ao agente por estar em erro *não provocado por ele*, pois quando o próprio funcionário induz a vítima em erro, comete estelionato comum (art. 171, *caput*, do CP), já que não existe figura similar no crime de peculato.

O erro da vítima pode consistir em supor necessária a entrega de um bem ou valor à Administração (quando isso não se fazia necessário), ou em entregar bens ou valores mais valiosos do que deveria, ou, ainda, em entregá-los a funcionário diverso do que deveria recebê-los.

O peculato mediante erro de outrem configura-se quando o funcionário público, no exercício de suas atividades, recebe dinheiro ou qualquer coisa móvel de valor econômico e, percebendo o erro da vítima, apodera-se do bem, não o devolvendo ao proprietário. Exige-se, portanto, que o agente tenha ciência de que o bem lhe foi entregue por engano.

11.1.2.5.3. Sujeito ativo

Qualquer funcionário público. Cuida-se de crime funcional impróprio porque, se ficar provado que o agente não era funcionário público, ocorrerá desclassificação para outro delito (apropriação de coisa havida por erro) e não absolvição.

11.1.2.5.4. Sujeito passivo

O Estado e a pessoa lesada pela conduta (no caso de bem particular).

11.1.2.5.5. Consumação

Quando o agente passa a se comportar como dono do objeto que recebeu por erro.

11.1.2.5.6. Tentativa

É possível.

11.1.2.5.7. Classificação doutrinária

Quanto à objetividade jurídica constitui crime simples e de dano. Em relação ao sujeito ativo, classifica-se como crime próprio e de concurso eventual. No que diz respeito aos meios de execução é crime de ação livre. No que se refere ao momento consumativo, constitui delito instantâneo e material. Por fim, no que pertine ao elemento subjetivo, trata-se de infração penal dolosa.

11.1.2.5.8. Ação penal

É pública incondicionada.

11.1.3. Inserção de dados falsos em sistema de informações

> Art. 313-A. Inserir ou facilitar, o funcionário autorizado, a inserção de dados falsos, alterar ou excluir indevidamente dados corretos nos sistemas informatizados ou bancos de dados da Administração Pública com o fim de obter vantagem indevida para si ou para outrem ou para causar dano:
> Pena – reclusão, de dois a doze anos, e multa.

11.1.3.1. Objetividade jurídica

A proteção e a preservação dos bancos de dados da Administração Pública.

11.1.3.2. Tipo objetivo

O tipo penal em estudo contém duas condutas típicas.

A primeira consiste em *inserir ou facilitar a inserção de dados falsos nos sistemas informatizados ou bancos de dados da Administração Pública*. Em tal hipótese, o próprio funcionário autorizado efetua a inserção dos dados falsos ou permite que terceiro o faça.

A segunda consiste em *alterar ou excluir indevidamente dados corretos nos sistemas informatizados ou bancos de dados da Administração Pública*. Nesta modalidade não há inclusão, e sim a modificação ou a retirada indevida de dados verdadeiros do sistema. Necessário, ainda, que a conduta ocorra de forma *indevida* – elemento normativo do tipo.

O tipo penal exige, por fim, uma especial finalidade por parte do funcionário (elemento subjetivo do tipo), qual seja, a intenção de obter, para si ou para outrem, qualquer espécie de vantagem como consequência da conduta.

11.1.3.3. Sujeito ativo

Trata-se de crime próprio, que só pode ser cometido pelo funcionário autorizado a trabalhar com o sistema de dados objeto do delito.

11.1.3.4. Sujeito passivo

O Estado e as pessoas, eventualmente, prejudicadas pela infração.

11.1.3.5. Consumação

No momento em que o agente realiza a conduta típica, ainda que não obtenha a vantagem almejada. Trata-se de crime formal.

11.1.3.6. Tentativa

É possível.

11.1.3.7. Classificação doutrinária

Quanto à objetividade jurídica constitui crime simples e de dano. Em relação ao sujeito ativo, classifica-se como crime próprio e de concurso eventual. No que diz respeito aos meios de execução é crime de ação livre. No que se refere ao momento consumativo, constitui delito instantâneo e formal. Por fim, no que pertine ao elemento subjetivo, trata-se de infração penal dolosa.

11.1.3.8. Ação penal

Pública incondicionada.

11.1.4. Modificação ou alteração não autorizada de sistema de informações

> Art. 313-B. Modificar ou alterar, o funcionário, sistema de informações ou programa de informática sem autorização ou solicitação de autoridade competente.
>
> Pena – detenção, de três meses a dois anos, e multa.

11.1.4.1. Objetividade jurídica

A preservação dos sistemas de informações e programas de informática da Administração Pública.

11.1.4.2. Tipo objetivo

Na presente infração penal, o agente modifica o funcionamento do sistema de informações ou do programa de informática, enquanto no tipo penal anterior a conduta recai sobre os dados constantes do sistema.

Sistema de informações é o que coleta, processa, transmite e dissemina dados que representam informações ao usuário. Programa de informática (*software*), por sua vez, é "a expressão de um conjunto organizado de instruções em linguagem natural ou codificada, contida em suporte físico de qualquer natureza de emprego necessário em máquinas automáticas de tratamento da informação, dispositivos, instrumentos ou equipamentos periféricos, baseados em técnica digital ou análoga, para fazê-lo funcionar de modo e para fins determinados" (art. 1º da Lei n. 9.609/98)

É evidente que não há crime se o funcionário age com autorização ou mediante solicitação da autoridade competente.

11.1.4.3. Sujeito ativo

Qualquer funcionário público. Ao contrário do dispositivo anterior, não é necessário que se trate de funcionário autorizado a trabalhar no sistema de informações.

11.1.4.4. Sujeito passivo

O Estado e, eventualmente, as pessoas prejudicadas pela conduta.

11.1.4.5. Consumação

No momento em que o agente modifica ou altera o sistema de informações ou o programa de informática, independentemente de qualquer outro resultado. Caso a modificação ou alteração provoque dano para a Administração ou para o administrado, a pena será aumentada de um terço até a metade (causa de aumento de pena), nos termos do art. 313-B, parágrafo único, do Código Penal.

11.1.4.6. Tentativa

É possível.

11.1.4.7. Ação penal

É pública incondicionada, de competência do Juizado Especial Criminal, exceto na forma agravada do parágrafo único, quando a pena máxima excede dois anos.

11.1.5. Extravio, sonegação ou inutilização de livro ou documento

> Art. 314. Extraviar livro oficial ou qualquer documento, de que tem a guarda em razão do cargo; sonegá-lo ou inutilizá-lo, total ou parcialmente:
>
> Pena – reclusão, de um a quatro anos, se o fato não constitui crime mais grave.

11.1.5.1. Objetividade jurídica

A regularidade da Administração Pública no sentido da preservação dos livros e documentos confiados à guarda de funcionários públicos.

11.1.5.2. Tipo objetivo

São três as condutas típicas previstas no tipo incriminador: a) *extraviar*, que significa fazer desaparecer, ocultar; b) *sonegar*, que é sinônimo de não apresentar, não exibir quando alguém o solicita; e c) *inutilizar*, tornar imprestável danificando. Nas três hipóteses, a conduta deve recair sobre livro oficial (livros de escrituração, livro carga etc.), que é aquele pertencente à Administração Pública, ou sobre qualquer documento público ou particular que esteja sob a guarda da Administração (protocolos, pareceres, plantas de obras, processos administrativos, provas de concurso etc.). Nos termos da lei, o crime se concretiza ainda que a conduta atinja parcialmente o livro ou o documento.

Para a configuração do delito, é necessário que a ação seja dolosa, pois não há previsão de modalidade culposa deste ilícito penal.

11.1.5.3. Sujeito ativo

Trata-se de crime próprio, que só pode ser cometido pelo funcionário responsável pela guarda do livro ou documento.

11.1.5.4. Sujeito passivo

O Estado e, eventualmente, o particular dono do documento sob a guarda da Administração.

11.1.5.5. Consumação

Com o extravio ou inutilização, ainda que parcial do livro ou documento, independentemente de qualquer outro resultado.

Na sonegação, o crime se consuma no instante em que o agente deveria fazer a entrega e, intencionalmente, não a faz. Independe, igualmente, de qualquer outro resultado.

No extravio e na sonegação, o crime é permanente.

11.1.5.6. Tentativa

Inadmissível apenas na modalidade omissiva (sonegação).

11.1.5.7. Absorção e distinção

A própria lei estabelece que esse crime é subsidiário, ou seja, deixa de existir se o fato constitui crime mais grave, como corrupção passiva (art. 317), supressão de documento (art. 305) etc.

Quem inutiliza, total ou parcialmente, ou deixa de restituir autos, documento ou objeto de valor probatório que recebeu na qualidade de *advogado* ou *procurador* comete o crime do art. 356 do Código Penal. Se a conduta, todavia, for realizada pelo funcionário do cartório judicial que tinha a guarda dos autos ou documento, o crime será o deste art. 314.

Por sua vez, o particular que subtrai ou inutiliza, total ou parcialmente, livro oficial, processo ou documento confiado à Administração comete o crime do art. 337 do Código Penal. Ressalve-se, novamente, que no crime do art. 314, o sujeito ativo é somente o funcionário público que tem a guarda do livro oficial.

11.1.5.8. Classificação doutrinária

Quanto à objetividade jurídica constitui crime simples e de dano. Em relação ao sujeito ativo, classifica-se como crime próprio e de concurso eventual. No que diz respeito aos meios de execução é crime de ação livre (comissivo ou omissivo). No que se refere ao momento consumativo, constitui delito formal e instantâneo na modalidade "inutilizar" e permanente nas modalidades "extraviar" e "sonegar" Por fim, no que pertine ao elemento subjetivo, trata-se de infração penal dolosa.

11.1.5.9. Ação penal

Pública incondicionada.

11.1.6. Emprego irregular de verbas ou rendas públicas

> Art. 315. Dar às verbas ou rendas públicas aplicação diversa da estabelecida em lei:
>
> Pena – detenção, de um a três meses, ou multa.

11.1.6.1. Objetividade jurídica

A regularidade da Administração Pública quanto à necessidade de aplicação dos recursos públicos de acordo com os termos da lei.

11.1.6.2. Tipo objetivo

Nesse delito o funcionário público não se apropria ou subtrai as verbas em proveito próprio ou de terceiro, mas emprega verbas ou rendas públicas de forma diversa da prevista em lei em proveito da própria Administração. É o que ocorre, por exemplo, quando o funcionário que deveria empregar o dinheiro público na obra *A* dolosamente o emprega na obra *B*.

É pressuposto desse crime a existência de uma lei regulamentando o emprego da verba ou renda pública e que o agente, dolosamente, o faça de maneira diversa daquela prevista em referida lei. Nos termos do dispositivo, não basta o desrespeito a decretos ou outros atos administrativos. Para a caracterização do delito, é necessário o desrespeito aos termos de lei. Trata-se, pois, de norma penal em branco.

Pouco importa a finalidade do agente. Ademais, o crime se configura ainda que este alegue que a verba foi melhor empregada. O delito se tipifica em razão do desrespeito à lei.

11.1.6.3. Sujeito ativo

Apenas o funcionário público que tem poder de disposição de verbas ou rendas públicas.

Tratando-se de prefeito municipal, a conduta constitui crime especial previsto no art. 1º, III, do Decreto-lei n. 201/67.

11.1.6.4. Sujeito passivo

O Estado representado pela entidade pública titular da verba ou renda desviada.

11.1.6.5. Consumação

Com o efetivo emprego irregular da verba ou renda pública, ainda que não ocorra efetivo dano ao erário.

11.1.6.6. Tentativa

Se houver mera indicação ou destinação irregular, cuja execução acaba sendo impedida, o crime considera-se tentado.

11.1.6.7. Classificação doutrinária

Quanto à objetividade jurídica constitui crime simples e de dano. Em relação ao sujeito ativo, classifica-se como crime próprio e de concurso eventual. No que diz respeito aos meios de execução é crime de ação livre. No que se refere ao momento consumativo, constitui delito instantâneo e material. Por fim, no que pertine ao elemento subjetivo, trata-se de infração penal dolosa.

11.1.6.8. Ação penal

Pública incondicionada.

11.1.7. Concussão

> Art. 316. Exigir, para si ou para outrem, direta ou indiretamente, ainda que fora da função ou antes de assumi-la, mas em razão dela, vantagem indevida:
>
> Pena – reclusão, de dois a doze anos, e multa.

11.1.7.1. Objetividade jurídica

A moralidade e a probidade administrativa.

11.1.7.2. Tipo objetivo

No delito de concussão o funcionário público faz *exigência* de uma vantagem indevida. O ato de exigir envolve, obrigatoriamente, uma ameaça à vítima, relacionada, necessariamente, às funções do agente, pois, do contrário, haveria mero pedido, que caracterizaria a corrupção passiva. A ameaça caracterizadora da concussão pode ser explícita ou implícita. É explícita quando o agente diz exatamente qual consequência maligna advirá à vítima caso não ceda à pressão (que vai aplicar uma multa, que não expedirá o alvará necessário ao início de uma obra etc.). É implícita quando não há promessa de um mal determinado, mas a vítima sente-se amedrontada pelos poderes inerentes à função do agente e pela forma como ele realiza a abordagem.

A exigência pode, ainda, ser direta ou indireta. É direta quando o funcionário público a formula na presença da vítima, sem deixar qualquer margem de dúvida de que está querendo uma vantagem indevida, e é indireta quando ele se vale de uma terceira pessoa para que a exigência chegue ao conhecimento da vítima ou a faz de forma velada, capciosa.

Na concussão, como já mencionado, ocorre uma ameaça relacionada às funções do agente. Tal ameaça, contudo, não pode ser grave. Caso o funcionário exija a vantagem indevida empregando violência contra a vítima ou *grave* ameaça, estará tipificado crime mais grave, qual seja, o de extorsão do art. 158 do Código Penal. É o que ocorre, por exemplo, quando o funcionário exige dinheiro ameaçando matar, agredir, estuprar ou prender ilegalmente a vítima. A propósito: "O emprego de violência ou grave ameaça é circunstância elementar do crime de extorsão tipificado no art. 158 do Código Penal. Assim, se o funcionário público se utiliza desse meio para obter vantagem indevida, comete o crime de extorsão e não o de concussão" (STJ, AgRg no REsp 1763917/ SP, Rel. Min. Ribeiro Dantas, 5ª Turma, julgado em 18-10-2018, *DJe* 24-10-2018).

De acordo com o tipo penal, para a configuração do delito de concussão, é necessário que o agente exija uma vantagem indevida. Segundo Damásio de Jesus[52], Nélson Hungria[53] e Magalhães Noronha[54], esta deve ser uma vantagem *patrimonial*. Julio Fabbrini Mirabete[55] e Fernando Capez[56], no entanto, afirmam que a vantagem pode ser de *qualquer espécie*, uma vez que a lei não faz distinção (proveitos patrimoniais, sentimentais, sexuais etc.).

Na concussão a vantagem exigida pelo funcionário público tem de ser *indevida*.

É irrelevante para a tipificação da concussão que o agente vise proveito para ele próprio ou para terceira pessoa.

11.1.7.3. Sujeito ativo

Qualquer funcionário público (crime próprio).

Não é necessário que o agente esteja trabalhando no momento da exigência. O próprio tipo penal esclarece que o funcionário pode estar *fora da função* (de férias, licença, fora do horário de expediente) ou, até mesmo, *nem tê-la assumido* (quando já passou no concurso ou já foi eleito, mas ainda não tomou posse, por exemplo). O que é necessário é que a exigência diga respeito à função pública e as represálias a ela se refiram.

Se o crime for cometido por policial militar, estará configurado o crime do art. 305 do Código Penal Militar, que é igualmente chamado de concussão.

O fiscal que exige dinheiro para não cobrar ou para cobrar menos tributo ou contribuição social pratica o crime especial de concussão, previsto no art. 3º, II, da Lei n. 8.137/90 (crime contra a ordem tributária).

11.1.7.4. Sujeito passivo

O Estado e a pessoa contra quem é dirigida a exigência.

Considerando que neste delito a pessoa a quem é feita a exigência sofre uma ameaça explícita ou implícita, ela é considerada vítima da infração penal. Por isso, caso entregue a vantagem exigida pelo funcionário, não cometerá delito, uma vez que somente o terá feito por ter se sentido constrangida.

---

[52]   Damásio de Jesus, *Direito penal,* v. 4, p. 141.
[53]   Nélson Hungria, *Comentários ao Código Penal,* v. IX, p. 361.
[54]   E. Magalhães Noronha, *Direito penal,* v. 4, p. 239.
[55]   Julio Fabbrini Mirabete, *Manual de direito penal,* v. 3, p. 315.
[56]   Fernando Capez, *Curso de direito penal,* v. 3, p. 421.

11.1.7.5. Consumação

De acordo com a redação do dispositivo, o crime se consuma no momento em que a exigência chega ao conhecimento da vítima, independentemente da efetiva obtenção da vantagem visada pelo agente. Trata-se, portanto, de crime formal.

É comum que a vítima, ao ouvir a exigência por parte do funcionário, peça a este um prazo para conseguir o dinheiro, porém, comunique o fato à polícia. Na sequência, no dia e hora combinados, a vítima entrega os valores ao funcionário e o fato é presenciado pelos policiais que estavam escondidos. O autor do delito, então, é conduzido à delegacia. Em tal situação o crime de concussão considera-se consumado desde a data anterior na qual foi feita a exigência. Não há que se cogitar de crime impossível pela provocação do flagrante, pois, em verdade, não houve qualquer provocação, ou seja, o funcionário não foi induzido pela vítima ou pelos policiais a fazer a exigência. O fato de os policiais terem presenciado a entrega dos valores ao funcionário serve, na prática, como prova do crime.

11.1.7.6. Tentativa

É possível. É o que ocorre, por exemplo, quando o funcionário remete uma carta contendo a exigência, mas esta não chega ao destinatário, porém, apesar do extravio, de algum modo, chega ao conhecimento da autoridade policial.

11.1.7.7. Classificação doutrinária

Quanto à objetividade jurídica constitui crime simples. Em relação ao sujeito ativo, classifica-se como crime próprio e de concurso eventual. No que diz respeito aos meios de execução é crime de ação livre. No que se refere ao momento consumativo, constitui delito instantâneo e formal. Por fim, no que pertine ao elemento subjetivo, trata-se de infração penal dolosa.

11.1.7.8. Ação penal

Pública incondicionada.

11.1.8. Excesso de exação

> Art. 316, § 1º Se o funcionário exige tributo ou contribuição social que sabe ou deveria saber indevido, ou, quando devido, emprega na cobrança meio vexatório ou gravoso, que a lei não autoriza:
>
> Pena – reclusão, de três a oito anos, e multa.
>
> § 2º Se o funcionário desvia, em proveito ou de outrem, o que recebeu indevidamente para recolher aos cofres públicos:
>
> Pena – reclusão, de dois a doze anos, e multa.

11.1.8.1. Objetividade jurídica

A moralidade administrativa.

11.1.8.2. Tipo objetivo

A expressão "excesso de exação" significa exagero indevido na cobrança de tributo (impostos, taxas ou contribuições de melhoria) ou contribuição social.

São duas as condutas típicas: a) *exigir o funcionário público tributo ou contribuição social que sabe ou deveria saber indevido*. Nessa modalidade, o funcionário tem ciência de que nada é devido pelo contribuinte, ou tem sérias razões para supor que não existe dívida fiscal ou previdenciária, e, ainda assim efetua a cobrança. Na primeira hipótese, ele age com dolo direto e, na segunda, com dolo eventual. A redação do dispositivo deixa claro tratar-se de crime *formal*, que se consuma com a mera exigência, sendo desnecessário o efetivo pagamento por parte do contribuinte; b) *exigir tributo devido empregando meio vexatório ou gravoso que a lei não autoriza*. Configura o crime uma cobrança feita em público de forma acintosa, em alto tom, por exemplo. Cuida-se também de delito *formal* que se consuma no momento em que é empregado o meio vexatório ou gravoso, independentemente do efetivo pagamento do tributo ou da contribuição devidos.

Prevê o § 2º do art. 316 que o crime de excesso de exação é qualificado quando o funcionário recebe o tributo ou contribuição indevidamente, para recolhê-los aos cofres públicos, e os desvia em proveito próprio ou alheio. Nesse caso, a pena é de reclusão de dois a doze anos. Essa figura qualificada tem aplicação apenas na modalidade de excesso de exação em que o tributo ou contribuição são indevidos, e o funcionário os desvia para si ou para outrem. Caso o funcionário receba tributo ou contribuição devidos e deles se apodere, o crime será o de peculato.

Em suma, para a configuração do crime de excesso de exação em sua figura simples, que é formal, basta a exigência. Caso, entretanto, o funcionário receba algum valor e os encaminhe aos cofres públicos, não haverá alteração na capitulação de crime simples. Caso se trate de valores indevidos e ele os desvie, incorrerá na forma qualificada do excesso de exação e, caso sejam valores devidos ao Estado, o desvio constituirá peculato.

11.1.8.3. Sujeito ativo

Somente o funcionário público encarregado da cobrança de tributos ou contribuições sociais.

11.1.8.4. Sujeito passivo

O Estado e a pessoa (física ou jurídica) de quem se exigiu o tributo ou contribuição social.

11.1.8.5. Consumação

No momento em que realizada a conduta típica, ainda que não haja o pagamento do tributo.

11.1.8.6. Tentativa

É possível.

11.1.8.7. Classificação doutrinária

Quanto à objetividade jurídica constitui crime simples e de dano. Em relação ao sujeito ativo, classifica-se como crime próprio e de concurso eventual. No que diz respeito aos meios de execução é crime de ação livre. No que se refere ao momento consumativo, constitui delito instantâneo e formal. Por fim, no que pertine ao elemento subjetivo, trata-se de infração penal dolosa.

11.1.8.8. Ação penal

Pública incondicionada.

11.1.9. Corrupção passiva

> Art. 317. Solicitar ou receber, para si ou para outrem, direta ou indiretamente, ainda que fora da função ou antes de assumi-la, mas em razão dela, vantagem indevida, ou aceitar promessa de tal vantagem:
>
> Pena – reclusão, de dois a doze anos, e multa.

11.1.9.1. Objetividade jurídica

A moralidade e a probidade administrativa, bem como o normal funcionamento da Administração Pública.

11.1.9.2. Tipo objetivo

O tipo penal elenca três condutas típicas:

a) *solicitar*: pedir alguma vantagem ao particular. Na solicitação, a conduta inicial é do funcionário público. É ele quem toma a iniciativa de pedir algo ao particular. Se este dá o que foi pedido, não comete corrupção ativa por falta de previsão legal, conforme será estudado no art. 333. Configura-se o delito, por exemplo, quando um fiscal de obras pede certa quantia em dinheiro para não autuar o dono de um estabelecimento que cometeu uma irregularidade;

b) *receber*: entrar na posse da vantagem oferecida;

c) *aceitar promessa*: concordar com a proposta de vantagem apresentada.

Nestas duas últimas figuras (receber e aceitar promessa), a iniciativa da proposta é do particular (corruptor). Nesses casos, o funcionário responde por corrupção passiva e o particular por corrupção ativa.

Para a configuração do delito, é necessário, de acordo com o tipo penal, que a vantagem *indevida* (solicitada, recebida ou aceita) seja relacionada ao cargo exercido pelo funcionário público. Na corrupção passiva, portanto, a vantagem indevida tem a finalidade de fazer com que o funcionário público no desempenho de suas funções beneficie o particular por meio de ações ou omissões. Ocorre uma espécie de troca entre a vantagem indevida visada pelo agente público e a ação ou omissão funcional que beneficiará o terceiro. Exs.: receber dinheiro para não multar alguém que cometeu infração de trânsito, para não fechar estabelecimento que não possui alvará, para fornecer habilitação a alguém que não passou no exame (neste exemplo, há concurso material com o crime de falsidade ideológica), para autorizar uma obra apesar da inexistência dos requisitos necessários, para dar indevidamente a uma empreiteira a vitória em uma licitação etc.

Em regra, a vantagem indevida tem a finalidade de fazer com que o funcionário público pratique ato *ilegal* ou deixe de praticar, de forma *ilegal* ou irregular, ato que deveria praticar de ofício, tal como mencionado nos exemplos acima. É possível, todavia, que exista corrupção passiva ainda que a vantagem indevida seja entregue para que o funcionário pratique ato *não ilegal*. Tal entendimento doutrinário e jurisprudencial se justifica porque a punição visa resguardar a probidade administrativa, na medida em que o funcionário público recebe regularmente seus subsídios do ente estatal para praticar os atos inerentes ao seu cargo e não pode receber quantias extras para exercer suas funções. Nesses casos, há crime, pois o funcionário público pode acostumar-se e deixar de trabalhar sempre que não lhe oferecerem valores extras. A corrupção passiva, portanto, pode ser: a) *própria*: quando se pretende que o ato que o funcionário público realize ou deixe de realizar seja ilegal. Ex.: oficial de justiça que recebe dinheiro para não realizar o ato de citação; b) *imprópria*: quando se pretende que o ato que funcionário venha a realizar ou deixar de realizar seja *legal*. Ex.: oficial de justiça que recebe dinheiro para realizar o ato de citação.

Tem-se entendido que pequenas doações ocasionais, como as costumeiras "Boas Festas" de Natal ou Ano Novo, não configuram o crime. Nesses casos, o funcionário público não está aceitando uma retribuição por algum ato ou omissão. Não há dolo, portanto.

11.1.9.3. Sujeito ativo

Qualquer funcionário público. Não é necessário que o funcionário público esteja trabalhando no momento do delito. O próprio tipo penal esclarece que o agente pode realizar a conduta típica *fora da função* (quando está de férias, de licença, fora do horário de expediente etc.) ou, até mesmo, *antes de tê-la assumido* (quando já passou no concurso ou já foi eleito, mas ainda não tomou posse, por exemplo).

Se o delito for cometido por policial militar, estará configurado o crime de corrupção passiva militar, descrito no art. 308 do Código Penal Militar.

11.1.9.4. Sujeito passivo

O Estado. Na hipótese de solicitação de vantagem, o particular também é vítima.

11.1.9.5. Consumação

A corrupção passiva é crime *formal*. Consuma-se no momento em que o funcionário solicita, recebe ou aceita a vantagem.

Nas modalidades solicitar e aceitar promessa de vantagem, pouco importa, para fim de consumação, se o funcionário público efetivamente obtém a vantagem visada. Em todas as figuras (solicitar, receber ou aceitar promessa de vantagem indevida), também não importa se o funcionário pratica ou não algum ato em decorrência da vantagem. A *ação* ou *omissão* funcional, todavia, não constitui mero exaurimento do crime, na medida em que o art. 317, § 1º, do Código Penal, prevê que a pena será aumentada em *um terço* se, em consequência da vantagem ou promessa indevida, o funcionário público retarda ou deixa de praticar ato de ofício ou o pratica infringindo dever funcional. Para essas hipóteses, existe a seguinte classificação: a) corrupção passiva *antecedente*: quando a vantagem é entregue ao funcionário público antes da ação ou omissão funcional; b) corrupção passiva *subsequente*: quando a vantagem é entregue depois.

11.1.9.6. Tentativa

É possível somente na solicitação feita por escrito, em caso de extravio.

11.1.9.7. Distinção

No crime de concussão anteriormente estudado (art. 316, *caput*), o funcionário público constrange, exige do particular uma vantagem indevida. A vítima, quando cede à exigência, o faz por temer uma represália. Na corrupção passiva, há mero pedido, mera *solicitação*. A concussão, portanto, descreve fato mais grave e, por isso, deveria possuir pena mais elevada. Ocorre que, após o advento da Lei n. 10.763/2003, a pena máxima da corrupção passiva passou a ser maior que a da concussão, o que é absurdo. Posteriormente, a Lei n. 13.964/2019 corrigiu parcialmente a distorção equiparando as penas dos dois crimes.

O fiscal tributário que solicita, recebe ou aceita promessa de vantagem indevida para não cobrar *tributo* ou *contribuição* social, ou para cobrá-los em valor menor, pratica crime de corrupção passiva especial, descrito no art. 3º, II, da Lei n. 8.137/90 (crime contra a ordem tributária). A pena desse delito é reclusão, de três a oito anos, e multa – a pena mínima é maior do que a prevista para a corrupção passiva do Código Penal.

A testemunha ou perito *não oficiais* que recebem dinheiro para cometer falso testemunho ou falsa perícia incorrem em crime do art. 342, § 2º, do Código Penal.

Quem solicita ou aceita, para si ou para outrem, vantagem ou promessa de vantagem patrimonial ou não patrimonial para qualquer ato ou omissão destinado a alterar ou falsear o resultado de uma competição desportiva incorre no crime do art. 41-C da Lei n. 12.299/2010 (Estatuto do Torcedor), apenado com reclusão de dois a seis anos e multa. É a chamada corrupção passiva desportiva. Ex.: o árbitro de futebol que solicita dinheiro para beneficiar ou prejudicar determinada equipe.

11.1.9.8. Classificação doutrinária

Quanto à objetividade jurídica constitui crime simples e de dano. Em relação ao sujeito ativo, classifica-se como crime próprio e de concurso eventual. No que diz respeito aos meios de execução é crime de ação livre. No que se refere ao momento consumativo, constitui delito instantâneo e formal. Por fim, no que pertine ao elemento subjetivo, trata-se de infração penal dolosa.

11.1.9.9. Ação penal

Pública incondicionada.

11.1.9.10. Corrupção passiva privilegiada

O art. 317, § 2º, do Código Penal, prevê uma modalidade mais branda do crime de corrupção passiva, que se configura quando o funcionário público *pratica, deixa de praticar ou retarda ato de ofício, com infração de dever funcional, cedendo a pedido ou influência de outrem.* A pena é de detenção, de três meses a um ano, ou multa.

Nesta modalidade do delito, o funcionário público não visa obter uma vantagem indevida, mas pratica, retarda ou deixa de praticar ato com infração de dever funcional cedendo a pedido ou influência de terceiro. A diferença, portanto, em relação à corrupção passiva comum é a motivação do funcionário. Quando um policial rodoviário deixa de multar uma pessoa flagrada em excesso de velocidade por ter recebido dinheiro, o crime é o de corrupção passiva comum – majorado porque, em razão da vantagem, o funcionário deixou de praticar ato de ofício (art. 317, § 1º). Se, todavia, o policial rodoviário deixa de lavrar a multa atendendo exclusivamente aos insistentes pedidos do motorista, o crime é o de corrupção passiva privilegiada.

Note-se, outrossim, que a corrupção passiva privilegiada, devido à redação do dispositivo, constitui crime material, na medida em que só se consuma quando o funcionário efetivamente pratica, deixa de praticar ou retarda o ato de ofício.

11.1.10. Facilitação de contrabando ou descaminho

> Art. 318. Facilitar, com infração de dever funcional, a prática de contrabando ou descaminho (art. 334):
>
> Pena – reclusão, de três a oito anos, e multa.

11.1.10.1. Objetividade jurídica

A Administração Pública, no sentido de serem coibidos o contrabando e o descaminho e suas consequências negativas ao erário público, à indústria e ao comércio nacional etc.

11.1.10.2. Tipo objetivo

Facilitar significa afastar eventuais dificuldades ou empecilhos que possam existir e que se interponham à prática do contrabando ou descaminho. Consiste, pois, em viabilizá-los. A conduta pode ser omissiva ou comissiva, sendo necessário que o funcionário público atue (ou deixe de atuar) com infração de dever funcional. É comissiva, por exemplo, quando o funcionário indica uma forma de o contrabandista desviar-se da fiscalização. É omissiva quando o funcionário, ciente de que há produto de descaminho em uma bagagem ou *container*, não o inspeciona, liberando as mercadorias.

Trata-se de crime doloso, que pressupõe a específica intenção de facilitar o contrabando ou descaminho.

Caso o funcionário tenha recebido dinheiro ou outra vantagem, responderá por crime de corrupção passiva.

O dispositivo em análise contém exceção à teoria unitária ou monista, uma vez que o responsável pelo contrabando ou descaminho responde por crime autônomo, descrito nos arts. 334 e 334-A do Código Penal.

11.1.10.3. Sujeito ativo

Apenas o funcionário público em cujas atribuições esteja inserida a repressão ao contrabando ou descaminho.

11.1.10.4. Sujeito passivo

O Estado, representado pela União.

11.1.10.5. Consumação

No instante em que o funcionário público presta o auxílio (omissivo ou comissivo), a fim de facilitar o contrabando ou descaminho, ainda que este não se concretize. Trata-se de crime *formal*.

11.1.10.6. Tentativa

Possível exclusivamente na modalidade comissiva.

11.1.10.7. Classificação doutrinária

Quanto à objetividade jurídica constitui crime simples. Em relação ao sujeito ativo, classifica-se como crime próprio e de concurso eventual. No que diz respeito aos meios de execução é crime de ação livre. No que se refere ao momento consumativo, constitui delito instantâneo e formal. Por fim, no que pertine ao elemento subjetivo, trata-se de infração penal dolosa.

11.1.10.8. Ação penal

Pública incondicionada, de competência da Justiça Federal.

11.1.11. Prevaricação

> *Art. 319. Retardar ou deixar de praticar, indevidamente, ato de ofício, ou praticá-lo contra disposição expressa de lei, para satisfazer interesse ou sentimento pessoal:*
>
> *Pena – detenção, de três meses a um ano, e multa.*

11.1.11.1. Objetividade jurídica

A moralidade na Administração Pública, no sentido de ser preservado o princípio da impessoalidade administrativa, evitando-se retaliações ou favorecimentos por parte de funcionários públicos no desempenho de suas funções.

11.1.11.2. Tipo objetivo

No crime de prevaricação, o que motiva o funcionário público a agir ilicitamente no desempenho de suas funções são razões *pessoais* – e não a busca por uma vantagem indevida tal como ocorre na corrupção passiva. Na prevaricação, o funcionário, por exemplo, beneficia alguém por ser seu amigo ou parente, ou prejudica uma pessoa por ser seu desafeto ou concorrente.

De acordo com o texto legal, na prevaricação, o funcionário deve ser motivado por *interesse* ou *sentimento pessoal*. O interesse pode ser de qualquer espécie (promoção no cargo, fama), inclusive patrimonial. Ex.: funcionário que determina a execução de uma obra a fim de valorizar terreno de sua propriedade. O sentimento pessoal, por sua vez, diz respeito à afetividade do agente em relação a pessoas ou fatos, como nos exemplos antes citados de amizade ou inimizade. O sentimento pessoal é do funcionário público, mas o beneficiado pode ser terceiro.

Caso se constate, na prática, que um funcionário público agiu de forma irregular, porém não se consiga desvendar o que o levou a atuar de tal maneira (a sua motivação), restará inviável a acusação por crime de prevaricação, podendo ser o funcionário responsabilizado apenas no âmbito administrativo pela ação indevida no desempenho da função. Em suma, é absolutamente necessário que o Ministério Público descreva na denúncia qual o interesse ou o sentimento pessoal do funcionário que o levou a agir ilicitamente. Não basta, portanto, mencionar que este agiu por interesse ou sentimento pessoal, devendo ser esclarecido exatamente em que consistiram. A propósito: "No crime de prevaricação, inepta a denúncia que não especifica o sentimento pessoal que anima a atitude do autor" (STF, Rel. Décio Miranda, *RJT* 111/288); "Cuidando-se de crime de prevaricação, é inepta a denúncia que não especifica o interesse ou sentimento pessoal que o autor buscou satisfazer, por infringência ao art. 41 do CPP" (STJ, Rel. Costa Leite, *RSTJ* 7/108).

Pequenos atrasos ocasionais no serviço por preguiça ou desleixo não constituem, por si só, o crime de prevaricação, podendo configurar infração administrativa. Nesse sentido: "O erro, a simples negligência, apenas poderão determinar a responsabilidade civil ou legitimar sanções de outra natureza. Para caracterizar o delito exige-se o propósito deliberado, a intenção direta" (STF, RE 10.351, 2ª Turma, Rel. Orozimbo Nonato. *RF* 120/357).

O crime em estudo não se confunde com a *corrupção passiva privilegiada*, em que o agente age ou deixa de agir *cedendo a pedido ou influência de outrem*. Na prevaricação não existe este pedido ou influência. O agente toma a iniciativa de agir ou se omitir para satisfazer interesse ou sentimento pessoal. Assim, se um fiscal flagra um desconhecido cometendo irregularidade e deixa de autuá-lo em razão de insistentes pedidos deste, há corrupção passiva privilegiada, mas, se o fiscal deixa de autuar porque percebe que a pessoa é um antigo amigo, configura-se a prevaricação.

São três as condutas típicas que configuram o delito em estudo:

a) *retardar ato de ofício*: atrasar por tempo considerável. Ex.: o funcionário que demora para expedir um documento para prejudicar um desafeto.

b) *deixar de praticar ato de ofício*: omitir por completo.

c) *praticar*: realizar, levar a efeito o ato.

Nas duas primeiras modalidades, basta que a conduta ocorra *indevidamente* (elemento normativo), enquanto na última exige o tipo penal que o ato seja praticado contra expresso texto de lei (norma penal em branco). É sempre necessário, de qualquer forma, que o funcionário queira satisfazer sentimento ou interesse pessoal (elemento subjetivo do tipo).

A conduta pode se referir a qualquer ato de ofício, assim entendido todo aquele que se encontra dentro da esfera de atribuição do agente.

11.1.11.3. Sujeito ativo

Qualquer funcionário público. Trata-se de crime funcional próprio, pois, se provado que o agente não era funcionário público, haverá absolvição e não desclassificação para crime de outra natureza.

11.1.11.4. Sujeito passivo

O Estado e a pessoa eventualmente prejudicada pela ação ou omissão funcional.

11.1.11.5. Consumação

No exato instante em que o funcionário omite, retarda ou pratica o ato de ofício, independentemente de qualquer resultado (efetiva satisfação do interesse ou sentimento pessoal). Cuida-se de crime *formal*.

11.1.11.6. Tentativa

Possível apenas na modalidade comissiva.

11.1.11.7. Classificação doutrinária

Quanto à objetividade jurídica constitui crime simples. Em relação ao sujeito ativo, classifica-se como crime próprio e de concurso eventual. No que diz respeito aos meios de execução é crime de ação livre (comissivo ou omissivo). No que se refere ao momento consumativo, constitui delito instantâneo e formal. Por fim, no que pertine ao elemento subjetivo, trata-se de infração penal dolosa.

11.1.11.8. Ação penal

Pública incondicionada, de competência do Juizado Especial Criminal.

11.1.12. Prevaricação imprópria

> Art. 319-A. Deixar o Diretor de Penitenciária e/ou agente pública, de cumprir seu dever de vedar ao preso o acesso a aparelho telefônico, de rádio ou similar, que permita a comunicação com outros presos ou com o ambiente externo:
>
> Pena – detenção, de três meses a um ano.

11.1.12.1. Objetividade jurídica

A moralidade administrativa, no sentido de obrigar os funcionários responsáveis a evitar o ingresso de aparelhos de telefonia ou similares (destinados a presos) no interior de estabelecimentos prisionais.

11.1.12.2. Tipo objetivo

O presente dispositivo foi inserido no Código Penal pela Lei n. 11.466/2007. O legislador entendeu necessária tal inserção, devido à constatação de que número expressivo de presos estava tendo acesso a aparelhos de telefonia celular, com os quais comandavam suas organizações criminosas, cometiam crimes como tráfico de drogas, extorsão, estelionato ou extorsão mediante sequestro, ou, ainda, organizavam fugas.

O dispositivo pune o diretor de penitenciária e/ou agente público que se omite em seu dever de vedar ao preso o acesso a aparelho telefônico, de rádio ou similar, que permita a comunicação com outros presos ou com o ambiente externo. É necessário, evidentemente, que a conduta seja dolosa.

O crime abrange fatos ocorridos em penitenciárias, colônias penais, casas do albergado, cadeias públicas e carceragens de distritos policiais.

11.1.12.3. Sujeito ativo

Cuida-se de crime próprio que só pode ser cometido por diretor de penitenciária ou agente penitenciário. A conduta típica é exclusivamente omissiva. Caso o próprio funcionário introduza o aparelho no presídio, incorre no crime do art. 349-A do Código Penal. Caso se omita ou introduza o aparelho no presídio em troca de vantagem indevida, responde por corrupção passiva.

11.1.12.4. Sujeito passivo

O Estado no que pertine à Administração Penitenciária.

11.1.12.5. Consumação

No momento em que o preso tem acesso ao aparelho em decorrência da omissão.

11.1.12.6. Tentativa

Inadmissível, por se tratar de crime omissivo próprio.

11.1.12.7. Classificação doutrinária

Quanto à objetividade jurídica constitui crime simples. Em relação ao sujeito ativo, classifica-se como crime próprio e de concurso eventual. No que diz respeito aos meios de execução é crime omissivo. No que se refere ao momento consumativo, constitui delito instantâneo e material. Por fim, no que pertine ao elemento subjetivo, trata-se de infração penal dolosa.

11.1.12.8. Ação penal

Pública incondicionada, de competência do Juizado Especial Criminal.

11.1.13. Condescendência criminosa

> *Art. 320. Deixar o funcionário, por indulgência, de responsabilizar subordinado que cometeu infração no exercício do cargo ou, quando lhe falte competência, não levar o fato ao conhecimento da autoridade competente:*
>
> *Pena – detenção, de quinze dias a um mês, ou multa.*

11.1.13.1. Objetividade jurídica

A moralidade e a regularidade da Administração Pública.

11.1.13.2. Tipo objetivo

Tendo um funcionário público, no exercício de suas funções, cometido infração administrativa ou penal que deva ser objeto de apuração na esfera da Administração, constituirá crime a omissão por parte de seu superior hierárquico que, por clemência ou tolerância, deixe de tomar as providências cabíveis para responsabilizá-lo.

A lei incrimina duas condutas, ambas de caráter omissivo: a) deixar o superior hierárquico de responsabilizar o funcionário autor da infração; b) deixar o superior hierárquico de levar o fato ao conhecimento da autoridade competente, quando lhe falte autoridade para punir o funcionário infrator.

Deve-se ressaltar novamente que o crime de condescendência criminosa pressupõe que o agente, ciente da infração do subordinado e por indulgência (clemência, tolerância), omita-se. Se a motivação for outra, poderão estar caracterizados outros delitos, como, por exemplo, prevaricação ou corrupção passiva, se a intenção do funcionário tiver sido, respectivamente, a satisfação de interesse ou sentimento pessoal ou a obtenção de alguma vantagem indevida.

O delito em análise só é punido a título de dolo.

11.1.13.3. Sujeito ativo

O superior hierárquico do funcionário que cometeu a infração. É possível, contudo, a participação de outros funcionários ou particulares.

O funcionário beneficiado não responde pelo delito ainda que solicite ao superior hierárquico que não o responsabilize porque se entende que tal comportamento encontra-se dentro de seu direito de defesa.

11.1.13.4. Sujeito passivo

O Estado.

11.1.13.5. Consumação

Quando o superior toma conhecimento da infração e não promove de imediato a responsabilização do infrator ou não comunica o fato à autoridade competente.

11.1.13.6. Tentativa

Inadmissível, pois se trata de crime omissivo próprio.

11.1.13.7. Classificação doutrinária

Quanto à objetividade jurídica constitui crime simples. Em relação ao sujeito ativo, classifica-se como crime próprio e de concurso eventual. No que diz respeito aos meios de execução é crime omissivo. No que se refere ao momento consumativo, constitui delito instantâneo e de mera conduta. Por fim, no que pertine ao elemento subjetivo, trata-se de infração penal dolosa.

11.1.13.8. Ação penal

Pública incondicionada, de competência do Juizado Especial Criminal.

11.1.14. Advocacia administrativa

> Art. 321. Patrocinar, direta ou indiretamente, interesse privado perante a administração pública, valendo-se da qualidade de funcionário:
>
> Pena – detenção, de um a três meses, ou multa.
>
> Parágrafo único. Se interesse é ilegítimo:
>
> Pena – detenção, de três meses a um ano, além da multa.

11.1.14.1. Objetividade jurídica

A moralidade administrativa.

11.1.14.2. Tipo objetivo

O delito em questão se aperfeiçoa quando um funcionário público, *valendo-se de sua condição* (de seu prestígio ou amizade junto a outros funcionários, por exemplo), defende (advoga) interesse alheio, legítimo ou ilegítimo, perante a Administração Pública. A ação nuclear consiste em "patrocinar", que corresponde a defender, pleitear, advogar junto a companheiros ou superiores hierárquicos, o interesse particular. O delito pode ser cometido de forma verbal ou por escrito e estará configurado sempre que ficar demonstrado que o funcionário fez uso de seu cargo a fim de beneficiar um particular.

Se o interesse for ilegítimo, será aplicada a qualificadora descrita no parágrafo único.

É desnecessário que o fato ocorra no próprio posto de trabalho, podendo o agente valer-se de sua qualidade de funcionário para pleitear favores em qualquer esfera da Administração.

Nos termos do dispositivo, não existe a infração penal quando o funcionário patrocina interesse próprio ou de outro funcionário público.

Para a configuração do delito, é indiferente que o funcionário tenha realizado a conduta pessoalmente ou por interposta pessoa, uma vez que a lei pune a advocacia administrativa efetivada direta ou indiretamente. Tampouco se exige que vise obter alguma vantagem pessoal ou econômica, requisitos que não constam do tipo penal.

Quando o funcionário patrocina, direta ou indiretamente, interesse privado perante a administração fazendária, valendo-se de sua qualidade, configura-se crime especial descrito no art. 3º, III, da Lei n. 8.137/90 (crime contra a ordem tributária), que tem pena bem mais severa – reclusão, de um a quatro anos, e multa.

11.1.14.3. Sujeito ativo

De forma direta é o funcionário público, porém responde também pelo delito o particular que o auxilia ou incentiva. Apesar do nome do delito (*advocacia administrativa*), não é necessário que seja cometido por advogado.

11.1.14.4. Sujeito passivo

O Estado.

11.1.14.5. Consumação

No momento em que o agente realiza o ato de patrocinar o interesse alheio, por escrito ou oralmente, ainda que não obtenha êxito em beneficiar o particular. Trata-se de crime *formal*.

11.1.14.6. Tentativa

É admissível.

11.1.14.7. Classificação doutrinária

Quanto à objetividade jurídica constitui crime simples. Em relação ao sujeito ativo, classifica-se como crime próprio e de concurso eventual. No que diz respeito aos meios de execução é crime de ação livre. No que se refere ao momento consumativo, constitui delito instantâneo e formal. Por fim, no que pertine ao elemento subjetivo, trata-se de infração penal dolosa.

11.1.14.8. Ação penal

Pública incondicionada, de competência do Juizado Especial Criminal, tanto na forma simples como na qualificada.

11.1.15. Violência arbitrária

> Art. 322. Praticar violência, no exercício de função ou a pretexto de exercê-la:
>
> Pena – detenção, de seis meses a três anos, além da pena correspondente à violência.

Havia controvérsia quanto à revogação deste dispositivo pela Lei n. 4.898/65 (antiga Lei de Abuso de Autoridade). Damásio de Jesus[57], Heleno Cláudio Fragoso[58], Rogério Greco[59], Guilherme de Souza Nucci[60] e Luiz Regis Prado[61], dentre outros, entendiam ter havido a revogação por haver crime específico na referida Lei. Magalhães Noronha[62], Cezar Roberto Bitencourt[63] e Paulo José da Costa Júnior[64], de outro lado, entendiam que o crime ainda estava em vigor, assim como o Superior Tribunal de Justiça: *"O crime de violência arbitrária não foi revogado pelo disposto no artigo 3º, alínea 'i', da Lei de Abuso de Autoridade. Precedentes da Suprema Corte. 2. Ordem denegada"* (HC 48.083/MG, Rel. Min. Laurita Vaz, 5ª Turma, julgado em 20-11-2007, *DJe* 7-4-2008).

A Lei n. 13.869/2019 (nova Lei de Abuso de Autoridade) expressamente revogou a Lei n. 4.898/65 e não tipificou a violência arbitrária, de modo que a interpretação a ser dada é a de que o art. 322 do Código Penal ainda está em vigor.

11.1.15.1. Objetividade jurídica

A probidade e a moralidade administrativa, bem como a incolumidade física dos cidadãos.

11.1.15.2. Tipo objetivo

A conduta incriminada é praticar violência, ou seja, empregar força física contra pessoa (ou pessoas) no exercício da função ou a pretexto de exercê-la. É evidente que o fato somente configura infração penal se a agressão ocorrer de forma arbitrária, isto é, sem justa causa. Quando um policial emprega força física para prender alguém que se encontra em flagrante delito ou para defender outra pessoa, não incorre, obviamente, no delito em estudo.

O crime de violência arbitrária se aperfeiçoa ainda que as vítimas da agressão não sofram lesões. Caso, entretanto, alguma delas sofra lesão ou morra, o agente

---

[57]   Damásio de Jesus, *Código Penal anotado*, p. 993.
[58]   Heleno Cláudio Fragoso, *Lições de direito penal*. Parte especial, v. II, p. 439.
[59]   Rogério Greco, *Código Penal comentado*, p. 772.
[60]   Guilherme de Souza Nucci, *Código Penal comentado*, p. 1.353.
[61]   Luiz Regis Prado, *Comentários ao Código Penal*, p. 1.072.
[62]   Magalhães Noronha, *Direito penal*, v. 4, p. 272.
[63]   Cezar Roberto Bitencourt, *Tratado de direito penal*, v. 5, p. 157.
[64]   Paulo José da Costa Júnior, *Curso de direito penal*, p. 910.

responderá também pelos crimes de lesões corporais ou homicídio, já que tal autonomia entre as infrações penais consta expressamente do preceito secundário do art. 322.

11.1.15.3. Sujeito ativo

Trata-se de crime próprio, que só pode ser cometido por funcionário público no desempenho da função ou a pretexto de exercê-la.

11.1.15.4. Sujeito passivo

O Estado e as pessoas que sofram a violência arbitrária.

11.1.15.5. Consumação

No momento em que a vítima sofre a violência física, ainda que não sofra lesão.

11.1.15.6. Tentativa

É possível.

11.1.15.7. Classificação doutrinária

Quanto à objetividade jurídica constitui crime simples. Em relação ao sujeito ativo, classifica-se como crime próprio e de concurso eventual. No que diz respeito aos meios de execução é crime de ação livre. No que se refere ao momento consumativo, constitui delito instantâneo e de mera conduta. Por fim, no que pertine ao elemento subjetivo, trata-se de infração penal dolosa.

11.1.15.8. Ação penal

Pública incondicionada.

11.1.16. Abandono de função

> Art. 323. Abandonar cargo público, fora dos casos permitidos em lei:
> Pena – detenção, de quinze dias a um mês, ou multa.
> § 1º Se do fato resulta prejuízo público:
> Pena – detenção, de três meses a um ano, e multa.
> § 2º Se o fato ocorre em lugar compreendido na faixa de fronteira:
> Pena – detenção, de um a três anos, e multa.

11.1.16.1. Objetividade jurídica

A regularidade e o normal funcionamento das atividades públicas, no sentido de evitar que os funcionários públicos abandonem seus cargos de forma a gerar perturbação ou até mesmo a paralisação do serviço público.

11.1.16.2. Tipo objetivo

Abandonar significa deixar o cargo. Para que se configure o abandono, é necessário que o agente se afaste do seu cargo por tempo juridicamente relevante, de forma a colocar em risco a regularidade dos serviços prestados. Assim, não há crime na falta eventual, bem como no desleixo na realização de parte do serviço, que caracterizam apenas falta funcional, punível na esfera administrativa.

Também não se configura o delito quando a ausência se dá nos casos permitidos em lei, como, por exemplo, com autorização da autoridade competente, para prestação de serviço militar.

Por se tratar de crime doloso, não se configura quando o abandono ocorre em razão de força maior (prisão, doença etc.).

A doutrina tem sustentado, outrossim, que não existe crime na suspensão, ainda que prolongada, do trabalho por parte de funcionário público – mesmo que de função essencial – quando se trata de ato coletivo na luta por reivindicações da categoria, ou seja, nos casos de greve (enquanto não declarada ilegal).

Observe-se, por fim, que a pena será consideravelmente mais severa se o fato ocorrer em lugar compreendido na faixa de fronteira (faixa de 150 quilômetros ao longo das fronteiras nacionais – art. 1º da Lei n. 6.634/79). Cuida-se da figura qualificada, descrita no art. 223, § 2º, do Código Penal.

11.1.16.3. Sujeito ativo

Apesar de o delito ter o nome de "abandono de função", percebe-se pela descrição típica que o crime somente existe com o abandono de *cargo*, não prevalecendo a regra do art. 327 do Código Penal, que define funcionário público como ocupante de cargo, emprego ou função pública. Assim, pode-se concluir que sujeito ativo desse crime pode ser apenas quem ocupa cargo público (criado por lei, com denominação própria, em número certo e pago pelos cofres públicos).

O funcionário que já protocolou requerimento de aposentadoria ou exoneração pode cometer o crime, caso o pedido ainda não tenha sido deferido.

11.1.16.4. Sujeito passivo

O Estado.

11.1.16.5. Consumação

Com o abandono do cargo por tempo juridicamente relevante, ainda que não decorra efetivo prejuízo para a Administração. Trata-se de crime formal. Existe, porém, modalidade qualificada do delito, que se aperfeiçoa quando o abandono traz como consequência prejuízo ao erário (art. 323, § 1º).

11.1.16.6. Tentativa

Por se tratar de crime omissivo não admite a tentativa.

11.1.16.7. Classificação doutrinária

Quanto à objetividade jurídica constitui crime simples. Em relação ao sujeito ativo, classifica-se como crime próprio e de concurso eventual. No que diz respeito aos meios de execução é crime omissivo. No que se refere ao momento consumativo, constitui delito permanente e formal (salvo na figura qualificada do § 1º). Por fim, no que pertine ao elemento subjetivo, trata-se de infração penal dolosa.

11.1.16.8. Ação penal

Pública incondicionada, de competência do Juizado Especial Criminal, exceto na figura qualificada do § 2º, em que a pena máxima supera dois anos.

11.1.17. Exercício funcional ilegalmente antecipado ou prolongado

> Art. 324. Entrar no exercício de função pública antes de satisfeitas as exigências legais, ou continuar a exercê-la, sem autorização, depois de saber oficialmente que foi exonerado, removido, substituído ou suspenso:
>
> Pena – detenção, de quinze dias a um mês, ou multa.

11.1.17.1. Objetividade jurídica

Resguardar a regularidade na prestação dos serviços pela Administração Pública, evitando o desempenho de funções por quem não preenche os requisitos legais.

11.1.17.2. Tipo objetivo

A primeira conduta ilícita consiste em entrar no exercício da função pública antes de satisfeitas as exigências legais. Essa modalidade do delito mostra-se presente quando o agente já foi nomeado, mas ainda não pode exercer legalmente as funções – por restarem exigências a serem observadas, como, por exemplo, a realização de exame médico ou a posse –, mas, apesar disso, passa a praticar os atos inerentes à função. Trata-se de norma penal em branco porque o tipo penal pressupõe complemento com fulcro na legislação correspondente que indique quais "exigências legais" foram desrespeitadas.

A segunda ação nuclear consiste em continuar a exercer as funções públicas depois de saber oficialmente que foi exonerado, removido, substituído ou suspenso. Nesta modalidade do delito, exige-se que o agente tenha sido comunicado *oficialmente* de que não mais poderá exercer as funções e, contrariando a determinação, continue a fazê-lo. É necessária, outrossim, a comunicação pessoal ao funcionário, não bastando a notificação pelo *Diário Oficial*.

O próprio dispositivo ressalva não haver crime quando presente autorização superior para o funcionário continuar exercendo temporariamente as funções após a remoção, suspensão etc. Tampouco se configura o delito quando o funcionário continua exercendo as funções após ter entrado em férias ou licença, pois nos parece que a expressão "depois de saber oficialmente que foi substituído" diz respeito à substituição definitiva.

Entendemos que, por ausência de previsão legal, não constitui crime a conduta de continuar indevidamente a praticar as funções públicas após a aposentadoria. A punição, em tal caso, decorreria de *analogia in malam partem*, vedada no âmbito penal.

O crime em estudo exige dolo direto. Não se punem as condutas culposas ou cometidas com dolo eventual, pois se exige que o agente saiba da ilegalidade de que se reveste sua conduta. O fim do agente ao antecipar ou prolongar o exercício das funções é irrelevante, não afastando a responsabilidade penal a alegação de querer auxiliar a Administração Pública. Evidentemente, entretanto, estará afastado o crime se houver estado de necessidade.

11.1.17.3. Sujeito ativo

Apenas o funcionário público que se antecipa indevidamente no exercício das funções ou que continua a exercê-las. Quando particular pratica ato de ofício de funcionário público, comete crime de usurpação de função pública (art. 328 do CP).

11.1.17.4. Sujeito passivo

O Estado.

11.1.17.5. Consumação

Com a prática de algum ato inerente à função pública.

11.1.17.6. Tentativa

É possível.

11.1.17.7. Classificação doutrinária

Quanto à objetividade jurídica constitui crime simples. Em relação ao sujeito ativo, classifica-se como crime próprio e de concurso eventual. No que diz respeito aos meios de execução é crime comissivo. No que se refere ao momento consumativo, constitui delito instantâneo e de mera conduta). Por fim, no que pertine ao elemento subjetivo, trata-se de infração penal dolosa.

11.1.17.8. Ação penal

Pública incondicionada, de competência do Juizado Especial Criminal.

11.1.18. Violação de sigilo funcional

> Art. 325. Revelar fato de que tem ciência em razão do cargo e que deva permanecer em segredo ou facilitar-lhe a revelação:
>
> Pena – detenção, de seis meses a dois anos, ou multa, se o fato não constitui crime mais grave.

11.1.18.1. Objetividade jurídica

Resguardar o regular funcionamento da Administração Pública, que pode ser prejudicado pela revelação de determinados segredos.

11.1.18.2. Tipo objetivo

O dispositivo pune o funcionário público que revela ou facilita a revelação de segredo do qual teve conhecimento em razão de seu cargo.

O ato de *revelar* segredo concretiza-se quando o funcionário público intencionalmente dá conhecimento de seu teor a terceiro, por escrito, verbalmente, apresentando-lhe documentos etc. Por seu turno, a conduta de *facilitar a divulgação* de segredo, também chamada de divulgação indireta, dá-se quando o funcionário, querendo que o fato chegue ao conhecimento de terceiro, adota determinado procedimento que torna a descoberta acessível a outras pessoas, como ocorre no clássico exemplo de deixar anotações ou documentos em local que possam ser facilmente vistos por outras pessoas.

O *segredo* a que se refere esse dispositivo é aquele cujo teor é limitado a número determinado de pessoas e cuja divulgação afronte o interesse público pelas consequências que possam advir.

O delito em análise é doloso e pressupõe a vontade livre e consciente de revelar o sigilo funcional. Não é punida a forma culposa.

Até o advento da Lei n. 12.550/2011, uma hipótese muito comum desse crime era a divulgação, por parte de servidor público, do conteúdo de provas de concurso a alguns candidatos, antes da realização do exame. Atualmente, contudo, tal conduta configura o crime de fraude em certame de interesse público, agravado pelo fato de ser praticado por funcionário público (art. 311-A, § 3º, do CP).

Pode-se mencionar como exemplo do delito em estudo a divulgação, por parte de funcionário do Poder Judiciário, de informações relativas a processo no qual tenha sido decretado segredo de justiça. Já a divulgação de segredo de justiça relativo a interceptação telefônica, telemática ou informática decretadas judicialmente, configura crime mais grave previsto no art. 10 da Lei n. 9.296/96.

O legislador, ao especificar a pena do crime deste art. 325, expressamente determinou a sua absorção quando o fato constituir crime mais grave, como, por exemplo, crime de espionagem (art. 359-K) violação de sigilo de licitação com divulgação antecipada de propostas (art. 337-J), crime contra o sistema financeiro (art. 18 da Lei n. 7.492/1986), crime de quebra de sigilo de interceptação telefônica, telemática ou informática (art. 10 da Lei n. 9.296/96) etc.

Se o funcionário tiver recebido vantagem indevida para revelar o segredo, incorrerá no crime de corrupção passiva (art. 317).

O art. 3º, § 2º, da Lei n. 11.671/2008, dispõe que os estabelecimentos penais federais de segurança máxima deverão dispor de monitoramento de áudio e vídeo no parlatório e nas áreas comuns, para fins de preservação da ordem interna e da segurança pública, vedado seu uso nas celas e no atendimento advocatício, salvo expressa autorização judicial em sentido contrário. A violação dessas regras – com a divulgação ilegal do conteúdo – configura o crime do art. 325, conforme determina expressamente o art. 3º, § 5º, da Lei n. 11.671/2008, com a redação dada pela Lei n 13.964/2019.

11.1.18.3. Sujeito ativo

Apenas o funcionário público que teve ciência do segredo em razão do cargo pode ser sujeito ativo. Predomina na doutrina, no entanto, o entendimento de que mesmo o funcionário aposentado ou afastado pode cometer o delito, pois o interesse público na manutenção do sigilo remanesce.

O crime admite a coautoria e também a participação – de outro funcionário público ou de particular que colabore para que a divulgação inicial ocorra. De ver-se que o particular que se limita a tomar conhecimento do fato divulgado não comete o delito, ainda que posteriormente relate o segredo a outras pessoas.

A revelação de segredo profissional por quem não é funcionário público constitui crime de outra natureza, previsto no art. 154 do Código Penal.

11.1.18.4. Sujeito passivo

O Estado e, eventualmente, o particular que possa sofrer prejuízo, material ou moral, com a revelação do sigilo.

11.1.18.5. Consumação

No momento em que terceiro, funcionário público ou particular, que não podia tomar conhecimento do segredo, dele toma ciência. Trata-se de crime *formal*, cuja caracterização independe da ocorrência de prejuízo.

Ressalve-se, todavia, que o art. 325, § 2º, do Código Penal, prevê uma forma *qualificada* do delito, estabelecendo pena de reclusão, de dois a seis anos, e multa, se da ação ou omissão resultar dano à Administração ou a terceiro. Como o tipo penal não faz restrição, o dano não precisa ser necessariamente patrimonial.

11.1.18.6. Tentativa

É admitida, exceto na forma oral.

11.1.18.7. Figuras equiparadas

A Lei n. 9.983/2000 criou no § 1º do art. 325 algumas infrações penais equiparadas, punindo com as mesmas penas do *caput* quem: a) permite ou facilita, mediante atribuição, fornecimento e empréstimo de senha ou qualquer outra forma, o acesso de pessoas não autorizadas a sistemas de informações ou banco de dados da Administração Pública (inc. I); b) se utiliza, indevidamente, do acesso restrito a tais informações (inc. II).

11.1.18.8. Classificação doutrinária

Quanto à objetividade jurídica constitui crime simples. Em relação ao sujeito ativo, classifica-se como crime próprio e de concurso eventual. No que diz respeito aos meios de execução é crime de ação livre. No que se refere ao momento consumativo, constitui delito instantâneo e formal. Por fim, no que pertine ao elemento subjetivo, trata-se de infração penal dolosa.

11.1.18.9. Ação penal

Pública incondicionada, de competência do Juizado Especial Criminal, exceto na forma qualificada em que a pena máxima é superior a 2 anos.

11.1.19. Violação do sigilo de proposta de concorrência

> *Art. 326. Devassar o sigilo de proposta de concorrência pública, ou proporcionar a terceiro o ensejo de devassá-lo:*
>
> *Pena – detenção, de três meses a um ano, e multa.*

Esta infração penal nada mais é do que uma violação de segredo funcional que se refere especificamente a sigilo quanto a proposta de concorrência pública. Tal dispositivo, contudo, foi tacitamente revogado pelo art. 94 da Lei n. 8.666/93 – Lei de Licitações, que tem uma redação mais abrangente, punindo com detenção, de dois a três anos, e multa, qualquer devassa em sigilo envolvendo procedimento licitatório. Essas condutas, atualmente, estão previstas no art. 337-J do Código Penal, inserido pela Lei n. 14.133/2021, que expressamente revogou a Lei n. 8.666/93.

Capítulo II

DOS CRIMES PRATICADOS POR PARTICULAR CONTRA A ADMINISTRAÇÃO EM GERAL

11.2. Dos crimes praticados por particular contra a administração em geral

Os delitos descritos neste Capítulo também têm por finalidade evitar dano ou afronta à Administração Pública em geral, contudo, as condutas ilícitas são cometidas por particulares. São, portanto, crimes comuns.

As infrações penais estão elencadas nos arts. 328 a 337-A.

11.2.1. Usurpação de função pública

> Art. 328. Usurpar o exercício de função pública:
> Pena – detenção, de três meses a dois anos, e multa.
> Parágrafo único. Se do fato o agente aufere vantagem:
> Pena – reclusão, de dois a cinco anos, e multa.

11.2.1.1. Objetividade jurídica

A regularidade e o normal funcionamento das atividades públicas.

11.2.1.2. Tipo objetivo

O delito consiste em usurpar função pública. *Usurpar* significa desempenhar indevidamente uma atividade, ou seja, assumir indevidamente as atividades de determinada função pública, vindo a executar atos inerentes ao ofício, sem que tenha sido aprovado em concurso ou nomeado para tal função. Ex.: uma pessoa passa a fazer diligências em nome da Polícia Civil ou da Polícia Militar sem integrar seus quadros. A propósito: "Viola o interesse da Administração Pública, na normalidade, prestígio e decoro do serviço público, aquele que, embriagado, se apresenta como policial e passa a exigir dos circunstantes documentos de identidade e a praticar arbitrariedades" (TJSP, Rel. Weiss de Andrade, *RT* 507/357).

A configuração do delito pressupõe que o agente tenha ciência de que está usurpando a função pública. Se ele não tem conhecimento de que determinado ato é específico dos titulares de certo cargo, não comete o delito. Em tal caso não se mostra presente o dolo.

A mera conduta de se intitular funcionário público perante terceiros, sem praticar atos inerentes ao ofício, constitui apenas a contravenção descrita no art. 45 da Lei das Contravenções Penais ("fingir-se funcionário público").

11.2.1.3. Sujeito ativo

O particular que realiza atos inerentes à função pública que não exerce. Ressalve-
-se, contudo, que também comete o crime o funcionário público que exerce, indevidamente, as funções de outro. É o que ocorre, por exemplo, quando um escrevente passa
a praticar atos próprios de juiz de direito.

11.2.1.4. Sujeito passivo

O Estado.

11.2.1.5. Consumação

No instante em que o agente pratica algum ato inerente à função usurpada. É desnecessária a ocorrência de qualquer outro resultado.

11.2.1.6. Tentativa

É admissível.

11.2.1.7. Figura qualificada

Se com a conduta o agente obtém *vantagem* – material, moral, política etc. –, aplica-se
a qualificadora prevista no parágrafo único do art. 328, cuja pena é de reclusão, de dois
a cinco anos, e multa.

É importante estabelecer a seguinte distinção: quando o agente *efetivamente* realiza atos
próprios de determinada função pública e, com isso, aufere alguma vantagem *econômica*,
incorre na figura qualificada do delito de usurpação de função pública, que tem pena mais
alta do que a prevista para o crime de estelionato (art. 171 do CP). Este, por sua vez, estará presente quando o agente limitar-se a mentir que exerce certa função pública a fim de
induzir alguém em erro para obter vantagem ilícita em seu detrimento. Ex.: mentindo ser
fiscal, o agente pede e recebe dinheiro da vítima a pretexto de regularizar sua situação.

11.2.1.8. Classificação doutrinária

Quanto à objetividade jurídica constitui crime simples. Em relação ao sujeito ativo,
classifica-se como crime comum e de concurso eventual. No que diz respeito aos meios
de execução é crime de ação livre. No que se refere ao momento consumativo, constitui delito instantâneo e formal. Por fim, no que pertine ao elemento subjetivo, trata-se
de infração penal dolosa.

11.2.1.9. Ação penal

Pública incondicionada. Na modalidade simples é de competência do Juizado Especial Criminal.

11.2.2. Resistência

> Art. 329. Opor-se à execução de ato legal, mediante violência ou ameaça a
> funcionário competente para executá-lo ou a quem lhe esteja prestando auxílio:
> Pena – detenção, de dois meses a dois anos.
> § 1º Se o ato, em razão da resistência, não se executa:

Pena – reclusão, de um a três anos.

§ 2º As penas deste artigo são aplicáveis sem prejuízo das correspondentes à violência.

11.2.2.1. Objetividade jurídica

A autoridade e o prestígio da função pública.

11.2.2.2. Tipo objetivo

Para a caracterização do crime de resistência, é preciso que o agente empregue *violência* ou *ameaça* (não é necessário que seja grave) como forma de evitar a concretização de um ato legal por parte de funcionário público competente. É o que ocorre, por exemplo, quando alguém, a fim de evitar uma prisão, agride o policial que está cumprindo o mandado, ou quando pessoas que invadiram um terreno atiram pedras no oficial de justiça que estava cumprindo a ordem judicial de reintegração de posse em favor do dono do imóvel.

Saliente-se que, se a violência ou ameaça forem empregadas após a realização do ato, poderão estar configurados apenas outros crimes, como ameaça (art. 147), lesão corporal (art. 129) etc. Isso ocorre porque o tipo penal do delito de resistência exige que a violência ou ameaça sejam empregadas contra a execução do ato.

Quando um preso emprega violência com o fim de fuga, após a prisão ter sido efetuada, o crime será aquele do art. 352 do Código Penal (evasão mediante violência contra pessoa).

Para a configuração do delito em estudo, conforme já estudado, é necessário que o agente empregue violência ou ameaça.

Violência é sinônimo de agressão, de emprego de força física. Trata-se da violência contra a pessoa do funcionário público ou do terceiro que o auxilia. Eventual violência empregada contra coisa pode caracterizar crime de dano qualificado (art. 163, parágrafo único, III). É o que ocorre, por exemplo, quando uma pessoa, a fim de evitar sua prisão, chuta a porta da viatura policial no momento em que está sendo conduzido, provocando danos na lataria do veículo. O Superior Tribunal de Justiça, entretanto, possui julgado com entendimento de que o dano provocado na viatura com o intuito de obter fuga é atípico pela falta de *animus nocendi* – intenção específica de provocar prejuízo: "Nesse passo, a destruição, deterioração ou inutilização das paredes ou grades de cela pelo detento, com vistas à fuga de estabelecimento prisional, ou, ainda, da viatura na qual o flagranteado foi conduzido à delegacia de polícia, demonstra tão somente o seu intuito de recuperar a sua liberdade, sem que reste evidenciado o necessário dolo específico de causar dano ao patrimônio público" (STJ, HC 503.970/SC, Rel. Min. Ribeiro Dantas 5ª Turma, julgado em 30-5-2019, *DJe* 4-6-2019).

No que pertine ao emprego de ameaça é necessário esclarecer que, ao contrário do que ocorre normalmente nas infrações descritas Código Penal, o tipo penal do delito de resistência não exige que ela seja grave. Basta, portanto, a promessa de um mal injusto. É evidente, contudo, que também se configura o ilícito quando a ameaça é efetivamente grave.

A ameaça pode ser escrita ou verbal.

A resistência *passiva* – desacompanhada de violência ou ameaça –, não constitui crime pela ausência de uma das elementares do art. 329. Ex.: segurar-se em um poste para não ser conduzido, jogar-se no chão para não ser preso, sair correndo etc.

O mero xingamento contra o funcionário público constitui crime de desacato. Se, no caso concreto, o agente xinga e emprega violência contra o funcionário público, teria, em tese, cometido dois crimes, contudo, a jurisprudência firmou entendimento de que, nesse caso, o desacato fica absorvido pela resistência, exceto se ocorrerem em momentos distintos: "Admite-se a incidência do princípio da consunção se o agente, em um mesmo contexto fático, além de resistir ativamente à execução de ato legal, venha a proferir ofensas verbais contra policial na tentativa de evitar a sua prisão. No caso, porém, infere-se que o réu, após abordagem policial, desceu do seu veículo proferindo impropérios contra o funcionário público. Na sequência, após ter se recusado a apresentar o documento do automóvel, o ora paciente ofereceu propina para ser liberado. Diante disso, o policial deu-lhe voz de prisão, contra a qual o réu ofereceu resistência, tendo sido necessário o uso de algemas para o cumprimento do decreto prisional. Nesse passo, descabe falar em absorção do delito de desacato pelo de resistência, pois não resta demonstrada a unidade de desígnios, bem como que o réu tão somente buscou se esquivar da prisão" (STJ, HC 380.029/RS, Rel. Min. Ribeiro Dantas, 5ª Turma, julgado em 22-5-2018, *DJe* 30-5-2018); "A consunção do crime de desacato pelo delito de resistência é possível, a depender das circunstâncias do caso concreto. 2 – Na espécie, consoante análise probatória realizada pelo acórdão, é possível concluir que as ações, embora em um mesmo contexto, foram praticadas em momentos distintos, tendo sido as ofensas verbais irrogadas pelo paciente quando já estava dominado pelos policiais e dentro da viatura. Descrição, portanto, de dois ilícitos penais. 3 – Ordem denegada" (STJ, HC 375.019/RS, 6ª Turma, Rel. Min. Maria Thereza de Assis Moura, julgado em 13-6-2017, *DJe* 23-6-2017).

Para a tipificação do crime em análise é necessário que o ato a ser cumprido seja *legal* quanto ao conteúdo e à forma (modo de execução). Se a ordem for ilegal, a oposição mediante violência ou ameaça não constituirá crime de resistência. Exs.: prender alguém sem que haja mandado de prisão ou situação de flagrante; prisão para averiguação. Se a ordem for legal, mas injusta, haverá o crime. Ex.: juiz decreta a prisão preventiva de alguém por roubo. A polícia vai prender o sujeito e este emprega violência. Posteriormente, prova-se que ele não era o autor do roubo e ele é absolvido por esse crime. A resistência, entretanto, continua punível.

Para a existência do delito, é necessário que o funcionário público seja *competente* para o cumprimento do ato, conforme exige a descrição típica. Assim, a resistência não se configura quando o ato é cumprido por funcionário público incompetente.

Também haverá infração penal se for empregada violência ou ameaça apenas contra *terceiro* que esteja ajudando o funcionário público a cumprir a ordem legal. Nesse caso, não importa se houve solicitação de ajuda pelo funcionário público ou adesão voluntária. Ex.: investigador de polícia vai cumprir mandado de prisão e é ajudado por alguém que acaba agredido.

O particular pode efetuar prisão em flagrante, nos termos do art. 301 do Código de Processo Penal. Se o fizer desacompanhado de algum funcionário público e contra ele for empregada violência ou ameaça, não haverá crime de resistência, já que não é funcionário público, podendo o sujeito responder por crime de lesão corporal ou ameaça.

A embriaguez do agente não afasta o crime. Com efeito, embora exista certa controvérsia na jurisprudência, não é aceitável o entendimento de que tal estado inibe o reconhecimento do delito. É que este crime, ao contrário do que ocorre com o desacato, não contém elemento subjetivo incompatível com o estado de embriaguez. No delito de desacato é compreensível que exista entendimento de que a embriaguez não se coaduna com a intenção de ofender, humilhar o funcionário público (elemento subjetivo do desacato), uma vez que o avançado estado alcoólico inibe os freios da fala, e é comum ver o ébrio blasfemando ou gritando. Na resistência, entretanto, o agente agride ou ameaça um funcionário público para evitar a execução de um ato legal. Não se cuida de mero ato desrespeitoso, e sim de ação agressiva, que não pode ser relevada simplesmente em decorrência da embriaguez.

Quando uma pessoa está sendo perseguida por policiais em razão de um delito anteriormente cometido e efetua disparo de arma de fogo na via pública a fim de fazer com que os policiais parem a perseguição, a conduta encontra tipificação tanto no crime de resistência como no delito de disparo de arma de fogo em via pública (art. 15 da Lei n. 10.826/2003 – Estatuto do Desarmamento). Como este último crime possui pena consideravelmente maior, deve prevalecer em relação à resistência, que se mostrará presente, entretanto, em qualquer outra forma de ameaça ou violência física perpetrada. Lembre-se de que a parte final do mencionado art. 15 diz que este não se configura quando o disparo em via pública tem como finalidade a prática de outro crime que, deve, todavia, ser mais grave (um roubo ou, um homicídio, por exemplo).

11.2.2.3. Sujeito ativo

Qualquer pessoa. O delito pode ser cometido por aquele contra o qual o ato legal era dirigido ou por terceiro. Assim, tanto comete o crime aquele que agride o Oficial de Justiça que está contra ele cumprindo mandado de prisão, como o amigo que toma a iniciativa de agredir o Oficial em solidariedade àquele que será preso. Se ambos agredirem o funcionário público, ambos cometerão resistência.

11.2.2.4. Sujeito passivo

O Estado, que tem interesse no cumprimento dos atos legais, e, de forma secundária, o funcionário público contra quem foi dirigida a violência ou ameaça.

O emprego concomitante de violência ou ameaça contra dois ou mais funcionários públicos configura crime único, e não concurso formal, pois o sujeito passivo direto e principal é o Estado. Além disso, o ato legal que o agente pretendia evitar era um só.

11.2.2.5. Consumação e figura qualificada

A consumação ocorre no momento em que é empregada a violência ou a ameaça. Trata-se de crime formal, pois, para a consumação, não se exige que o sujeito consiga impedir a execução do ato legal. Caso, todavia, este não se execute em razão da resistência apresentada, estará configurada a modalidade qualificada do crime de resistência, prevista no art. 329, § 1º, do Código Penal, em que a pena é de reclusão, de um a três anos. Em tal hipótese, o que seria exaurimento do crime formal, constitui qualificadora em razão do texto legal.

11.2.2.6. Tentativa

É possível no caso da ameaça escrita que se extravia.

11.2.2.7. Concurso de crimes

Nos termos do art. 329, § 2º, do Código Penal, se da violência empregada para a prática do crime de resistência resultar lesão corporal ou morte, o sujeito responderá por dois crimes (resistência e lesões corporais ou homicídio – consumado ou tentado). As penas serão *somadas*, conforme determina a própria redação do dispositivo. Essa regra se aplica ainda que as lesões corporais sofridas sejam de natureza leve.

11.2.2.8. Classificação doutrinária

Quanto à objetividade jurídica constitui crime simples. Em relação ao sujeito ativo, classifica-se como crime comum e de concurso eventual. No que diz respeito aos meios de execução é crime de ação livre. No que se refere ao momento consumativo, constitui delito instantâneo e formal. Por fim, no que pertine ao elemento subjetivo, trata-se de infração penal dolosa.

11.2.2.9. Ação penal

Pública incondicionada, de competência do Juizado Especial Criminal na modalidade simples.

11.2.3. Desobediência

> Art. 330. Desobedecer a ordem legal de funcionário público:
>
> Pena – detenção, de quinze dias a seis meses, e multa.

11.2.3.1. Objetividade jurídica

O prestígio e o cumprimento das ordens emitidas por funcionários públicos no desempenho de suas atividades.

11.2.3.2. Tipo objetivo

Desobedecer é sinônimo de não cumprir, não atender, dolosamente, a ordem recebida. A desobediência pode ser cometida por *ação* (forma comissiva), quando a ordem determina uma omissão, ou por *omissão*, quando a ordem determina uma ação. Configura crime de desobediência, por exemplo, faltar injustificadamente à audiência judicial para a qual foi intimada na condição de testemunha, recusar-se a enviar informações ao juízo que as requisitou, efetuar obra em local embargado, abrir estabelecimento interditado etc.

Não há crime se o descumprimento ocorre por motivo de força maior ou por ser impossível por algum motivo o seu cumprimento.

Para a configuração do crime de desobediência é necessária a coexistência de diversos requisitos:

a) Deve haver uma *ordem* (determinação, mandamento). O não atendimento de mero pedido ou solicitação não caracteriza o crime.

b) A ordem deve ser *legal* (material e formalmente). Pode até ser injusta, só não pode ser ilegal.

c) A ordem deve ter sido emitida por funcionário público *competente*. Se um delegado de polícia requisita informação bancária e o gerente do banco não atende, não há crime, pois o gerente só está obrigado a fornecer a informação se houver determinação judicial.

d) Que o destinatário tenha o dever jurídico de cumprir a ordem.

Quando alguma lei comina sanção de natureza civil ou administrativa para ato de desobediência, mas deixa de ressalvar a sua cumulação com a pena criminal, não pode haver a responsabilização penal. Exs.: a) o art. 219 do Código de Processo Penal prevê multa – aplicável à testemunha intimada para audiência judicial que sem motivo justificado falta à audiência em que seria ouvida –, e, concomitantemente, permite a cumulação da multa e das despesas da diligência com as penas do crime de desobediência; b) o art. 442 do Código de Processo Penal prevê pena de multa ao jurado que deixa de comparecer no dia marcado para a sessão ou que se retira antes de ser dispensado, mas não ressalva a aplicação autônoma do crime de desobediência, de modo que o faltoso só incorre na sanção administrativa; c) o art. 165 do Código de Trânsito prevê pena de multa e de suspensão da habilitação a quem se recusa a efetuar o teste de alcoolemia (bafômetro), sem ressalvar a autonomia do crime de desobediência. Em relação a este último exemplo, acrescente-se que ninguém pode ser obrigado a colaborar na produção de prova contra si mesmo, de acordo com as regras do Pacto de São José da Costa Rica (art. 8º, IX). Trata-se do princípio do privilégio contra a autoincriminação que, igualmente, impede a punição por crime de desobediência de investigado que se recusa a fornecer material para exame grafotécnico ou registros vocais para perícia de comparação de voz.

O art. 195 do Código de Trânsito Brasileiro prevê multa àqueles que desrespeitam ordens dos agentes de trânsito (de parada, por exemplo), mas não ressalva a aplicação autônoma do crime de *desobediência*. Assim, o motorista somente responde pela multa de caráter administrativo. Não responde pelo crime caso desrespeite a ordem dada pelo agente de trânsito. De ver-se, todavia, que, se o motorista desrespeitar ordem de parada emanada por agentes públicos em contexto de policiamento ostensivo, para a prevenção e repressão de *crimes*, estará configurado o crime de desobediência, de acordo com entendimento firmado pela Terceira Seção do Superior Tribunal de Justiça, no julgamento do Tema 1.060, em sede de recursos repetitivos (julgamento ocorrido em março de 2022).

No Superior Tribunal de Justiça encontra-se pacificado o entendimento de que o descumprimento às ordens de medidas protetivas emanadas judicialmente com fulcro na Lei Maria da Penha não constitui crime de desobediência porque a própria legislação prevê outras consequências para esses casos (requisição de auxílio policial, decretação de prisão preventiva etc.). Nesse sentido: AgRg no REsp 1.490.460/DF, 6ª Turma, Rel. Min. Ericson Maranho (Desembargador convocado do TJ/SP), julgado em 16-4-2015, *DJe* 11-5-2015; AgRg no REsp 1.476.500/DF, 5ª Turma, Rel. Min. Walter de Almeida Guilherme (Desembargador Convocado do TJ/SP), julgado em 11-11-2014, *DJe* 19-11-2014). Em razão disso, foi aprovada a Lei n. 13.641/2018, que inseriu no art. 24-A da própria Lei Maria da Penha (Lei n. 11.340/2006) crime específico, apenado com detenção de 3 meses a 2 anos, para punir quem descumpre decisão judicial que defere medidas protetivas de urgência previstas na própria Lei, quer tenha sido decretada pelo juízo cível, quer pelo criminal. Posteriormente, a Lei n. 14.994/2024 aumentou a pena de tal delito para reclusão, de 2 a 5 anos, e multa.

11.2.3.3. Sujeito ativo

Trata-se de crime comum, que pode ser cometido por qualquer particular.

Há divergência doutrinária e jurisprudencial em torno da possibilidade de um funcionário público cometer o crime ao não atender a ordem de outro funcionário.

Para alguns, não é possível porque o art. 330 integra o Capítulo dos crimes cometidos por *particular* contra a Administração Pública.

Para outros, o funcionário comete o crime apenas quando desobedece a ordem em situação similar à de um particular, mas, se o faz no exercício de suas funções, não há desobediência, podendo responder, dependendo da situação, por crime de prevaricação. Ex.: perito judicial que é chamado a depor como testemunha em processo criminal e que falta injustificadamente à audiência. Ele tomou conhecimento dos fatos no desempenho das funções, porém o ato de testemunhar é igual para todos, particulares ou funcionários. Assim, ele responde por desobediência.

Existe, por fim, quem defenda que o funcionário também pode cometer crime de desobediência quando, no desempenho das funções, descumpre ordem judicial. Este o entendimento que vem sendo adotado no Superior Tribunal de Justiça: "O funcionário público pode cometer crime de desobediência, se destinatário da ordem judicial, e considerando a inexistência de hierarquia, tem o dever de cumpri-la, sob pena da determinação judicial perder sua eficácia. Precedentes da Turma" (REsp 1.173.226/RO, 5ª Turma, Rel. Min. Gilson Dipp, julgado em 17-3-2011, *DJe* 4-4-2011).

É também o entendimento que adotamos.

Saliente-se, por sua vez, que o art. 26 da Lei n. 12.016/2009 especifica que comete crime de desobediência a autoridade coatora que descumpre as determinações judiciais proferidas em sede de mandado de segurança.

11.2.3.4. Sujeito passivo

O Estado e, secundariamente, o funcionário público que emitiu a ordem desobedecida.

11.2.3.5. Consumação

Depende do conteúdo da ordem. Se determina uma omissão, o crime se consuma no momento da ação em sentido oposto. Se a ordem determina uma ação, duas hipóteses podem ocorrer: se a ordem fixou um prazo, o crime se consuma com sua expiração, mas, se a ordem não fixou qualquer prazo, o crime estará consumado com o decurso de tempo juridicamente relevante (a ser analisado no caso concreto), capaz de indicar com segurança a intenção de não a cumprir.

11.2.3.6. Tentativa

Possível somente na forma comissiva.

11.2.3.7. Distinções

O retardamento, a recusa ou a omissão no envio de dados técnicos para instruir inquérito civil indispensáveis à propositura de ação civil pública, quando devidamente requisitados pelo Ministério Público, constitui crime específico do art. 10 da Lei n. 7.347/85, apenado com reclusão de um a três anos e multa.

Quem se recusa injustificadamente a identificar-se perante autoridade quando feita tal exigência, incorre na contravenção do art. 68, *caput*, da Lei das Contravenções Penais.

A desobediência à decisão judicial sobre perda ou suspensão de direito configura crime do art. 359 do Código Penal.

Prefeitos Municipais que, injustificadamente, deixam de cumprir ordem *judicial* cometem crime de desobediência específico, previsto no art. 1º, XIV, do Decreto-lei n. 201/67.

11.2.3.8. Classificação doutrinária

Quanto à objetividade jurídica constitui crime simples. Em relação ao sujeito ativo, classifica-se como crime comum e de concurso eventual. No que diz respeito aos meios de execução é crime de ação livre (comissivo ou omissivo). No que se refere ao momento consumativo, constitui delito instantâneo e formal. Por fim, no que pertine ao elemento subjetivo, trata-se de infração penal dolosa.

11.2.3.9. Ação penal

Pública incondicionada, de competência do Juizado Especial Criminal.

11.2.4. Desacato

> Art. 331. Desacatar funcionário público no exercício da função ou em razão dela:
>
> Pena – detenção, de seis meses a dois anos, ou multa.

11.2.4.1. Objetividade jurídica

A dignidade da Administração Pública e o respeito aos servidores públicos.

11.2.4.2. Tipo objetivo

A infração penal consiste em *desacatar* funcionário público, ou seja, desrespeitá-lo, ofendê-lo.

O desacato admite qualquer meio de execução: palavras ou gestos ofensivos, vias de fato ou, ainda, qualquer outro meio que evidencie a intenção de desprestigiar o funcionário público. Configuram o delito: xingar o policial que o está multando; rasgar o mandado de intimação entregue pelo Oficial de Justiça e atirá-lo ao chão; passar a mão no rosto do policial; atirar seu quepe no chão; mostrar o pênis ao policial que pediu para o agente mostrar o documento; empurrar o funcionário público; atirar um copo de cerveja nele etc. Se o ato agressivo, todavia, visa evitar o cumprimento de um ato funcional, o crime será o de resistência.

O desacato pode, ainda, ser cometido por ato omissivo, como no caso de pessoa que, acintosamente, finge não perceber que o funcionário está lhe dirigindo a palavra.

O crime pode se configurar-se em duas hipóteses: a) quando a ofensa é contra funcionário que está no exercício de suas funções, ou seja, que está trabalhando (dentro ou fora da repartição); b) quando é contra funcionário que está de folga (férias, licença, fim de semana, período de descanso), desde que se *refira* às suas funções.

A denúncia oferecida pelo Ministério Público acusando alguém por crime de desacato deve descrever especificamente a ofensa proferida, mencionando inclusive eventuais palavras de baixo calão utilizadas pelo agente. Caso o órgão do Ministério Público não o faça, mencionando genericamente que o sujeito desacatou um funcionário, a denúncia deverá ser considerada inepta.

A caracterização do crime independe de o funcionário público se sentir ou não ofendido, pois o que a lei visa é prestigiar e dar dignidade ao cargo. Assim, se, no caso concreto, o funcionário alegar que não se sentiu desprestigiado, mas ficar demonstrado que a conduta era objetivamente ofensiva, existirá o delito.

O crime de desacato pressupõe que a ofensa seja feita na presença do funcionário, pois somente assim ficará caracterizada a intenção de desprestigiar a função. A ofensa feita contra funcionário em razão de suas funções, mas em sua ausência, configura o crime de injúria majorada (art. 140, combinado com o art. 141, II, do Código Penal). Por isso, não há desacato se a ofensa é feita, por exemplo, por carta. Veja-se, entretanto, que a existência do desacato não pressupõe que o agente e o funcionário estejam face a face. Haverá o crime se estiverem, por exemplo, em salas separadas, com as portas abertas, e o agente falar algo ofensivo para o funcionário ouvir.

O crime de desacato existe mesmo que o fato não seja presenciado por outras pessoas, porque a publicidade da ofensa não é requisito do crime. Basta, portanto, que o funcionário esteja presente.

É bastante polêmica a questão atinente à ofensa proferida por pessoa embriagada. Existem três correntes em torno do assunto.

A primeira diz que o delito de desacato subsiste ainda que a pessoa esteja embriagada no momento do ato desrespeitoso, porque o art. 28, II, do Código Penal estabelece genericamente que a embriaguez não exclui a imputabilidade.

A segunda corrente diz que o fato é atípico pois o desacato exige dolo específico, consistente na intenção de humilhar, ofender, que é incompatível com o estado de embriaguez. Trata-se de entendimento majoritário. De acordo com essa corrente, o ébrio perde os freios inibitórios e fala coisas a esmo, não agindo com a específica intenção de ofender a Administração ou seus agentes.

A última corrente advoga que a embriaguez somente exclui o crime quando for completa, capaz de eliminar a capacidade intelectual e volitiva do sujeito. É o que pensa Damásio de Jesus[65].

Existe também entendimento majoritário no sentido de que a configuração do crime é incompatível com o estado de grande exaltação de ânimos ou cólera. É a posição de Nélson Hungria[66], dentre outros, segundo o qual o delito exige intenção específica de ultrajar, menosprezar, o que não se mostra presente nos momentos de exaltação de ânimos.

---

[65] Damásio de Jesus, *Direito penal,* v. 4, p. 209.
[66] Nélson Hungria, *Comentários ao Código Penal,* v. IX, p. 425.

De outro lado, argumenta-se que a emoção não exclui a responsabilidade pelo desacato, uma vez que o art. 28, I, do Código Penal, estabelece que a emoção não exclui a imputabilidade. É o entendimento de Damásio de Jesus[67].

Magalhães Noronha[68] ensina que "Não constitui crime a crítica ou censura justa, conquanto incisiva. Não comete crime quem, embora de modo enérgico, mas não ultrajante, diz a funcionário que, agindo daquela maneira, ele está errado (...). Também não se pode dizer desacatado o funcionário que provoca a repulsa ultrajante: o diretor da repartição que chama alguém de imbecil não se pode dizer desacatado, por haver este retrucado que ele é um idiota. Quem primeiramente ofendeu a dignidade da função foi o servidor público que não pode, dessarte, exigir seja ela respeitada".

11.2.4.3. Sujeito ativo

Qualquer pessoa pode cometer desacato. Trata-se de crime comum.

Quanto à possibilidade de funcionário público cometer desacato existem três correntes.

A primeira diz que funcionário público nunca pode cometer desacato, pois tal delito está contido no Capítulo dos "crimes praticados por *particular* contra a Administração em geral". Assim, a ofensa de um funcionário contra outro caracteriza sempre crime de injúria.

A segunda corrente sustenta que só se configura o desacato se o ofensor for subordinado hierarquicamente ao ofendido ou de igual posto. É a opinião de Nélson Hungria[69].

A última corrente defende que até mesmo o superior hierárquico pode comete desacato, pois o funcionário, ao ofender o outro, se despe desta qualidade e se equipara a um particular. É a opinião majoritária: Damásio de Jesus[70], Heleno Cláudio Fragoso[71], Magalhães Noronha[72] e Julio Fabbrini Mirabete[73]. Adotamos também esse entendimento, na medida em que não se encontra dentre as funções do superior ofender o subordinado, de modo que, quando o faz, desrespeita a Administração e comete desacato.

Advogados podem cometer desacato. Com efeito, o Supremo Tribunal Federal, ao apreciar a ADIn 1.127/DF, suspendeu a eficácia do art. 7º, § 2º, da Lei n. 8.906/94 (Estatuto da OAB), no que diz respeito à imunidade que tal dispositivo conferia a tais profissionais em relação ao crime de desacato, mantendo-a, contudo, em relação aos crimes de injúria e difamação. Entendeu o Pretório Excelso que o art. 133 da Constituição Federal, o qual confere imunidade aos advogados no desempenho das funções, nos limites da lei, só pode alcançar crimes contra a honra e não aqueles que atingem a Administração Pública.

---

67   Damásio de Jesus, *Direito penal*, v. 4, p. 208.
68   Magalhães Noronha, *Direito penal*, v. 4, p. 311.
69   Nélson Hungria, *Comentários ao Código Penal*, v. IX, p. 424/425.
70   Damásio de Jesus, *Direito penal*, v. 4, p. 206.
71   Heleno Cláudio Fragoso, *Lições de direito penal*, Parte especial, v. II, p. 462.
72   E. Magalhães Noronha, *Direito penal*, v. 4, p. 306.
73   Julio Fabbrini Mirabete, *Manual de direito penal*, v. 3, p. 366.

Observação: Em 15 de dezembro de 2016, a 5ª Turma do STJ, no julgamento do REsp 1.640.084/SP, do qual foi relator o Min. Ribeiro Dantas, entendeu que a tipificação do crime de desacato é incompatível com o art. 13 da Convenção Americana de Direitos Humanos porque ressalta a preponderância do Estado sobre o indivíduo e que, por tal razão, eventuais ofensas contra o funcionário público devem ser enquadradas como crime de injúria qualificada. Posteriormente, contudo, a 3ª Seção do Superior Tribunal de Justiça (reunião das duas Turmas Criminais da Corte), no julgamento do HC 379.269/MS, Rel. Min. Reynaldo Soares da Fonseca, Rel. p/ Acórdão Min. Antonio Saldanha Palheiro (julgado em 24-5-2017, *DJe* 30-6-2017), decidiu que o delito de desacato continua em vigor em nossa legislação: "Manutenção da tipificação do crime de desacato no ordenamento jurídico. Direitos humanos. Pacto de São José da Costa Rica (PSJCR). Direito à liberdade de expressão que não se revela absoluto. Controle de convencionalidade. Inexistência de decisão proferida pela corte (IDH). Atos expedidos pela comissão interamericana de direitos humanos (CIDH). Ausência de força vinculante. Teste tripartite. Vetores de hermenêutica dos direitos tutelados na Convenção Americana de Direitos Humanos. Possibilidade de restrição. Preenchimento das condições antevistas no art. 13.2.do PSJCR. Soberania do estado. Teoria da margem de apreciação nacional (margin of appreciation). Incolumidade do crime de desacato pelo ordenamento jurídico pátrio, nos termos em que entalhado no art. 331 do Código Penal". Em 22 de junho de 2020, o Plenário do Supremo Tribunal Federal, no julgamento da ADPF 496, reconheceu que o crime de desacato foi recepcionado pela Constituição Federal de 1988, pois não viola a garantia da liberdade de expressão.

11.2.4.4. Sujeito passivo

O Estado e, de forma secundária, o funcionário público que foi ofendido. Como o sujeito passivo direto e principal é o Estado, a ofensa perpetrada concomitantemente contra mais de um funcionário tipifica um só crime de desacato, e não concurso formal de delitos.

11.2.4.5. Consumação

No momento em que é proferida a ofensa.

11.2.4.6. Tentativa

Não é possível, pois o desacato reclama a presença da vítima.

11.2.4.7. Classificação doutrinária

Quanto à objetividade jurídica constitui crime simples. Em relação ao sujeito ativo, classifica-se como crime comum e de concurso eventual. No que diz respeito aos meios de execução é crime de ação livre (comissivo ou omissivo). No que se refere ao momento consumativo, constitui delito instantâneo e de mera conduta. Por fim, no que pertine ao elemento subjetivo, trata-se de infração penal dolosa.

11.2.4.8. Ação penal

Pública incondicionada, de competência do Juizado Especial Criminal.

11.2.5. Tráfico de influência

Art. 332. Solicitar, exigir, cobrar ou obter, para si ou para outrem, vantagem ou promessa de vantagem, a pretexto de influir em ato praticado por funcionário público no exercício da função:

Pena – reclusão, de dois a cinco anos, e multa.

Parágrafo único. A pena é aumentada da metade, se o agente alega ou insinua que a vantagem é também destinada ao funcionário.

11.2.5.1. Objetividade jurídica

A confiança na Administração Pública e o seu prestígio junto à coletividade.

11.2.5.2. Tipo objetivo

Esse crime é uma modalidade especial de estelionato, em que agente, gabando-se de influência sobre funcionário público, exige, solicita, cobra ou recebe qualquer vantagem (material ou de outra natureza) ou promessa de vantagem, afirmando ardilosamente que irá influir em ato praticado por tal funcionário no exercício de sua função. O agente, portanto, visa obter uma vantagem negociando algo que não possui (condições de levar um funcionário a agir desta ou daquela forma). Por tal razão, a doutrina costuma dizer que neste delito pune-se a "venda de fumaça" (*venditio fumi*), que acaba maculando a imagem da Administração Pública perante os cidadãos, além de, eventualmente, lesar o patrimônio de outras pessoas. Comete o crime, por exemplo, o sujeito que alega ter amizade com um fiscal da prefeitura e solicita dinheiro para um comerciante a pretexto de o estabelecimento não passar por inspeções periódicas.

De acordo com Magalhães Noronha[74] "o agente ilude e frauda o pretendente ao ato ou providência governamental, alegando um prestígio que não possui e assegurando-lhe um êxito que não está ao seu alcance".

11.2.5.3. Sujeito ativo

Qualquer pessoa, inclusive funcionário público que alardeie influência sobre outro.

11.2.5.4. Sujeito passivo

O Estado e, secundariamente, a pessoa ludibriada.

11.2.5.5. Consumação

No exato momento em que o agente solicita, exige, cobra ou obtém a vantagem ou a promessa de vantagem. Trata-se de crime formal nas três primeiras figuras e material na última ("obter").

11.2.5.6. Tentativa

Possível, como, por exemplo, na hipótese de solicitação ou exigência feita por escrito, que se extravia.

---

[74] E. Magalhães Noronha, *Direito penal*, v. 4, p. 314.

11.2.5.7. Causa de aumento de pena

Quando o agente diz ou dá a entender que a vantagem é também endereçada ao funcionário, sua pena é aumentada em metade, nos termos do parágrafo único do art. 332.

11.2.5.8. Distinção

Quando a vantagem efetivamente destina-se a determinado funcionário público, que atua em conluio com o agente, ambos respondem por corrupção passiva ou concussão (na hipótese de exigência). O delito de tráfico de influência, portanto, pressupõe que o funcionário público desconheça a conduta do "mercador de fumaça".

Se o agente visa vantagem a pretexto de influir especificamente em juiz, jurado, órgão do Ministério Público, funcionário da justiça, perito, tradutor, intérprete ou testemunha, o crime é o de exploração de prestígio, descrito no art. 357 do Código Penal.

11.2.5.9. Classificação doutrinária

Quanto à objetividade jurídica constitui crime simples. Em relação ao sujeito ativo, classifica-se como crime comum e de concurso eventual. No que diz respeito aos meios de execução é crime de ação livre e comissivo. No que se refere ao momento consumativo, constitui delito instantâneo e formal (exceto na modalidade "obter" em que tem natureza material). Por fim, no que pertine ao elemento subjetivo, trata-se de infração penal dolosa.

11.2.5.10. Ação penal

Pública incondicionada.

11.2.6. Corrupção ativa

> Art. 333. Oferecer ou prometer vantagem indevida a funcionário público, para determiná-lo a praticar, omitir ou retardar ato de ofício:
>
> Pena – reclusão, de dois a doze anos, e multa.
>
> Parágrafo único. A pena é aumentada de um terço, se, em razão da vantagem ou promessa, o funcionário retarda ou omite ato de ofício, ou o pratica infringindo dever funcional.

11.2.6.1. Objetividade jurídica

A moralidade e a probidade da Administração Pública e seu regular funcionamento, que podem ser colocados em risco pela corrupção.

11.2.6.2. Tipo objetivo

No crime de corrupção ativa, pune-se o particular que toma a iniciativa de oferecer ou prometer alguma vantagem indevida a um funcionário público a fim de, em troca, se beneficiar com alguma ação ou omissão deste funcionário. Na oferta, o agente coloca dinheiro ou valores à imediata disposição do funcionário. Na promessa, o agente se compromete a entregar posteriormente a vantagem ao funcionário.

O crime pode ser praticado por qualquer forma, embora a mais comum seja a oral, pois, em tese, é a forma mais difícil de ser provada. É possível, contudo, que o delito seja cometido por escrito ou por gestos (estender o dinheiro ou abrir um talão de cheques).

Conforme já mencionado, só existe corrupção ativa quando a iniciativa é do particular, pois somente nesse caso sua conduta pode fazer com que o funcionário se corrompa. Quando é este quem toma a iniciativa de solicitar alguma vantagem significa que ele já está corrompido, de modo que, se o particular entrega o que foi solicitado, não comete o crime de corrupção ativa. Note-se que não existe no art. 333 do Código Penal a conduta típica consistente em entregar ou dar dinheiro ou outra vantagem ao funcionário.

Quando o particular oferece ou promete a vantagem indevida, mas o funcionário recusa-se a recebê-la ou aceitá-la, existe apenas corrupção ativa. Quando o particular oferece ou promete a vantagem indevida e o funcionário a recebe ou aceita, há corrupção ativa e também passiva. Se o funcionário solicita a vantagem há apenas corrupção passiva, quer o particular concorde em entregar a vantagem, quer se recuse. Em suma, é possível existir corrupção ativa sem que ocorra a passiva e que se configure a corrupção passiva sem a correspondente corrupção ativa. É evidente, também, a possibilidade da coexistência das duas formas de corrupção, tal como se dá quando o funcionário recebe ou aceita a promessa de vantagem feita pelo particular. Em tais casos, estamos diante de exceção à teoria monista ou unitária, segundo a qual todos os envolvidos em um fato ilícito devem responder pelo mesmo crime. Optou o legislador por punir o funcionário por um crime e o particular por outro, para poder diferenciar os momentos consumativos, embora a pena prevista para ambos os delitos seja a mesma.

A configuração do crime de corrupção ativa pressupõe que o *extraneus* (particular) ofereça ou faça uma promessa de vantagem indevida para que o funcionário público pratique, omita ou retarde ato de ofício. Sem tal intenção específica, não há corrupção ativa. Ademais, se os valores oferecidos forem devidos, o fato será atípico.

Existe corrupção ativa, por exemplo, quando a vantagem é oferecida para um funcionário não lavrar uma multa ao motorista que dirigia em excesso de velocidade ou para liberar a execução de uma obra sem que tenham sido observados os necessários trâmites legais, ou para atrasar uma vistoria em uma obra irregular etc.

Diverge a doutrina em torno da natureza da vantagem. Para alguns autores, como Damásio de Jesus[75], Nélson Hungria[76] e Magalhães Noronha[77], esta deve ser necessariamente patrimonial. Já para Julio Fabbrini Mirabete[78], Fernando Capez[79] e Guilherme de Souza Nucci[80] pode ser de qualquer espécie, uma vez que a lei não faz distinção. Ex.: proveitos patrimoniais, sentimentais, de vaidade, sexuais etc.

---

[75] Damásio de Jesus, *Direito penal,* v. 4, p. 141.
[76] Nélson Hungria, *Comentários ao Código Penal,* v. IX, p. 361.
[77] E. Magalhães Noronha, *Direito penal,* v. 4, p. 239.
[78] Julio Fabbrini Mirabete, *Manual de direito penal,* v. 3, p. 315.
[79] Fernando Capez, *Curso de direito penal,* v. 3, p. 421.
[80] Guilherme de Souza Nucci, *Código Penal comentado,* p. 1.385.

Se o particular se limita a pedir para o funcionário "dar um jeitinho" ou "quebrar o galho", não se configura a corrupção ativa por falta de uma de suas elementares – oferta ou promessa de vantagem indevida. Nesse caso, se o funcionário público "dá o jeitinho" e não pratica o ato que deveria, responde por corrupção passiva privilegiada (art. 317, § 2º) e o particular figura como partícipe em razão do induzimento. Se o funcionário público não cede ao pedido do particular, o fato é atípico.

Se o particular oferece a vantagem para evitar que o funcionário público pratique contra ele algum ato *ilegal*, não há crime.

11.2.6.3. Sujeito ativo

Trata-se de crime comum, que pode ser cometido por qualquer pessoa. Até mesmo funcionário público pode ser sujeito ativo. Ex.: chefe do executivo que oferece valores para integrantes do legislativo aprovarem projetos de sua autoria.

11.2.6.4. Sujeito passivo

O Estado.

11.2.6.5. Consumação e causa de aumento de pena

A corrupção ativa se consuma no exato instante em que a oferta ou a promessa de vantagem indevida chegam ao conhecimento do funcionário público, ainda que este não a aceite. Trata-se de crime formal. Se, entretanto, o funcionário público a aceitar e, em razão da vantagem, retardar, omitir ou praticar ato de ofício infringindo dever funcional, a pena da corrupção ativa será aumentada de um terço, nos termos do art. 333, parágrafo único, do Código Penal. Sempre que ocorrer essa hipótese, o funcionário público será responsabilizado pela forma exasperada da corrupção passiva, descrita no art. 317, § 1º, do Código Penal.

11.2.6.6. Tentativa

Possível apenas na forma escrita quando ocorre o extravio.

11.2.6.7. Distinção

Quem promete, oferece ou dá, direta ou indiretamente, vantagem indevida a funcionário público estrangeiro, ou a terceira pessoa, para determiná-lo a praticar, omitir ou retardar ato de ofício relacionado à transação comercial internacional, comete o crime de corrupção ativa em transação comercial internacional, descrito no art. 337-B do Código Penal.

Aquele que dá, oferece ou promete dinheiro ou qualquer outra vantagem a testemunha, perito, tradutor ou intérprete, para fazer afirmação falsa, negar ou calar a verdade em depoimento, perícia, cálculos, tradução ou interpretação, comete o crime do art. 343 do Código Penal. Este crime é conhecido como corrupção ativa de testemunha ou perito.

Quem dá ou promete vantagem patrimonial ou não patrimonial com o fim de alterar ou falsear o resultado de uma competição desportiva incorre no crime do art. 41-D da Lei n. 12.299/2010 (Estatuto do Torcedor), apenado com reclusão de dois a seis anos e multa. É a chamada corrupção ativa desportiva. Ex.: oferecer dinheiro ao árbitro de futebol para beneficiar ou prejudicar determinada equipe em certa partida.

11.2.6.8. Classificação doutrinária

Quanto à objetividade jurídica constitui crime simples. Em relação ao sujeito ativo, classifica-se como crime comum e de concurso eventual. No que diz respeito aos meios de execução é crime de ação livre e comissivo. No que se refere ao momento consumativo, constitui delito instantâneo e formal. Por fim, no que pertine ao elemento subjetivo, trata-se de infração penal dolosa.

11.2.6.9. Ação penal

Pública incondicionada.

11.2.7. Contrabando e descaminho

Descaminho

Art. 334. Iludir, no todo ou em parte, o pagamento de direito ou imposto devido pela entrada, pela saída ou pelo consumo de mercadoria:

Pena – reclusão, de um a quatro anos.

Contrabando

Art. 334-A. Importar ou exportar mercadoria proibida:

Pena – reclusão, de dois a cinco anos.

11.2.7.1. Objetividade jurídica

O controle do Poder Público sobre a entrada e saída de mercadorias do País e os direitos tributários da Fazenda Nacional.

11.2.7.2. Tipo objetivo

Antes da entrada em vigor da Lei n. 13.008/2014, os crimes de contrabando e descaminho eram previstos no mesmo tipo penal e possuíam a mesma pena. Referida lei, visando aumentar a pena do crime de contrabando, desmembrou os tipos penais. Atualmente, portanto, o descaminho está previsto no art. 334 e possui pena de um a quatro anos de reclusão, enquanto o contrabando está descrito no art. 334-A e tem pena de dois a cinco anos de reclusão.

Contrabando é a clandestina importação ou exportação de mercadorias cuja entrada no País, ou saída dele, é absoluta ou relativamente proibida. *Descaminho* é a fraude tendente a frustrar, total ou parcialmente, o pagamento de direitos de importação ou exportação ou do imposto de consumo (a ser cobrado na própria aduana) sobre mercadorias. Essa distinção é apontada por Nélson Hungria[81].

Quanto ao crime de descaminho, o Supremo Tribunal Federal, com fulcro no art. 20 da Lei n. 10.522/2002, que dispõe que "serão arquivados, sem baixa na distribuição, mediante requerimento do Procurador da Fazenda Nacional, os autos das execuções fiscais de débitos inscritos como Dívida Ativa da União pela Procuradoria-Geral da Fazenda Nacional ou por ela cobrados, de valor consolidado igual ou

---

[81] Nélson Hungria, *Comentários ao Código Penal*, v. IX, p. 432.

inferior a R$ 10.000,00 (dez mil reais)", passou a reconhecer reiteradamente o princípio da insignificância quando o valor devido é de até R$ 10.000,00, pois, se o tributo sequer será cobrado, não deve também ser movida ação penal. A propósito: HC 96.412/SP, 1ª Turma, red. p/ acórdão Min. Dias Toffoli, *DJ* 18-3-2011; HC 97.257/RS, 1ª Turma, rel. Min. Marco Aurélio, *DJ* 1º-12-2010; HC 102.935, 1ª Turma, rel. Min. Dias Toffoli, *DJ* 19-11-2010; HC 96852/PR, 2ª Turma, rel. Min. Joaquim Barbosa, *DJ* 15-3-2011; HC 96.307/GO, 2ª Turma, rel. Min. Joaquim Barbosa, *DJ* 10-12-2009; HC 100.365/PR, rel. Min. Joaquim Barbosa, *DJ* 5-2-2010; HC 100.942/PR, 1ª Turma, Rel. Min. Luiz Fux.

Posteriormente, as portarias 75/2012 e 130/2012 – ambas do Ministério da Fazenda – passaram a dispensar a cobrança fiscal em juízo de valores até R$ 20.000,00, de modo que o Supremo Tribunal Federal passou a reconhecer a insignificância até tal patamar: HC 123.035, 1ª Turma, Rel. Min. Rosa Weber, julgado em 19-8-2014; HC 126.191, 1ª Turma, Rel. Min. Dias Toffoli, julgado em 3-3-2015; HC 121.892, 2ª Turma, Rel. Min. Ricardo Lewandowski, julgado em 6-5-2014. A 3ª Seção do Superior Tribunal de Justiça, em um primeiro momento, decidiu que o Ministério da Fazenda exorbitou de sua competência ao modificar o patamar para arquivamento, fixando-o em R$ 20.000,00, de modo que o princípio da insignificância continuou sendo aplicado em tal tribunal apenas quando o valor devido não superasse os R$ 10.000,00 previstos na Lei n. 10.522/2002 (REsp 1.393.317/PR, Rel. Min. Rogério Schietti Cruz, proc. eletrônico, julgado em 12-11-2014). De ver-se, entretanto, que, em fevereiro de 2018, a 3ª Seção do Superior Tribunal de Justiça modificou seu entendimento para se adequar à interpretação da Corte Suprema e passou a aplicar o princípio da insignificância para os crimes tributários e de descaminho até o valor de R$ 20.000,00. A 3ª Seção, então, modificou a redação da tese 157, aprovada em sede de recursos repetitivos, que passou a ter a seguinte redação: "*Incide o princípio da insignificância aos crimes tributários federais e de descaminho quando o débito tributário verificado não ultrapassar o limite de R$ 20.000,00, a teor do disposto no artigo 20 da Lei n. 10.522/2002, com as atualizações efetivadas pelas Portarias 75 e 130, ambas do Ministério da Fazenda*".

O Superior Tribunal de Justiça firmou entendimento de que o princípio da insignificância não pode ser aplicado em caso de reincidência ou reiteração criminosa: "A jurisprudência do Supremo Tribunal Federal e do Superior Tribunal de Justiça, no caso específico do crime de descaminho, refuta a aplicação do princípio da insignificância a acusados reincidentes ou inclinados à prática delitiva" (AgRg no REsp 1780308/RS, Rel. Min. Laurita Vaz, 6ª Turma, julgado em 14-5-2019, *DJe* 24-5-2019); "O delito de descaminho reiterado e figuras assemelhadas impede o reconhecimento do princípio da insignificância, ainda que o valor apurado esteja dentro dos limites fixados pela jurisprudência pacífica desta Corte para fins de reconhecimento da atipicidade" (STF, AgR no HC 122.348/RS, Rel. Ministro Luiz Fux, Primeira Turma, julgado em 9-11-2016, *DJe* 22-11-2016). Precedentes" (RHC 93.967/SC, Rel. Min. Ribeiro Dantas, 5ª Turma, julgado em 20-3-2018, *DJe* 26-3-2018); "No que se refere ao crime de descaminho, a jurisprudência desta Corte Superior reconhece que o princípio da insignificância não tem aplicabilidade em casos de reiteração da conduta delitiva, visto que tal circunstância denota maior grau de reprovabilidade do comportamento lesivo, sendo desnecessário perquirir o valor dos tributos iludidos pelo acusado"(STJ, AgRg no AREsp 1665418/SP, Rel. Min. Ribeiro Dantas, 5ª Turma, julgado em 2-6-2020, *DJe* 15-6-2020).

Em abril de 2024, no julgamento do tema 1.218, em sede de recursos repetitivos, a Terceira Seção do Superior Tribunal de Justiça aprovou a seguinte tese: "a reiteração da conduta delitiva obsta a aplicação do princípio da insignificância ao crime de descaminho – independentemente do valor do tributo não recolhido –, ressalvada a possibilidade de, no caso concreto, se concluir que a medida é socialmente recomendável. A contumácia pode ser aferida a partir de procedimentos penais e fiscais pendentes de definitividade, sendo inaplicável o prazo previsto no art. 64, I, do CP, incumbindo ao julgador avaliar o lapso temporal transcorrido desde o último evento delituoso à luz dos princípios da proporcionalidade e razoabilidade".

O art. 34 da Lei n. 9.249/95 estabelece que "extingue-se a punibilidade dos crimes definidos na Lei n. 8.137/90 e na Lei n. 4.729/65, quando o agente promover o pagamento do tributo ou contribuição social, inclusive acessórios, antes do recebimento da denúncia". O art. 9º, § 2º, da Lei n. 10.684/2003, por sua vez dispõe que "extingue-se a punibilidade dos crimes referidos neste artigo[82] quando a pessoa jurídica relacionada com o agente efetuar o pagamento integral dos débitos oriundos de tributos e contribuições sociais, inclusive acessórios". Semelhante regra existe no art. 69 da Lei n. 11.941/2009. Embora estas leis não mencionem o crime de descaminho, tem-se entendido que o dispositivo é aplicável a referido delito, pois, como os demais, atinge a ordem tributária. Nesse sentido, manifestou-se o Supremo Tribunal Federal: "Descaminho (art. 334, § 1º, Alíneas "c" e "d", do Código Penal. Pagamento do tributo. Causa extintiva da punibilidade. Abrangência pela Lei n. 9.249/95. Norma penal favorável ao réu. Aplicação retroativa. Crime de natureza tributária" (HC 85.942/SP, 1ª Turma, Rel. Min. Luiz Fux, *DJe* 146, p. 78). O Superior Tribunal de Justiça, todavia, não acata tal entendimento argumentando que por não haver menção ao crime de contrabando ou descaminho nas referidas leis o pagamento dos valores devidos não extingue a punibilidade nestes crimes: "Consoante jurisprudência pacífica desta Corte, por se tratar de crime formal, é irrelevante o parcelamento e pagamento do tributo, não se aplicando ao descaminho a extinção da punibilidade prevista na Lei Federal n. 10.684/2003"(AgRg no AREsp 1259739/SP, Rel. Min. Joel Ilan Paciornik, 5ª Turma, julgado em 30-5-2019, *DJe* 11-6-2019). No mesmo sentido, veja-se: RHC 43.558/SP, 5ª Turma, Rel. Min. Jorge Mussi, julgado em 5-2-2015, *DJe* 13-2-2015; HC 271650/PE, 5ª Turma, Rel. Min. Reynaldo Soares da Fonseca, julgado em 3-3-2016, *DJe* 9-3-2016.

Saliente-se, por fim, que, de acordo com o tema 933 do Superior Tribunal de Justiça, aprovado em sede de recursos repetitivos, *"quando o falso se exaure no descaminho, sem mais potencialidade lesiva, é por este absorvido, como crime-fim, condição que não se altera por ser menor a pena a este cominada"*. Em outras palavras, quando alguém falsifica ou faz uso de documento falso para viabilizar o delito de descaminho responde apenas por este delito, desde que o falso não tenha mais potencialidade lesiva no caso concreto.

A importação ou exportação de substância entorpecente, sem autorização ou em desacordo com determinação legal ou regulamentar, configura crime de tráfico internacional de entorpecente, previsto no art. 33, *caput*, c/c art. 40, I, da Lei n. 11.343/2006.

---

[82] Arts. 1º e 2º da Lei n. 8.137/90 e arts. 168-A e 337-A do Código Penal.

A importação ou exportação ilegal de arma de fogo, acessório ou munição constitui crime específico do Estatuto do Desarmamento (art. 18 da Lei n. 10.826/2003).

O Superior Tribunal de Justiça firmou os seguintes entendimentos em relação ao crime de contrabando:

"Configura crime de contrabando (art. 334-A, CP) a importação não autorizada de arma de pressão por ação de gás comprimido ou por ação de mola, independentemente do calibre": AgRg no REsp 1479836/RS, 5ª Turma, Rel. Min. Ribeiro Dantas, julgado em 18-8-2016, *DJe* 24-8-2016; AgRg no REsp 1460554/RS, 6ª Turma, Rel. Min. Rogerio Schietti Cruz, julgado em 15-3-2016, *DJe* 28-3-2016; AgRg no AgRg no REsp 1427793/RS, 5ª Turma, Rel. Min. Felix Fischer, julgado em 16-2-2016, *DJe* 24-2-2016.

"O Superior Tribunal de Justiça, no julgamento do tema 1.143, em sede de recursos repetitivos, aprovou a seguinte tese:

"O princípio da insignificância é aplicável ao crime de contrabando de cigarros quando a quantidade apreendida não ultrapassar 1.000 (mil) maços, seja pela diminuta reprovabilidade da conduta, seja pela necessidade de se dar efetividade à repressão ao contrabando de vulto, excetuada a hipótese de reiteração da conduta, circunstância apta a indicar maior reprovabilidade e periculosidade social da ação".

"A importação clandestina de medicamentos configura crime de contrabando, aplicando-se, excepcionalmente, o princípio da insignificância aos casos de importação não autorizada de pequena quantidade para uso próprio": AgRg no REsp 1572314/RS, 5ª Turma, Rel. Min. Reynaldo Soares da Fonseca, julgado em 2-2-2017, *DJe* 10-2-2017; AgRg no REsp 1500691/SP, 5ª Turma, Rel. Min. Jorge Mussi, julgado em 11-10-2016, *DJe* 26-10-2016; AgRg no AREsp 509128/PR, 6ª Turma, Rel. Min. Ericson Maranho (Desembargador Convocado do TJ/SP), julgado em 8-3-2016, *DJe* 21-3-2016.

11.2.7.3. Sujeito ativo

Pode ser qualquer pessoa. Trata-se de crime comum. O funcionário público que facilita a conduta, entretanto, responderá pelo crime de facilitação ao contrabando ou descaminho (art. 318).

11.2.7.4. Sujeito passivo

O Estado, representado pela União.

11.2.7.5. Consumação

Com a entrada ou saída da mercadoria do território nacional. Entendemos tratar-se de crime instantâneo de efeitos permanentes, e não de crime permanente.

Cuida-se, ainda, de crime formal, que se consuma independentemente da constituição administrativa do débito fiscal, conforme decisões da Corte Suprema: RHC 119.960, 1ª Turma, Rel. Min. Luiz Fux, julgado em 13-5-2014; HC 122.325, 2ª Turma, Rel. Min. Gilmar Mendes, julgado em 27-5-2014. No mesmo sentido decisões do Superior Tribunal de Justiça: RHC 047893/SP, 5ª Turma, Rel. Min. Ribeiro Dantas, julgado em 14-2-2017, *DJe* 17-2-2017; AgRg no HC 373705/SP, 5ª Turma, Rel. Min. Jorge Mussi, julgado em 17-11-2016, *DJe* 23-11-2016; RHC 067467/SP, 5ª Turma, Rel. Min. Felix Fischer, julgado em 23-8-2016, *DJe* 31-8-2016; HC 271650/PE, 5ª Turma, Rel. Min. Reynaldo Soares da Fonseca, julgado em 3-3-2016, *DJe* 9-3-2016.

11.2.7.6. Tentativa

É possível. Ex.: mercadoria apreendida no setor alfandegário. Segundo Magalhães Noronha[83], "dá-se a consumação do contrabando quando a mercadoria proibida já penetrou o território nacional ou dele saiu; é a hipótese comum, como se falou, isto é, do contrabando sigiloso, oculto etc. Se, entretanto, for feito através da alfândega, é só com a liberação da mercadoria; até então não se poderá dizer consumada a importação ou exportação. É também com a liberação que se consuma o descaminho: a fraude ou expediente surtiu efeito, iludiu as autoridades alfandegárias, entrando o destinatário na posse da coisa sem pagar os tributos ou direitos respectivos".

No mesmo sentido, veja-se: "Há vozes, e de bom tempo, por exemplo, a de Fragoso nas 'Lições', segundo as quais, 'se a importação ou exportação se faz através da alfândega, o crime somente estará consumado depois de ter sido a mercadoria liberada pelas autoridades ou transposta a zona fiscal'" (STJ, HC 120.586/SP, 6ª Turma, Rel. Min. Nilson Naves, julgado em 5-11-2009, *DJe* 17-5-2010).

11.2.7.7. Causa de aumento de pena

De acordo com os arts. 334, § 3º, e 334-A, § 3º, do Código Penal, a pena será aplicada em dobro quando o contrabando ou descaminho for praticado em transporte aéreo, marítimo ou fluvial. A razão da maior severidade da pena é a facilidade decorrente da utilização de aeronaves ou embarcações para a prática do delito de forma clandestina. Assim, não incide a majorante quando se trata de voo comercial no qual a aeronave pousa ou decola de aeroporto dotado de alfândega, uma vez que nestes existe fiscalização aduaneira.

11.2.7.8. Figuras equiparadas ao crime de descaminho

O § 1º do art. 334 prevê, em seus quatro incisos, figuras equiparadas ao descaminho, para as quais é prevista a mesma pena do *caput*, a fim de punir quem:

I) *pratica navegação de cabotagem fora dos casos permitidos em lei*. A navegação de cabotagem é a realizada entre portos ou pontos de um mesmo país, utilizando a via marítima ou esta e as vias navegáveis interiores (art. 2º, IX, da Lei n. 9.432/97). Constitui crime a sua prática fora dos casos permitidos em lei, tratando-se, portanto, de norma penal em branco, cuja tipificação pressupõe o desrespeito ao texto de outra lei

II) *pratica fato assimilado, em lei especial, a descaminho*.

Constitui fato assimilado previsto em lei, por exemplo, a saída de mercadorias da Zona Franca de Manaus sem o pagamento de tributos, quando o valor excede a cota que cada pessoa pode trazer. Trata-se, também, de norma penal em branco.

III) *vende, expõe à venda, mantém em depósito ou, de qualquer forma, utiliza em proveito próprio ou alheio, no exercício de atividade comercial ou industrial, mercadoria de procedência estrangeira que introduziu clandestinamente no País ou importou fraudulentamente ou que sabe ser produto de introdução clandestina no território nacional ou de importação fraudulenta por parte de outrem.*

---

[83]   E. Magalhães Noronha, *Direito Penal*, v. 4, p. 330.

Nesse dispositivo, o legislador pune, na parte inicial, o próprio autor do descaminho que vende, expõe à venda, mantém em depósito ou de qualquer forma utiliza a mercadoria no exercício de atividade comercial ou industrial. Quando isso ocorre, é evidente que o agente não será punido pela figura do *caput*, que resta, portanto, absorvida. Lembre--se de que o § 2º do art. 334 equipara à atividade comercial qualquer forma de comércio irregular (sem registro junto aos órgãos competentes) ou clandestino de mercadorias estrangeiras (praticado por camelôs, por exemplo), inclusive o exercido em residências.

Na segunda parte do dispositivo, pune-se quem realiza as mesmas condutas típicas em relação a mercadorias introduzidas clandestinamente ou importadas fraudulentamente por terceiro.

IV) *adquire, recebe ou oculta, em proveito próprio ou alheio, no exercício de atividade comercial ou industrial, mercadoria de procedência estrangeira, desacompanhada de documentação legal, ou acompanhada de documentos que sabe serem falsos.*

Neste inciso, pune-se quem, no exercício de atividade comercial ou industrial, *adquire* (obtém a propriedade), *recebe* (obtém a posse) ou *oculta* (esconde) mercadoria de procedência estrangeira desacompanhada de documentos ou acompanhada de documentos que sabe serem falsos. Trata-se de delito que possui as mesmas condutas típicas do crime de receptação, mas que se aplica especificamente a mercadorias objeto de descaminho.

11.2.7.9. Figuras equiparadas ao crime de contrabando

O § 1º do art. 334-A, introduzido no Código Penal pela Lei n. 13.008/2014, prevê, em seus cinco incisos, várias figuras equiparadas ao contrabando, para punir quem:

I – *pratica fato assimilado, em lei especial, a contrabando;*

II – *importa ou exporta clandestinamente mercadoria que dependa de registro, análise ou autorização de órgão público competente;*

III – *reinsere no território nacional mercadoria brasileira destinada à exportação;*

IV – *vende, expõe à venda, mantém em depósito ou, de qualquer forma, utiliza em proveito próprio ou alheio, no exercício de atividade comercial ou industrial, mercadoria proibida pela lei brasileira;*

V – *adquire, recebe ou oculta, em proveito próprio ou alheio, no exercício de atividade comercial ou industrial, mercadoria proibida pela lei brasileira.*

11.2.7.10. Classificação doutrinária

Quanto à objetividade jurídica os crimes de contrabando e descaminho constituem crimes simples. Em relação ao sujeito ativo, classificam-se como crimes comuns e de concurso eventual. No que diz respeito aos meios de execução são crimes de ação livre e comissivos. No que se refere ao momento consumativo, constituem delito instantâneos e formais. Por fim, no que pertine ao elemento subjetivo, trata-se de infração penal dolosa.

11.2.7.11. Ação penal

Pública incondicionada, de competência da Justiça Federal.

Nos termos da Súmula 151 do Superior Tribunal de Justiça "a competência para processo e julgamento por crime de contrabando ou descaminho define-se pela prevenção do Juízo Federal do lugar da apreensão dos bens".

11.2.8. Impedimento, perturbação ou fraude de concorrência

> Art. 335. Impedir, perturbar ou fraudar concorrência pública ou venda em hasta pública, promovida pela administração federal, estadual ou municipal, ou por entidade paraestatal; afastar ou procurar afastar concorrente ou licitante, por meio de violência, grave ameaça, fraude ou oferecimento de vantagem:
>
> Pena – detenção, de seis meses a dois anos, ou multa, além da pena correspondente à violência.
>
> Parágrafo único. Incorre na mesma pena quem se abstém de concorrer ou licitar, em razão da vantagem oferecida.

Esse dispositivo foi revogado pelos arts. 93 e 95 da Lei n. 8.666/93 (Lei de Licitações), que punia as mesmas condutas com penas maiores. Atualmente, entretanto, tais condutas ilícitas estão previstas no art. 337-I e K do Código Penal, inseridas pela Lei n. 14.133/2021 – que revogou expressamente a Lei n. 8.666/93.

11.2.9. Inutilização de edital ou de sinal

> Art. 336. Rasgar, ou de qualquer forma, inutilizar ou conspurcar edital afixado por ordem de funcionário público; violar ou inutilizar selo ou sinal empregado, por determinação legal ou por ordem de funcionário público, para identificar ou cerrar qualquer objeto:
>
> Pena – detenção, de um mês a um ano, ou multa.

11.2.9.1. Objetividade jurídica

O regular funcionamento da Administração Pública.

11.2.9.2. Tipo objetivo

A primeira parte do dispositivo está relacionada a editais afixados por ordem de funcionário público, que podem ser de caráter administrativo (de casamento, por exemplo), judicial (de citação, por exemplo) ou legislativo. Edital é um comunicado oficial cuja finalidade é dar conhecimento a todos de determinado fato e, por isso, é afixado em local público.

As condutas ilícitas consistem em *rasgar* (cortar, lacerar), *inutilizar* (tornar ilegível) ou *conspurcar* (sujar, rabiscar, sem tornar ilegível) o edital. A segunda parte do dispositivo incrimina quem *inutiliza* ou *viola* (transpõe) o obstáculo que o selo ou o sinal representam. Estes visam, em regra, dar garantia oficial à identificação ou ao conteúdo de certos pacotes, envelopes etc. É necessário que tenham sido empregados por determinação legal ou de funcionário público competente.

11.2.9.3. Sujeito ativo

Qualquer pessoa. Trata-se de crime comum.

11.2.9.4. Sujeito passivo

O Estado.

11.2.9.5. Consumação

No instante em que o agente rasga, inutiliza ou conspurca o edital, ou quando viola ou inutiliza o selo ou sinal, independentemente de qualquer outro resultado.

11.2.9.6. Tentativa

É possível.

11.2.9.7. Classificação doutrinária

Quanto à objetividade jurídica constitui crime simples. Em relação ao sujeito ativo, classifica-se como crime comum e de concurso eventual. No que diz respeito aos meios de execução é crime de ação livre e comissivo. No que se refere ao momento consumativo, constitui delito instantâneo e formal. Por fim, no que pertine ao elemento subjetivo, trata-se de infração penal dolosa.

11.2.9.8. Ação penal

Pública incondicionada, de competência do Juizado Especial Criminal.

11.2.10. Subtração ou inutilização de livro ou documento

> Art. 337. Subtrair, ou inutilizar, total ou parcialmente, livro oficial, processo ou documento confiado à custódia de funcionário, em razão de ofício, ou de particular em serviço público:
>
> Pena – reclusão, de dois a cinco anos, se o fato não constitui crime mais grave.

11.2.10.1. Objetividade jurídica

A preservação dos livros oficiais, processos e documentos mencionados no tipo penal.

11.2.10.2. Tipo objetivo

As condutas típicas são *subtrair* (tirar, retirar da esfera de vigilância) e *inutilizar* (tornar imprestável, inútil). Para a configuração do delito é necessário que a conduta recaia sobre livro oficial (utilizado para escriturações ou registros) processo (judicial ou administrativo); ou outro documento (público ou privado), que esteja confiado à custódia de funcionário público ou de particular em serviço público.

Observe-se, porém, que, se o documento destina-se a fazer prova de relação jurídica, e o agente visa beneficiar a si próprio ou a terceiro, o fato constituirá crime mais grave, previsto no art. 305 do Código Penal, na medida em que o crime do art. 337, *caput*, é expressamente subsidiário.

11.2.10.3. Sujeito ativo

Pode ser qualquer pessoa. Trata-se de crime comum.

Se o crime for cometido por funcionário público que tem a *guarda* do livro ou documento em razão do cargo, configura-se o crime específico previsto no art. 314 do Código Penal, e, se for advogado ou procurador que tenha recebido o objeto ou o documento nesta qualidade, o crime será o do art. 356 do Código Penal.

11.2.10.4. Sujeito passivo

O Estado e, secundariamente, as pessoas prejudicadas pela conduta.

11.2.10.5. Consumação

No instante em que o agente subtrai ou inutiliza, total ou parcialmente, o livro, processo ou documento.

11.2.10.6. Tentativa

É possível.

11.2.10.7. Classificação doutrinária

Quanto à objetividade jurídica constitui crime simples. Em relação ao sujeito ativo, classifica-se como crime comum e de concurso eventual. No que diz respeito aos meios de execução é crime de ação livre. No que se refere ao momento consumativo, constitui delito instantâneo e material. Por fim, no que pertine ao elemento subjetivo, trata--se de infração penal dolosa.

11.2.10.8. Ação penal

Pública incondicionada.

11.2.11. Sonegação de contribuição previdenciária

Art. 337-A. Suprimir ou reduzir contribuição social previdenciária e qualquer acessório, mediante as seguintes condutas:

I – omitir de folha de pagamento da empresa ou de documento de informações previsto pela legislação previdenciária segurados empregado, empresário, trabalhador avulso ou trabalhador autônomo ou a este equiparado que lhe prestem serviços;

II – deixar de lançar mensalmente nos títulos próprios da contabilidade da empresa as quantias descontadas dos segurados ou as devidas pelo empregador ou pelo tomador de serviços;

III – omitir, total ou parcialmente, receitas ou lucros auferidos, remunerações pagas ou creditadas e demais fatos geradores de contribuições previdenciárias:

Pena – reclusão, de dois a cinco anos, e multa.

11.2.11.1. Objetividade jurídica

A preservação das fontes de custeio da previdência social e o seu regular funcionamento.

O art. 194 da Constituição Federal estabelece que "a seguridade social compreende um conjunto integrado de ações de iniciativa dos Poderes Públicos e da sociedade, destinadas a assegurar os direitos relativos à saúde, à previdência e à assistência social". É evidente, portanto, que, para garantir o pagamento dos benefícios de pessoas aposentadas, inválidas, desempregadas etc., é necessário que as autarquias responsáveis pelo pagamento possuam fundos suficientes para tanto. No âmbito federal, a autarquia responsável é o INSS – Instituto Nacional do Seguro Social.

O art. 195 da Constituição dispõe que a seguridade social será financiada por recursos provenientes do orçamento da União, Estados, Distrito Federal e Municípios, bem como por contribuições sociais: a) do empregador, da empresa ou entidade a ela equiparada; b) do trabalhador; c) sobre a receita de concursos de prognósticos; d) do importador de bens ou serviços do exterior.

É evidente, portanto, que a sonegação de tais contribuições afeta gravemente o sistema e deve ser combatida.

11.2.11.2. Tipo objetivo

A Lei n. 8.212/91 dispõe sobre a organização da Seguridade Social e institui o seu Plano de Custeio. Além disso, tipificava os respectivos ilícitos penais, que acabaram sendo revogados pela Lei n. 9.983/2000, que trouxe para o Código Penal as condutas ilícitas lesivas à Seguridade Social, como a sonegação de contribuição social descrita neste art. 337-A. As condutas incriminadas são *suprimir* (deixar de declarar e, portanto, não efetuar o repasse) e *reduzir* (declarar valor menor do que o devido).

Objeto material do delito são as contribuições sociais, cujas hipóteses de incidência e respectivos valores são definidos em lei, e seus acessórios.

Trata-se de crime de ação vinculada, que só se configura quando a sonegação (total ou parcial) se reveste de uma das formas descritas nos incs. I, II e III acima descritos. O crime, assim, é cometido por aquele que:

I – omitir de folha de pagamento da empresa ou de documento de informações previsto pela legislação previdenciária segurados empregado, empresário, trabalhador avulso ou trabalhador autônomo ou a este equiparado que lhe prestem serviços;

II – deixar de lançar mensalmente nos títulos próprios da contabilidade da empresa as quantias descontadas dos segurados ou as devidas pelo empregador ou pelo tomador de serviços; ou

III – omitir, total ou parcialmente, receitas ou lucros auferidos, remunerações pagas ou creditadas e demais fatos geradores de contribuições previdenciárias.

O crime de sonegação de contribuição previdenciária, previsto no art. 337-A do Código Penal, não exige dolo específico para a sua configuração. Nesse sentido: AgRg no AREsp 840.609/SP, 5ª Turma, Rel. Min. Jorge Mussi, julgado em 14-3-2017, *DJe* 22-3-2017; AgRg no REsp 1.552.195/SP, Rel. Min. Sebastião Reis Júnior, julgado em 16-2-2016, *DJe* 25-2-2016.

11.2.11.3. Sujeito ativo

Somente o responsável pelo lançamento das informações nos documentos mencionados no texto legal. Trata-se de crime próprio. Em princípio, pode ser sujeito ativo qualquer sócio, diretor, gerente ou administrador de um estabelecimento. É evidente, entretanto, que, no caso concreto, deve-se identificar o efetivo responsável, ou seja, a pessoa que tinha a função, dentro da empresa, de efetuar os lançamentos e não o fez. Apenas poderão ser corresponsáveis os sócios, diretores etc. que tenham sido coniventes com tal ato.

O crime pode ser cometido no setor privado e no setor público: "Pode qualquer pessoa, particular ou agente público, inclusive prefeitos, praticar o crime do art. 337-A do Código Penal, consistente na omissão de valores na guia de recolhimento do fundo de garantia por tempo de serviço e informação à Previdência Social – GFIP" (STJ, RHC 43.741/RJ, 6ª Turma, Rel. Min. Nefi Cordeiro, julgado em 10-3-2016, *DJe* 17-3-2016).

11.2.11.4. Sujeito passivo

O Estado, representado pela autarquia previdenciária.

11.2.11.5. Consumação

O Superior Tribunal de Justiça fixou entendimento no sentido de que "O crime de sonegação de contribuição previdenciária é de natureza material e exige a constituição definitiva do débito tributário perante o âmbito administrativo para configurar-se como conduta típica": RHC 044.669/RS, Rel. Min. Nefi Cordeiro, julgado em 5-4-2016, *DJe* 18-4-2016; AgRg no AREsp 534.251/SP, 6ª Turma, Rel. Min. Sebastião Reis Junior, julgado em 13-10-2015, *DJe* 5-11-2015; RHC 040.411/RJ, 5ª Turma, Rel. Min. Jorge Mussi, julgado em 23-9-2014, *DJe* 30-9-2014.

11.2.11.6. Tentativa

Inadmissível, uma vez que as condutas típicas são exclusivamente omissivas.

11.2.11.7. Extinção da punibilidade

Nos termos do art. 337-A, § 1º, do Código Penal, ficará extinta a punibilidade se o agente, espontaneamente, declarar e confessar as contribuições, importâncias ou valores e prestar as informações devidas à Previdência Social, na forma definida em lei ou regulamento, antes do início da ação fiscal. A ação fiscal se inicia com a notificação pessoal do contribuinte a respeito de sua instauração.

Saliente-se, outrossim, que o art. 9º, § 2º, da Lei n. 10.684/2003, prevê a extinção da punibilidade se a pessoa jurídica relacionada com o agente efetuar o pagamento integral dos débitos, inclusive acessórios (art. 9º, § 2º, da Lei n. 10.684/2003), em qualquer momento da persecução penal. Lembre-se, por fim, que o art. 9º, § 1º, da Lei n. 10.684/2003 prevê a suspensão da pretensão punitiva estatal, se a empresa obtiver o parcelamento dos valores devidos.

11.2.11.8. Perdão judicial ou substituição por pena de multa

Nos termos do art. 337-A, § 2º, do Código Penal, o juiz pode deixar de aplicar a pena ou aplicar somente a de multa se o agente for primário e de bons antecedentes, e desde que o valor das contribuições devidas, inclusive acessórios, seja igual ou inferior ao estabelecido pela Previdência Social, administrativamente, como o mínimo para o ajuizamento de suas execuções fiscais. A escolha entre os benefícios (perdão ou multa) fica, evidentemente, a critério do juiz, de acordo com as circunstâncias do caso concreto.

O Superior Tribunal de Justiça atualmente não admite a aplicação do princípio da insignificância a este delito: "Ambas as Turmas que compõem o Supremo Tribunal Federal entendem ser inaplicável o princípio da insignificância aos crimes de sonegação de contribuição previdenciária e apropriação indébita previdenciária, tendo em vista a elevada reprovabilidade dessas condutas, que atentam contra bem jurídico de caráter supraindividual e contribuem para agravar o quadro deficitário da Previdência Social. 2. A Terceira Seção desta Corte Superior concluiu que não é possível a aplicação do princípio da insignificância aos crimes de apropriação indébita previdenciária e de sonegação de contribuição previdenciária, independentemente do valor do ilícito, pois esses tipos penais protegem a própria subsistência da Previdência Social, de modo que é elevado o grau de reprovabilidade da conduta do agente que atenta contra este bem jurídico supraindividual. 3. Agravo regimental desprovido" (STJ, AgRg no REsp 1.783.334/PB, Rel. Min. Laurita Vaz, 6ª Turma, julgado em 7-11-2019, *DJe* 2-12-2019).

O Supremo Tribunal Federal igualmente não tem admitido a aplicação do princípio da insignificância no crime de apropriação indébita previdenciária (art. 168-A do CP), com o argumento que o bem jurídico é supraindividual (a subsistência financeira à Previdência Social). Nesse sentido: HC 107.331, 2ª Turma, Rel. Min. Gilmar Mendes, julgado em 28-5-2013, *DJe*-110 public. 12-6-2013; HC 110.124, 1ª Turma, Rel. Min. Cármen Lúcia, julgado em 14-2-2012, *DJe*-055 public. 16-3-2012; HC 107.041, 1ª Turma, Rel. Min. Dias Toffoli, julgado em 13-9-2011, *DJe*-193 public. 7-10-2011; HC 98.021, 1ª Turma, Rel. Min. Ricardo Lewandowski, julgado em 22-6-2010, *DJe*-149, divulg. 12-8-2010, public. 13-8-2010, ement. vol-02410-03, p. 516, *RMDPPP* v. 7, n. 37, 2010, p. 99-105, *LEXSTF* v. 32, n. 381, 2010, p. 425-433, *RT* v. 100, n. 904, 2011, p. 516-520. Desse modo, também em relação ao crime em estudo, possível concluir que a Corte Suprema não admite a aplicação do princípio da insignificância, restando, assim, a possibilidade de serem aplicadas as regras deste art. 337-A, § 2º, do Código Penal (perdão judicial ou substituição por multa).

11.2.11.9. Causa de diminuição de pena

Estabelece o art. 337-A, § 3º, do Código Penal, que, se o empregador for pessoa física e sua folha de pagamento mensal não ultrapassar R$ 1.510,00, o juiz poderá reduzir a pena de um terço até a metade ou aplicar somente a multa. Esse valor será reajustado nas mesmas datas e nos mesmos índices do reajuste dos benefícios da Previdência Social (§ 4º).

11.2.11.10. Classificação doutrinária

Quanto à objetividade jurídica constitui crime simples. Em relação ao sujeito ativo, classifica-se como crime próprio e de concurso eventual. No que diz respeito aos meios de execução é crime de ação vinculada. No que se refere ao momento consumativo, constitui delito instantâneo e material. Por fim, no que pertine ao elemento subjetivo, trata-se de infração penal dolosa.

11.2.11.11. Ação penal

Pública incondicionada, de competência da Justiça Federal, uma vez que o INSS é autarquia da União (art. 109, I, da CF).

Capítulo II-A

DOS CRIMES PRATICADOS POR PARTICULAR CONTRA A ADMINISTRAÇÃO PÚBLICA ESTRANGEIRA

11.3. Dos crimes praticados por particular contra a administração pública estrangeira

A globalização e o aumento das transações comerciais internacionais motivaram a aprovação da Lei n. 10.467/2002, que acrescentou este Capítulo no Código Penal, criando dois novos ilícitos penais:

a) *corrupção ativa em transação comercial internacional;*

b) *tráfico de influência em transação comercial internacional.*

Além disso, foi estabelecido legalmente o conceito de funcionário público estrangeiro.

11.3.1. Conceito de funcionário público estrangeiro

De acordo com o art. 337-D do Código Penal, considera funcionário público estrangeiro, para efeitos penais, *quem, ainda que transitoriamente ou sem remuneração, exerce cargo, emprego ou função pública em entidades estatais ou em representações diplomáticas de país estrangeiro.* Além disso, o parágrafo único do mesmo artigo equipara a funcionário público estrangeiro *quem exerce cargo, emprego ou função em empresas controladas, direta ou indiretamente, pelo Poder Público de país estrangeiro ou em organizações públicas internacionais.*

11.3.2. Corrupção ativa nas transações comerciais internacionais

> Art. 337-B. Prometer, oferecer ou dar, direta ou indiretamente, vantagem indevida a funcionário público estrangeiro, ou a terceira pessoa, para determiná-lo a praticar, omitir ou retardar ato de ofício relacionado a transação comercial internacional:
>
> Pena – reclusão, de um a oito anos, e multa.

11.3.2.1. Objetividade jurídica

A lisura nas transações comerciais internacionais.

11.3.2.2. Tipo objetivo

As condutas típicas são as mesmas da corrupção ativa comum (art. 333), à exceção da conduta "dar", que foi acrescentada no presente tipo penal. O que diferencia este delito da corrupção ativa comum é o fato de que, nesta, o corruptor visa a funcionário público brasileiro (no âmbito federal, estadual ou municipal), enquanto, no delito ora em estudo, a conduta visa a funcionário estrangeiro e pressupõe que o agente tenha por objetivo (relacionado à vantagem indevida prometida ofertada ou dada) obter daquele benefício relacionado a alguma transação comercial internacional. Segundo Guilherme de Souza Nucci[84] transação comercial internacional "é qualquer ajuste ou acordo relativo ao comércio concernente a duas ou mais nações, envolvendo pessoas físicas e/ou jurídicas".

A lei brasileira só se refere à corrupção ativa porque a eventual punição do funcionário público estrangeiro incumbe ao outro país.

11.3.2.3. Sujeito ativo

Pode ser qualquer pessoa. Trata-se de crime comum.

11.3.2.4. Sujeito passivo

A empresa ou pessoa física prejudicada e o Estado estrangeiro.

11.3.2.5. Consumação

No momento em que a oferta ou a promessa chega ao funcionário estrangeiro, ainda que este não a aceite. Na modalidade "dar", o crime se consuma quando o funcionário a recebe.

11.3.2.6. Tentativa

Possível na modalidade "dar" e, nas demais figuras típicas, em caso de extravio de oferta ou promessa feita por escrito.

11.3.2.7. Classificação doutrinária

Quanto à objetividade jurídica constitui crime simples. Em relação ao sujeito ativo, classifica-se como crime comum e de concurso eventual. No que diz respeito aos meios de execução é crime de ação livre e comissivo. No que se refere ao momento consumativo, constitui delito instantâneo e formal. Por fim, no que pertine ao elemento subjetivo, trata-se de infração penal dolosa.

11.3.2.8. Causa de aumento de pena

O parágrafo único do art. 337-B do Código Penal, prevê um aumento de um terço na pena se, em razão da vantagem ou promessa, o funcionário público estrangeiro efetivamente retarda ou omite o ato de ofício, ou o pratica infringindo dever funcional.

11.3.2.9. Ação penal

Pública incondicionada.

---

[84] Guilherme de Souza Nucci, *Código Penal comentado*, p. 337.

11.3.3. Tráfico de influência em transação comercial internacional

Art. 337-C – Solicitar, exigir, cobrar ou obter, para si ou para outrem, direta ou indiretamente, vantagem ou promessa de vantagem a pretexto de influir em ato praticado por funcionário público estrangeiro no exercício de suas funções, relacionado a transação comercial internacional:

Pena – reclusão, de dois a cinco anos, e multa.

11.3.3.1. Objetividade jurídica

A boa-fé e a lisura nas transações comerciais internacionais.

11.3.3.2. Tipo objetivo

São as mesmas condutas típicas do tráfico de influência comum previsto no art. 332 do Código Penal. Altera-se apenas o fato de que o agente alega que a vantagem que ele solicita, exige, cobra ou obtém é para levá-lo a influir em funcionário público estrangeiro em ato relacionado a transação comercial internacional.

11.3.3.3. Sujeito ativo

Pode ser qualquer pessoa. Trata-se de crime comum.

11.3.3.4. Sujeito passivo

A empresa ou pessoa física prejudicada e o Estado estrangeiro.

11.3.3.5. Consumação

No momento em que o agente realiza a conduta típica, independentemente de qualquer outro resultado.

11.3.3.6. Tentativa

É possível.

11.3.3.7. Causa de aumento de pena

De acordo com o parágrafo único do art. 337-A do Código Penal, a pena é aumentada da metade, se o agente alega ou insinua que a vantagem é também destinada ao funcionário.

11.3.3.8. Classificação doutrinária

Quanto à objetividade jurídica constitui crime simples. Em relação ao sujeito ativo, classifica-se como crime comum e de concurso eventual. No que diz respeito aos meios de execução é crime de ação livre e comissivo. No que se refere ao momento consumativo, constitui delito instantâneo e formal (exceto na modalidade "obter" em que tem natureza material). Por fim, no que pertine ao elemento subjetivo, trata-se de infração penal dolosa.

11.3.3.9. Ação penal

Pública incondicionada.

Capítulo II-B

DOS CRIMES EM LICITAÇÕES E CONTRATOS ADMINISTRATIVOS

11.4. Dos crimes em licitações e contratos administrativos

O presente capítulo foi inserido no Código Penal pela Lei n. 14.133, de 1º de abril de 2021, que, concomitantemente, revogou os crimes previstos nos arts. 89 a 98 da Lei n. 8.666/93, que tratavam do mesmo tema, ou seja, crimes em licitações e contratos administrativos.

Segundo Hely Lopes Meireles[85], "licitação é o procedimento administrativo mediante o qual a Administração Pública seleciona a proposta mais vantajosa para o contrato de seu interesse. Como procedimento, desenvolve-se através de uma sucessão ordenada de atos vinculantes para a Administração e para os licitantes, o que propicia igual oportunidade a todos os interessados e atua como fator de eficiência e moralidade nos negócios administrativos". De acordo com o art. 11 da Lei n. 14.133/2021, "o processo licitatório tem por objetivos: I – assegurar a seleção da proposta apta a gerar o resultado de contratação mais vantajoso para a Administração Pública, inclusive no que se refere ao ciclo de vida do objeto; II – assegurar tratamento isonômico entre os licitantes, bem como a justa competição; III – evitar contratações com sobrepreço ou com preços manifestamente inexequíveis e superfaturamento na execução dos contratos; IV – incentivar a inovação e o desenvolvimento nacional sustentável".

Como os delitos passaram a constar do Código Penal, no título dos Crimes Contra a Administração Pública, não há dúvida de que se mostra aplicável a regra inserta em seu art. 33, § 4º, segundo a qual o condenado por crime contra a administração pública terá a progressão de regime do cumprimento da pena condicionada à reparação do dano que causou, ou à devolução do produto do ilícito praticado, com os acréscimos legais.

Do mesmo modo, nos crimes em que o sujeito ativo seja funcionário público, mostrar-se-á cabível a aplicação do disposto no art. 92, I, *a*, do Código Penal, que prevê, como efeito secundário da condenação, a perda de cargo, função pública ou mandato eletivo, quando aplicada pena privativa de liberdade por tempo igual ou superior

---

[85] Hely Lopes Meirelles, *Direito administrativo brasileiro*, p. 246.

a um ano, nos crimes praticados com abuso de poder ou violação de dever para com a Administração Pública.

O art. 337-P do Código Penal, inserido também pela Lei n. 14.133/2021, dispõe que "a pena de multa cominada aos crimes previstos neste Capítulo seguirá a metodologia de cálculo prevista neste Código e não poderá ser inferior a 2% (dois por cento) do valor do contrato licitado ou celebrado com contratação direta". Assim, nos termos do art. 49, *caput*, do Código Penal, o número de dias-multa deverá ser fixado entre 10 e 360, de acordo com o critério trifásico do art. 68. Em seguida, o juiz fixará o valor de cada dia-multa entre 1/30 e cinco vezes o salário mínimo vigente à época do fato (art. 49, § 1º). Caso esse valor seja superior a 2% do contrato licitado ou celebrado com contratação direta, tornar-se-á definitivo. Se for inferior, o juiz aplicará a multa no valor de 2% do valor do contrato licitado ou celebrado com contratação direta.

Tendo em vista a expressa revogação da Lei n. 8.666/93, cujo art. 99, § 2º, dispunha que o valor da multa seria revertido para a Fazenda Pública, atualmente o valor da multa será revertido ao Fundo Penitenciário, nos termos do art. 49 do Código Penal.

Os crimes inseridos no Código Penal aplicam-se a licitações e contratações ilícitas no âmbito das Administrações Públicas diretas, autárquicas e fundacionais da União, dos Estados, do Distrito Federal e dos Municípios, e abrange: I – os órgãos dos Poderes Legislativo e Judiciário da União, dos Estados e do Distrito Federal e os órgãos do Poder Legislativo dos Municípios, quando no desempenho de função administrativa; II – os fundos especiais e as demais entidades controladas direta ou indiretamente pela Administração Pública.

Apesar de o regime licitatório e de contratação para empresas públicas e sociedades de economia mista serem regulados pela Lei n. 13.303/2016, as práticas ilícitas no âmbito dessas entidades também estão abrangidas pelos dispositivos inseridos no Código Penal em razão dos mandamentos contidos nos arts. 1º, § 1º, e 185 da Lei n. 14.133/2021.

11.4.1. Contratação direta ilegal

> *Art. 337-E – Admitir, possibilitar ou dar causa à contratação direta fora das hipóteses previstas em lei:*
>
> *Pena – reclusão, de quatro a oito anos, e multa.*

11.4.1.1. Objetividade jurídica

A moralidade administrativa, o resguardo dos cofres públicos, o regular funcionamento da Administração Pública e a competitividade nos processos licitatórios.

11.4.1.2. Tipo objetivo

A atual infração penal substitui o crime antes previsto no art. 89 da Lei n. 8.666/93, mas, agora, com pena mais rigorosa.

O crime só se configura quando a contratação direta ocorre fora dos casos previstos em lei. Cuida-se de norma penal em branco, cujo complemento é encontrado nos arts. 72 a 75 da Lei n. 14.133/2021.

De acordo com o art. 72 da Lei de Licitações (Lei n. 14.133/2021), o processo de contratação direta compreende os casos de inexigibilidade e de dispensa de licitação.

Nos termos do art. 74 da mesma Lei, é inexigível a licitação quando inviável a competição, em especial nos casos de: I – aquisição de materiais, de equipamentos ou de gêneros ou contratação de serviços que só possam ser fornecidos por produtor, empresa ou representante comercial exclusivos; II – contratação de profissional do setor artístico, diretamente ou por meio de empresário exclusivo, desde que consagrado pela crítica especializada ou pela opinião pública; III – contratação dos seguintes serviços técnicos especializados de natureza predominantemente intelectual com profissionais ou empresas de notória especialização, vedada a inexigibilidade para serviços de publicidade e divulgação: a) estudos técnicos, planejamentos, projetos básicos ou projetos executivos; b) pareceres, perícias e avaliações em geral; c) assessorias ou consultorias técnicas e auditorias financeiras ou tributárias; d) fiscalização, supervisão ou gerenciamento de obras ou serviços; e) patrocínio ou defesa de causas judiciais ou administrativas; f) treinamento e aperfeiçoamento de pessoal; g) restauração de obras de arte e de bens de valor histórico; h) controles de qualidade e tecnológico, análises, testes e ensaios de campo e laboratoriais, instrumentação e monitoramento de parâmetros específicos de obras e do meio ambiente e demais serviços de engenharia que se enquadrem no disposto neste inciso; IV – objetos que devam ou possam ser contratados por meio de credenciamento; V – aquisição ou locação de imóvel cujas características de instalações e de localização tornem necessária sua escolha.

Já a dispensa de licitação é possível nas hipóteses do art. 75 da Lei. São exemplos: para contratação que envolva valores inferiores a R$ 100.000,00 (cem mil reais), no caso de obras e serviços de engenharia ou de serviços de manutenção de veículos automotores (inc. I); para contratação que envolva valores inferiores a R$ 50.000,00 (cinquenta mil reais), no caso de outros serviços e compras (inc. II); para contratação que mantenha todas as condições definidas em edital de licitação realizada há menos de 1 (um) ano, quando se verificar que naquela licitação: a) não surgiram licitantes interessados ou não foram apresentadas propostas válidas; b) as propostas apresentadas consignaram preços manifestamente superiores aos praticados no mercado ou incompatíveis com os fixados pelos órgãos oficiais competentes (inc. III). Há inúmeras outras hipóteses de dispensa nos demais incisos do art. 75 (incs. IV a XVI).

Note-se que são inúmeras as hipóteses de inexigibilidade e dispensa de processo licitatório. O crime restará configurado quando, ausente uma das hipóteses legais, o agente admitir, possibilitar ou der causa ao processo licitatório irregular.

De acordo com o Superior Tribunal de Justiça, o fracionamento em diversas contratações diretas para evitar a obrigação de licitar (para não atingir o limite de valor em cada uma delas, por exemplo) configura o delito: "O Ministério Público descreveu tanto o dolo do paciente quanto a existência de lesão ao erário público, consubstanciada no fracionamento ilegal de contratações, sem prévia pesquisa de preço, para afastar o dever de licitar e para beneficiar determinados contratados, o que é suficiente para a deflagração da ação penal pela prática do crime do artigo 89 da Lei 8.666/1993. Precedente" (AgRg no HC 574.578/SP, Rel. Min. Jorge Mussi, 5ª Turma, julgado em 23-6-2020, *DJe* 3-8-2020).

11.4.1.3. Elemento subjetivo

Trata-se de crime doloso, não sendo punida eventual conduta culposa.

Não há crime quando o acusado atua conforme parecer jurídico no sentido da inexigibilidade da licitação (STF, Inq. 2482, Fux, Pl.; Inq. 3731, Gilmar Mendes, 2ª Turma; AP 560, Toffoli, 2ª Turma, Inq. 3753, Fux, 1ª Turma, 18-4-2017), exceto, obviamente, se tiver havido conluio com o parecerista.

Apesar de não haver exigência no tipo penal, as Cortes Superiores têm entendido ser necessário o dolo específico de causar prejuízo ao erário: "O delito do artigo 89 da Lei 8.666/93 exige, além do dolo genérico – representado pela vontade consciente de dispensar ou inexigir licitação fora das hipóteses legais –, a configuração do especial fim de agir, consistente no dolo específico de causar dano ao erário. Desnecessário o efetivo prejuízo patrimonial à administração pública" (STF, AP 580, Rel. Rosa Weber, 1ª Turma, julgado em 13-12-2016, Acórdão eletrônico *DJe-139*, divulg. 23-6-2017, public. 26-6-2017); "Acerca do tema, as Turmas desta Corte Superior especializadas em Direito Penal firmaram a diretriz de que, para a configuração do crime previsto no art. 89 da Lei 8.666/1993 (dispensa ou inexigibilidade de licitação fora das hipóteses legais) exige-se a presença do dolo específico de causar dano ao erário e a caracterização do efetivo prejuízo" (STJ, AgInt no AREsp 1370933/MG, Rel. Min. Napoleão Nunes Mais Filho, 1ª Turma, julgado em 11-11-2020, *DJe* 17-11-2020).

No mesmo sentido diversos outros julgados do Superior Tribunal de Justiça: *DJe* 2-8-2019; HC 498748/RS, Rel. Min. Felix Fischer, 5ª Turma, julgado em 30-5-2019, *DJe* 6-6-2019; HC 490195/PB, Rel. Min. Joel Ilan Paciornik, 5ª Turma, julgado em 3-9-2019, *DJe* 10-9-2019; RHC 115457/SP, Rel. Min. Jorge Mussi, 5ª Turma, julgado em 20-8-2019, *DJe* 2-9-2019; RHC 108813/SP, Rel. Min. Sebastião Reis Júnior, 6ª Turma, julgado em 5-9-2019, *DJe* 17-9-2019; AgRg no AREsp 1426799/SP, Rel. Min. Laurita Vaz, 6ª Turma, julgado em 27-8-2019, *DJe* 12-9-2019; AgRg no RHC 108658/ MG, Rel. Min. Nefi Cordeiro, 6ª Turma, julgado em 13-8-2019, *DJe* 22-8-2019; HC 444024/PR, Rel. Min. Rogerio Schietti Cruz, 6ª Turma, julgado em 2-4-2019.

11.4.1.4. Sujeito ativo

Trata-se de crime próprio, cometido pelo agente público com atribuição para admitir, possibilitar ou dar causa à contratação direta.

O parágrafo único do art. 89 da Lei n. 8.666 dispunha que "na mesma pena incorre aquele que, tendo comprovadamente concorrido para a consumação da ilegalidade, beneficiou-se da dispensa ou inexigibilidade ilegal, para celebrar contrato com o Poder Público". Tal regra não foi repetida na lei atual, contudo, isso ocorreu por razões óbvias. Como os novos crimes licitatórios encontram-se agora no próprio Código Penal, desnecessária regra específica no tipo penal, pois aplicável a regra genérica do art. 30 de tal Código, que permite a punição de particulares que tenham concorrido para o delito ou se beneficiado dolosamente.

Caso tenha havido promessa de vantagem indevida ao funcionário público responsável e aceitação por parte deste, haverá concurso material com os crimes de corrupção passiva e ativa.

Eventual falsificação de documento será absorvida pelo crime-fim, mas deverá ser levada em conta pelo juiz na fixação da pena-base (art. 59 do CP).

11.4.1.5. Sujeito passivo

O ente público no âmbito do qual se deu a contratação direta, bem como os concorrentes eventualmente prejudicados.

11.4.1.6. Consumação

No instante em que o agente admite, possibilita ou dá causa à contratação direta. O art. 72 da Lei n. 14.133/2021 regulamenta o procedimento para a dispensa ou inexigibilidade de licitação, que abrange a juntada de documentos que contenham estimativa da despesa; justificativa de preço; demonstração da compatibilidade da previsão de recursos orçamentários com o compromisso a ser assumido; comprovação de que o contratado preenche os requisitos de habilitação e qualificação mínima necessária; razão da escolha do contratado etc. Deve ser juntado também parecer jurídico e técnico, se for o caso, e, por fim, autorização da autoridade competente. Quem, dolosamente, agir em desacordo com as regras legais, incorrerá no delito, como, por exemplo, a autoridade competente que, ciente do descabimento da contratação direta, autorizá-la, ou o funcionário que viabilizar a contratação direta com a juntada de informações inverídicas no procedimento.

Cuida-se, em tese, de crime formal, que se configura ainda que não ocorra a contratação. Ex.: a autoridade competente autoriza uma compra que não poderia ser feita sem licitação, mas a aquisição não se concretiza. De ver-se, entretanto, que as Cortes Superiores entendem que o delito só se configura quando, em razão da contratação indevida, decorre prejuízo ao erário: "Para a configuração do crime previsto no art. 89 da Lei n. 8.666/1993, exige-se a presença do dolo específico de causar dano ao erário e a caracterização do efetivo prejuízo (...). E não se pode perder de vista que 540 medicamentos foram adquiridos por preço superior ao máximo permitido pela ANVISA, resultando em pagamento a maior de R$ 99.650,31, sendo evidente a existência de prejuízo financeiro ao erário" (STJ – AgRg no AREsp 1780487/MG, Rel. Min. Reynaldo Soares da Fonseca, 5ª Turma, julgado em 8-6-2021, DJe 14-6-2021); "O Superior Tribunal de Justiça consolidou o entendimento de que, para a configuração do crime de dispensa ou inexigibilidade de licitação fora das hipóteses legais – art. 89 da Lei n. 8.666/93 –, exige-se a presença do dolo específico de causar dano ao erário e do efetivo prejuízo à Administração Pública. 2. Não se verifica manifesta ilegalidade se as instâncias de origem consideraram comprovados o dolo específico, pois o paciente, como assessor jurídico, não apenas deu seu aval à realização do contrato, mas forneceu subsídios jurídicos falaciosos e inconsistentes para fundamentar a dispensa de licitação, o que foi confirmando por ele ao ser interrogado em juízo, bem como o prejuízo, pois o valor cobrado pelos serviços técnicos contratados sem a devida licitação possuiu expressão financeira muito além do razoável, pois resultou em quase todo o valor disputado em Juízo, totalizando um prejuízo de R$ 3.576.687,80 ao Erário" (STJ – HC 571.508/SP, Rel. Min. Nefi Cordeiro 6ª Turma, julgado em 16-6-2020, DJe 23-6-2020). Assim, caso tal entendimento continue a prevalecer na vigência da nova legislação, não se consegue vislumbrar, na prática, a existência de crime consumado, sem que a contratação direta tenha mesmo ocorrido e que dela decorra efetivo prejuízo ao erário.

11.4.1.7. Tentativa

É possível, já que o *iter criminis* pode ser fracionado.

11.4.1.8. Pena e ação penal

A pena é de reclusão, de quatro a oito anos, e multa. Por ser maior do que a pena prevista no antigo art. 89 da Lei n. 8.999/93, só pode ser aplicada a crimes praticados após a entrada em vigor da nova lei. O montante do prejuízo ao erário pode ser levado em conta pelo juiz na aplicação da pena, nos termos do art. 59 do Código Penal (consequências do crime). O fato de o agente ser funcionário público, por estar contido implicitamente no tipo penal, não pode ser levado em conta para exasperar a pena.

Inviáveis os benefícios da Lei n. 9.099/95 e o acordo de não persecução penal (que só se mostra cabível quando a pena mínima é inferior a quatro anos – art. 28-A do CPP).

A ação penal é pública incondicionada.

11.4.2. Frustração do caráter competitivo de licitação

> *Art. 337-F – Frustrar ou fraudar, com o intuito de obter para si ou para outrem vantagem decorrente da adjudicação do objeto da licitação, o caráter competitivo do processo licitatório:*
>
> *Pena – reclusão, de quatro anos a oito anos, e multa.*

11.4.2.1. Objetividade jurídica

A moralidade administrativa, o resguardo dos cofres públicos, o regular funcionamento da Administração Pública e a competitividade e a lisura nos processos licitatórios.

11.4.2.2. Tipo objetivo

As condutas típicas são frustrar ou fraudar. A primeira significa impedir o resultado almejado. Fraudar, por sua vez, é sinônimo de burlar, enganar.

Conforme mencionado anteriormente, a essência do processo licitatório consiste em a Administração Pública selecionar a proposta mais vantajosa para o contrato de seu interesse. Para tanto, é necessário assegurar o caráter competitivo do processo, garantindo a isonomia entre os concorrentes. No delito, em análise, o agente frustra ou fraudar tal caráter competitivo. Ausente essa circunstância no caso concreto, poderemos estar diante do crime do art. 337-I, que, dentre outras condutas, pune, com pena mais branda, quem fraude a realização de qualquer ato de processo licitatório.

É essencial a intenção de obter, para si ou para outrem, alguma vantagem decorrente da adjudicação do objeto da licitação (elemento subjetivo do tipo). Adjudicação é o ato pelo qual a Administração atribui ao licitante vencedor o objeto da licitação.

O crime em análise substitui o antigo delito descrito no art. 90 da Lei n. 8.666/93. O antigo tipo penal mencionava, de forma expressa, que a conduta típica poderia ser cometida mediante ajuste, combinação ou qualquer outro expediente. Em razão da forma genérica abrangente, contida no antigo tipo penal, o legislador, ao aprovar a nova lei, preferiu não especificar o *modus operandi*, que, evidentemente, continua a abranger qualquer expediente, inclusive a combinação e o ajuste. São exemplos corriqueiros: ajuste prévio para que uma determinada empresa saia vencedora; ajuste entre os concorrentes para que uma empresa vença uma licitação e outra empresa saia vitoriosa em outra (rodízio) mediante prévia combinação dos valores das propostas etc.

11.4.2.3. Elemento subjetivo

É o dolo. Necessária, ainda, a específica intenção de obter alguma vantagem como consequência da adjudicação do objeto da licitação. Não existe modalidade culposa.

11.4.2.4. Sujeito ativo

Trata-se de crime comum, que pode ser cometido por particulares ou funcionários públicos. O delito admite concurso de agentes, sendo, inclusive, muito comum, no caso de ajuste entre concorrentes ou até mesmo com funcionário público que atue no processo licitatório.

11.4.2.5. Sujeito passivo

O ente público responsável pelo processo licitatório e os concorrentes eventualmente prejudicados.

11.4.2.6. Consumação

No momento em que empregada a fraude ou frustrado o caráter competitivo da licitação, ainda que o agente não obtenha qualquer vantagem, que não ocorra a adjudicação e que não haja prejuízo para o erário. Trata-se de crime formal. A propósito: "A natureza formal da conduta descrita no art. 90 da Lei 8.666/93 dispensa a demonstração de prejuízo ou dano aos cofres públicos. Basta a comprovação da fraude para se configurar o crime em questão" (STJ, AgRg no AREsp 1003485/BA, Rel. Min. Ribeiro Dantas, 5ª Turma, julgado em 16-3-2021, *DJe* 19-3-2021). Assim, eventual anulação posterior da licitação não tem o condão de afastar a infração penal em comento.

De acordo com a Súmula 645 do Superior Tribunal de Justiça: "O crime de fraude à licitação é formal, e sua consumação prescinde da comprovação do prejuízo ou da obtenção de vantagem".

11.4.2.7. Tentativa

É possível, pois o *iter criminis* pode ser fracionado.

11.4.2.8. Pena e ação penal

A pena é de reclusão, de quatro a oito anos, e multa. O montante do eventual prejuízo ao erário pode ser levado em conta pelo juiz na aplicação da pena, nos termos do art. 59 do Código Penal (consequências do crime).

Como se trata de crime comum, caso seja cometido por funcionário público, mostra-se viável a aplicação da agravante genérica do art. 61, II, *g*, do Código Penal: crime cometido com violação de dever inerente ao cargo.

Inviáveis os benefícios da Lei n. 9.099/95 e o acordo de não persecução penal (que só se mostra cabível quando a pena mínima é inferior a quatro anos – art. 28-A do CPP).

A ação penal é pública incondicionada.

11.4.3. Patrocínio de contratação indevida

> Art. 337-G – Patrocinar, direta ou indiretamente, interesse privado perante a Administração Pública, dando causa à instauração de licitação ou à celebração de contrato cuja invalidação vier a ser decretada pelo Poder Judiciário:
>
> Pena – reclusão, de seis meses a três anos, e multa.

11.4.3.1. Objetividade jurídica

A moralidade administrativa, o resguardo dos cofres públicos, o regular funcionamento da Administração Pública e a competitividade e a lisura nos processos licitatórios.

11.4.3.2. Tipo objetivo

Cuida-se de modalidade especial de advocacia administrativa (art. 321 do CP) relativa a processo licitatório. O presente tipo penal substitui aquele antes descrito no art. 91 da Lei n. 9.099/93.

Patrocinar significa defender os interesses de alguém perante a Administração. É necessário que, em razão da influência do agente, seja iniciado processo licitatório ou que seja celebrado contrato em razão deste. É preciso, outrossim, que o agente patrocine interesse privado perante a Administração Pública.

Outra premissa do delito é que o contrato ou o processo licitatório sejam invalidados pelo Poder Judiciário, o que constitui condição objetiva de punibilidade, sem a qual o crime não se aperfeiçoa. Se a invalidação decorrer de decisão administrativa não se configura o delito em análise, conforme já decidiu o Superior Tribunal de Justiça: HC 114.717/MG, Rel. Min. Nilson Naves, Rel. p/ Acórdão Ministra Maria Thereza de Assis Moura, 6ª Turma, julgado em 17-12-2009, *DJe* 14-6-2010. Em tal hipótese, se o agente for funcionário público, pode, em tese, restar caracterizado o crime de advocacia administrativa comum, do art. 321 do Código Penal.

11.4.3.3. Sujeito ativo

Trata-se de crime próprio, que só pode ser praticado por funcionário público.

11.4.3.4. Sujeito passivo

O ente administrativo.

11.4.3.5. Consumação

O crime se consuma com a instauração do processo licitatório ou a celebração do contrato, mas a persecução penal fica subordinada à superveniência da condição objetiva de punibilidade – a decretação da invalidação pelo Poder Judiciário.

11.4.3.6. Tentativa

Não é possível, pois as condutas não são puníveis caso não haja a decretação da invalidação pelo Poder Judiciário.

11.4.3.7. Pena e ação penal

A pena é de reclusão, de seis meses a três anos, e multa. Admite, em tese, a suspensão condicional do processo e o acordo de não persecução penal. Por não se tratar de infração de menor potencial ofensivo – pena máxima superior a dois anos –, não se mostra possível a transação penal.

A ação penal é pública incondicionada.

11.4.4. Modificação ou pagamento irregular em contrato administrativo

> Art. 337-H – Admitir, possibilitar ou dar causa a qualquer modificação ou vantagem, inclusive prorrogação contratual, em favor do contratado, durante a execução dos contratos celebrados com a Administração Pública, sem autorização em lei, no edital da licitação ou nos respectivos instrumentos contratuais, ou, ainda, pagar fatura com preterição da ordem cronológica de sua exigibilidade:
>
> Pena – reclusão, de quatro anos a oito anos, e multa.

11.4.4.1. Objetividade jurídica

A moralidade administrativa e o resguardo dos cofres públicos.

11.4.4.2. Tipo objetivo

A primeira parte do dispositivo trata do agente que admite, possibilita ou dá causa a qualquer modificação ou vantagem, inclusive prorrogação contratual, em favor do contratado, durante a execução do contrato administrativo. Só haverá crime se a modificação ou vantagem ocorrer sem autorização em lei, no edital da licitação ou nos respectivos contratos. Sem tal requisito o fato é atípico. Os arts. 124 a 136 da Lei n. 14.133/2021 regulamentam as hipóteses em que é admitida a alteração contratual.

São três as condutas incriminadas: admitir, possibilitar e dar causa. Como estão separadas por conjunção alternativa constitui tipo misto alternativo, de modo que a realização de mais de uma conduta em relação ao mesmo contrato administrativo caracteriza crime único. Caso haja sucessivas prorrogações ilegais relativas ao mesmo contrato, pode haver o reconhecimento da continuidade delitiva.

Por exigência do tipo penal só existe o crime se a modificação ocorre em favor do contratado. Se a ação beneficiar apenas a Administração não estará tipificado o delito.

A segunda conduta ilícita contida no tipo penal consiste em pagar fatura com preterição da ordem cronológica de sua exigibilidade, ou seja, favorecer certo contratado em detrimento de outros que tinham preferência na ordem de exigibilidade. Referida conduta é praticada pelo funcionário público ordenador das despesas. Trata-se de norma penal em branco, pois as regras relativas à ordem cronológica encontram-se no art. 142 da Lei n. 14.133/2021.

Fatura é o documento que comprova a venda de bens ou a prestação de serviços à Administração. Tal documento deve conter o valor a ser recebido e instrui o pedido de pagamento, que, obviamente, deve ser feito de acordo com a ordem cronológica prevista na lei acima mencionada.

Se o agente realizar uma das condutas previstas na primeira parte do dispositivo, bem como cometer a infração descrita na segunda parte, responderá por dois crimes em concurso material, ainda que se trate do mesmo contrato.

11.4.4.3. Elemento subjetivo

O dolo. Não existe conduta culposa. O pagamento fora da ordem cronológica que decorra de culpa não constitui crime.

Na primeira parte do dispositivo, mostra-se necessária intenção de causar prejuízo ao erário. Nesse sentido: "Prevalece no Superior Tribunal de Justiça o entendimento no sentido de que, assim como no que diz respeito ao crime do art. 89 da Lei n. 8.666/1993, também 'a configuração do delito do art. 92 da Lei n. 8.666/1993 depende da demonstração do dolo específico do agente e da ocorrência de prejuízo ao erário' (AgRg no REsp 1360216/SP, Rel. Ministro Jorge Mussi, Quinta Turma, julgado em 03/03/2015, *DJe* 11-3-2015)" (SYJ – RHC 84.403/RJ, Rel. Min. Reynaldo Soares da Fonseca, 5ª Turma, julgado em 24-5-2018, *DJe* 1-6-2018); "Segundo a jurisprudência desta Corte, o crime do artigo 92 da Lei 8.666/1992 depende, ademais da existência de prejuízo para a Administração, do reconhecimento de dolo direto, não se admitindo apenas a modalidade eventual. O elemento subjetivo, entrementes, especializa-se (figura, em doutrina antiga, denominada como dolo específico), não bastando o dolo genérico. Na espécie, restou demonstrado que o paciente, na qualidade de Prefeito Municipal, agiu com consciência e vontade, mirando na satisfação de pretensões particulares em detrimento do interesse público primário. Ademais, restou consignado que o licitante vencedor do certame recebeu, de modo ilegal, em razão de sucessivas e írritas repactuações, mais do que a Administração, originariamente, havia se predisposto a desembolsar" (STJ – HC 253.013/SP, Rel. Min. Maria Thereza de Assis Moura, 6ª Turma, julgado em 18-6-2014, *DJe* 4-8-2014).

11.4.4.4. Sujeito ativo

Na primeira parte do dispositivo, a conduta típica "admitir" constitui crime próprio de funcionário público. Já as condutas "possibilitar" ou "dar causa" podem ser praticadas por qualquer pessoa, mas demandam a anuência de um funcionário público, que, se tiver agido de forma dolosa, responde também pelo crime.

O ilícito penal em análise substituiu o art. 92 da Lei n. 8.666/93, cujo parágrafo único dispunha: "incide na mesma pena o contratado que, tendo comprovadamente concorrido para a consumação da ilegalidade, obtém vantagem indevida ou se beneficia, injustamente, das modificações ou prorrogações contratuais". Tal dispositivo não foi repetido na nova redação por razões evidentes. Estando agora o crime previsto no Código Penal, o particular que tenha concorrido para o crime incorre na infração penal em razão a regra do art. 29 do Código Penal. Em suma, nas modalidades "possibilitar" e "dar causa", o particular pode ser autor ou coautor, e, em qualquer outra hipótese, caso tenha concorrido para a ilegalidade, será considerado partícipe.

Na segunda parte do dispositivo – pagamento com preterição da ordem cronológica – o crime é próprio, já que a ordem de pagamento advém de funcionário público. O particular pode responder pelo crime na condição de partícipe.

11.4.4.5. Sujeito passivo

O ente administrativo e, no caso de inversão da ordem cronológica, os contratantes prejudicados.

11.4.4.6. Consumação

Em relação à primeira parte do tipo penal, consuma-se o delito com a obtenção de vantagem pelo contratado em detrimento do erário. Nesse sentido: "A jurisprudência do Superior Tribunal de Justiça – STJ firmou o entendimento de que, para a configuração do delito tipificado no art. 92 da Lei n. 8.666/93, deve-se demonstrar, ao menos em tese, o dolo específico de causar dano ao erário, bem como o efetivo prejuízo causado à administração pública" (AgRg no AREsp 1265657/MT, Rel. Min. Joel Ilan Paciornik, 5ª Turma, julgado em 14-5-2019, DJe 20-5-2019); "Prevalece no Superior Tribunal de Justiça o entendimento no sentido de que, assim como no que diz respeito ao crime do art. 89 da Lei n. 8.666/1993, também 'a configuração do delito do art. 92 da Lei n. 8.666/1993 depende da demonstração do dolo específico do agente e da ocorrência de prejuízo ao erário' (AgRg no REsp 1360216/SP, Rel. Ministro Jorge Mussi, Quinta Turma, julgado em 03/03/2015, DJe 11-3-2015)" (RHC 84.403/RJ, Rel. Min. Reynaldo Soares da Fonseca, 5ª Turma, julgado em 24-5-2018, DJe 1º-6-2018).

Em relação à segunda modalidade, o crime se consuma com o efetivo pagamento fora da ordem cronológica.

11.4.4.7. Tentativa

Possível em ambas as figuras. Na primeira modalidade, se ocorre a modificação ilegal do contrato, mas não há prejuízo ao erário, configura-se o *conatus*.

11.4.4.8. Pena e ação penal

A pena é de reclusão, de quatro a oito anos, e multa.

O montante do prejuízo ao erário pode ser levado em conta pelo juiz na aplicação da pena, nos termos do art. 59 do Código Penal (consequências do crime).

Inviáveis os benefícios da Lei n. 9.099/95 e o acordo de não persecução penal (que só se mostra cabível quando a pena mínima é inferior a quatro anos – art. 28-A do CPP).

A ação penal é pública incondicionada.

11.4.5. Perturbação de processo licitatório

> Art. 337-I. Impedir, perturbar ou fraudar a realização de qualquer ato de processo licitatório:
> Pena – detenção, de seis meses a três anos, e multa.

11.4.5.1. Objetividade jurídica

Resguardar o regular andamento do processo de licitação.

11.4.5.2. Tipo objetivo

As condutas típicas são impedir (criar obstáculo para não permitir a realização do ato), perturbar (tumultuar, atrapalhar) ou fraudar (utilizar ardil, artifício enganoso). Trata-se de tipo misto alternativo, de modo que a realização de mais de uma conduta em relação ao mesmo processo licitatório configura crime único.

No crime do art. 337-F, o agente frauda o caráter competitivo da licitação, com intuito de obter vantagem para si ou para outrem. Tal delito possui pena maior. Quando ausente algum dos requisitos do delito de maior gravidade, será possível o enquadramento no art. 337-I.

O tipo penal em análise substitui aquele descrito no art. 93 da Lei n. 9.099/95.

11.4.5.3. Elemento subjetivo

O dolo. Não existe figura culposa.

11.4.5.4. Sujeito ativo

Pode ser qualquer pessoa – funcionário público ou particular. Trata-se de crime comum.

11.4.5.5. Sujeito passivo

O ente administrativo e os licitantes prejudicados.

11.4.5.6. Consumação

Na modalidade "impedir", quando o ato deixa de ser realizado. Nas modalidades "perturbar" e "fraudar", no instante em que realizada qualquer dessas condutas, ainda que o ato seja praticado.

11.4.5.7. Tentativa

É possível.

11.4.5.8. Pena e ação penal

A pena é de detenção de seis meses a três anos, e multa. A pena máxima desse delito, previsto anteriormente no art. 93 da Lei n. 8.666/93, era de dois anos, sendo de competência do Juizado Especial Criminal. A Lei n. 14.133/2021, além de deslocar o delito para o Código Penal, aumentou a pena máxima para três anos, trazendo a competência para o juízo comum e afastando a possibilidade de transação penal.

Admite, em tese, a suspensão condicional do processo e o acordo de não persecução penal.

A ação penal é pública incondicionada.

11.4.6. Violação de sigilo em licitação

> *Art. 337-J – Devassar o sigilo de proposta apresentada em processo licitatório ou proporcionar a terceiro o ensejo de devassá-lo:*
>
> *Pena – detenção, de dois anos a três anos, e multa*

11.4.6.1. Objetividade jurídica

Preservar o sigilo das propostas apresentadas, mantendo a competitividade do certame.

11.4.6.2. Tipo objetivo

Nas licitações fechadas, o conteúdo das propostas deve permanecer em sigilo até a data e hora designadas para sua divulgação (art. 56, I, da Lei n. 14.133/2021). Devassar significa ter vista da proposta e tomar conhecimento de seu conteúdo. Comete o crime tanto quem viola o sigilo pessoalmente, como aquele que proporciona a terceiro o ensejo, a oportunidade, de devassá-lo. Na última modalidade, ambos respondem pelo delito.

O delito em análise substituiu aquele previsto no art. 94 da Lei n. 8.666/93.

11.4.6.3. Elemento subjetivo

O dolo. Não é punível a conduta meramente culposa.

11.4.6.4. Sujeito ativo

Pode ser qualquer pessoa. Trata-se de crime comum.

11.4.6.5. Sujeito passivo

O ente administrativo e o concorrente que apresentou a proposta que acabou sendo devassada.

11.4.6.6. Consumação

Quando o agente ou o terceiro tomam conhecimento da proposta, independentemente de qualquer outro resultado.

11.4.6.7. Tentativa

É possível.

11.4.6.8. Pena e ação penal

A pena é de reclusão, de dois a três anos, e multa. Inviáveis a transação penal e a suspensão condicional do processo, mas cabível, em tese, o acordo de não persecução penal.

A ação penal é pública incondicionada

11.4.7. Afastamento de licitante

> *Art. 337-K. Afastar ou tentar afastar licitante por meio de violência, grave ameaça, fraude ou oferecimento de vantagem de qualquer tipo:*
>
> *Pena – reclusão, de três anos a cinco anos, e multa, além da pena correspondente à violência.*
>
> *Parágrafo único. Incorre na mesma pena quem se abstém ou desiste de licitar em razão de vantagem oferecida.*

11.4.7.1. Objetividade jurídica

Preservar o caráter competitivo da licitação.

11.4.7.2. Tipo objetivo

As condutas típicas consistem em afastar ou tentar afastar licitante. Dessa forma, o crime se configura quer o agente consiga ou não afastar a vítima do certame. O texto legal equipara as formas consumada e tentada, sendo, por isso, classificado como crime de atentado ou empreendimento.

Para que o delito esteja configurado, é necessário que o agente empregue:

a) violência – qualquer forma de agressão física ou força física contra a vítima;

b) grave ameaça – promessa de mal injusto e grave;

c) fraude – artifício com intuito de induzir o licitante em erro. Ex.: mentir para o licitante;

d) oferecimento de vantagem de qualquer tipo – corrupção, suborno. De acordo com o texto legal, pode ser vantagem econômica ou não (sexual, por exemplo).

O delito em análise substitui o crime do art. 95 da Lei n. 8.666/93.

O crime pode ser cometido antes ou após o início do processo licitatório, conforme se depreende da redação do parágrafo único.

11.4.7.3. Elemento subjetivo

Dolo. Intenção de afastar licitante do certame. Inexiste figura culposa.

11.4.7.4. Sujeito ativo

Trata-se de crime comum, que pode ser cometido por particular, licitante ou não, ou funcionário público.

O parágrafo único do art. 337-K prevê as mesmas penas para quem, em razão da vantagem a ele oferecida, desiste ou se abstém de licitar. Em suma, o particular que se corrompe e, por essa razão, não toma parte no certame, incorre nas mesmas penas.

11.4.7.5. Sujeito passivo

O ente administrativo, bem como aqueles contra quem seja empregada a violência, a grave ameaça ou a fraude. Também é vítima do delito aquele a quem é oferecida a vantagem de qualquer natureza, exceto se aceitar não participar do certamente em razão dela, hipótese em que responde pelo delito.

11.4.7.6. Consumação

No momento em que o agente emprega a violência, a grave ameaça, a fraude ou oferece a vantagem à vítima, ainda que esta tome parte no certame, já que o texto legal equipara as penas daquele que afasta ou tenta afastar licitante.

Na modalidade do parágrafo único, o crime se consuma quando o particular corrompido não se habilita como concorrente ou, se o processo já está em curso, quando desiste de nele prosseguir.

11.4.7.7. Tentativa

Não se admite a forma tentada, pois o texto legal equipara tal modalidade ao crime consumado ao prever as mesmas penas para as duas hipóteses.

11.4.7.8. Pena e ação penal

A pena é de reclusão, de três a cinco anos, e multa. Cabível, em tese, o acordo de não persecução penal.

Se, da violência empregada, a vítima sofrer lesões corporais, ainda que de natureza leve, as penas serão somadas, conforme se depreende do próprio preceito secundário do dispositivo que, após mencionar a pena do delito, ressalva que estas serão aplicadas sem prejuízo das penas correspondentes à violência.

A ação penal é pública incondicionada.

11.4.8. Fraude em licitação ou contrato

Art. 337-L. Fraudar, em prejuízo da Administração Pública, licitação ou contrato dela decorrente, mediante:

I – entrega de mercadoria ou prestação de serviços com qualidade ou em quantidade diversas das previstas no edital ou nos instrumentos contratuais;

II – fornecimento, como verdadeira ou perfeita, de mercadoria falsificada, deteriorada, inservível para consumo ou com prazo de validade vencido;

III – entrega de uma mercadoria por outra;

IV – alteração da substância, qualidade ou quantidade da mercadoria ou do serviço fornecido;

V – qualquer meio fraudulento que torne injustamente mais onerosa para a Administração Pública a proposta ou a execução do contrato:

Pena – reclusão, de quatro anos a oito anos, e multa.

11.4.8.1. Objetividade jurídica

O resguardo dos cofres públicos.

11.4.8.2. Tipo objetivo

Neste tipo penal, o verbo "fraudar" é sinônimo de burlar a licitação ou o contrato dela decorrente. É necessário, ainda, que a conduta seja em prejuízo da Administração Pública.

Como o texto legal enumera taxativamente as condutas ilícitas, cuida-se de crime de ação vinculada. Com efeito, o delito somente se configura se ocorrer uma das hipóteses enumeradas nos incisos I a V:

I – entrega de mercadoria ou prestação de serviços com qualidade ou em quantidade diversas das previstas no edital ou nos instrumentos contratuais;

II – fornecimento, como verdadeira ou perfeita, de mercadoria falsificada, deteriorada, inservível para consumo ou com prazo de validade vencido;

III – entrega de uma mercadoria por outra;

IV – alteração da substância, qualidade ou quantidade da mercadoria ou do serviço fornecido;

V – qualquer meio fraudulento que torne injustamente mais onerosa para a Administração Pública a proposta ou a execução do contrato.

Uma vez demonstrada a fraude por um dos meios acima, bem como o prejuízo ao erário dela decorrente, estará configurado o delito.

11.4.8.3. Elemento subjetivo

O dolo. Não há modalidade culposa.

11.4.8.4. Sujeito ativo

Crime próprio que só pode ser cometido pelo contratado ou seus administradores.

11.4.8.5. Sujeito passivo

O ente administrativo prejudicado.

11.4.8.6. Consumação

No momento em que a conduta causa prejuízo à Administração Pública. Trata-se de crime material.

11.4.8.7. Tentativa

É possível.

11.4.8.8. Pena e ação penal

A pena é de reclusão, de quatro a oito anos, e multa.

O montante do prejuízo ao erário pode ser levado em conta pelo juiz na aplicação da pena, nos termos do art. 59 do Código Penal (consequências do crime).

Inviáveis os benefícios da Lei n. 9.099/95 e o acordo de não persecução penal (que só se mostra cabível quando a pena mínima é inferior a quatro anos – art. 28-A do CPP).

A ação penal é pública incondicionada.

11.4.9. Contratação inidônea

> Art. 337-M – Admitir à licitação empresa ou profissional declarado inidôneo:
>
> Pena – reclusão, de um ano a três anos, e multa
>
> § 1º Celebrar contrato com empresa ou profissional declarado inidôneo
>
> Pena – reclusão, de três anos a seis anos, e multa
>
> § 2º Incide na mesma pena do caput deste artigo aquele que, declarado inidôneo, venha a participar de licitação e, na mesma pena do § 1º deste artigo, aquele que, declarado inidôneo, venha a contratar com a Administração Pública.

11.4.9.1. Objetividade jurídica

A moralidade administrativa.

11.4.9.2. Tipo objetivo

O art. 156, IV, cc. § 5º, da Lei n. 14.133/2021 permite que a Administração aplique sanção de declaração de inidoneidade a licitantes e contratados em razão de fatos graves previstos nos incisos VIII a XII do art. 155 da mesma lei: apresentar declaração ou documentação falsa exigida para o certame ou prestar declaração falsa durante a licitação ou a execução do contrato (inc. VIII); fraudar a licitação ou praticar ato fraudulento na execução do contrato (inc. IX); comportar-se de modo inidôneo ou cometer fraude de qualquer natureza (inc. X); praticar atos ilícitos com vistas a frustrar os objetivos da licitação (inc. XI); praticar ato lesivo previsto no art. 5º da Lei n. 12.846, de 1º de agosto de 2013 (inc. XII). Também é possível a declaração de inidoneidade se houver a prática de atos previstos nos incisos II a VII do art. 155, desde que a aplicação da sanção de impedimento de licitar ou contratar não se mostre suficiente diante das peculiaridades do caso concreto: dar causa à inexecução parcial do contrato que cause grave dano à Administração, ao funcionamento dos serviços públicos ou ao interesse coletivo (inc. II); dar causa à inexecução total do contrato (inc. III); deixar de entregar a documentação exigida para o certame (inc. IV); não manter a proposta, salvo em decorrência de fato superveniente devidamente justificado (inc. V); não celebrar o contrato ou não entregar a documentação exigida para a contratação, quando convocado dentro do prazo de validade de sua proposta (inc. VI); ensejar o retardamento da execução ou da entrega do objeto da licitação sem motivo justificado (inc. VII).

A imposição de tal sanção – declaração de inidoneidade – pressupõe a instauração de processo de responsabilização regulado pelo art. 158 da Lei n. 14.133/2021, no qual é assegurado o direito de defesa.

Uma vez declarada a inidoneidade, a empresa ou prestador ficará impedido de licitar ou contratar no âmbito da Administração Pública direta e indireta de todos os entes federativos, pelo prazo mínimo de três anos e máximo de seis anos.

O crime em análise configura-se, portanto, quando o funcionário público responsável admite à licitação empresa ou profissional declarado inidôneo (dentro do prazo estabelecido na penalidade). O § 2º do art. 337-M prevê as mesmas penas (reclusão, de um a três anos, e multa), para o particular que, declarado inidôneo, venha a participar de licitação.

11.4.9.3. Figura qualificada

O § 1º do art. 337-M estabelece pena de reclusão, de três a seis anos, e multa, para o funcionário público que celebra contrato com empresa ou profissional declarado inidôneo, sendo que o § 1º, em sua parte final, estende a figura qualificada ao particular, que declarado inidôneo, venha a contratar com a Administração Pública.

Nota-se, pois, que a figura simples do delito diz respeito a licitação e a figura qualificada a contrato administrativo.

11.4.9.4. Elemento subjetivo

O dolo de admitir à licitação ou de contratar com empresa ou profissional inidôneo. Pressupõe, pois, ciência da declaração de inidoneidade.

Não existe modalidade culposa.

11.4.9.5. Sujeito ativo

O funcionário público que admite à licitação ou que contrata com empresa ou profissional declarado inidôneo. Estes, por sua vez, responderão pelas figuras equiparadas (simples ou qualificadas), caso tomem parte na licitação ou contratem com a Administração Pública.

11.4.9.6. Sujeito passivo

O ente administrativo e os demais licitantes.

11.4.9.7. Consumação

Na modalidade simples: para o funcionário público, no momento em que admite a empresa ou profissional inidôneos no processo licitatório. Para o particular: quando ingressa no processo licitatório.

Na figura qualificada: o crime se consuma, para ambos, quando celebrado o contrato.

11.4.9.8. Tentativa

É possível.

11.4.9.9. Pena e ação penal

Nas modalidades simples, a pena é de reclusão, de um a três anos, e multa. Incompatível com a transação penal, mas compatível com a suspensão condicional do processo e o acordo de não persecução penal.

Nas figuras qualificadas, a pena é de reclusão, de três a seis anos, e multa, mostrando-se compatível com o acordo de não persecução penal.

A ação penal é pública incondicionada.

11.4.10. Impedimento indevido

> *Art. 337-N. Obstar, impedir ou dificultar injustamente a inscrição de qualquer interessado nos registros cadastrais ou promover indevidamente a alteração, a suspensão ou o cancelamento de registro do inscrito:*
>
> *Pena – reclusão, de seis meses a dois anos, e multa.*

11.4.10.1. Objetividade jurídica

A regularidade nos registros cadastrais de licitantes.

11.4.10.2. Tipo objetivo

O registro cadastral é regulamentado nos arts. 87 e 88 da Lei n. 14.133/2021. De acordo com o mencionado art. 88, o interessado poderá, a qualquer tempo, requerer sua inscrição no cadastro, devendo fornecer os elementos necessários exigidos para habilitação previstos na própria lei.

Na primeira parte do tipo penal, as condutas incriminadas são obstar, impedir ou dificultar injustamente (elemento normativo do tipo) a inscrição de qualquer interessado nos registros cadastrais. Em outras palavras, comete o delito o funcionário público que, sem justa-causa, obsta, impede ou dificulta a inscrição. Caso haja fundamento legal para o empecilho imposto, o fato será considerado atípico.

Obstar (inviabilizar) e impedir (impedir) são praticamente sinônimos e pressupõem que a inscrição no cadastro não seja feita. Dificultar, por sua vez, consiste em criar obstáculos, atrapalhar.

Na segunda parte do dispositivo, pune-se o funcionário público que promove indevidamente a alteração, a suspensão ou o cancelamento de registro do inscrito. Aqui também mostra-se necessário o elemento consistente na ausência de fundamento legal para a conduta, já que o § 5º do art. 88 da Lei n. 14.133/2021 dispõe que "a qualquer tempo poderá ser alterado, suspenso ou cancelado o registro de inscrito que deixar de satisfazer exigências determinadas por esta Lei ou por regulamento".

11.4.10.3. Elemento subjetivo

O dolo. Não há modalidade culposa.

11.4.10.4. Sujeito ativo

Trata-se de crime próprio, cometido por funcionário público.

11.4.10.5. Sujeito passivo

Na primeira figura, o interessado na inscrição no registro cadastral. Na segunda figura, o licitante cadastrado que tem seu registro alterado, suspenso ou cancelado indevidamente.

11.4.10.6. Consumação

Nas modalidades obstar e impedir, é preciso que a inscrição não ocorra em razão da conduta do funcionário público. Na modalidade dificultar, basta a conduta que provoque o estorvo.

Na segunda parte do dispositivo, o crime se consuma quando ocorrer a indevida alteração, suspensão ou cancelamento do registro.

11.4.10.7. Tentativa

É possível.

11.4.10.8. Pena e ação penal.

A pena é de detenção de seis meses a dois anos, e multa. Cuida-se de infração de menor potencial ofensivo de competência do Juizado Especial Criminal, compatível com todos os benefícios da Lei n. 9.099/95, bem como com o acordo de não persecução penal.

A ação é pública incondicionada.

11.4.11. Omissão grave de dado ou de informação por projetista

> *Art. 337-O. Omitir, modificar ou entregar à Administração Pública levantamento cadastral ou condição de contorno em relevante dissonância com a realidade, em frustração ao caráter competitivo da licitação ou em detrimento*

da seleção da proposta mais vantajosa para a Administração Pública, em contratação para a elaboração de projeto básico, projeto executivo ou anteprojeto, em diálogo competitivo ou em procedimento de manifestação de interesse:

Pena – reclusão, de seis meses a três anos, e multa.

§ 1º Consideram-se condição de contorno as informações e os levantamentos suficientes e necessários para a definição da solução de projeto e dos respectivos preços pelo licitante, incluídos sondagens, topografia, estudos de demanda, condições ambientais e demais elementos ambientais impactantes, considerados requisitos mínimos ou obrigatórios em normas técnicas que orientam a elaboração de projetos.

§ 2º Se o crime é praticado com o fim de obter benefício, direto ou indireto, próprio ou de outrem, aplica-se em dobro a pena prevista no caput *deste artigo.*

11.4.11.1. Objetividade jurídica

A preservação do erário público.

11.4.11.2. Tipo objetivo

O delito consiste em omitir, modificar ou entregar à Administração levantamento cadastral ou condição de contorno:

a) em relevante dissonância com a realidade. A palavra "relevante" constitui elemento normativo;

b) em frustração ao caráter competitivo da licitação (projeto maliciosamente elaborado para beneficiar um contratante);

c) em detrimento da seleção da proposta mais vantajosa para a Administração Pública.

Para a tipificação do crime, referidas condutas, precisam se dar em:

a) contratação para a elaboração de projeto básico, projeto executivo ou anteprojeto;

b) diálogo competitivo; ou

c) procedimento de manifestação de interesse.

A contratação para a elaboração de projeto básico, projeto executivo ou anteprojeto é regulamentada no art. 6º, XXIV, XXV e XXVI, da Lei n. 14.133/2021.

Projeto básico é o "conjunto de elementos necessários e suficientes, com nível de precisão adequado para definir e dimensionar a obra ou o serviço, ou o complexo de obras ou de serviços objeto da licitação, elaborado com base nas indicações dos estudos técnicos preliminares, que assegure a viabilidade técnica e o adequado tratamento do impacto ambiental do empreendimento e que possibilite a avaliação do custo da obra e a definição dos métodos e do prazo de execução" (art. 6º, XXV).

Projeto executivo é o "conjunto de elementos necessários e suficientes à execução completa da obra, com o detalhamento das soluções previstas no projeto básico, a identificação de serviços, de materiais e de equipamentos a serem incorporados à obra, bem como suas especificações técnicas, de acordo com as normas técnicas pertinentes" (art. 6º, XXVI).

Anteprojeto é a "peça técnica com todos os subsídios necessários à elaboração do projeto básico, que deve conter, no mínimo, os seguintes elementos" (art. 6º, XXIV).

O diálogo competitivo, por sua vez, vem definido no art. 6º, inciso XLII, da mesma lei: "modalidade de licitação para contratação de obras, serviços e compras em que a Administração Pública realiza diálogos com licitantes previamente selecionados mediante critérios objetivos, com o intuito de desenvolver uma ou mais alternativas capazes de atender às suas necessidades, devendo os licitantes apresentar proposta final após o encerramento dos diálogos".

O procedimento de manifestação de interesse é uma das modalidades de procedimento auxiliar das contratações e licitações (art. 78, III, da Lei) que se dá "mediante chamamento público para a "propositura e a realização de estudos, investigações, levantamentos e projetos de soluções inovadoras que contribuam com questões de relevância pública", que poderá culminar na realização de processo licitatório, caso em que o vencedor ressarcirá o realizador do estudo das despesas efetuadas (art. 81, *caput*).

O levantamento cadastral é o documento elaborado por profissional após medições, que descreve os limites e as características físicas das edificações existentes.

Condição de contorno, por fim, é definida no próprio § 1º do dispositivo (norma penal explicativa): "consideram-se condição de contorno as informações e os levantamentos suficientes e necessários para a definição da solução de projeto e dos respectivos preços pelo licitante, incluídos sondagens, topografia, estudos de demanda, condições ambientais e demais elementos ambientais impactantes, considerados requisitos mínimos ou obrigatórios em normas técnicas que orientam a elaboração de projetos".

11.4.11.3. Elemento subjetivo

O dolo. Se o crime for praticado com o fim de obter benefício, direto ou indireto, próprio ou de outrem, aplica-se a pena em dobro (majorante prevista no § 2º).

11.4.11.4. Sujeito ativo

O projetista. Na modalidade "entregar", contudo, pode ser qualquer pessoa.

11.4.11.5. Sujeito passivo

O Estado.

11.4.11.6. Consumação

Trata-se de crime formal, que se consuma independentemente de provocação de prejuízo ao erário. Na modalidade majorada do § 2º, o crime se consuma ainda que o agente não obtenha a vantagem visada para si ou para outrem.

11.4.11.7. Tentativa

Possível, exceto na modalidade omissiva.

11.4.11.8. Pena e ação penal

A pena é de reclusão, de seis meses a três anos, e multa. Tal pena será aplicada em dobro, se o crime for cometido com a intenção de obter vantagem para si ou para outrem. Em ambas as figuras, o delito é compatível com a suspensão condicional do processo e o acordo de não persecução penal.

A ação penal é pública incondicionada.

Capítulo III

DOS CRIMES CONTRA A ADMINISTRAÇÃO DA JUSTIÇA

11.5. Dos crimes contra a administração da justiça

Os delitos descritos neste Capítulo atingem de forma direta ou indireta a administração da justiça. O legislador, ao tipificar crimes como o falso testemunho (art. 342), a comunicação falsa de crime (art. 340), a coação no curso do processo (art. 344) e a fraude processual (art. 347), dentre outros, visa evitar a prática de atos que atrapalhem a prestação jurisdicional ou que provoquem delongas desnecessárias ou desvios na distribuição de justiça.

11.5.1. Reingresso de estrangeiro expulso

> *Art. 338. Reingressar no território nacional o estrangeiro que dele foi expulso:*
>
> *Pena – reclusão, de um a quatro anos, sem prejuízo de nova expulsão após o cumprimento da pena.*

11.5.1.1. Objetividade jurídica

Preservar a autoridade e a eficácia dos atos de expulsão de estrangeiro do território nacional.

11.5.1.2. Tipo objetivo

Considera-se estrangeiro quem não é brasileiro, nato ou naturalizado (art. 12 da Constituição Federal). O delito em análise tem como premissa a existência de ato oficial de expulsão do estrangeiro do território nacional. O procedimento de expulsão está regulamentado na Lei n. 13.445/2017 (Lei de Migração). Poderá dar causa à expulsão, nos termos do art. 54 da mencionada Lei, a condenação com sentença transitada em julgado relativa à prática de: I – crime de genocídio, crime contra a humanidade, crime de guerra ou crime de agressão, nos termos definidos pelo Estatuto de Roma do Tribunal Penal Internacional, de 1998, promulgado pelo Decreto n. 4.388, de 25 de setembro de 2002; ou II – crime comum doloso passível de pena privativa de liberdade, consideradas a gravidade e as possibilidades de ressocialização em território nacional (art. 54, § 1º).

Não se tipifica o delito quando o estrangeiro, após decretada sua expulsão, permanece indevidamente no País. O delito, nos termos do art. 338, pressupõe que o estrangeiro, após ter sido oficialmente expulso e deixado o território nacional, nele ingresse novamente sem autorização.

Por território nacional entende-se toda a área compreendida entre as fronteiras nacionais, onde o Estado exerce sua soberania, aí incluídos o solo, os rios, os lagos, as baías, o mar territorial (faixa que compreende o espaço de 12 milhas contadas da faixa litorânea média – art. 1º da Lei n. 8.617/93) e o espaço aéreo sobre o território e o mar territorial (art. 11 da Lei n. 7.565/86).

11.5.1.3. Sujeito ativo

Trata-se de crime próprio, que só pode ser cometido por estrangeiro que tenha sido expulso do território brasileiro. Brasileiros podem ser partícipes do crime.

Trata-se de crime de mão própria, que não admite coautoria. A específica conduta de reingressar após ser expulso só pode ser cometida pessoalmente pelo estrangeiro.

11.5.1.4. Sujeito passivo

O Estado.

11.5.1.5. Consumação

No momento em que o estrangeiro penetra no território nacional, após ter deixado o país em razão da expulsão.

Discute-se se o delito tem natureza permanente ou instantânea. Rogério Greco[86] entende tratar-se de crime permanente. Cezar Roberto Bitencourt[87] e Guilherme de Souza Nucci[88], por sua vez, entendem que se trata de crime instantâneo. Existe julgado da 3ª Seção do Superior Tribunal de Justiça no sentido de que o crime é instantâneo: "O reingresso de estrangeiro expulso é crime instantâneo, consumando-se no momento em que o estrangeiro reingressa no País" (STJ, CC 40.112/MS, Rel. Min. Gilson Dipp, 3ª Seção, julgado em 10-12-2003, *DJ* 16-2-2004, p. 202).

11.5.1.6. Tentativa

É possível.

11.5.1.7. Classificação doutrinária

Quanto à objetividade jurídica constitui crime simples. Em relação ao sujeito ativo, classifica-se como crime próprio e de mão própria. No que diz respeito aos meios de execução é crime de ação livre e comissivo. No que se refere ao momento consumativo, constitui delito material, havendo controvérsia em torno da natureza permanente ou instantânea. Por fim, no que pertine ao elemento subjetivo, trata-se de infração penal dolosa.

11.5.1.8. Ação penal

Pública incondicionada, de competência da Justiça Federal (art. 109, X, da Constituição Federal).

---

[86] Rogério Greco, *Código Penal comentado*, p. 820.
[87] Cezar Roberto Bitencourt, *Tratado de direito penal*, v. 5, p. 302.
[88] Guilherme de Souza Nucci, *Código Penal comentado*, p. 1.423.

11.5.2. Denunciação caluniosa

Art. 339. Dar causa à instauração de inquérito policial, de procedimento investigatório criminal, de processo judicial, de processo administrativo disciplinar, de inquérito civil ou de ação de improbidade administrativa contra alguém, imputando-lhe crime, infração ético-disciplinar ou ato ímprobo de que o sabe inocente:

Pena – reclusão, de dois a oito anos, e multa.

§ 1º A pena é aumentada de sexta parte, se o agente se serve de anonimato ou de nome suposto.

§ 2º A pena é diminuída de metade, se a imputação é de prática de contravenção.

11.5.2.1. Objetividade jurídica

A administração da justiça, que é prejudicada com a imputação falsa de infração penal, infração ético-disciplinar ou ato de improbidade a pessoa inocente, na medida em que as autoridades responsáveis são direcionadas equivocadamente a uma investigação.

11.5.2.2. Tipo objetivo

Dar causa significa provocar, dar início a um inquérito policial, um procedimento investigatório criminal, uma ação judicial, um processo administrativo disciplinar, um inquérito civil ou uma ação de improbidade administrativa contra alguém. Referida conduta pode ser praticada por qualquer meio (crime de forma livre), não sendo exigida a apresentação formal de *notitia criminis*, queixa-crime ou denúncia (na maior parte dos casos, entretanto, é por um desses meios que o delito é praticado).

Essa provocação pode ser:

a) direta: quando o agente formalmente apresenta a notícia do crime, da infração ético-disciplinar ou de ato de improbidade à autoridade (policial, administrativa, judiciária ou do Ministério Público), oralmente (para a lavratura de um boletim de ocorrência, por exemplo) ou por escrito (requerimento para instauração de inquérito policial, apresentação de queixa-crime, representação administrativa etc.);

b) indireta: quando o agente, por um meio qualquer, de forma maliciosa, faz com que a notícia falsa chegue até a autoridade para que esta inicie o procedimento. Exs.: a) postagem em rede social; b) telefonema ou carta anônima imputando crime a alguém; c) contar um fato a terceiro de boa-fé, ciente de que este o levará ao conhecimento de uma autoridade; d) colocar um objeto na bolsa de alguém e chamar a Polícia Militar, dizendo que o objeto foi furtado, e fazer com que os policiais revistem a bolsa de todos os presentes, para que o objeto seja encontrado com aquela pessoa e, assim, seja iniciado inquérito policial contra ela.

Originariamente a legislação somente punia quem dava causa ao início de uma investigação policial ou processo judicial. Atualmente, entretanto, podem ser punidos aqueles que derem causa ao início de:

a) inquérito policial: procedimento investigatório prévio, constituído por uma série de diligências, cuja finalidade é a obtenção de indícios para que o titular da ação possa propô-la contra o autor da infração penal (regulamentado nos arts. 4º a 20 do Código de Processo Penal);

b) procedimento investigatório criminal (PIC): investigação criminal realizada no âmbito do Ministério Público para a apuração de infração penal de natureza pública, conforme permitido pela Corte Suprema, desde que respeitados os direitos e as garantias que assistem a qualquer indiciado ou a qualquer pessoa sob investigação do Estado, dentro de um prazo razoável (RE 593.727, repercussão geral, Rel. Min. Cézar Peluso, relator para acórdão: Min. Gilmar Mendes, j. em 14-5-2015, p. em 8-9-2015). Esse procedimento investigatório foi regulamentado pela Resolução n. 181 do Conselho Nacional do Ministério Público;

c) processo judicial;

d) processo administrativo: aquele que tramita perante a Administração Pública para apuração de uma infração ético-disciplinar. Após as alterações trazidas pela Lei n. 14.110/2020, o tipo penal da denunciação caluniosa não abrange a simples instauração de sindicância, que, em regra, antecede o processo administrativo;

e) inquérito civil: procedimento administrativo específico instaurado e presidido pelo Ministério Público, de natureza inquisitiva, tendente a colher elementos de prova para o ajuizamento de ação civil pública, visando reparar atos lesivos a interesses difusos ou coletivos (Lei n. 7.347/85). De acordo com texto legal, somente haverá tipificação do crime em análise se o inquérito civil for instaurado para apurar ato de improbidade administrativa;

f) ação de improbidade administrativa: modalidade de ação, regulamentada pela Lei n. 8.429/92, que tem por finalidade a punição e o ressarcimento do erário pelos responsáveis por atos de improbidade administrativa (que a própria lei descreve).

O texto legal pressupõe que o agente atribua a outrem a prática de um crime ou contravenção (denunciação privilegiada), infração ético-administrativa ou ato de improbidade administrativa. Antes das modificações trazidas pela Lei 14.110/2020, apenas a imputação falsa de crime ou de contravenção penal poderia configurar o delito. Assim, se alguém, ciente da inocência de quem estivesse acusando, enviasse um ofício à Corregedoria noticiando que certo funcionário público teria cometido um crime e, em razão disso, fosse instaurado um processo administrativo, haveria denunciação caluniosa; entretanto, se esse ofício noticiasse mera falta funcional, o fato seria atípico, ainda que o autor do ofício soubesse da falsidade da imputação. Com a atual redação do dispositivo, estará configurada a denunciação caluniosa em ambas as hipóteses.

O texto legal prevê pena menor quando a imputação falsa é de contravenção penal – art. 339, § 2º –, hipótese em que a pena deve ser reduzida pela metade.

A imputação deve ser feita contra pessoa determinada ou identificável de imediato (ex.: o autor do crime é o irmão mais velho de fulano). Sem isso, o crime será o de comunicação falsa de crime ou contravenção (art. 340). Se alguém faz um telefonema para a central da Polícia Militar narrando que em determinado local está ocorrendo um crime naquele momento, mas sem especificar a autoria, e a informação é falsa, configura-se mera comunicação falsa de crime, que é mais brandamente apenada.

Se o agente narrar um fato típico à autoridade, mas disser que o denunciado agiu acobertado por alguma excludente de ilicitude ou abrangido por alguma escusa absolutória, não haverá crime de denunciação caluniosa.

Também não haverá denunciação caluniosa se o crime imputado já estiver prescrito, pois a autoridade não pode iniciar inquérito para apurar crime já prescrito ou acobertado por qualquer outra causa extintiva da punibilidade, ainda que não tenham sido reconhecidas expressamente até aquele momento.

A imputação falsa de crime ou contravenção que caracteriza a denunciação pode ocorrer de duas formas:

a) quando se atribui a responsabilidade por infração penal que ocorreu, mas do qual o denunciado (vítima da denunciação) não participou;

b) quando se atribui a alguém a responsabilidade por infração penal que não aconteceu. Não confundir essa hipótese com o crime de comunicação falsa de crime do art. 340 do Código Penal, em que o agente comunica infração que não aconteceu, mas não atribui a responsabilidade a qualquer pessoa determinada.

Requisito da denunciação é a espontaneidade, ou seja, a iniciativa deve ser exclusiva do denunciante. Assim, se ele faz a acusação em razão de questionamento de outrem, não existe o crime. Ex.: réu que atribui o crime a outra pessoa em seu interrogatório. A testemunha que, visando beneficiar o réu, diz em seu depoimento que o crime foi cometido por outra pessoa incorre em falso testemunho, e não denunciação caluniosa.

A denunciação deve ser objetiva e subjetivamente falsa.

Objetivamente, no sentido de que a pessoa contra quem foi imputada a infração não pode ter sido realmente a sua autora. Ex.: João imputa crime a Antonio, supondo-o inocente. Posteriormente, por coincidência, fica apurado que este realmente havia praticado o crime. Nesse caso não há denunciação caluniosa, pois a imputação não era objetivamente falsa.

Subjetivamente falsa significa que o denunciante deve ter plena consciência de que está acusando uma pessoa inocente. O crime de denunciação caluniosa só admite o dolo direto, sendo, assim, incompatível com o dolo eventual. Desse modo, se o denunciante tem dúvida acerca da responsabilidade do denunciado e faz a imputação, não há crime, mesmo que se apure posteriormente que o denunciado não havia cometido o delito. Só há crime, portanto, quando o agente sabe efetivamente da inocência da pessoa a quem acusa.

É óbvio que também não existe denunciação caluniosa quando alguém acusa outra pessoa supondo que ela realmente praticou um crime e depois se apura que a suposição estava errada.

Não há crime, ainda, quando o denunciante descobre a inocência do denunciado depois de já ter sido feita a imputação e de já ter sido iniciado, por exemplo, o inquérito policial, mas deixa de efetuar a comunicação às autoridades. Em tal caso, não havia dolo no momento em que o procedimento investigatório teve início.

11.5.2.3. Sujeito ativo

Em princípio qualquer pessoa pode ser sujeito ativo do crime em análise, particular ou funcionário público. Cuida-se de crime comum. O sujeito ativo é chamado de denunciante.

Em se tratando de imputação de crime que somente se apura mediante queixa-crime (ação privada) ou que depende de representação (ação pública condicionada), o sujeito ativo somente pode ser aquele que pode autorizar o início do procedimento, ou seja, o ofendido ou seu representante legal, pois apenas com a autorização destes é que pode ser iniciada qualquer forma de persecução penal.

Advogado pode ser responsabilizado por crime de denunciação caluniosa se ficar evidenciado que tinha ciência da falsidade da imputação de seu cliente contra o denunciado, mas mesmo assim apresentou uma queixa-crime, por exemplo.

O órgão do Ministério Público, quando oferece denúncia contra pessoa que sabe ser inocente, comete crime de denunciação caluniosa. O mesmo ocorre quando um juiz de direito ou promotor de justiça requisita a instauração de inquérito policial contra alguém, ciente de que este não cometeu qualquer delito. Por fim, o delegado de polícia que maliciosamente instaura inquérito contra pessoa que ele sabe não ter cometido qualquer infração penal igualmente incorre em denunciação caluniosa, salvo se o inquérito tiver sido requisitado por juiz de direito ou promotor de Justiça.

Antes da aprovação da Lei n. 13.869/2019 (Lei de Abuso de Autoridade), tais autoridades que cometessem denunciação caluniosa teriam a pena aumentada pela agravante genérica do art. art. 61, II, *g* – crime praticado com abuso de poder ou violação de dever inerente a cargo.

A Lei de Abuso de Autoridade, entretanto, inseriu duas novas infrações penais no regime jurídico nacional. A saber:

"Art. 27. Requisitar instauração ou instaurar procedimento investigatório de infração penal ou administrativa, em desfavor de alguém, à falta de qualquer indício da prática de crime, de ilícito funcional ou de infração administrativa: Pena – detenção, de 6 (seis) meses a 2 (dois) anos, e multa".

"Art. 30. Dar início ou proceder à persecução penal, civil ou administrativa sem justa causa fundamentada ou contra quem sabe inocente: Pena – detenção, de 1 (um) a 4 (quatro) anos, e multa."

No atual regime, em nosso entendimento, o promotor de justiça que, por exemplo, oferece denúncia contra alguém, plenamente ciente de sua inocência em razão da prova produzida, comete os dois delitos em concurso formal (denunciação caluniosa e abuso de autoridade), uma vez que os bens jurídicos afetados são diversos. Há quem defenda que, em razão do princípio da especialidade, só devesse responder pelo crime da lei de abuso de autoridade, contudo, não faria sentido o órgão do Ministério Público responder apenas pelo delito mais brando (as penas previstas na lei especial são menores do que a do art. 339 do Código Penal). Atualmente, pois, como consequência da criação dos novos tipos penais, temos a exclusão da agravante genérica antes aplicada ao crime de denunciação caluniosa e a punição por tal delito em concurso formal com delito abuso de autoridade. Ao oferecer denúncia contra o inocente, o promotor de justiça movimenta de forma absolutamente desnecessária a máquina judiciária, afrontando a Administração da Justiça (denunciação caluniosa). Por sua vez, abusa do poder que lhe foi conferido pelo Estado ao oferecer a denúncia de forma indevida, incorrendo no crime da lei especial, já que os bens jurídicos atingidos, conforme já mencionado, são totalmente diversos.

O particular que oferece queixa-crime contra alguém que sabe ser inocente, obviamente, comete apenas denunciação caluniosa, pois não abusa de dever inerente a cargo.

11.5.2.4. Sujeito passivo

O sujeito passivo principal do crime é o Estado, mas a pessoa a quem se atribuiu falsamente a prática do delito, infração administrativa ou ato de improbidade (denunciado) também é vítima. Pessoa jurídica também pode ser sujeito passivo do crime em estudo, quando alguém der causa à instauração de inquérito policial imputando falsamente a uma empresa a prática de crime ambiental.

11.5.2.5. Consumação

O momento consumativo do delito em análise passou por importantes modificações com a entrada em vigor da Lei n.14.110/2020. Com efeito, no regime anterior, a conduta típica mais comumente vista na prática era a de dar causa ao início de uma investigação (policial ou administrativa). Ora, no caso de investigação policial, é possível que a polícia judiciária realize algum ato investigatório antes mesmo de instaurar o respectivo inquérito policial. Em tal hipótese, a denunciação caluniosa estava consumada quando realizada a primeira diligência, mesmo que o inquérito nem sequer chegasse a ser instaurado. Assim, se o agente noticiasse o fato à autoridade e depois voltasse atrás, contando a verdade, sem que a investigação tivesse sido iniciada, não haveria crime, em razão do arrependimento eficaz, mas, se a investigação já estivesse iniciada quando o agente contasse a verdade, o crime de denunciação caluniosa já estaria consumado, e a confissão valeria apenas como atenuante genérica. A propósito: "Para a configuração do crime previsto no artigo 339 do Código Penal, é necessário que a denúncia falsa dê ensejo à deflagração de uma investigação administrativa, sendo prescindível, contudo, que haja a formalização de inquérito policial ou de termo circunstanciado. Doutrina. Precedentes" (STJ – HC 433.651/SC, Rel. Min. Jorge Mussi, 5ª Turma, julgado em 13-3-2018, *DJe* 20-3-2018). A Lei n. 14.110/2020, todavia, alterou o dispositivo trocando a expressão "investigação policial" por "inquérito policial". Com isso, restou evidente a intenção do legislador de postergar o momento consumativo para aquele em que é formalizada a instauração do inquérito policial. Assim, se alguém imputa um crime a pessoa que sabe inocente e, em razão disso, a autoridade policial realiza diligências preliminares, mas acaba não instaurando formalmente o inquérito policial, a denunciação caluniosa é considerada tentada. Parece-nos inviável interpretação diversa diante da expressa modificação no texto legal.

Na hipótese de processo judicial, o crime consuma-se quando o juiz recebe a denúncia ou queixa. Já no caso de ação de improbidade, quando for proposta a ação e, na hipótese de inquérito civil, quando for baixada a respectiva portaria pelo órgão do Ministério Público.

Em relação ao procedimento investigatório criminal (PIC), igualmente o crime se consuma com a portaria fundamentada baixada pelo órgão do Ministério Público.

Por fim, no que pertine ao processo administrativo, a consumação ocorre quando este é efetivamente instaurado. Se alguém atribui falsamente a outrem uma infração administrativa, mas é apenas instaurada uma sindicância (investigação administrativa), que vem, posteriormente, a ser arquivada, o autor da imputação responde por crime tentado, uma vez que a Lei n. 14.110/2020 trocou a expressão "investigação administrativa" por "processo administrativo".

11.5.2.6. Tentativa

É possível quando o agente faz uma imputação falsa de infração penal, ato de improbidade ou infração ético-disciplinar, mas não há como consequência um dos resultados elencados no tipo penal (início de inquérito policial, procedimento investigatório criminal, inquérito civil, processo judicial ou de improbidade ou processo administrativo), ainda que tenha havido alguma diligência (investigação policial, sindicância etc.). Haverá também tentativa se for oferecida queixa-crime – desacompanhada de prévio inquérito policial – contendo imputação falsa, mas o magistrado rejeitá-la e a decisão transitar em julgado.

11.5.2.7. Causas de aumento de pena

A pena da denunciação caluniosa será aumentada em um sexto, se o agente se servir do anonimato ou de nome falso para a prática do delito (art. 339, § 1º, do CP).

11.5.2.8. Distinção

O art. 19 da Lei n. 8.429/92 prevê um crime de denunciação caluniosa específico para quem representar à autoridade para que seja instaurada investigação por ato de improbidade por parte de agente público ou de terceiro beneficiário, sabendo que a pessoa é inocente. A pena nesse caso é de detenção, de seis a dez meses, e multa. Esse delito, entretanto, só estará configurado se, em razão da representação, não for instaurado inquérito civil ou ação de improbidade por parte da autoridade enganada pelo autor da representação. Com efeito, a nova redação do art. 339 do Código Penal passou a punir mais severamente a conduta quando ocorrer uma das hipóteses acima – instauração de inquérito civil ou propositura de ação de improbidade. É defensável, contudo, a tese de que o crime específico do referido art. 19 tenha sido revogado tacitamente pela nova redação dada ao art. 339, dando lugar, assim, a uma tentativa de denunciação caluniosa.

Quem, em procedimento de delação premiada regulamentado pela Lei n. 12.850/2013, imputar falsamente, sob pretexto de colaboração com a Justiça, a prática de infração penal a pessoa que sabe ser inocente, ou revelar informações sobre a estrutura de organização criminosa que sabe inverídicas, incorre em crime previsto no art. 19 da referida Lei, que é apenado com reclusão, de um a quatro anos, e multa. Se disso, contudo, decorrer o início de um inquérito policial ou ação judicial, configura-se a denunciação caluniosa que possui pena maior.

Quando se tratar de denunciação caluniosa com finalidade eleitoral estará configurada a modalidade especial do delito descrita no art. 326-A do Código Eleitoral (Lei n. 4.737/65), inserida pela Lei n. 13.834/2019. A pena, entretanto, é a mesma: reclusão, de 2 a 8 anos, e multa.

11.5.2.9. Classificação doutrinária

Quanto à objetividade jurídica constitui crime simples. Em relação ao sujeito ativo, classifica-se como crime comum e de concurso eventual. No que diz respeito aos meios de execução é crime de ação livre e comissivo. No que se refere ao momento consumativo, constitui delito material e instantâneo. Por fim, no que pertine ao elemento subjetivo, trata-se de infração penal dolosa (compatível apenas com o dolo direto).

11.5.2.10. Ação penal

Pública incondicionada.

Discute-se na doutrina e jurisprudência se a ação penal para apurar o delito de denunciação caluniosa pode ser iniciada antes do desfecho do procedimento ou ação originários.

Damásio de Jesus[89] e Julio Fabbrini Mirabete[90] entendem que sim, pois a prova da inocência do denunciado e da ciência do denunciante a esse respeito podem ser produzidas por qualquer meio, não ficando na dependência do desfecho do outro procedimento. Além disso, o aguardo por tempo prolongado pode acabar gerando a prescrição em relação ao crime de denunciação caluniosa. Nesse sentido: STJ, REsp 91.158/MG, 6ª Turma, Rel. Min. Luiz Vicente Cernicchiaro, *DJU* 30-6-1997, p. 31.091.

Nélson Hungria[91], Guilherme de Souza Nucci[92] e Magalhães Noronha[93], por sua vez, entendem que não, pois, sem que fique evidenciada oficialmente a inocência do denunciado, não se pode ter certeza da falsidade da imputação. A medida visa evitar que sejam proferidas decisões conflitantes. Nesse sentido: STJ, HC 7.137/MG, 5ª Turma, Rel. Min. Edson Vidigal, *DJU* 4-5-1998, p. 194.

Nada impede, é certo, que o Ministério Público, ao receber um inquérito iniciado porque *A* imputou crime a *B*, convença-se da inocência daquele contra quem foi instaurado o inquérito e, com base nos mesmos autos, ofereça denúncia contra o autor da imputação, narrando em tal peça que a acusação inicial era falsa e apontando as provas de que A sabia disso.

11.5.3. Comunicação falsa de crime ou de contravenção

> *Art. 340. Provocar a ação de autoridade, comunicando-lhe a ocorrência de crime ou de contravenção que sabe não se ter verificado:*
>
> *Pena – detenção, de um a seis meses, ou multa.*

11.5.3.1. Objetividade jurídica

A administração da justiça, no sentido de evitar que as autoridades percam tempo apurando infrações penais que não ocorreram.

11.5.3.2. Tipo objetivo

Provocar a ação da autoridade significa dar causa, induzir a autoridade a realizar alguma diligência. A comunicação falsa pode ser cometida por qualquer meio: escrito, oral, anonimamente ou não etc. O exemplo mais comum é o trote telefônico à Polícia Militar comunicando crime inexistente em determinado local.

---

[89] Damásio de Jesus, *Direito penal*, v. 4, p. 250.
[90] Julio Fabbrini Mirabete, *Manual de direito penal*, v. 3, p. 396.
[91] Nélson Hungria, *Comentários ao Código Penal*, v. IX, p. 466.
[92] Guilherme de Souza Nucci, *Código Penal comentado*, 1.427
[93] E. Magalhães Noronha, *Direito penal*, v. 4, p. 357.

O tipo exige que a imputação seja feita à autoridade, (delegado de polícia, policial militar, juiz de direito, órgão do Ministério Público etc.).

O crime ou contravenção comunicado pode ser de qualquer espécie. Não pode, porém, estar prescrito ou abrangido por outra causa extintiva da punibilidade, ou, ainda, por alguma escusa absolutória, pois, nesses casos, a autoridade não pode iniciar investigação.

O tipo penal exige que o agente tenha pleno conhecimento de que o fato não ocorreu. Se ele está na dúvida e faz a comunicação, não se configura o crime em estudo. Não é possível, portanto, o dolo eventual.

O delito não se tipifica, outrossim, quando o agente limita-se a comunicar fato diverso do que realmente ocorreu, desde que sejam crimes da mesma natureza. Se o agente comunica um roubo quando, em verdade, aconteceu um furto, não se configura a comunicação falsa, já que ambos constituem crimes contra o patrimônio e a ação estatal não terá sido despicienda. Estará, todavia, configurado o delito se for comunicado crime de natureza diversa. Ex.: comunicar um homicídio quando no local houve um furto.

O delito em estudo não se confunde com a denunciação caluniosa, pois, nesta, o agente aponta pessoa certa e determinada como autora da infração, enquanto no art. 340 isso não ocorre. Neste crime, o agente se limita a comunicar falsamente a ocorrência de crime ou contravenção, não apontando qualquer pessoa como responsável ou então apontando pessoa indeterminada.

Se o agente faz a comunicação falsa visando ocultar outro crime por ele praticado responde também pela comunicação falsa de crime. É o que ocorre, por exemplo, quando o empregado de uma empresa desvia dinheiro (furto) e vai até a polícia dizer que foi roubado por desconhecidos. Responde pelo furto e pela comunicação falsa de crime.

Estamos com Heleno Cláudio Fragoso[94], Magalhães Noronha[95] e Julio Fabbrini Mirabete[96] quando sustentam que o delito de comunicação falsa de crime não fica absorvido quando praticado como meio de execução de outro crime, desde que os bens jurídicos sejam diversos e as vítimas diferentes. É o que ocorre quando o sujeito comunica falsamente o furto de seu veículo para, fraudulentamente, receber o valor do seguro. Em tal caso, os bens jurídicos e as vítimas são diversas. Na comunicação falsa de crime o bem jurídico atingido é a administração da justiça e a vítima é o Estado, enquanto no delito de fraude contra seguradora (art. 171, § 2º, do CP) o bem jurídico afetado é o patrimônio e o sujeito passivo a seguradora. Em nosso entendimento, o agente deve responder pelos dois delitos em concurso material. Existem autores como Nélson Hungria[97] e Rogério Greco[98], que advogam que o agente só deve responde pelo crime-fim, restando absorvido o crime do art. 340 do Código Penal.

---

[94] Heleno Cláudio Fragoso, *Lições de direito penal*, Parte especial, v. II, p. 507.
[95] E. Magalhães Noronha, *Direito penal*, v. 4, p. 362.
[96] Julio Fabbrini Mirabete, *Manual de direito penal*, v. 3, p. 401.
[97] Nélson Hungria, *Comentários ao Código Penal*, v. IX, p. 471.
[98] Rogério Greco, *Código Penal comentado*, p. 826.

11.5.3.3. Sujeito ativo

Qualquer pessoa. Trata-se de crime comum.

11.5.3.4. Sujeito passivo

O Estado.

11.5.3.5. Consumação

Quando a autoridade realiza uma ação qualquer em razão da comunicação falsa, mesmo que não chegue a instaurar inquérito policial. Saliente-se que, apesar de o nome do delito ser *"comunicação* falsa de crime ou contravenção", a infração apenas se consuma quando a autoridade toma alguma providência, realiza alguma diligência, em razão dela, porque o tipo penal do art. 340 descreve a conduta de "provocar a ação da autoridade", não bastando, portanto, a mera comunicação. Entende-se, por exemplo, que o crime se configura pela simples lavratura de um boletim de ocorrência, pois, nesse caso, além da comunicação, houve uma ação da autoridade, ou seja, a própria lavratura da ocorrência. Quando viaturas policiais são deslocadas para determinado local em razão de um trote telefônico que noticiou um delito inexistente, o crime considera-se consumado.

11.5.3.6. Tentativa

É possível. Se o agente comunica infração penal inexistente e a autoridade não inicia qualquer investigação, por circunstâncias alheias à vontade do agente, há mera tentativa. Se o agente, entretanto, após a comunicação, arrepende-se e impede que a autoridade inicie a investigação, configura-se o arrependimento eficaz, e o fato será considerado atípico.

11.5.3.7. Classificação doutrinária

Quanto à objetividade jurídica constitui crime simples. Em relação ao sujeito ativo, classifica-se como crime comum e de concurso eventual. No que diz respeito aos meios de execução é crime de ação livre e comissivo. No que se refere ao momento consumativo, constitui delito instantâneo e material. Por fim, no que pertine ao elemento subjetivo, trata-se de infração penal dolosa.

11.5.3.8. Ação penal

Pública incondicionada, de competência do Juizado Especial Criminal.

11.5.4. Autoacusação falsa

> *Art. 341. Acusar-se, perante a autoridade, de crime inexistente ou praticado por outrem:*
>
> *Pena – detenção, de três meses a dois anos, ou multa.*

11.5.4.1. Objetividade jurídica

A administração da justiça, prejudicada com acusações falsas, ainda que contra si mesmo.

11.5.4.2. Tipo objetivo

A autoacusação pode se dar por qualquer meio: oral, escrito etc. Não se exige, todavia, que o agente tenha espontaneamente procurado a autoridade para se autoacusar. Por isso, se alguém é ouvido como suspeito ou testemunha em um inquérito policial e assume a autoria de um crime que não praticou, incorre no delito deste art. 341.

É óbvio, entretanto, que o crime não se configura quando o sujeito confessa a prática de delito que não cometeu em decorrência de tortura policial ou de coação irresistível por parte do verdadeiro autor da infração.

O tipo penal exige que a autoacusação ocorra perante a autoridade (delegado de polícia, policial militar, promotor de justiça, juiz de direito etc.) e que seja referente à prática de um *crime* (doloso ou culposo, de ação pública ou privada, apenado com reclusão ou detenção etc.). A autoacusação falsa de contravenção é atípica, pois o art. 341 não menciona essa hipótese.

A lei não exige qualquer motivação específica para a caracterização da infração penal em estudo. Assim, pouco importa se o agente quer beneficiar o verdadeiro autor do crime, que é seu amigo ou parente, se quer assegurar abrigo e alimentação na cadeia ou, ainda, se comete o delito por qualquer outro motivo.

No delito de denunciação caluniosa o sujeito acusa um terceiro inocente, enquanto na autoacusação falsa o agente acusa a si próprio de crime que não ocorreu ou que ocorreu, mas foi praticado por terceiro. Se alguém, além de se acusar falsamente, atribui também a prática do crime a terceiro que ele sabe inocente, responde por autoacusação falsa e por denunciação caluniosa em concurso formal.

11.5.4.3. Sujeito ativo

Pode ser qualquer pessoa, exceto o autor, o coautor e o partícipe do crime do qual se está acusando, uma vez que o dispositivo penal contém a expressão "crime praticado por outrem". Desse modo, se *A* diz que praticou sozinho um crime que praticou em conluio com outra pessoa, não responde por autoacusação falsa.

É possível coautoria no crime de autoacusação falsa quando duas pessoas se acusam de crime praticado por outras duas pessoas ou por crime inexistente.

11.5.4.4. Sujeito passivo

O Estado.

11.5.4.5. Consumação

No momento em que a autoacusação chega ao conhecimento da autoridade. A redação do dispositivo torna irrelevante saber se, em razão disso, a autoridade tomou ou não alguma providência – ao contrário do que ocorre nos crimes de denunciação caluniosa e comunicação falsa de crime ou contravenção.

A retratação não gera qualquer efeito por falta de previsão legal.

11.5.4.6. Tentativa

Possível na forma escrita, quando a confissão falsa remetida por correio se extravia.

11.5.4.7. Classificação doutrinária

Quanto à objetividade jurídica constitui crime simples. Em relação ao sujeito ativo, classifica-se como crime comum e de concurso eventual. No que diz respeito aos meios de execução é crime de ação livre e comissivo. No que se refere ao momento consumativo, constitui delito instantâneo e formal. Por fim, no que pertine ao elemento subjetivo, trata-se de infração penal dolosa.

11.5.4.8. Ação penal

Pública incondicionada, de competência do Juizado Especial Criminal.

11.5.5. Falso testemunho ou falsa perícia

> *Art. 342. Fazer afirmação falsa, ou negar ou calar a verdade, como testemunha, perito, contador, tradutor ou intérprete em processo judicial, ou administrativo, inquérito policial, ou em juízo arbitral:*
>
> *Pena – reclusão, de dois a quatro anos, e multa.*

11.5.5.1. Objetividade jurídica

Evitar que a prestação jurisdicional seja prejudicada por falsos depoimentos ou falsas perícias.

11.5.5.2. Tipo objetivo

São três as condutas típicas:

a) *fazer afirmação falsa* (falsidade positiva): afirmar inverdade. A conduta é comissiva. O depoente, por exemplo, diz que o réu disparou contra a vítima porque esta tentava agredi-lo, quando, em verdade, isso não ocorreu;

b) *negar a verdade* (falsidade negativa): não reconhecer, refutar algo que efetivamente ocorreu. A conduta é comissiva. O depoente, por exemplo, diz não ter visto o que, em verdade, viu;

c) *calar a verdade* (falsidade omissiva, reticência): silenciar a respeito do que sabe. A conduta, conforme mencionado, é omissiva.

Para que o crime de falso testemunho se aperfeiçoe, a falsidade deve ser relativa a fato juridicamente relevante, ou seja, referente a aspecto relevante para o deslinde da causa. Existe o crime, por exemplo, quando a testemunha nega ter visto o réu matar a vítima, quando, na realidade, presenciou o homicídio, ou quando diz que policiais forjaram a localização da droga com o traficante, quando, em verdade, viu a droga em poder deste. Não pratica falso testemunho, no entanto, quem presencia um roubo na portaria de um motel e narra o delito corretamente ao juiz, mas, ao ser indagado acerca do que fazia no local, alega que realizava entregas de mercadorias nas proximidades, quando, em verdade, estava chegando ao local com a amante.

Para a configuração do falso não é necessário que o depoimento tenha efetivamente influenciado na decisão, bastando a *possibilidade* de influir no resultado da causa (por ser referente a aspecto relevante para o seu desfecho). Por isso, configura-se o crime, por exemplo, quando alguém fornece falso álibi ao réu, ainda que as vítimas o reconheçam como autor do roubo e seja ele condenado.

É evidente que se a testemunha mente por estar sofrendo grave ameaça não responde pelo falso testemunho por ter havido coação moral irresistível. O autor da ameaça é quem responde por crime de coação no curso do processo (art. 344 do CP).

Também não se configura o delito quando o sujeito presta o falso depoimento para evitar que se descubra fato que pode levar à sua própria incriminação.

A mentira quanto a própria qualificação no início do depoimento (nome, idade, filiação etc.), não tipifica o falso testemunho, podendo caracterizar o crime de falsa identidade do art. 307 do Código Penal.

O tipo penal exige para a configuração do delito que o depoimento falso tenha sido prestado em: a) *processo judicial* (civil, trabalhista, criminal etc.); b) *inquérito policial*; c) *processo administrativo* (aquele que tramita no âmbito da Administração Pública para a apuração de faltas ou transgressões disciplinares ou administrativas); d) *juízo arbitral* (procedimento regulamentado pela Lei n. 9.307/96 que tem por finalidade resolver extrajudicialmente litígios relativos a direitos patrimoniais disponíveis).

Entendemos que o inquérito civil é procedimento, mas não processo administrativo, e, por isso, não está abrangido no dispositivo. Por tal razão, já existe projeto de lei para a expressa inclusão do inquérito civil no art. 342 do Código Penal.

O crime de falso testemunho também se configura quando o depoimento é prestado em *inquérito parlamentar*, nos termos do art. 4º, II, da Lei n. 1.579/52.

Se o falso testemunho for prestado em processo que posteriormente venha a ser reconhecido nulo, ou se o próprio depoimento for considerado nulo por outro motivo que não a sua falsidade, não estará configurado o crime, pois *quod nullum est nullum producit effectum*.

Se o sujeito depõe falsamente em fases sucessivas do mesmo processo há crime único, e não concurso material ou crime continuado. O fundamento é que o prejuízo à Administração da Justiça é um só. É o que ocorre, por exemplo, quando a testemunha mente durante o inquérito policial e depois durante o tramitar da ação penal.

Quanto à configuração do falso testemunho adota-se a denominada teoria *subjetiva*, segundo a qual o crime se aperfeiçoa quando não há correspondência entre o depoimento e o que a testemunha ou perito percebeu, sentiu ou ouviu. Há crime, portanto, quando uma testemunha alega ter presenciado um delito que realmente aconteceu da forma por ela narrada, quando, em verdade, ela não estava no local, ou seja, é possível que haja falso testemunho acerca de fato verdadeiro. A teoria *objetiva* (não adotada em nossa legislação) sustenta que só há crime quando o depoimento não corresponde ao que aconteceu.

O falso testemunho é crime essencialmente doloso, ou seja, pressupõe a vontade deliberada de mentir, com plena consciência de estar faltando com a verdade. Não existe forma culposa. O engano e o esquecimento que levam a pessoa a prestar depoimento equivocado não levam à configuração do delito.

11.5.5.3. Sujeito ativo

O crime em estudo é *próprio*, pois só pode ser cometido por testemunha, perito, tradutor ou intérprete.

A vítima de um crime não é considerada testemunha e, portanto, não comete falso testemunho. As partes (autor e réu em ação cível, reclamante e reclamado em ação trabalhista) também não cometem falso testemunho.

As testemunhas, antes de serem ouvidas, devem fazer, "sob palavra de honra", a promessa de dizer a verdade. É o compromisso previsto no art. 203 do Código de Processo Penal. Algumas pessoas, todavia, não prestam o compromisso conforme estabelecem os arts. 206 e 208 do CPP. Essas pessoas são ouvidas como informantes do juízo. O art. 208 do Código de Processo Penal prevê que não se tomará o compromisso a que alude o art. 203 dos doentes, deficientes mentais e menores de 14 anos, nem das pessoas a que se refere o art. 206 (ascendente ou descendente, afim em linha reta, cônjuge, ainda que desquitado, irmão e pai, mãe, ou filho adotivo do acusado). Discute-se, na doutrina e na jurisprudência, se o *informante* (ou *declarante*) quando mente durante o depoimento comete crime de falso testemunho. Magalhães Noronha[99], Nélson Hungria[100], Rogério Greco[101] e Damásio de Jesus[102] asseveram que sim. Para tais autores, o compromisso não é elementar do crime. O falso testemunho surge da desobediência do dever de dizer a verdade, "que não deriva do compromisso". Acrescentam que o Código Penal de 1890 previa como elementar do falso testemunho a existência do "compromisso ou juramento", requisito que, tendo sido retirado do tipo penal pelo legislador, quando da reforma penal de 1940, deixou evidenciada a intenção deste de não condicionar a caracterização do crime à existência do compromisso. De outro lado, Heleno Cláudio Fragoso[103], Cezar Roberto Bitencourt[104] e Guilherme de Souza Nucci[105] sustentam que tais pessoas não cometem crime porque não têm o dever de dizer a verdade, pois não prestam o compromisso. Salientam que a regra do Código de Processo Penal que dispensa o compromisso de tais pessoas não faria sentido se elas pudessem incorrer no delito.

A legislação processual penal prevê, ainda, que determinadas pessoas são proibidas de prestar depoimento: "são proibidas de depor as pessoas que, em razão de função, ministério, ofício ou profissão, devam guardar segredo, salvo se, desobrigadas pela parte interessada, quiserem dar o seu testemunho" (art. 207 do CPP). Tais pessoas, quando desobrigadas pela parte interessada, prestam compromisso antes de depor, e, quanto a elas, não há divergência, sendo pacífico que podem cometer o crime de falso testemunho. Nélson Hungria[106] ressalva, entretanto, que "se qualquer dessas pessoas, embora não desobrigada, deixar-se perquirir, mas deturpando ou negando a verdade, ou deixando de revelar tudo quanto sabe", não cometerá falso testemunho, porque, em verdade, não poderia estar prestando o depoimento, em razão da vedação expressa do art. 207 do Código de Processo Penal. Assim, por ser considerada ilícita, tal prova é nula e, portanto, não tem valor. Caso tal pessoa, embora não desobrigada, preste depoimento contando o que realmente sabe, de modo a revelar indevidamente o segredo profissional, incorrerá no crime de violação de segredo profissional (art. 154).

---

99   E. Magalhães Noronha, *Direito penal,* v. 4, p. 368.
100 Nélson Hungria, *Comentários ao Código Penal,* v. IX, p. 485.
101 Rogério Greco, *Código Penal comentado,* p. 831.
102 Damásio de Jesus, *Direito penal,* v. 4, p. 263.
103 Heleno Cláudio Fragoso, *Lições de direito penal,* Parte especial, v. II, p. 513.
104 Cezar Roberto Bitencourt, *Tratado de direito penal,* v. 5, p. 337
105 Guilherme de Souza Nucci, *Código Penal comentado,* p. 1.441
106 Nélson Hungria, *Comentários ao Código Penal,* v. IX, p. 485.

O falso testemunho constitui crime de *mão própria*. Quando duas ou mais testemunhas mentem em uma mesma ação penal, haverá crimes autônomos. Cada uma responderá por um crime de falso testemunho, não sendo consideradas coautoras.

Quanto à possibilidade de *participação* no crime de falso testemunho por parte daqueles que pedem para a testemunha mentir ou que a incentivam a fazê-lo, há duas posições: a) Cometem o crime. De acordo com esta corrente até mesmo o advogado pode ser partícipe em falso testemunho, caso induza ou estimule o depoente a falsear a verdade. É a opinião de Julio Fabbrini Mirabete[107], Guilherme de Souza Nucci[108] e Rogério Greco[109]. b) Não cometem o crime. Esta segunda corrente, sustentada por Damásio de Jesus[110], afirma que, apesar de a participação não ser incompatível com o falso testemunho, entende-se que a intenção do legislador teria sido de não punir o partícipe, pois o art. 343 do Código Penal pune, de forma autônoma, apenas quem dá, oferece ou promete dinheiro a testemunha para que esta preste o falso depoimento. Assim, em razão da redação desse art. 343, conclui-se que o legislador só quis punir essas condutas, pois não mencionou a daqueles que pedem ou incentivam outrem a praticar falso testemunho. Em resumo, o legislador tipificou algumas formas de participação (dar, oferecer ou prometer dinheiro ou qualquer outra vantagem) como crime autônomo no art. 343 e nada mencionou acerca das outras formas de participação (solicitar, incentivar). Assim, não há participação no crime de falso testemunho, pois algumas hipóteses de participação constituem o crime do art. 343 e as demais formas são atípicas.

De ver-se que esta última interpretação só fazia sentido antes do advento da Lei n. 10.268/2001, uma vez que as penas dos arts. 342 e 343 eram iguais. Atualmente, porém, a pena do art. 343, para quem suborna a testemunha, é de três a quatro anos de reclusão, superior, portanto, à do falso testemunho (art. 342), que é de dois a quatro anos. Fortaleceu-se, em razão disso, a interpretação de que o legislador quis estabelecer a seguinte distinção: a) quem meramente pede ou incentiva uma testemunha a mentir é partícipe do crime de falso testemunho (pena de dois a quatro anos); b) quem dá, oferece ou promete dinheiro à testemunha para falsear a verdade comete o crime do art. 343 (pena de três a quatro anos).

No Supremo Tribunal Federal e no Superior Tribunal de Justiça, por sua vez, é pacífico o entendimento de que é possível participação em falso testemunho, inclusive por parte de advogados. Nesse sentido: STF, RHC 81.327, 1ª Turma, Rel. Min. Ellen Gracie, *DJ* 5-4-2002, p. 196; STJ, HC 30.858-RS, 5ª Turma, Rel. Min. Paulo Medina julgado em 12-6-2006, v.u., *DJU* 1º-8-2006, p. 549; STJ, RHC 10.517-SC, 5ª Turma, Rel. Min. Edson Vidigal, julgado em 22-5-2001, *DJU* 13-8-2001, p. 173; STJ, HC 36.287-SP, 5ª Turma, Rel. Min. Felix Fischer, v.u., julgado em 17-5-2005, *DJU* 20-6-2005, p. 305).

Quanto ao delito de falsa *perícia*, podem ser sujeitos ativos o perito, o contador, o tradutor e o intérprete. Perito é o técnico incumbido, por sua especial aptidão, de averiguar fatos, pessoas ou coisas e emitir, perante a autoridade a que serve, seu juízo ou

---

[107] Julio Fabbrini Mirabete, *Manual de direito penal,* v. 3, p. 406.
[108] Guilherme de Souza Nucci, *Código Penal comentado,* p. 1.441.
[109] Rogério Greco, *Código Penal comentado,* p. 832.
[110] Damásio de Jesus, *Direito penal,* v. 4, p. 265/266.

parecer como meio de prova. Contador é o responsável pela elaboração de cálculos. Tradutor é o perito incumbido de verter para o vernáculo os documentos em idioma estrangeiro. Intérprete é o perito encarregado de fazer com que se entendam, quando necessário, a autoridade e alguma pessoa (acusado, ofendido, testemunha, parte interessada) que não conhece o idioma nacional ou que não pode falar em razão de defeito psicofísico ou qualquer outra particular condição anormal.

O tradutor e o intérprete diferenciam-se do perito comum porque não são fontes de prova, limitando-se a fazer compreender o conteúdo de elementos produzidos para instrução e decisão do processo em causa.

11.5.5.4. Sujeito passivo

O Estado e, secundariamente, aquele a quem o falso possa prejudicar.

11.5.5.5. Consumação

No momento em que termina o depoimento. Trata-se de crime *formal*, cujo reconhecimento independe de o falso ter efetivamente enganado o juízo, bastando, conforme já explicado, que se trate de falsidade relativa a aspecto relevante para o deslinde da causa.

Se o falso testemunho for cometido em depoimento prestado em carta precatória, o crime se consumará no juízo deprecado, e neste deverá apurado.

A falsa perícia se consuma no instante em que o laudo é entregue.

11.5.5.6. Tentativa

Há divergência a respeito. Damásio de Jesus[111] entende que é possível, apesar de, na prática, ser de difícil ocorrência. Ex.: audiência interrompida durante depoimento mendaz, por falta de energia elétrica.

11.5.5.7. Causas de aumento de pena

O § 1º do art. 342 estabelece três hipóteses em que a pena do crime de falso testemunho ou falsa perícia sofrerá acréscimo de um sexto a um terço:

a) *se o crime for praticado mediante suborno* (nesse caso, a pessoa que deu, prometeu ou ofereceu o dinheiro à testemunha ou perito incide no art. 343 do Código Penal).

b) *se o delito for cometido com o fim de obter prova destinada a produzir efeito em processo penal* (se o falso for cometido em inquérito policial ou em ação penal, a pena será majorada).

c) *se o crime for praticado com o fim de obter prova destinada a produzir efeito em processo civil em que for parte entidade da Administração Pública direta ou indireta*. O dispositivo diz respeito a ações civis de que seja parte a União, Estado, Município, o Distrito Federal, autarquia, sociedade de economia mista, empresa pública ou fundação instituída pelo Poder Público etc.

---

[111] Damásio de Jesus, *Direito penal*, v. 4, p. 270.

11.5.5.8. Retratação

Dispõe o art. 342, § 2º, do Código Penal que "o fato deixa de ser punível se, antes da sentença no processo em que ocorreu o ilícito, o agente se retrata ou declara a verdade".

A retratação constitui causa extintiva da punibilidade, nos termos do art. 107, VI, do Código Penal.

Para que seja reconhecida, é necessário que a retratação tenha ocorrido antes da sentença de 1ª instância no processo originário. É necessário, também, que seja completa. No Tribunal do Júri a retratação gera a extinção da punibilidade quando feita antes de ser proferida a sentença pelo juiz presidente no julgamento em plenário. É possível, portanto, após a decisão de pronúncia.

Para os que admitem a possibilidade de participação no falso testemunho, a retratação se comunica àqueles que tenham concorrido para o crime, pois a lei diz que o "fato deixa de ser punível". A propósito: "A retratação de um dos acusados, tendo em vista a redação do art. 342, § 2º, do Código Penal, estende-se aos demais corréus ou partícipes" (STJ, HC 36.287/SP, 5ª Turma, Rel. Min. Felix Fischer, julgado em 17-5-2005, *DJ* 20-6-2005, p. 305).

Tendo em vista a possibilidade de retratação até a sentença no processo originário, divergem a doutrina e a jurisprudência em torno da possibilidade do imediato oferecimento de denúncia após a prática do falso testemunho ou da necessidade de se aguardar eventual retratação. Alguns defendem que a ação penal pode ser imediatamente proposta, pois não há vedação legal, porém não pode ser julgada antes da sentença do processo originário, porque até tal momento é cabível a retratação. Esse é o entendimento que preferimos, pois evita a possibilidade prescrição do falso testemunho. Outros sustentam que a ação para apurar o falso testemunho não pode ser iniciada antes da sentença de primeira instância, uma vez que até esse momento é possível a retratação; não é necessário, entretanto, que se aguarde o trânsito em julgado da sentença. Por fim, existem ainda os que defendem que a ação não pode ser iniciada antes do trânsito em julgado da sentença do processo em que o falso testemunho foi prestado, para que sejam evitadas eventuais decisões conflitantes, caso o Tribunal profira decisão entendendo verdadeiras as declarações daquele que teria cometido o falso.

O Superior Tribunal de Justiça tem adotado o primeiro entendimento: "É possível a propositura da ação penal para se apurar o crime de falso testemunho antes de ocorrer a sentença no processo em que o crime teria ocorrido, desde que fique sobrestado seu julgamento até a outra sentença ou decisão" (STJ, REsp 596.500/DF, Rel. Min. José Arnaldo da Fonseca, 5ª Turma, julgado em 21-10-2004, *DJ* 22-11-2004, p. 377).

No mesmo sentido: STJ, HC 89.885/PE, Rel. Min. Arnaldo Esteves Lima, 5ª Turma, julgado em 16-3-2010, *DJe* 19-4-2010.

Observe-se que se o falso testemunho for prestado durante o transcorrer de um inquérito policial com o intuito de beneficiar o investigado e a falsidade do depoimento for descoberta durante o próprio inquérito, o autor do falso poderá ser denunciado junto com o sujeito que ele visava favorecer com seu depoimento, porque, em tal caso, tramitarão conjuntamente as duas acusações, de modo que ficará assegurada a possibilidade de retratação até a sentença.

O Superior Tribunal de Justiça entende, outrossim, que é desnecessária a instauração de inquérito policial para a apuração do crime de falso testemunho ocorrido em depoimento em juízo. Assim, se prestado o depoimento falso durante uma ação judicial, pode o Ministério Público extrair cópia do processo e oferecer imediatamente a denúncia, pois o Código de Processo Penal diz que a denúncia pode ser oferecida com base em inquérito policial ou em **peças de informação** (art. 28 do CPP): "O Ministério Público pode iniciar a persecução penal com base em quaisquer elementos hábeis a formar a sua *opinio delicti*. II – É entendimento assente nesta Corte que o inquérito policial e o procedimento investigativo preliminar servem precipuamente para a colheita de elementos informativos mínimos para subsidiar o *Parquet* no oferecimento da denúncia. Conclui-se, portanto, que se o titular da ação penal dispõe de substrato mínimo necessário para a persecução penal em documentos diversos, o inquérito e o procedimento preliminar serão inteiramente dispensáveis. III – Nessa ordem de ideias e considerando que o crime de falso testemunho é de natureza formal, consumando-se no momento da afirmação falsa a respeito de fato juridicamente relevante, aperfeiçoando-se quando encerrado o depoimento, a cópia integral dos autos no qual foi constatada a suposta prática criminosa fornece elementos suficientes para a persecução penal, dispensando, de consequência, a instauração de qualquer procedimento investigativo prévio, notadamente o inquérito" (RHC 82.027/SC, Rel. Min. Felix Fischer, 5ª Turma, julgado em 3-5-2018, *DJe* 9-5-2018).

11.5.5.9. Classificação doutrinária

Quanto à objetividade jurídica constitui crime simples. Em relação ao sujeito ativo, classifica-se como crime próprio e de mão própria. No que diz respeito aos meios de execução é crime de ação livre, comissivo ou omissivo. No que se refere ao momento consumativo, constitui delito instantâneo e formal. Por fim, no que pertine ao elemento subjetivo, trata-se de infração penal dolosa.

11.5.5.10. Ação penal

Pública incondicionada.

Em se tratando de depoimento falso em processo trabalhista, a competência é da Justiça Federal (Súmula 165 do STJ).

11.5.6. Corrupção ativa de testemunha ou perito

> *Art. 343. Dar, oferecer, ou prometer dinheiro ou qualquer outra vantagem a testemunha, perito, contador, tradutor ou intérprete, para fazer afirmação falsa, negar ou calar a verdade em depoimento, perícia, cálculos, tradução ou interpretação:*
>
> *Pena – reclusão, de três a quatro anos, e multa.*
>
> *Parágrafo único. As penas aumentam-se de um sexto a um terço, se o crime é cometido com o fim de obter prova destinada a produzir efeito em processo penal ou em processo civil em que for parte entidade da administração pública direta ou indireta.*

11.5.6.1. Objetividade jurídica

A administração da justiça, evitando-se o risco de a prestação jurisdicional ser prejudicada por falsos depoimentos ou falsas perícias.

11.5.6.2. Tipo objetivo

As condutas típicas são *dar* (entregar), *oferecer* (colocar à disposição) ou *prometer* (fazer promessa, comprometer-se). É necessário que se refiram a dinheiro ou outro tipo de vantagem, material ou moral. É ainda preciso que tenham a finalidade de fazer com que o destinatário (testemunha, perito etc.) faça afirmação falsa, negue ou cale a verdade em depoimento, perícia, cálculo, tradução ou interpretação.

O perito a que a lei se refere é o particular. Caso se trate de perito oficial (funcionário público), o crime é o de corrupção ativa comum (art. 333).

Nas condutas "oferecer" e "prometer" a iniciativa é do terceiro. Caso a testemunha ou perito não as aceitem, haverá apenas o delito de corrupção ativa deste art. 343, mas caso as aceitem e prestem o depoimento falso ou apresentem a falsa perícia incorrerão no art. 342, § 1º, do Código Penal.

Na modalidade "dar" a iniciativa é da testemunha ou do perito (que solicitam a vantagem). Se o terceiro entregar a vantagem, cometerá o delito em estudo.

11.5.6.3. Sujeito ativo

Trata-se de crime comum, pois pode ser cometido por qualquer pessoa (aquela que se beneficiará com o falso depoimento ou a falsa perícia ou outra pessoa qualquer).

11.5.6.4. Sujeito passivo

O Estado e eventualmente a pessoa prejudicada pelo falso depoimento ou falsa perícia, caso estes se concretizem.

11.5.6.5. Consumação

No momento em que a oferta ou promessa chegam ao conhecimento do destinatário, ainda que não sejam aceitas, de modo que o delito se configura ainda que o falso testemunho ou falsa perícia não se verifiquem. Trata-se, portanto, de crime *formal*.

Na modalidade "dar", o crime se consuma quando a testemunha ou perito recebe a vantagem.

11.5.6.6. Tentativa

Possível na modalidade "dar" e, nas demais figuras típicas, em caso de extravio de oferta ou promessa feita por escrito.

11.5.6.7. Causa de aumento de pena

Sendo a ação destinada a produzir efeito em processo penal ou civil em que seja parte entidade da Administração Pública direta ou indireta, a pena será aumentada de um sexto a um terço (art. 343, parágrafo único, do CP).

11.5.6.8. Classificação doutrinária

Quanto à objetividade jurídica constitui crime simples. Em relação ao sujeito ativo, classifica-se como crime comum e de concurso eventual. No que diz respeito aos meios de execução é crime de ação livre e comissivo. No que se refere ao momento consumativo, constitui delito instantâneo e formal. Por fim, no que pertine ao elemento subjetivo, trata-se de infração penal dolosa.

11.5.6.9. Ação penal

Pública incondicionada.

11.5.7. Coação no curso do processo

> *Art. 344. Usar de violência ou grave ameaça, com o fim de favorecer interesse próprio ou alheio, contra autoridade, parte, ou qualquer outra pessoa que funciona ou é chamada a intervir em processo judicial, policial ou administrativo, ou em juízo arbitral:*
>
> *Pena – reclusão, de um a quatro anos, e multa, além da pena correspondente à violência.*

11.5.7.1. Objetividade jurídica

O normal funcionamento da Justiça, no sentido de que sejam evitadas coações que possam provocar prejuízo na apuração dos fatos ou no desfecho da causa. Tutela-se, também, a incolumidade física e psíquica da pessoa contra a qual a conduta é direcionada.

11.5.7.2. Tipo objetivo

O delito de coação no curso do processo configura-se quando o agente, visando o seu próprio benefício ou de outrem, emprega violência física ou grave ameaça contra qualquer pessoa que funciona ou intervenha em um dos procedimentos elencados no tipo penal. Essa pessoa pode ser uma autoridade (juiz de direito, delegado de polícia, promotor de justiça etc.), parte (autor, querelante, querelado) ou qualquer outra pessoa que funcione ou seja chamada a intervir (perito, tradutor, intérprete, jurado, escrivão, testemunha etc.). É necessário que o agente pretenda intimidar a vítima a fim de que esta, amedrontada, de algum modo o favoreça ou favoreça terceiro em um dos procedimentos mencionados no tipo penal: *processo judicial* (cível, criminal, trabalhista etc.), *inquérito policial, procedimento administrativo* ou *juízo arbitral.* Pratica o crime, por exemplo, o acusado em um processo criminal que ameaça a testemunha de acusação ou a vítima do delito para que não o reconheçam na audiência que será realizada, ou o parente do acusado que, a fim de beneficiá-lo, ameaça de morte o juiz para que o absolva. Eventual ameaça feita fora de um desses procedimentos caracteriza apenas o crime de ameaça do art. 147 do Código Penal, ou, em se tratando de violência ou grave ameaça empregada com o intuito de impedir ou tentar impedir o funcionamento de Comissão Parlamentar de Inquérito ou o livre exercício das atribuições de seus membros, estará configurado crime específico, previsto no art. 4º, I, da Lei n. 1.579/52.

Saliente-se que apesar de o nome do delito ser "coação no curso do processo", é possível que seja cometido até mesmo no transcorrer de um inquérito policial.

O crime em estudo pressupõe que o sujeito empregue violência física ou grave ameaça. Assim, não se enquadra no tipo penal a conduta do parente de um acusado que procura uma testemunha e suplica que não o reconheça na audiência ou que procura o juiz de direito e lhe pede clemência.

Saliente-se que, se a vítima ou testemunha já prestou um depoimento judicial desfavorável, e o réu ou algum amigo ou familiar, por vingança, a procura e diz que irá matá-la, comete crime de ameaça (art. 147), posto que, após o depoimento, exauriu-se a participação daquela na ação, vale dizer, a ameaça não foi proferida pelo agente visando benefício próprio ou de outrem naquele procedimento em curso.

11.5.7.3. Sujeito ativo

Pode ser qualquer pessoa, ou seja, aquela contra a qual foi instaurado o procedimento (processo judicial, inquérito etc.) ou terceiro que esteja visando o benefício daquela.

11.5.7.4. Sujeito passivo

O Estado e, secundariamente, a pessoa que sofreu a violência ou grave ameaça. Se o agente emprega a coação contra duas pessoas para obter benefício no mesmo processo, comete crime único.

11.5.7.5. Consumação

No momento em que o agente emprega a violência ou a grave ameaça, independentemente da obtenção do resultado almejado (favorecer a si próprio ou a terceiro). Trata-se, pois, de crime formal.

11.5.7.6. Tentativa

É possível, por exemplo, no caso de ameaça escrita que se extravia.

11.5.7.7. Causa de aumento de pena

O parágrafo único do art. 344, inserido no Código Penal pela Lei n. 14.245, de 22 de novembro de 2021, prevê que a pena será aumentada de um terço até metade, se o processo envolver crime contra a **dignidade sexual**, ou seja, se a violência ou grave ameaça for empregada a fim de favorecer interesse próprio ou alheio, em procedimento que vise à apuração de qualquer dos crimes contra a dignidade sexual tratados no Título VI do Código Penal.

O *quantum* do aumento deverá guardar proporção com a gravidade do delito em apuração.

11.5.7.8. Concurso de crimes

A pena prevista para o crime de coação no curso do processo é de "reclusão, de um a quatro anos, e multa, *além da pena correspondente à violência*". Destarte, se em razão da violência empregada para a prática do delito resultar lesão corporal (ainda que de natureza leve) ou a morte da vítima, o sujeito responderá por coação no curso do processo e também pelo crime de lesões corporais ou de homicídio e, nos termos do dispositivo, as penas serão somadas.

O emprego de *vias de fato* (agressão que não provoca lesão corporal) fica absorvido pelo crime de coação no curso do processo.

A reiteração de ameaças com o mesmo objetivo caracteriza crime único, e não crime continuado, porque o benefício visado é único. Ex.: pessoa que ameaça testemunha duas vezes antes do depoimento desta.

11.5.7.9. Classificação doutrinária

Quanto à objetividade jurídica constitui crime simples. Em relação ao sujeito ativo, classifica-se como crime comum e de concurso eventual. No que diz respeito aos meios de execução é crime de ação livre e comissivo. No que se refere ao momento consumativo, constitui delito instantâneo e formal. Por fim, no que pertine ao elemento subjetivo, trata-se de infração penal dolosa.

11.5.7.10. Ação penal

Pública incondicionada.

11.5.8. Exercício arbitrário das próprias razões

> Art. 345. Fazer justiça pelas próprias mãos, para satisfazer pretensão, embora legítima, salvo quando a lei o permite:
>
> Pena – detenção, de quinze dias a um mês, ou multa, além da pena correspondente à violência.
>
> Parágrafo único. Se não há emprego de violência, somente se procede mediante queixa.

11.5.8.1. Objetividade jurídica

A administração e o prestígio da justiça, no sentido de ser evitada a autotutela como forma indevida de resolução de conflito de interesses.

11.5.8.2. Tipo objetivo

Quando alguém tem um direito ou julga tê-lo por razões convincentes e a outra parte recusa-se a cumprir a obrigação, o prejudicado deve procurar o Poder Judiciário para que o seu direito seja reconhecido e a pretensão seja satisfeita. Se o sujeito, entretanto, resolve não buscar o Judiciário e fazer justiça com as próprias mãos para obter aquilo que acha devido, pratica o crime do art. 345. Trata-se de crime contra a administração da justiça, porque o sujeito dolosamente deixa de procurar o órgão do Estado incumbido de resolver a querela e lança mão indevidamente da autotutela. Exs.: subtrair objeto do devedor para se autorressarcir de dívida vencida e não paga; trocar a fechadura de sua casa e colocar na rua os bens do inquilino que não estava pagando os aluguéis; apropriar-se de bens da empresa porque o patrão não pagou os devidos direitos trabalhistas etc.

De acordo com o texto legal, a pretensão que o agente visa satisfazer, capaz de caracterizar o delito em estudo, pode ser: a) *legítima*; ou b) *ilegítima*, desde que o agente, por motivos convincentes a serem analisados no caso concreto, a suponha legítima.

Quando o agente tem plena consciência da ilegitimidade da pretensão, haverá outro crime (furto, lesões corporais, violação de domicílio etc.).

A pretensão que o agente visa satisfazer e que pode caracterizar o delito em estudo pode ser fundada em direito de qualquer natureza: *real* (expulsar invasores de terra com emprego de força, em vez de procurar a justiça – fora das hipóteses de legítima defesa da posse ou desforço imediato, em que o emprego da força é admitido nos termos dos arts. 1.210, § 1º e 1.224 do CC), *pessoal* (subtrair objetos do devedor), de *família* (subtrair objetos do devedor de alimentos inadimplente, em vez de promover a competente execução) etc.

Constitui pressuposto do crime que a pretensão do agente possa, pelo menos em tese, ser satisfeita pelo Poder Judiciário, vale dizer, é necessário que exista uma espécie qualquer de ação judicial capaz de satisfazê-la. Por isso, não haverá exercício arbitrário das próprias razões quando faltar interesse de agir (dívida prescrita, por exemplo) ou quando o pedido for, em tese, juridicamente impossível (matar alguém que matou seu filho). No último caso, obviamente o crime será o de homicídio. Nessas hipóteses, em que a pretensão não poderia sequer em tese ser satisfeita pelo Poder Judiciário, não se configura o crime do art. 345 porque não há desrespeito à administração da justiça. Em tais casos, dependendo da situação, o fato poderá ser considerado atípico ou poderá estar tipificada outra espécie de infração penal.

O delito em análise é crime de ação livre, pois pode ser praticado por qualquer meio de execução: fraude, subtração, violência, grave ameaça etc. Se o credor ameaça o devedor com uma faca para subtrair-lhe o exato valor da dívida, não comete crime de roubo, e sim exercício arbitrário das próprias razões em concurso formal com o delito de ameaça.

Em alguns casos a lei permite que a pessoa faça justiça com as próprias mãos. Ex.: direito de retenção, desforço imediato e legítima defesa da posse (art. 1.210, § 1º, do CC). Nesses casos o fato será atípico pois o art. 345 ressalva que é crime "fazer justiça pelas próprias mãos, (...) *salvo quando a lei o permite*". Este é o elemento normativo do tipo.

11.5.8.3. Sujeito ativo

Qualquer pessoa.

11.5.8.4. Sujeito passivo

O Estado e, secundariamente, a pessoa prejudicada com a conduta.

11.5.8.5. Consumação

Existe séria controvérsia quanto ao momento consumativo do delito em estudo. Damásio de Jesus[112], Cezar Roberto Bitencourt[113], Guilherme de Souza Nucci[114] e Magalhães Noronha[115] sustentam que se trata de crime formal, que se consuma no momento em que o agente emprega o meio executório (violência, grave ameaça, fraude

---

[112] Damásio de Jesus, *Direito penal,* v. 4, p. 285.
[113] Cezar Roberto Bitencourt. *Tratado de Direito Penal,* v. 5, p. 357.
[114] Guilherme de Souza Nucci, *Código Penal comentado,* p. 1.453.
[115] E. Magalhães Noronha, *Direito penal,* v. 4, p. 381.

etc.). Nélson Hungria[116], Celso Delmanto[117], Rogério Greco[118] e Julio Fabbrini Mirabete[119], por sua vez, defendem que o delito é material e só se consuma com a satisfação da pretensão visada. Preferimos a primeira corrente em razão da própria redação do dispositivo. O Superior Tribunal de Justiça tem julgado no sentido de que o crime é formal: "1. Pela interpretação da elementar "para satisfazer", conclui-se ser suficiente, para a consumação do delito do art. 345 do Código Penal, que os atos que buscaram fazer justiça com as próprias mãos tenham visado obter a pretensão, mas não é necessário que o Agente tenha conseguido efetivamente satisfazê-la, por meio da conduta arbitrária. A satisfação, se ocorrer, constitui mero exaurimento da conduta. 2. Por se tratar de crime formal, uma vez praticados todos os atos executórios, consumou-se o delito, a despeito de o Recorrente não ter logrado êxito em sua pretensão, que era a de pegar o celular de propriedade da vítima, a fim de satisfazer dívida que esta possuía com ele. 3. Recurso especial desprovido" (REsp 1860791/DF, Rel. Min. Laurita Vaz, 6ª Turma, julgado em 9-2-2021, *DJe* 22-2-2021).

11.5.8.6. Tentativa

É possível, qualquer que seja a corrente adotada quanto ao momento consumativo.

11.5.8.7. Concurso de crimes

A pena prevista para o delito de exercício arbitrário das próprias razões é de "detenção, de quinze dias a um mês, ou multa, *além da pena correspondente à violência*". Assim, se o crime for cometido com emprego de violência física e a vítima sofrer lesão corporal (ainda que de natureza leve) ou morrer, o agente responderá pelo delito em estudo e também por crime de lesão corporal ou de homicídio; as penas serão somadas em razão da redação do dispositivo.

Eventual contravenção de *vias de fato* (agressão que não provoca lesão corporal) fica absorvida, pois o próprio art. 21 da Lei das Contravenções Penais dispõe que as vias de fato somente se configuram infração penal autônoma quando o fato não constitui crime.

11.5.8.8. Classificação doutrinária

Quanto à objetividade jurídica constitui crime simples. Em relação ao sujeito ativo, classifica-se como crime comum e de concurso eventual. No que diz respeito aos meios de execução é crime de ação livre e comissivo. No que se refere ao momento consumativo, constitui delito instantâneo (quanto à natureza formal ou material existe controvérsia). Por fim, no que pertine ao elemento subjetivo, trata-se de infração penal dolosa.

11.5.8.9. Ação penal

O art. 345, parágrafo único, do Código Penal estabelece duas regras quanto à ação penal no delito de exercício arbitrário das próprias razões: a) havendo emprego de

---

[116] Nélson Hungria, *Comentários ao Código Penal,* v. IX, p. 498.
[117] Celso Delmanto, *Código Penal comentado*, p. 1004.
[118] Rogério Greco, *Código Penal comentado*, p. 838.
[119] Julio Fabbrini Mirabete, *Manual de direito penal*, v. 3, p. 419.

qualquer de violência para a prática do crime, a ação será pública incondicionada; b) não havendo emprego de violência, a ação será *privada*.

A competência é do Juizado Especial Criminal.

11.5.9. Modalidade especial de exercício arbitrário das próprias razões – Subtração ou dano de coisa própria legalmente em poder de terceiro

> *Art. 346. Tirar, suprimir, destruir ou danificar coisa própria, que se acha em poder de terceiro por determinação judicial ou convenção:*
>
> *Pena – detenção, de seis meses a dois anos, e multa.*

11.5.9.1. Objetividade jurídica

A administração da justiça.

11.5.9.2. Tipo objetivo

Neste art. 346 do Código Penal estão descritas modalidades especiais do delito de exercício de exercício arbitrário das próprias razões (subtipo do delito), que se diferencia daquela prevista no art. 345 por ser esta genérica. Em suma, os dois dispositivos estão abrangidos pelo mesmo *nomen juris*: exercício arbitrário das próprias razões. O último, todavia, possui pena maior e pune condutas específicas: tirar, suprimir, destruir ou danificar coisa própria que se acha em poder de terceiro por determinação judicial ou convenção.

As condutas incriminadas, portanto, são: a) *tirar*: subtrair; b) *suprimir*: fazer desaparecer; c) *destruir*: atingir agressivamente o objeto, de forma que ele deixe de existir em sua individualidade; d) *danificar*: estragar ou deteriorar o bem.

É necessário que o objeto pertença ao próprio agente e que esteja em poder de terceira pessoa em razão de contrato (convenção) ou ordem judicial. Comete o crime, por exemplo, o proprietário de um objeto que, tendo-o alugado para terceiro, solicita a devolução ao locatário antes do término do prazo contratual e, ante à recusa deste, subtrai sorrateiramente o bem. Incorre também no delito o dono de um carro apreendido por ordem judicial que subtrai o bem que estava em poder de um depositário.

Quando um veículo está apreendido em decorrência de ordem de autoridade administrativa (agente de trânsito, por exemplo), a subtração da coisa própria não encontra enquadramento no presente tipo penal, podendo o agente responder por crime de desobediência (art. 330).

Ao contrário do que ocorre com o crime de exercício arbitrário das próprias razões em sua modalidade genérica descrita no art. 345, no dispositivo em estudo a lei não exige que o agente queira satisfazer uma pretensão para que o crime esteja configurado.

11.5.9.3. Sujeito ativo

Apenas o dono do objeto que está em poder de terceiro em razão de uma ordem judicial (penhora, depósito, busca e apreensão etc.) ou de um contrato (penhor, aluguel, comodato etc.). Trata-se, portanto, de crime próprio.

A coautoria mostra-se possível quando um objeto tem dois proprietários e ambos subtraem a coisa que lhes pertence que se encontra em poder de terceiro.

Se o dono pede ajuda a um amigo para *juntos* subtraírem (ou danificarem) a coisa que pertence a apenas um deles e que está em poder de terceiro, serão considerados coautores. A circunstância de caráter pessoal – ser o proprietário do bem – por ser elementar do crime, comunica-se ao amigo, nos termos do art. 30 do Código Penal. Por isso, ambos cometem o delito em estudo. Não se pode cogitar de punir o amigo por crime de furto porque a conduta se deu com a autorização do dono.

Na hipótese em que o bem tem dois proprietários, mas está em poder de um deles, e não de terceiro, haverá crime de furto de coisa comum (art. 156), caso o outro proprietário o subtraia das mãos do primeiro a fim de se locupletar indevidamente.

O delito admite participação quando o autor da conduta típica é o dono e conta apenas com a ajuda de outra pessoa, sendo esta última a partícipe do crime.

11.5.9.4. Sujeito passivo

O Estado e, secundariamente, a pessoa prejudicada pela conduta.

11.5.9.5. Consumação

No momento em que o agente realiza a conduta típica, independentemente de qualquer outro resultado.

11.5.9.6. Tentativa

É possível.

11.5.9.7. Classificação doutrinária

Quanto à objetividade jurídica constitui crime simples. Em relação ao sujeito ativo, classifica-se como crime próprio e de concurso eventual. No que diz respeito aos meios de execução é crime de ação livre. No que se refere ao momento consumativo, constitui delito instantâneo e material. Por fim, no que pertine ao elemento subjetivo, trata-se de infração penal dolosa.

11.5.9.8. Ação penal

Pública incondicionada.

11.5.10. Fraude processual

Art. 347. Inovar artificiosamente, na pendência de processo civil ou administrativo, o estado de lugar, de coisa ou de pessoa, com o fim de induzir a erro o juiz ou o perito:

Pena – detenção, de três meses a dois anos, e multa.

Parágrafo único. Se a inovação se destina a produzir efeito em processo penal, ainda que não iniciado, as penas aplicam-se em dobro.

11.5.10.1. Objetividade jurídica

A administração da justiça, no sentido de serem coibidas manobras fraudulentas para modificar provas com o escopo de enganar o juiz ou os peritos.

11.5.10.2. Tipo objetivo

No crime de fraude processual pune-se quem, empregando um artifício qualquer, *altera* o estado do local, de algum objeto ou de pessoa, com o fim de enganar juiz ou perito durante o tramitar de ação civil ou processo administrativo. Tipificam o delito, por exemplo, as condutas de alterar as características de um objeto que será submetido à perícia; simular maior dificuldade auditiva ou qualquer outra redução da capacidade laborativa em ação acidentária ou previdenciária etc.

Quando a fraude visa produzir efeito em *ação penal*, a pena deve ser aplicada em dobro, nos termos do parágrafo único do art. 347. Este dispositivo, aliás, ressalva que a majorante deve incidir ainda que no dia do ilícito penal a ação penal não esteja iniciada. Exs.: colocar arma na mão da vítima de um homicídio para parecer que esta se suicidou; lavar o sangue do local do crime; modificar a cena do delito; eliminar impressões digitais, lavar a roupa da vítima do crime sexual onde havia esperma etc. Caso a fraude empregada possa gerar efeito, concomitantemente, em processo civil e criminal será aplicada a majorante, contudo, a hipótese é de crime único.

O autor de um delito que se submete a cirurgia plástica com a específica finalidade de não ser reconhecido pelas testemunhas comete o delito. No entanto, o mero ato de raspar o cabelo ou de deixá-lo crescer, não tipifica a infração penal, pois não se pode tolher as pessoas desse direito.

É evidente que, quando o autor de um homicídio ou de um roubo se desfaz da arma do crime, jogando-a, por exemplo, em um rio, não incorre no delito de fraude processual porque não há, nesse caso, a inovação artificiosa exigida pelo tipo penal.

Ressalte-se que ninguém é obrigado a produzir prova contra si mesmo (privilégio contra a autoincriminação), contudo não se pode forjar prova ou modificá-la. Por isso, se o autor de um homicídio, a pretexto de colaborar com as investigações, entrega arma de fogo diversa da usada no crime para que o confronto balístico resulte negativo, incorre no crime em questão. Da mesma forma, responde pelo delito se entrega a própria arma usada no crime, mas, antes disso, modifica-a – também para que o exame balístico lhe resulte favorável. A propósito já decidiu o Superior Tribunal de Justiça: "O direito à não autoincriminação não abrange a possibilidade de os acusados alterarem a cena do crime, inovando o estado de lugar, de coisa ou de pessoa, para, criando artificiosamente outra realidade, levar peritos ou o próprio Juiz a erro de avaliação relevante" (HC 137.206/SP, 5ª Turma, Rel. Min. Napoleão Nunes Maia Filho, julgado em 1º-12-2009, *DJe* 1º-2-2010).

11.5.10.3. Sujeito ativo

Qualquer pessoa. Trata-se de crime comum. O delito pode ser praticado, por exemplo, pelo próprio autor de um crime anterior a fim de garantir sua impunidade ou por um amigo ou parente que, chamado ao local, toma a iniciativa de modificar o cenário do delito a fim de beneficiar aquele.

11.5.10.4. Sujeito passivo

O Estado.

11.5.10.5. Consumação

No momento em que ocorre a alteração do local, coisa ou pessoa, desde que idônea a induzir o juiz ou o perito em erro. É desnecessário, entretanto, que se consiga efetivamente enganá-los. Trata-se de crime formal. Quando a fraude é completamente inidônea há crime impossível por absoluta ineficácia do meio.

11.5.10.6. Tentativa

É possível.

11.5.10.7. Distinção

O art. 312 do Código de Trânsito Brasileiro (Lei n. 9.503/97), prevê modalidade especial do delito de fraude processual consistente em "inovar artificiosamente, *em caso de acidente automobilístico com vítima*, na pendência do respectivo procedimento policial preparatório, inquérito policial ou processo penal, o estado do lugar, de coisa ou de pessoa, a fim de induzir em erro o agente policial, o perito ou o juiz", hipótese em que a pena é de detenção, de seis meses a um ano, e multa.

O crime será o de falsa identidade (art. 307) quando uma pessoa se passar por outra, ainda que com o intuito de enganar o juiz ou o perito, já que o crime de fraude processual pressupõe alteração *no estado* de pessoa (simular agravamento de lesão, mudar o corpo da vítima de um crime de lugar etc.), e não a substituição da pessoa por outra (no ato de reconhecimento, por exemplo).

Constitui crime de abuso de autoridade previsto no art. 23, *caput*, da Lei n. 13.869/2019 "inovar artificiosamente, no curso de diligência, de investigação ou de processo, o estado de lugar, de coisa ou de pessoa, com o fim de eximir-se de responsabilidade ou de responsabilizar criminalmente alguém ou agravar-lhe a responsabilidade". A pena é de detenção, de 1 a 4 anos, e multa. Comete o crime, portanto, o policial que, por exemplo, forja provas no local do crime.

A fraude processual é crime *subsidiário*, que fica absorvido quando o fato constitui crime mais grave como, por exemplo, supressão de documento ou falsidade documental.

11.5.10.8. Classificação doutrinária

Quanto à objetividade jurídica constitui crime simples. Em relação ao sujeito ativo, classifica-se como crime comum e de concurso eventual. No que diz respeito aos meios de execução é crime de ação livre. No que se refere ao momento consumativo, constitui delito instantâneo e formal. Por fim, no que pertine ao elemento subjetivo, trata-se de infração penal dolosa.

11.5.10.9. Ação penal

Pública incondicionada, de competência do Juizado Especial Criminal, salvo na hipótese majorada – quando a intenção do agente é fazer prova fraudulenta em processo penal –, em que a pena máxima excede dois anos (art. 346, parágrafo único).

11.5.11. Favorecimento pessoal

> Art. 348. Auxiliar a subtrair-se à ação de autoridade pública autor de crime a que é cominada pena de reclusão:

Pena – detenção, de um a seis meses, e multa.

§ 1º Se ao crime não é cominada pena de reclusão:

Pena – detenção, de quinze dias a três meses, e multa.

§ 2º Se quem presta o auxílio é ascendente, descendente, cônjuge ou irmão do criminoso, fica isento de pena.

11.5.11.1. Objetividade jurídica

A administração da justiça, que pode restar prejudicada pelo auxílio prestado ao autor do crime. Busca-se garantir a eficácia da Justiça Criminal.

11.5.11.2. Tipo objetivo

A conduta típica consiste em prestar auxílio ao criminoso. Tal auxílio pode ser prestado por qualquer modo (crime de ação livre). São exemplos: esconder a criminoso em sua casa ou outro local; fornecer informações falsas acerca do paradeiro da pessoa procurada para enganar as autoridades; efetuar remessa de dinheiro para que a pessoa foragida possa se manter escondida; ajudar na fuga (emprestando carro, ajudando o fugitivo a se disfarçar etc.). Observe-se que a ajuda na fuga pressupõe que o autor do crime anterior esteja solto, pois, se estiver preso, o auxílio constitui crime de facilitação de fuga de pessoa presa (art. 351 do CP).

Quando a lei pune quem auxilia outrem a subtrair-se da ação da autoridade pública, está se referindo a policiais civis ou militares, membros do Judiciário, autoridades administrativas (ajudar pessoa que está sendo procurada para extradição, em razão de crime de permanência ilegal no país) etc.

A tipificação do favorecimento pessoal não pressupõe que esteja havendo uma perseguição direta ao criminoso, mas somente que ele esteja sendo procurado. É o que ocorre, por exemplo, quando há contra ele mandado de prisão preventiva ou decorrente de sentença condenatória; quando está sendo procurado por ter se evadido da prisão etc. É evidente que também existe o delito quando o sujeito acabou de cometer uma outra infração penal e está sendo perseguido e outra pessoa o ajuda a fugir.

O favorecimento somente pode ser cometido de forma *comissiva*, e nunca por omissão. Quando alguém simplesmente sabe onde uma pessoa procurada pela justiça está escondida e não procura as autoridades para entregá-la ou quando, ao ser indagado, diz que nada sabe, não comete o crime de favorecimento pessoal, pois este pressupõe alguma ação direta no sentido de ajudar o criminoso.

A figura do *caput* pune quem auxilia autor de crime apenado com *reclusão*, enquanto a do § 1º refere-se a quem auxilia autor de crime punido com detenção e/ou multa. Nesta última hipótese temos o chamado favorecimento pessoal *privilegiado* porque a pena prevista é menor.

O favorecimento pessoal é crime *acessório*, pois pressupõe a existência de um crime anterior, que pode ser de qualquer espécie (doloso ou culposo, consumado ou tentado etc.). O auxílio a contraventor, no entanto, é atípico, pois a hipótese não está abrangida pelo texto legal, que expressamente se refere a autor de crime.

Não há favorecimento pessoal quando o auxílio é prestado a quem agiu acobertado por alguma causa excludente de ilicitude, ou, ainda, se já estiver extinta a punibilidade por qualquer causa ou se mostrar presente alguma escusa absolutória. Nesses casos, a ação da autoridade não é legítima e, portanto, quem presta o auxílio não comete favorecimento pessoal.

Se o autor do crime antecedente vier a ser absolvido por qualquer motivo (exceto no caso de absolvição imprópria, em que há aplicação de medida de segurança), o juiz não poderá condenar a pessoa acusada de auxiliá-lo por não ter ficado demonstrado que ele era "autor de crime", tal como exige o tipo penal. Em sentido contrário existe a opinião minoritária de Nélson Hungria[120], no sentido de ser possível o reconhecimento do favorecimento pessoal quando a absolvição em relação ao crime antecedente se der por falta de provas.

Quando o texto legal menciona o auxílio prestado a autor de crime a que é cominada pena de reclusão ou detenção, afasta a possibilidade de tipificação do favorecimento pessoal em relação a quem presta auxílio a menor de idade autor de ato infracional, já que a estes não podem ser aplicadas penas daquela espécie.

É possível a caracterização do favorecimento pessoal mesmo quando desconhecido o autor do crime antecedente, bastando, nesse caso, que exista prova de que houve um crime anterior e que o autor desse crime foi ajudado por alguém a subtrair-se à ação da autoridade. Ex.: pessoa desconhecida comete um furto e é ajudada por *B* a fugir da polícia. O desconhecido consegue fugir e acaba não sendo identificado, mas a polícia consegue identificar *B*, que o auxiliou.

11.5.11.3. Sujeito ativo

Qualquer pessoa, exceto o autor, coautor ou partícipe do crime antecedente. Quando uma pessoa convence ou incentiva outra a cometer um homicídio e a esconde após a prática, só responde por participação no homicídio, sendo o auxílio considerado *post factum* impunível.

No crime de favorecimento pessoal mostra-se necessário que o auxílio seja prestado exclusivamente após a execução do crime antecedente. Se prestado antes dele ou durante a sua prática, haverá coautoria ou participação no delito antecedente, e não favorecimento pessoal.

A própria vítima do crime anterior pode praticar o favorecimento. Ex.: namorada vítima de agressão que, depois de noticiar o crime às autoridades, esconde o namorado para evitar que ele seja punido.

O advogado não é obrigado a dizer onde se encontra escondido o seu cliente. Pode, todavia, cometer o crime se o auxilia na fuga, se o esconde em sua casa etc.

11.5.11.4. Sujeito passivo

O Estado.

11.5.11.5. Consumação

Quando o beneficiado consegue subtrair-se, ainda que por poucos instantes, da ação da autoridade.

---

[120] Nélson Hungria, *Comentários ao Código Penal*, v. IX, p. 508.

11.5.11.6. Tentativa

Se o auxílio chega a ser prestado, mas o beneficiário não se livra da ação da autoridade, o crime considera-se tentado.

11.5.11.7. Escusa absolutória

De acordo com o art. 348, § 2º, do Código Penal, "se quem presta o auxílio é ascendente, descendente, cônjuge ou irmão, fica isento de pena". Trata-se de escusa absolutória que, por analogia *in bonam partem*, abrange, inclusive, o auxílio prestado por companheiro nos casos de união estável.

11.5.11.8. Classificação doutrinária

Quanto à objetividade jurídica constitui crime simples. Em relação ao sujeito ativo, classifica-se como crime comum e de concurso eventual. No que diz respeito aos meios de execução é crime de ação livre e comissivo. No que se refere ao momento consumativo, constitui delito instantâneo e material. Por fim, no que pertine ao elemento subjetivo, trata-se de infração penal dolosa.

11.5.11.9. Ação penal

Pública incondicionada, de competência do Juizado Especial Criminal.

11.5.12. Favorecimento real

> Art. 349. Prestar a criminoso, fora dos casos de coautoria ou de receptação, auxílio destinado a tornar seguro o proveito do crime:
>
> Pena – detenção, de um a seis meses, e multa.

11.5.12.1. Objetividade jurídica

A administração da justiça, no sentido de ser evitado auxílio a criminosos destinado a tornar segura a vantagem auferida com o delito anterior.

11.5.12.2. Tipo objetivo

A conduta típica "prestar auxílio" admite qualquer forma de execução, direta ou indireta. Os casos mais comuns consistem em esconder o produto do crime para que o autor do delito venha buscá-lo posteriormente ou transportá-lo para local distante.

Para a configuração do favorecimento real, o auxílio deve ser destinado a tornar seguro o proveito do crime. Este abrange o *objeto material* do delito (conseguido diretamente com a ação delituosa – o próprio bem furtado, por exemplo –, ou proveniente de modificação ou alteração – barra de ouro obtida com o derretimento das peças furtadas, por exemplo) e o *preço* do crime (guardar para o homicida dinheiro que este recebeu para matar alguém, por exemplo).

A expressão não abrange o *instrumento* usado na prática do delito (arma utilizada para roubar, chave falsa usada para abrir o veículo furtado etc.), já que proveito do crime é apenas aquilo que advém da sua prática, e não o meio utilizado para sua execução.

O favorecimento real é crime acessório, mas seu reconhecimento não pressupõe a condenação do autor do crime antecedente. É o que ocorre, por exemplo, quando as investigações apontam quem escondeu os bens roubados em prol dos ladrões, mas não se apura quem são estes.

Não existe favorecimento real se o agente *desconhece* a procedência criminosa do bem.

O crime antecedente não precisa necessariamente ser previsto no Título dos crimes contra o patrimônio. É possível, por exemplo, que alguém cometa favorecimento real prestando auxílio a fim de tornar seguro o proveito de crime de peculato ou de concussão, que são crimes contra a Administração Pública.

O auxílio destinado a tornar seguro o proveito de contravenção penal não encontra enquadramento no art. 349, que só menciona proveito de *crime*.

É possível a existência de favorecimento real mesmo que o crime antecedente seja tentado. Ex.: *A* recebe dinheiro para matar *B*. *A* atira contra *B*, que não morre. O crime de homicídio qualificado ficou na esfera da tentativa, mas *C*, que guardou o dinheiro para *A*, cometeu favorecimento real.

Se o autor do crime antecedente for menor de idade ou se já estiver extinta a sua punibilidade, continua sendo possível o favorecimento real, pois o objeto não deixa de ser produto de crime. A menoridade e a extinção da punibilidade apenas impedem a aplicação de sanção penal ao autor do crime antecedente, mas, como já mencionado, a origem ilícita do bem remanesce.

No delito de favorecimento real não existem escusas absolutórias.

Só incorre no crime do art. 349 quem não estava previamente ajustado com os autores do delito antecedente, no sentido de lhes prestar auxílio posterior, pois, caso contrário, a responsabilização será na condição de partícipe do crime anterior. Ademais, se o sujeito praticou qualquer ato de execução do crime antecedente, será coautor desse crime, e não responderá pelo favorecimento real, conforme consta expressamente da descrição típica.

O tipo penal também exclui o crime de favorecimento real quando o fato puder ser enquadrado como receptação. A principal diferença entre este delito e o favorecimento real consiste no fato de que, no favorecimento, o agente visa auxiliar única e exclusivamente o autor do crime antecedente, enquanto na receptação o sujeito visa a seu próprio proveito ou ao proveito de terceiro (que não o autor do crime antecedente).

A Lei n. 12.683/2012 alterou a redação do art. 1º da Lei n. 9.613/98, que trata dos crimes de lavagem de dinheiro, e passou a punir com pena de reclusão, de três a dez anos, e multa, quem *"ocultar ou dissimular a natureza, origem, localização, disposição, movimentação ou propriedade de bens, direitos ou valores provenientes, direta ou indiretamente, de infração penal"*. Este crime, porém, pressupõe a específica intenção de dissimular a origem dos bens ou valores e lhes dar, fraudulentamente, aparência lícita, a fim de serem reintroduzidos na economia formal. O sujeito que se limita a esconder por alguns dias o bem roubado, a fim de ajudar o ladrão, comete, portanto, mero crime de favorecimento real.

A conduta de trocar as placas de veículo furtado ou roubado para ajudar o ladrão a ocultar a procedência do bem caracterizava o favorecimento real na redação originária do Código Penal, mas, após a aprovação da Lei n. 9.426/96, passou a configurar o crime do art. 311 do Código Penal, cuja pena é consideravelmente mais severa.

11.5.12.3. Sujeito ativo

Qualquer pessoa, exceto o autor, coautor ou partícipe do crime antecedente, pois o próprio tipo penal exclui essa possibilidade. A palavra "coautoria" foi utilizada no dispositivo em sentido amplo, de forma a abranger também a participação, uma vez que não há motivo para que assim não seja.

Os coautores e partícipes do crime anterior respondem apenas pelo delito antecedente, e nunca pelo favorecimento real.

11.5.12.4. Sujeito passivo

O Estado e o proprietário do objeto material do crime antecedente.

11.5.12.5. Consumação

No instante em que o agente presta o auxílio, independentemente de conseguir tornar seguro o proveito do crime anterior. Trata-se de crime *formal*, conclusão a que se chega em face da própria redação do art. 349.

11.5.12.6. Tentativa

É possível.

11.5.12.7. Distinção

No favorecimento pessoal o agente visa tornar seguro o autor do crime antecedente no sentido de não ser localizado pelas autoridades, enquanto no favorecimento real ele visa tornar seguro o proveito do crime anterior em prol do autor do delito.

11.5.12.8. Classificação doutrinária

Quanto à objetividade jurídica constitui crime simples. Em relação ao sujeito ativo, classifica-se como crime comum e de concurso eventual. No que diz respeito aos meios de execução é crime de ação livre e comissivo. No que se refere ao momento consumativo, constitui delito instantâneo e formal. Por fim, no que pertine ao elemento subjetivo, trata-se de infração penal dolosa.

11.5.12.9. Ação penal

Pública incondicionada, de competência do Juizado Especial Criminal.

11.5.13. Ingresso não autorizado de aparelho telefônico ou similar em presídio

> Art. 349-A. Ingressar, promover, intermediar, auxiliar ou facilitar a entrada de aparelho telefônico de comunicação móvel, de rádio ou similar, sem autorização legal, em estabelecimento prisional:
>
> Pena – detenção, de três meses a um ano.

11.5.13.1. Objetividade jurídica

Tutelar a administração da justiça no sentido de dar efetividade à proibição de posse de aparelhos telefônicos e similares por pessoas presas, conforme determina o art. 50, VII, da Lei de Execuções Penais.

11.5.13.2. Tipo objetivo

O delito em estudo – inserido no Código Penal pela Lei n. 12.012/2009 – não guarda relação com o crime de favorecimento real descrito no *caput* do art. 349, já que não diz respeito a auxílio relacionado ao proveito do crime.

As condutas típicas são ingressar, promover, intermediar ou facilitar a entrada dos aparelhos a que o texto legal se refere, em estabelecimento prisional, sem autorização legal (elemento normativo).

Apesar de não estar expresso no tipo penal, é evidente que a configuração do delito pressupõe a entrega ou a intenção de entrega do aparelho a algum preso, pois o que se procura evitar é a possibilidade de comunicação deste com o meio exterior ou com presos de outros estabelecimentos. Comete o crime, por exemplo, quem entra com o telefone celular escondido no estabelecimento prisional a fim de entregá-lo ao reeducando em dia de visita ou quem lança o aparelho por cima do muro da penitenciária.

O objeto material do crime é o aparelho de telefonia celular, os rádios (Nextel, *walkie talkie*), bem como os aparelhos similares (*pagers, ipads*) etc.

É necessário que o ingresso do aparelho se dê em estabelecimento prisional: penitenciária, cadeia pública, casa de detenção, colônia penal, cela de distrito policial, casa do albergado etc.

11.5.13.3. Sujeito ativo

O delito, em regra, é cometido por particulares. Exs.: mulher que esconde o aparelho na vagina para entregá-lo ao preso por ocasião da visita; integrantes da mesma facção criminosa do preso que jogam o aparelho por cima do muro ou que usam pombo-correio para fazer chegar o aparelho ao interior do presídio, advogado que entrega o aparelho ao preso etc.

O crime, no entanto, pode também ser cometido por agente penitenciário que introduza o aparelho no estabelecimento. Caso, entretanto, esteja sendo remunerado para isso, responderá por crime de corrupção passiva, que é mais grave.

O próprio preso pode ser sujeito ativo do delito em duas situações: a) na condição de autor, quando, por exemplo, retorna ao sistema prisional após saída temporária ocultando que tem em seu poder o aparelho; b) na condição de partícipe quando, por exemplo, encomenda o aparelho ao seu advogado. Nestes casos estará incurso no ilícito penal e na falta grave descrita no art. 50, VII, da Lei de Execuções Penais.

Caso a conduta seja *omissiva* – Diretor do presídio ou agente público, que deixa de cumprir seu dever de vedar o acesso do preso ao aparelho de telefonia ou similar –, estará tipificado o crime do art. 319-A do Código Penal, que tem a mesma pena.

11.5.13.4. Sujeito passivo

O Estado, representado pela Administração Penitenciária.

11.5.13.5. Consumação

Com o ingresso do aparelho no estabelecimento, ainda que não chegue ao preso.

11.5.13.6. Tentativa

É possível. É o que ocorre, por exemplo, quando agentes penitenciários realizam revista na pessoa que pretendia entregar o aparelho ao preso em um dia de visita, evitando, portanto, o seu acesso à parte interna do estabelecimento prisional. Nesse sentido: "Ingresso de aparelhos celulares no estabelecimento prisional. Crime do art. 349-A do Código Penal. Réu flagrado durante a revista pessoal. Tentativa configurada" (STJ, AREsp 2.104.638-RJ, 6ª Turma, Rel. Min. Jesuíno Rissato (Desembargador convocado do TJDFT), por unanimidade, julgado em 7-11-2023).

11.5.13.7. Classificação doutrinária

Quanto à objetividade jurídica constitui crime simples. Em relação ao sujeito ativo, classifica-se como crime comum e de concurso eventual. No que diz respeito aos meios de execução é crime de ação livre. No que se refere ao momento consumativo, constitui delito instantâneo e de mera conduta. Por fim, no que pertine ao elemento subjetivo, trata-se de infração penal dolosa.

11.5.13.8. Ação penal

Pública incondicionada, de competência do Juizado Especial Criminal.

11.5.14. Exercício arbitrário ou abuso de poder

> Art. 350. Ordenar ou executar medida privativa de liberdade individual, sem as formalidades legais ou com abuso de poder:
>
> Pena – detenção, de um mês a um ano.

Esse delito foi tacitamente revogado pelo art. 4º da Lei n. 4.898/65 que prevê as mesmas condutas.

11.5.15. Fuga de pessoa presa ou submetida a medida de segurança

> Art. 351. Promover ou facilitar a fuga de pessoa legalmente presa ou submetida a medida de segurança detentiva:
>
> Pena – detenção, de seis meses a dois anos.

11.5.15.1. Objetividade jurídica

A administração da justiça, no sentido de evitar-se a facilitação de fuga de pessoas presas.

11.5.15.2. Tipo objetivo

A primeira conduta típica descrita no dispositivo é *promover* a fuga, isto é, orquestrar, dar causa à fuga. Pune-se, portanto, quem realiza os atos executórios que levarão o preso à liberdade, quer este tenha ciência ou não disso. Ex.: grupo que aborda preso que está sendo transportado e consegue libertá-lo após subjugar os integrantes da escolta.

A segunda conduta típica consiste em *facilitar* a fuga, ou seja, fornecer os meios necessários para que o preso consiga fugir. Ex.: fornecer serra para ele cortar a grade ou corda para ele pular o muro do presídio. O dispositivo pune, também, o carcereiro, que abre a porta para o preso fugir, hipótese, inclusive, em que o crime é qualificado.

Pessoa presa é aquela que perdeu sua liberdade em razão de prisão em flagrante ou de ordem judicial (prisão preventiva, temporária, decorrente de condenação, prisão civil etc.).

Pessoa sujeita a medida de segurança detentiva é a que está internada em hospital de custódia ou tratamento psiquiátrico ou em outro estabelecimento adequado (art. 96, I, do Código Penal).

A lei penal não tipifica a facilitação de fuga de menor de idade internado por determinação judicial pela prática de ato infracional.

É de se ressalvar que o fato não é considerado criminoso quando a prisão é ilegal, como, por exemplo, no caso de prisão não decorrente de flagrante ou de ordem judicial, ou quando já havia ordem superior para libertação do preso, não cumprida pela autoridade responsável pela custódia. De outra parte, se estiverem presentes os requisitos formais para a legalidade da prisão, haverá crime, ainda que se prove, no futuro, que tal prisão era injusta.

O delito pode ocorrer em qualquer local: em penitenciária ou cadeia pública, na via pública quando o preso está sendo escoltado para audiência no Fórum ou transportado do local onde ocorreu prisão até a cadeia, em hospital onde está recebendo tratamento por doença etc.

11.5.15.3. Sujeito ativo

Pode ser qualquer pessoa. Trata-se de crime comum.

O preso que foge, sem empregar violência ou grave ameaça, não comete infração penal.

No caso de fuga coletiva, em que os presos auxiliam-se mutuamente, também não há ilícito penal, com o argumento de que cada qual buscava sua própria liberdade.

11.5.15.4. Sujeito passivo

O Estado.

11.5.15.5. Consumação

No momento da fuga, ainda que o preso seja logo em seguida recapturado.

11.5.15.6. Tentativa

É possível.

11.5.15.7. Figuras qualificadas

Os §§ 1º e 3º do art. 351 descrevem formas qualificadas do delito.

De acordo com o §1º, a pena é de reclusão, de dois a seis anos, se o crime é cometido: a) com *emprego de arma*; b) mediante *concurso de duas ou mais pessoas* (não se computando o preso nesse número); c) mediante *arrombamento* (de cadeados, grades, portas etc.).

Nos termos do § 3º, a pena é de reclusão, de um a quatro anos, se o crime é cometido por quem tem a *custódia* ou a *guarda* do detento (carcereiro, policial etc.). Caso se trate de policial militar, a conduta configura o crime do art. 178 do Código Penal Militar.

11.5.15.8. Concurso de crimes

De acordo o art. 351, § 2º, do Código Penal, se o crime for cometido com emprego de violência contra pessoa, o agente responderá pelo crime de facilitação de fuga e pelo delito de lesões corporais, ainda que leves, devendo as penas ser somadas.

11.5.15.9. Modalidade culposa

Nos termos do art. 351, § 4º, do Código Penal, no caso de culpa do funcionário incumbido da custódia ou guarda do preso ou da pessoa submetida a medida de segurança detentiva, aplica-se a pena de detenção, de três meses a um ano, ou multa. Trata-se de crime *próprio*, que somente pode ser praticado por quem tem a guarda ou custódia do detento e que, nesse mister, comete um descuido quanto à segurança, de forma a tornar possível a fuga (esquecer destrancada a cela, sair do local da guarda para fumar etc.).

Caso o agente seja policial militar, configura-se crime especial, descrito no art. 179 do Código Penal Militar.

11.5.15.10. Classificação doutrinária

Quanto à objetividade jurídica constitui crime simples. Em relação ao sujeito ativo, classifica-se como crime comum (ou próprio na modalidade culposa) e de concurso eventual. No que diz respeito aos meios de execução é crime de ação livre. No que se refere ao momento consumativo, constitui delito instantâneo e material.

11.5.15.11. Ação penal

Pública incondicionada. Na modalidade simples do crime doloso e na modalidade culposa, a competência é do Juizado Especial Criminal.

11.5.16. Evasão mediante violência contra pessoa

> Art. 352. Evadir-se ou tentar evadir-se o preso ou o indivíduo submetido a medida de segurança detentiva usando de violência contra pessoa:
>
> Pena – detenção, de três meses a um ano, além da pena correspondente à violência.

11.5.16.1. Objetividade jurídica

A administração da justiça e a incolumidade física das pessoas responsáveis pela custódia de presos.

11.5.16.2. Tipo objetivo

O crime consiste em o preso obter fuga ou tentar obtê-la empregando violência física contra os responsáveis por sua guarda.

A fuga, desacompanhada de violência contra pessoa, não constitui crime, mas, sim, falta disciplinar de natureza grave, nos termos do art. 50, II, da Lei de Execuções Penais.

O emprego de grave ameaça para a fuga não caracteriza o delito em estudo porque a hipótese não é abrangida pelo tipo penal. Em tal hipótese, o agente poderá incorrer em crime de ameaça ou de constrangimento ilegal, dependendo do caso.

A utilização de violência contra coisa, a fim de danificar a cela ou outra parte do presídio, para viabilizar a fuga, encontra enquadramento no crime de dano qualificado do art. 163, parágrafo único, III, do Código Penal. O Superior Tribunal de Justiça, todavia, vem entendendo que o fato é atípico porque a intenção do preso não é a de causar prejuízo ao Estado com sua conduta, e sim de obter sua liberdade. Nesse sentido, veja-se: HC 90.840/MS; HC 25.658/SP; HC 24.108/DF; HC 20.518/SP; HC 48.284/MS; HC 226.021/SP; REsp 661.904/RS; REsp 234.853/MG; REsp 493.148/SP; REsp 867.353/PR. Para tal Corte Superior o preso que danifica a cela para fugir comete apenas falta grave.

O crime em análise só pode ser cometido por pessoa que já esteja presa ou submetida a medida de segurança detentiva. Se a violência contra pessoa for empregada para evitar que a prisão se concretize, o crime será o de resistência (art. 329).

11.5.16.3. Sujeito ativo

Trata-se de crime *próprio*, pois só pode ser cometido por pessoa presa (provisoriamente ou por condenação definitiva) ou submetida a medida de segurança detentiva.

11.5.16.4. Sujeito passivo

O Estado e a pessoa que sofreu a violência.

11.5.16.5. Consumação

No instante em que o agente realiza o primeiro ato executório visando à fuga, após ter empregado a violência. A lei equipara, para fim de consumação e de aplicação de pena, a fuga consumada e a tentada.

11.5.16.6. Tentativa

Não é possível, pois o texto legal equipara a fuga tentada à consumada, prevendo a mesma pena para ambas as hipóteses. Assim, quando o agente tenta fugir após empregar a violência, mas não obtém êxito, o crime é considerado consumado.

Esse tipo de infração penal, em que a tentativa possui a mesma pena do crime consumado, é denominado crime de *atentado* ou de *empreendimento*.

11.5.16.7. Concurso de crimes

Se a violência empregada provocar lesão corporal, ainda que de natureza leve, ou morte, o agente responderá pelos dois crimes e as penas serão somadas. É o que prevê expressamente o preceito secundário da norma incriminadora.

11.5.16.8. Classificação doutrinária

Quanto à objetividade jurídica constitui crime simples. Em relação ao sujeito ativo, classifica-se como crime próprio e de concurso eventual. No que diz respeito aos meios de execução é crime de ação livre. No que se refere ao momento consumativo, constitui delito instantâneo e formal. Por fim, no que pertine ao elemento subjetivo, trata-se de infração penal dolosa.

11.5.16.9. Ação penal

Pública incondicionada, de competência do Juizado Especial Criminal.

11.5.17. Arrebatamento de presos

Art. 353. Arrebatar preso, a fim de maltratá-lo, do poder de quem o tenha sob custódia ou guarda:

Pena – reclusão, de um a quatro anos, além da pena correspondente à violência.

11.5.17.1. Objetividade jurídica

A Administração Pública e a preservação da incolumidade física e moral da pessoa presa.

11.5.17.2. Tipo objetivo

Arrebatar significa tirar, tomar o preso, normalmente com emprego de violência ou grave ameaça, de quem o tenha sob custódia ou guarda.

É necessário que a conduta seja realizada com o intuito de maltratar o preso, o que abrange desde a finalidade de ofendê-lo moralmente até a de agredi-lo, matá-lo ou torturá-lo. Ex.: grupo de pessoas que arrebata preso, acusado de crime grave, do interior de uma delegacia, a fim de linchá-lo. Nesse caso, os agentes responderão pelos crimes de arrebatamento de preso e homicídio em concurso material.

É indiferente que o preso seja arrebatado do interior de presídio ou na rua, quando está sob escolta.

11.5.17.3. Sujeito ativo

Pode ser qualquer pessoa. Trata-se de crime comum.

11.5.17.4. Sujeito passivo

O Estado e o preso.

11.5.17.5. Consumação

No momento em que o preso é arrebatado, ainda que o agente não atinja a finalidade de maltratá-lo, por ser ele imediatamente recuperado pelos agentes policiais ou carcerários. Trata-se de crime *formal*.

11.5.17.6. Tentativa

É possível.

11.5.17.7. Concurso

Se a violência empregada provocar lesão corporal, ainda que de natureza leve, ou morte, o agente responderá pelos dois crimes e as penas serão somadas. É o que prevê expressamente o preceito secundário da norma incriminadora.

11.5.17.8. Classificação doutrinária

Quanto à objetividade jurídica constitui crime simples. Em relação ao sujeito ativo, classifica-se como crime comum e de concurso eventual. No que diz respeito aos meios de execução é crime de ação livre e comissivo. No que se refere ao momento consumativo, constitui delito instantâneo e formal. Por fim, no que pertine ao elemento subjetivo, trata-se de infração penal dolosa.

11.5.17.9. Ação penal

Pública incondicionada.

11.5.18. Motim de presos

> Art. 354. Amotinarem-se presos, perturbando a ordem ou disciplina da prisão:
>
> Pena – detenção, de seis meses a dois anos, além da pena correspondente à violência.

11.5.18.1. Objetividade jurídica

A Administração Pública, no sentido de ser preservada a ordem e a disciplina no interior dos presídios e cadeias públicas.

11.5.18.2. Tipo objetivo

Motim é a revolta conjunta de grande número de presos em que os participantes assumem conduta violenta contra os funcionários internos, provocam depredações com prejuízos ao Estado ou causam distúrbios à ordem e à disciplina do presídio. Não se confunde com mera briga envolvendo grande número de detentos.

Trata-se de crime de *concurso necessário*, cuja caracterização pressupõe o envolvimento de excessivo número de presos. A desordem pode ocorrer de forma espontânea ou planejada.

A participação em movimento visando subverter a ordem e a disciplina no interior de presídio constitui, concomitantemente, falta disciplinar de natureza grave, nos termos do art. 50, II, da Lei de Execuções Penais.

11.5.18.3. Sujeito ativo

Cuida-se de crime próprio que só pode ser cometido por pessoa presa (provisoriamente ou por condenação definitiva).

11.5.18.4. Sujeito passivo

O Estado.

11.5.18.5. Consumação

Com a perturbação da ordem carcerária.

11.5.18.6. Tentativa

É possível.

11.5.18.7. Concurso

Se a violência empregada provocar lesão corporal, ainda que de natureza leve, o agente responderá pelos dois crimes e as penas serão somadas. É o que prevê expressamente o preceito secundário da norma incriminadora.

Caso os agentes consigam se evadir em decorrência da violência empregada para o motim, responderão também pelo crime do art. 352.

11.5.18.8. Classificação doutrinária

Quanto à objetividade jurídica constitui crime simples. Em relação ao sujeito ativo, classifica-se como crime próprio e de concurso necessário. No que diz respeito aos meios de execução é crime de ação livre. No que se refere ao momento consumativo, constitui delito instantâneo e material. Por fim, no que pertine ao elemento subjetivo, trata-se de infração penal dolosa.

11.5.18.9. Ação penal

Pública incondicionada, de competência do Juizado Especial Criminal.

11.5.19. Patrocínio infiel

> Art. 355. Trair, na qualidade de advogado ou procurador, o dever profissional, prejudicando interesse, cujo patrocínio, em juízo, lhe é confiado:
>
> Pena – detenção, de seis meses a três anos, e multa.

11.5.19.1. Objetividade jurídica

A administração da justiça e a lealdade do advogado à pessoa a quem representa.

11.5.19.2. Tipo objetivo

O crime em estudo pressupõe a traição de interesse cujo patrocínio lhe foi confiado em juízo. Pode ser cometido por ação (desistir de testemunha imprescindível, provocar nulidade prejudicial a seu cliente, fazer acordo lesivo etc.) ou por omissão (não interpor recurso, dar causa à perempção em razão de sua inércia etc.).

Trata-se de infração penal dolosa, que somente se caracteriza quando o agente tem intenção específica de prejudicar interesse do representado. O erro profissional ou a conduta culposa não tipificam o delito, podendo gerar a responsabilização civil, bem como punição pela Ordem dos Advogados.

É necessário que o advogado ou procurador prejudique interesse do representado (patrimonial ou moral). Exige expressamente o tipo penal que se trate de profissional que esteja atuando em juízo (cível, criminal, falimentar, trabalhista). Assim, embora o Estatuto da OAB (Lei n. 8.906/94) elenque muitas outras formas de atuação dos advogados no interesse de seus clientes – que não em juízo –, estas não estão abrangidas pelo tipo penal.

Para a configuração do delito em estudo é preciso que haja traição de dever profissional, referindo-se aos deveres contidos no Estatuto da OAB (Lei n. 8.906/94) e no Código de Ética e Disciplina da OAB.

O fato de o advogado não receber remuneração (atuando por favor ou por amizade, por exemplo) não exclui o delito.

11.5.19.3. Sujeito ativo

Trata-se de crime próprio, que somente pode ser praticado por advogado (bacharel em direito inscrito na OAB) ou procurador (Procurador da Fazenda, do Estado, do

Município, estagiário etc.) que venha a prejudicar interesse de quem esteja representando em juízo. Pouco importa que se trate de advogado constituído ou nomeado pelo juízo.

11.5.19.4. Sujeito passivo

O Estado e o cliente prejudicado.

11.5.19.5. Consumação

Trata-se de crime material que só se consuma com a efetiva provocação do prejuízo à vítima.

11.5.19.6. Tentativa

Possível somente na forma comissiva.

11.5.19.7. Classificação doutrinária

Quanto à objetividade jurídica constitui crime simples. Em relação ao sujeito ativo, classifica-se como crime próprio e de concurso eventual. No que diz respeito aos meios de execução é crime de ação livre (comissivo ou omissivo). No que se refere ao momento consumativo, constitui delito instantâneo e material. Por fim, no que pertine ao elemento subjetivo, trata-se de infração penal dolosa.

11.5.19.8. Ação penal

Pública incondicionada.

11.5.20. Patrocínio simultâneo ou tergiversação

> Art. 355. Parágrafo único – Incorre na pena deste artigo o advogado ou procurador judicial que defende na mesma causa, simultânea ou sucessivamente, partes contrárias.

11.5.20.1. Objetividade jurídica

A administração da justiça e a lealdade do advogado à pessoa a quem representa.

11.5.20.2. Tipo objetivo

A expressão "mesma causa" contida no tipo penal há de ser interpretada como sinônimo de controvérsia, litígio – ainda que se trate de processos diversos. Por isso, se uma pessoa move várias ações contra pessoas diversas, fundadas, entretanto, no mesmo fato, o advogado não pode representá-la em uma das ações e a um dos réus em outra. É evidente que deve haver controvérsia entre as partes, de modo que o delito não se configura quando um mesmo advogado representa um casal em divórcio consensual em juízo.

O fato pode se dar em qualquer fase do processo: 1ª ou 2ª instância, fase de conhecimento ou execução etc.

Nos termos da lei, é indiferente que o agente defenda as partes contrárias ao mesmo tempo ou sucessivamente (tergiversação). É necessário, entretanto, que se demonstre ter o sujeito agido com dolo, pois a mera culpa não é suficiente para caracterizar a infração penal.

11.5.20.3. Sujeito ativo

Trata-se de crime próprio, que somente pode ser praticado por advogado (bacharel em direito inscrito na OAB) ou procurador (Procurador da Fazenda, do Estado, do Município, estagiário etc.). Pouco importa que se trate de advogado constituído ou nomeado pelo juízo.

11.5.20.4. Sujeito passivo

O Estado e, eventualmente, a parte que seja prejudicada.

11.5.20.5. Consumação

Com a prática de algum ato processual em favor da segunda parte. Ao contrário do que ocorre na figura do patrocínio infiel, descrito no art. 355, *caput*, é desnecessário que o agente cause algum prejuízo para quaisquer das partes. Trata-se, pois, de crime formal.

11.5.20.6. Tentativa

É possível. Ex.: o juiz percebe que o advogado pretende ingressar na causa para defender interesse da outra parte e o impede de fazê-lo.

11.5.20.7. Classificação doutrinária

Quanto à objetividade jurídica constitui crime simples. Em relação ao sujeito ativo, classifica-se como crime próprio e de concurso eventual. No que diz respeito aos meios de execução é crime de ação livre. No que se refere ao momento consumativo, constitui delito instantâneo e formal. Por fim, no que pertine ao elemento subjetivo, trata-se de infração penal dolosa.

11.5.20.8. Ação penal

Pública incondicionada.

11.5.21. Sonegação de papel ou objeto de valor probatório

> Art. 356. Inutilizar, total ou parcialmente, ou deixar de restituir autos, documento ou objeto de valor probatório, que recebeu na qualidade de advogado ou procurador:
>
> Pena – detenção, de seis meses a três anos, e multa.

11.5.21.1. Objetividade jurídica

A administração da justiça, no sentido de serem preservados os autos dos processos, os documentos e os objetos de valor probatório.

11.5.21.2. Tipo objetivo

A primeira das condutas típicas é comissiva e consiste em *inutilizar* o objeto material, tornando-o imprestável, como, por exemplo, ateando fogo em um processo ou rasgando um documento. Nos termos da lei, haverá o delito, seja a inutilização total ou parcial.

A segunda conduta típica é omissiva e verifica-se quando o agente, dolosamente, *deixa de restituir* os autos, documento ou objeto.

Não existe modalidade culposa do crime em análise. Assim, se o veículo de um advogado é furtado, ele não pode ser punido criminalmente porque havia um processo em seu interior, ainda que tenha sido imprudente em deixá-lo dentro de um carro estacionado na rua.

A configuração do delito pressupõe que a conduta recaia sobre *autos, documento* ou *objeto de valor probatório*. Autos são as peças que integram um processo de qualquer área jurisdicional (civil, penal, trabalhista etc.). Documento é todo papel escrito, que tem autor determinado, cujo conteúdo tem relevância jurídica e que tem valor probatório. Objeto de valor probatório é aquele que serve ou pode servir de elemento de convicção (ex.: um revólver apreendido em apuração de delito de homicídio). Lembre--se de que só existe crime se o agente recebeu qualquer desses objetos na qualidade de advogado ou procurador.

Por ser crime especial, absorve o delito previsto no art. 305 do Código Penal.

11.5.21.3. Sujeito ativo

Trata-se de crime próprio que só pode ser cometido por advogado ou procurador.

11.5.21.4. Sujeito passivo

O Estado e, eventualmente, a pessoa prejudicada (a parte contrária, por exemplo).

11.5.21.5. Consumação

Na modalidade inutilizar, a consumação ocorre no momento em que o objeto se torna imprestável. Na modalidade omissiva, a jurisprudência exige que o prazo de devolução tenha vencido e que o advogado ou procurador tenha sido intimado a devolver os autos e não o tenha feito, na medida em que a não restituição dentro do primeiro prazo pode ter ocorrido por esquecimento.

11.5.21.6. Tentativa

Só é possível na modalidade comissiva, pois não existe tentativa em omissivo.

11.5.21.7. Classificação doutrinária

Quanto à objetividade jurídica constitui crime simples. Em relação ao sujeito ativo, classifica-se como crime próprio e de concurso eventual. No que diz respeito aos meios de execução é crime comissivo na modalidade inutilizar e omissivo na modalidade deixar de restituir. No que se refere ao momento consumativo, constitui delito instantâneo e material. Por fim, no que pertine ao elemento subjetivo, trata-se de infração penal dolosa.

11.5.21.8. Ação penal

Pública incondicionada.

11.5.22. Exploração de prestígio

> *Art. 357. Solicitar ou receber dinheiro ou qualquer outra utilidade, a pretexto de influir em juiz, jurado, órgão do Ministério Público, funcionário de justiça, perito, tradutor, intérprete ou testemunha:*

Pena – reclusão, de um a cinco anos, e multa.

Parágrafo único. As penas aumentam-se de um terço, se o agente alega ou insinua que o dinheiro ou utilidade também se destina a qualquer das pessoas referidas neste artigo.

11.5.22.1. Objetividade jurídica

A administração da justiça e o prestígio das autoridades mencionadas no tipo penal, bem como o patrimônio da pessoa enganada.

11.5.22.2. Tipo objetivo

Trata-se de crime assemelhado ao delito de tráfico de influência, descrito no art. 332 do Código Penal, mas que dele se diferencia por exigir que o agente pratique o delito a pretexto de influir em pessoas específicas relacionadas à Administração da Justiça: juiz, jurado, órgão do Ministério Público, funcionário da justiça, perito, tradutor, intérprete ou testemunha. No tráfico de influência, o crime é cometido a pretexto de influir em qualquer outro funcionário público.

A conduta típica consiste em o agente mentir para a vítima, fazendo-a acreditar que ele tem influência sobre uma das pessoas enumeradas no texto legal e, assim, solicitar ou receber alguma vantagem ou valor a pretexto de convencer o juiz, o promotor etc., a beneficiá-la de algum modo. Ex.: advogado que diz ao seu cliente que é amigo do juiz e que pode convencê-lo a julgar uma causa desta ou daquela forma e, para tanto, solicita dinheiro.

11.5.22.3. Sujeito ativo

Pode ser qualquer pessoa, mas comumente é cometido por advogados inescrupulosos. Trata-se de crime comum.

11.5.22.4. Sujeito passivo

O Estado e, secundariamente, a pessoa lesada.

11.5.22.5. Consumação

No instante em que o agente pede ou recebe dinheiro ou qualquer outra espécie de utilidade (material, moral, sexual etc.), independentemente da ocorrência de outro resultado. Na modalidade solicitar, o crime se consuma ainda que a pessoa não entregue a vantagem solicitada.

11.5.22.6. Classificação doutrinária

Quanto à objetividade jurídica constitui crime simples. Em relação ao sujeito ativo, classifica-se como crime comum e de concurso eventual. No que diz respeito aos meios de execução é crime de ação livre. No que se refere ao momento consumativo, constitui delito instantâneo e formal. Por fim, no que pertine ao elemento subjetivo, trata-se de infração penal dolosa.

11.5.22.7. Tentativa

É possível. Na solicitação, entretanto, somente na forma escrita.

11.5.22.8. *Causa de aumento de pena*

O parágrafo único prevê aumento de um terço da pena se o agente diz ou insinua que a vantagem é também endereçada a uma das pessoas enumeradas no *caput*. Ex.: advogado que solicita dinheiro ao preso, dizendo a ele que é o valor pedido pelo juiz para conceder a liberdade provisória. Para a configuração do delito, conforme já mencionado, é necessário que a afirmação seja falsa. No exemplo acima, se o agente estiver prévia e efetivamente conluiado com o juiz no sentido de solicitar vantagem do preso em troca da liberdade deste, ambos responderão por crime de corrupção passiva.

11.5.22.9. *Ação penal*

Pública incondicionada.

11.5.23. *Violência ou fraude em arrematação judicial*

> Art. 358. Impedir, perturbar ou fraudar arrematação judicial; afastar ou procurar afastar concorrente ou licitante, por meio de violência, grave ameaça, fraude ou oferecimento de vantagem:
>
> Pena – detenção, de dois meses a um ano, ou multa, além da pena correspondente à violência.

11.5.23.1. *Objetividade jurídica*

A administração da justiça, no sentido de ser preservada a regularidade das arrematações judiciais.

11.5.23.2. *Tipo objetivo*

Todas as condutas típicas são relacionadas à *arrematação judicial,* isto é, à venda de bens em hasta pública por ordem judicial. As condutas incriminadas são: a) *impedir* (apor obstáculos), *perturbar* (atrapalhar) ou *fraudar* a arrematação; b) *afastar* ou *procurar afastar* pessoa interessada em dela tomar parte, mediante *violência, grave ameaça, fraude, ou mediante o oferecimento de alguma vantagem*. Comete o delito, por exemplo, quem ameaça de morte um concorrente para que não ofereça lance em uma arrematação judicial.

Em se tratando de licitação realizada pela Administração Pública (federal, estadual ou municipal), as condutas previstas na parte final do dispositivo configuram crime mais grave descrito no art. 337-K do Código Penal, inserido pela Lei n. 14.133/2021.

Existe divergência jurisprudencial em relação à hipótese em que o sujeito paga o bem arrematado com cheque sem fundos. Para alguns, configura o crime de fraude no pagamento por meio de cheque (art. 171, § 2º, VI); para outros, o crime em análise. A primeira solução parece ser a correta em face da pena mais severa.

11.5.23.3. *Sujeito ativo*

Qualquer pessoa. Trata-se de crime *comum*.

11.5.23.4. *Sujeito passivo*

O Estado e, eventualmente, as pessoas prejudicadas (o dono do bem que foi arrematado por valor menor; o interessado que foi ameaçado para não participar da arrematação etc.).

11.5.23.5. Consumação

Na primeira parte do dispositivo, no momento em que a arrematação judicial é impedida, perturbada ou fraudada. Na segunda parte, no instante em que o agente emprega a violência, grave ameaça ou fraude, ou quando oferece alguma vantagem ao concorrente ou licitante, ainda que não consiga retirá-lo da disputa.

11.5.23.6. Tentativa

É possível na primeira parte do dispositivo. Na segunda parte, em que o tipo penal prevê pena para quem afasta ou procura afastar concorrente ou licitante não é possível a tentativa por se tratar de crime de empreendimento (ou atentado) em que a lei pune a tentativa ("procura afastar") com a mesma pena do delito consumado.

11.5.23.7. Concurso

Se a vítima sofrer lesão corporal, ainda que de natureza leve, ou se morrer em decorrência da violência empregada, a pena do crime em estudo será somada à da lesão corporal ou do homicídio em razão de expressa previsão nesse sentido no preceito secundário da norma incriminadora.

11.5.23.8. Classificação doutrinária

Quanto à objetividade jurídica constitui crime simples. Em relação ao sujeito ativo, classifica-se como crime comum e de concurso eventual. No que diz respeito aos meios de execução é crime de ação livre e comissivo. No que se refere ao momento consumativo, constitui delito instantâneo e material (na primeira parte do tipo penal) ou formal (na segunda). Por fim, no que pertine ao elemento subjetivo, trata-se de infração penal dolosa.

11.5.23.9. Ação penal

Pública incondicionada.

11.5.24. Desobediência a decisão judicial sobre perda ou suspensão de direito

> Art. 359. Exercer função, atividade, direito, autoridade ou múnus de que foi suspenso ou privado por decisão judicial:
>
> Pena – detenção, de três meses a dois anos, ou multa.

11.5.24.1. Objetividade jurídica

A administração da justiça, no sentido de serem cumpridas as decisões judiciais a que o tipo penal se refere.

11.5.24.2. Tipo objetivo

A conduta típica consiste em exercer (desempenhar) a função de que foi suspenso ou privado por decisão judicial. É necessário que o sujeito o faça em desobediência à decisão judicial de natureza cível ou penal, como, por exemplo, aquelas elencadas no art. 92 do Código Penal (efeitos extrapenais específicos da condenação criminal): perda de cargo, função pública ou mandato eletivo; incapacidade para o exercício do pátrio poder, tutela ou curatela, nos crimes dolosos, sujeitos à pena de reclusão, cometidos contra filho, tutelado ou curatelado; inabilitação para dirigir veículo, quando utilizado como meio para a prática de crime doloso.

Observe-se que quando o juiz profere uma sentença condenatória, mas substitui a pena privativa de liberdade por pena restritiva de direitos consistente em alguma interdição, o descumprimento desta não tipifica o crime em análise, pois a consequência encontra-se no próprio Código Penal, qual seja, a própria revogação da pena substitutiva, com a determinação do cumprimento da pena privativa de liberdade originariamente imposta.

A desobediência à suspensão imposta administrativamente não constitui o crime em estudo. Ex.: advogado suspenso pela OAB que exerce a profissão. O exercício da advocacia, nesse caso, configura, para alguns, o crime do art. 205 do Código Penal e, para outros, a contravenção do art. 47 da LCP (exercício ilegal de profissão).

Quem não observa a suspensão da Carteira de Habilitação imposta judicialmente em razão de condenação por crime de trânsito comete novo delito, elencado no art. 307 da Lei n. 9.503/97 (Código de Trânsito Brasileiro).

11.5.24.3. Sujeito ativo

Somente a pessoa que tenha sido suspensa ou privada de exercer função, atividade, direito, autoridade ou múnus. Trata-se de crime próprio.

11.5.24.4. Sujeito passivo

O Estado.

11.5.24.5. Consumação

No momento em que o agente inicia o exercício, desatendendo a determinação judicial. Entendemos que o crime não tem natureza habitual.

11.5.24.6. Tentativa

É possível.

11.5.24.7. Classificação doutrinária

Quanto à objetividade jurídica constitui crime simples. Em relação ao sujeito ativo, classifica-se como crime próprio e de concurso eventual. No que diz respeito aos meios de execução é crime de ação livre e comissivo. No que se refere ao momento consumativo, constitui delito instantâneo e de mera conduta. Por fim, no que pertine ao elemento subjetivo, trata-se de infração penal dolosa.

11.5.24.8. Ação penal

Pública incondicionada, de competência do Juizado Especial Criminal.

Capítulo IV

DOS CRIMES CONTRA AS FINANÇAS PÚBLICAS

11.6. Dos crimes contra as finanças públicas

A Lei n. 10.028/2000 acrescentou este Capítulo IV no Título dos crimes contra a Administração Pública com a finalidade de resguardar os cofres públicos da ação de maus administradores que, com suas condutas irresponsáveis e levianas, criam enormes endividamentos ao Estado, bem como transferem aos seus sucessores a responsabilidade pelo pagamento dessas dívidas.

Este novo Capítulo visa dar eficácia à Lei Complementar n. 101/2000, conhecida como *Lei de Responsabilidade Fiscal*.

11.6.1. Contratação de operação de crédito

Art. 359-A. Ordenar, autorizar ou realizar operação de crédito, interno ou externo, sem prévia autorização legislativa:

Pena – reclusão, de um a dois anos.

Parágrafo único. Incide na mesma pena quem ordena, autoriza ou realiza operação de crédito, interno ou externo:

I – com inobservância de limite, condição ou montante estabelecido em lei ou em resolução do Senado Federal;

II – quando o montante da dívida consolidada ultrapassa o limite máximo autorizado por lei.

11.6.1.1. Objetividade jurídica

A probidade administrativa em relação às finanças públicas.

11.6.1.2. Tipo objetivo

As condutas típicas são *ordenar* (mandar que se faça), *autorizar* (permitir) ou *realizar* (executar) operação de crédito, sem prévia autorização legislativa. *Operação de crédito* é o "Compromisso financeiro assumido em razão de mútuo, abertura de crédito, emissão e aceite de título, aquisição financiada de bens, recebimento antecipado de valores provenientes da venda a termo de bens e serviços, arrendamento mercantil e outras operações assemelhadas, inclusive com o uso de derivativos financeiros" (art. 29, III, da Lei Complementar n. 101/2000).

Haverá crime se não houver prévia autorização legislativa (*caput*) ou se a operação desrespeitar limite, condição ou montante nela estabelecido ou em resolução do Senado Federal (inc. I).

Também haverá crime se o montante da dívida consolidada ultrapassar o limite máximo autorizado por lei. *Dívida consolidada* compreende o "montante total, apurado sem duplicidade, das obrigações financeiras do ente da Federação, assumidas em virtude de leis, contratos, convênios ou tratados e da realização de operações de crédito, para amortização em prazo superior a doze meses" (art. 29, I, da Lei Complementar n. 101/2000).

11.6.1.3. Sujeito ativo

O funcionário público responsável pelo ato. Trata-se de crime próprio.

Caso se trate de Prefeito Municipal, existe crime específico descrito no art. 1º, XX, do Decreto-Lei n. 201/67 – com a redação que lhe foi dada pela Lei n. 10.028/2000.

11.6.1.4. Sujeito passivo

O Estado.

11.6.1.5. Consumação

No momento em que o agente ordena, autoriza ou realiza a operação de crédito.

11.6.1.6. Tentativa

É possível.

11.6.1.7. Ação penal

Pública incondicionada, de competência do Juizado Especial Criminal.

11.6.2. Inscrição de despesas não empenhadas em restos a pagar

> Art. 359-B. Ordenar ou autorizar a inscrição em restos a pagar, de despesa que não tenha sido previamente empenhada ou que exceda limite estabelecido em lei:
> Pena – detenção, de seis meses a dois anos.

11.6.2.1. Objetividade jurídica

A probidade administrativa em relação às finanças públicas.

11.6.2.2. Tipo objetivo

A expressão "restos a pagar" mencionada no tipo penal diz respeito à transferência para o exercício financeiro seguinte de despesas assumidas pelo administrador e que, portanto, serão pagas com fundos provenientes do orçamento do próximo ano. Haverá crime se a despesa não tiver sido previamente empenhada ou se exceder limite previsto em lei, ainda que não tenha sido trocado o administrador.

11.6.2.3. Sujeito ativo

Somente o funcionário público com atribuição para autorizar ou ordenar a inscrição. Trata-se de crime próprio.

11.6.2.4. Sujeito passivo

O Estado.

11.6.2.5. Consumação

Quando se opera efetivamente a inscrição em restos a pagar.

11.6.2.6. Tentativa

É possível.

11.6.2.7. Ação penal

Pública incondicionada, de competência do Juizado Especial Criminal.

11.6.3. Assunção de obrigação no último ano do mandato ou legislatura

> Art. 359-C. Ordenar ou autorizar a assunção de obrigação, nos dois últimos quadrimestres do último ano do mandato ou legislatura, cuja despesa não possa ser paga no mesmo exercício financeiro ou, caso reste parcela a ser paga no exercício seguinte, que não tenha contrapartida suficiente de disponibilidade de caixa:
>
> Pena – reclusão, de um a quatro anos.

11.6.3.1. Objetividade jurídica

O equilíbrio orçamentário.

11.6.3.2. Tipo objetivo

A conduta ilícita consiste em ordenar ou autorizar despesa ou obrigação que não possa ser paga no mesmo ano (exercício) e vigora nos últimos oito meses do mandato ou legislatura (mandato legislativo). A finalidade é evitar os antigos "trens da alegria" em que o administrador, no término de sua gestão, assumia inúmeras despesas a serem pagas por seu sucessor.

11.6.3.3. Sujeito ativo

O titular do mandato que tem atribuição para assumir a obrigação. Ex.: Prefeito Municipal, Governador de Estado etc.

11.6.3.4. Sujeito passivo

O Estado.

11.6.3.5. Consumação

Quando a ordem ou autorização é concretizada, ou seja, quando a obrigação é efetivamente assumida em momento no qual já vigora a vedação.

11.6.3.6. Tentativa

É possível.

11.6.3.7. Ação penal

Pública incondicionada.

11.6.4. Ordenação de despesa não autorizada

> Art. 359-D. Ordenar despesa não autorizada por lei:
>
> Pena – reclusão, de um a quatro anos.

11.6.4.1. Objetividade jurídica

O patrimônio público e a probidade administrativa em relação às finanças públicas.

11.6.4.2. Tipo objetivo

Esse dispositivo pune a criação, em qualquer tempo, de despesa não prevista na Lei de Orçamento, Lei de Diretrizes Orçamentárias e Plano Plurianual.

11.6.4.3. Sujeito ativo

Somente o funcionário público que tenha atribuição legal para ordenar a despesa. Trata-se de crime próprio.

11.6.4.4. Sujeito passivo

O Estado.

11.6.4.5. Consumação

No momento em que a ordem é executada.

11.6.4.6. Tentativa

É possível.

11.6.4.7. Ação penal

Pública incondicionada.

11.6.5. Prestação de garantia graciosa

> Art. 359-E. Prestar garantia em operação de crédito sem que tenha sido constituída contragarantia em valor igual ou superior ao valor da garantia prestada, na forma da lei:
>
> Pena – detenção, de três meses a um ano.

11.6.5.1. Objetividade jurídica

O equilíbrio orçamentário e o patrimônio público.

11.6.5.2. Tipo objetivo

Se um Estado ou Município fizer um empréstimo, a União, por exemplo, só poderá prestar garantia de adimplência de tal dívida se houver sido prestada contragarantia, em valor igual ou superior. Nos termos do art. 40, § 1º, II, da Lei Complementar n.

101/2000, "*a* contragarantia exigida pela União a Estado ou Município, ou pelos Estados aos Municípios, poderá consistir na vinculação de receitas tributárias diretamente arrecadadas e provenientes de transferências constitucionais, com outorga de poderes ao garantidor para retê-las e empregar o respectivo valor na liquidação da dívida vencida".

Comete o crime, portanto, aquele que desrespeita tais regras e presta a garantia graciosa.

11.6.5.3. Sujeito ativo

Somente o funcionário público competente para o ato de prestar garantia em operação de crédito. Trata-se de crime próprio.

11.6.5.4. Sujeito passivo

O Estado.

11.6.5.5. Consumação

Quando a garantia é prestada, independentemente de futuras consequências econômicas.

11.6.5.6. Tentativa

É possível.

11.6.5.7. Ação penal

Pública incondicionada.

11.6.6. Não cancelamento de restos a pagar

> *Art. 359-F. Deixar de ordenar, de autorizar ou de promover o cancelamento do montante de restos a pagar inscrito em valor superior ao permitido em lei:*
>
> *Pena – detenção, de seis meses a dois anos.*

11.6.6.1. Objetividade jurídica

As finanças públicas.

11.6.6.2. Tipo objetivo

O dispositivo visa punir a conduta de deixar de ordenar, autorizar ou promover o cancelamento de todas as despesas que excederam o limite imposto por lei na conta de "restos a pagar". Se não for extrapolado referido limite, o fato é atípico.

A punição pressupõe que o agente não tenha sido o responsável pela inscrição em restos a pagar, pois, em tal hipótese, o crime por ele cometido seria o do art. 359-B. Os dois crimes poderão restar configurados na hipótese em que um governante que está deixando o cargo ordena ilegalmente a inscrição (art. 358-B) e aquele que assume dolosamente deixa de determinar ou promover o cancelamento (art. 359-F).

11.6.6.3. Sujeito ativo

Somente o funcionário público que tenha atribuição para cancelar despesas inscritas em restos a pagar. Trata-se de crime próprio.

11.6.6.4. Sujeito passivo

O Estado.

11.6.6.5. Consumação

No momento em que o agente tomar conhecimento da ilegalidade e deixar de ordenar o cancelamento dos valores acima do limite legal.

11.6.6.6. Tentativa

Inadmissível por se tratar de crime omissivo próprio.

11.6.6.7. Ação penal

Pública incondicionada.

11.6.7. Aumento de despesa total com pessoal no último ano do mandato ou legislatura

> Art. 359-G. Ordenar, autorizar ou executar ato que acarrete aumento de despesa total com pessoal, nos cento e oitenta dias anteriores ao final do mandato ou da legislatura:
>
> Pena – reclusão, de um a quatro anos.

11.6.7.1. Objetividade jurídica

A probidade administrativa em relação às finanças públicas.

11.6.7.2. Tipo objetivo

O delito em análise não se confunde com aquele do art. 359-C, pois este engloba toda e qualquer despesa e abarca um período de oito meses, enquanto o art. 359-G refere-se apenas ao aumento de despesa com pessoal e limita-se a um prazo de cento e oitenta dias. Ademais, no art. 359-C é punido o gasto que não pode ser pago na mesma gestão, enquanto no art. 359-G pune-se o aumento de despesa com pessoal a ser pago no mesmo ou em próximo exercício financeiro.

11.6.7.3. Sujeito ativo

O titular do mandato que tem atribuição para assumir a obrigação. Ex.: Prefeito, Governador do Estado etc.

11.6.7.4. Sujeito passivo

O Estado.

11.6.7.5. Consumação

No momento em que é efetivado o ato que acarreta o aumento de despesa.

11.6.7.6. Tentativa

É possível.

11.6.7.7. Ação penal

Pública incondicionada.

11.6.8. Oferta pública ou colocação de títulos no mercado

Art. 359-H. Ordenar, autorizar ou promover a oferta pública ou a colocação no mercado financeiro de títulos da dívida pública sem que tenham sido criados por lei ou sem que estejam registrados em sistema centralizado de liquidação e de custódia:

Pena – reclusão, de um a quatro anos.

11.6.8.1. Objetividade jurídica

A probidade administrativa em relação às finanças públicas.

11.6.8.2. Tipo objetivo

O Estado pode vender títulos da dívida pública para captar recursos no mercado financeiro. Se tais títulos, entretanto, forem emitidos sem lastro legal (sem lei que os autorize) ou sem que estejam registrados em sistema centralizado de liquidação e de custódia, haverá crime.

11.6.8.3. Sujeito ativo

Os agentes públicos responsáveis pela colocação destes títulos no mercado.

11.6.8.4. Sujeito passivo

O Estado.

11.6.8.5. Consumação

Nas condutas "ordenar" e "autorizar", quando elaborado o ato administrativo respectivo.

Na conduta "promover", a consumação ocorre quando os títulos são ofertados ou colocados ilegalmente no mercado.

11.6.8.6. Tentativa

É possível.

11.6.8.7. Ação penal

Pública incondicionada.

TÍTULO XII

12. DOS CRIMES CONTRA O ESTADO DEMOCRÁTICO DE DIREITO

O presente Título foi inserido no Código Penal pela Lei n. 14.197, publicada em 1º de setembro de 2021, cuja entrada em vigor aconteceu 90 dias após sua publicação. Referida lei revogou expressamente a Lei de Segurança Nacional (Lei n. 7.170/83).

O Título é composto por seis capítulos; contudo, o Capítulo V, denominado "Dos Crimes Contra a Cidadania", foi vetado pela Presidência da República:

Capítulo I – Dos Crimes contra a Soberania Nacional;

Capítulo II – Dos Crimes contra as Instituições Democráticas;

Capítulo III – Dos Crimes contra o Funcionamento das Instituições Democráticas no Processo Eleitoral;

Capítulo IV – Dos Crimes contra o Funcionamento dos Serviços Essenciais;

Capítulo V – Dos Crimes contra a Cidadania – vetado;

Capítulo VI – Disposições Comuns.

Para Paulo Roberto de Figueiredo[1], o Estado Democrático de Direito constitui-se pela "conjugação do Estado de Direito com o regime democrático. Trata-se, portanto, do Estado submetido ao império da lei, ou seja, a um conjunto de normas que criam seus órgãos e estabelecem suas competências, que preveem a separação dos poderes, e que também fixam direitos e garantias fundamentais para a proteção do indivíduo contra eventuais arbitrariedades estatais, e no qual também se garante o respeito à denominada soberania popular, permitindo que o povo (o titular do poder) participe da decisões políticas do Estado, seja por meio de representantes eleitos, seja por meio de mecanismos de democracia direta".

Saliente-se que o art. 359-T, contido no Capítulo VI (Disposições Comuns), dispõe que "não constitui crime previsto neste Título a manifestação crítica aos poderes constitucionais nem a atividade jornalística ou a reivindicação de direitos e garantias constitucionais por meio de passeatas, de reuniões, de greves, de aglomerações ou de qualquer outra forma de manifestação política com propósitos sociais".

---

[1] Paulo Roberto de Figueiredo Dantas, *Curso de direito constitucional*, p. 65-66.

Capítulo I

DOS CRIMES CONTRA A SOBERANIA NACIONAL

12.1. Dos crimes contra a soberania nacional

12.1.1. Atentado à soberania

> Art. 359-I. Negociar com governo ou grupo estrangeiro, ou seus agentes, com o fim de provocar atos típicos de guerra contra o País ou invadi-lo:
>
> Pena – reclusão, de três a oito anos.
>
> § 1º Aumenta-se a pena de metade até o dobro, se declarada guerra em decorrência das condutas previstas no caput deste artigo.
>
> § 2º Se o agente participa de operação bélica com o fim de submeter o território nacional, ou parte dele, ao domínio ou à soberania de outro país:
>
> Pena – reclusão, de quatro a doze anos.

12.1.1.1. Objetividade jurídica

A preservação da soberania nacional.

O art. 1º, inciso I, da Constituição Federal menciona a soberania como primeiro fundamento da República Federativa do Brasil. De acordo com Miguel Reale[2], "a soberania é o poder que tem uma ação de organizar-se livremente e de fazer valer dentro do seu território a universalidade de suas decisões para a realização do bem comum".

12.1.1.2. Tipo objetivo

Na figura do caput, o crime consiste em negociar, ou seja, fazer tratativas com governo estrangeiro ou grupo estrangeiro ou seus agentes. É necessário que as tratativas tenham como finalidade específica provocar atos de guerra contra o país ou sua invasão por tropas estrangeiras (elemento subjetivo do tipo).

Nos termos do § 2º, o crime considera-se qualificado se o agente participa de operação bélica com o fim de submeter o território nacional, ou parte dele, ao domínio ou

---

[2]   Miguel Reale, *Teoria do direito e do estado*, p. 140.

à soberania de outro país. Operação bélica é a operação militar de guerra. Nesse caso, a pena é de reclusão, de quatro a doze anos.

12.1.1.3. Sujeito ativo

Pode ser qualquer pessoa.

12.1.1.4. Sujeito passivo

O Estado.

12.1.1.5. Consumação

Cuida-se de crime formal, que se consuma no momento das negociações com o governo ou grupo estrangeiro, ainda que não haja como consequência atos típicos de guerra ou a invasão do país.

De ver-se, entretanto, que o § 1º prevê um aumento de metade ao dobro da pena, se em razão das condutas houver declaração de guerra. Quanto maior a contribuição para a declaração da guerra, maior o aumento.

A figura qualificada do § 2º consuma-se quando o agente participa de operação bélica ainda que o território nacional, ou parte dele, não seja submetido ao domínio ou à soberania de outro país.

12.1.1.6. Tentativa

É possível, quando o agente não consegue iniciar as tratativas.

12.1.1.7. Pena e ação penal

A pena é de reclusão de três a oito anos, mas, se o agente participa de operação bélica com o fim de submeter o território nacional, ou parte dele, ao domínio ou à soberania de outro país, a pena passa a ser de reclusão, de quatro a doze anos (§ 2º). A ação penal é pública incondicionada, de competência da Justiça Federal.

12.1.2. Atentado à integridade nacional

> *Art. 359-J. Praticar violência ou grave ameaça com a finalidade de desmembrar parte do território nacional para constituir país independente:*
>
> *Pena – reclusão, de dois a seis anos, além da pena correspondente à violência.*

12.1.2.1. Objetividade jurídica

A preservação da integridade nacional.

12.1.2.2. Tipo objetivo

As condutas típicas são: praticar violência ou grave ameaça. O texto legal não menciona apenas a violência contra pessoas, de modo que o crime também se configura quando houver emprego de violência contra coisa.

Para a configuração do delito mostra-se necessária dupla finalidade:

a) desmembrar parte do território nacional;

b) constituir país independente sobre o território desmembrado.

O crime não se configura quando alguém limita-se a defender o desmembramento do território nacional em manifestações pacíficas ou em entrevistas, por exemplo.

12.1.2.3. Sujeito ativo

Qualquer pessoa.

12.1.2.4. Sujeito passivo

O Estado.

12.1.2.5. Consumação

Trata-se de crime formal, que se consuma no momento em que empregada a violência ou grave ameaça, independentemente de qualquer resultado.

12.1.2.6. Tentativa

É possível, quando o agente, por exemplo, não consegue concretizar o ato de violência pretendido.

12.1.2.7. Pena e ação penal

A pena é de dois a seis anos de reclusão. O preceito secundário da norma esclarece que a pena do delito é aplicada sem prejuízo daquela correspondente à violência. Assim, se a violência provocar lesão corporal, ainda que de natureza leve, ou dano em patrimônio alheio, por exemplo, as penas deverão ser somadas aos crimes de lesão corporal ou de dano.

A ação penal é pública incondicionada, de competência da Justiça Federal.

12.1.3. Espionagem

> *Art. 359-K. Entregar a governo estrangeiro, a seus agentes, ou a organização criminosa estrangeira, em desacordo com determinação legal ou regulamentar, documento ou informação classificados como secretos ou ultrassecretos nos termos da lei, cuja revelação possa colocar em perigo a preservação da ordem constitucional ou a soberania nacional:*
>
> *Pena – reclusão, de três a doze anos.*
>
> *§ 1º Incorre na mesma pena quem presta auxílio a espião, conhecendo essa circunstância, para subtraí-lo à ação da autoridade pública.*
>
> *§ 2º Se o documento, dado ou informação é transmitido ou revelado com violação do dever de sigilo:*
>
> *Pena – reclusão, de seis a quinze anos.*
>
> *§ 3º Facilitar a prática de qualquer dos crimes previstos neste artigo mediante atribuição, fornecimento ou empréstimo de senha, ou de qualquer outra forma de acesso de pessoas não autorizadas a sistemas de informações:*
>
> *Pena – detenção, de um a quatro anos.*

§ 4º *Não constitui crime a comunicação, a entrega ou a publicação de informações ou de documentos com o fim de expor a prática de crime ou a violação de direitos humanos.*

12.1.3.1. Objetividade jurídica

Preservar a ordem constitucional e a soberania nacional.

12.1.3.2. Tipo objetivo

A conduta típica consiste em entregar documento ou informação classificados como secretos ou ultrassecretos nos termos da lei. Trata-se norma penal em branco, pois sua complementação depende da existência de lei que defina quais documentos são secretos ou ultrassecretos.

É necessário que o documento ou informação seja entregue a governo estrangeiro, a seus agentes, ou a organização criminosa estrangeira.

O tipo penal contém alguns elementos normativos:

a) que a entrega ocorra em desacordo com determinação legal ou regulamentar;

b) que a revelação do conteúdo do documento ou o teor da informação possam colocar em perigo a preservação da ordem constitucional ou a soberania nacional.

O 4º do dispositivo contém uma causa específica de exclusão da ilicitude ao estabelecer que não constitui crime a comunicação, a entrega ou a publicação de informações ou de documentos com o fim de expor a prática de crime ou a violação de direitos humanos.

O § 1º do art. 359-K contém uma figura equiparada, na qual é prevista a mesma pena do *caput* para quem presta auxílio a espião, conhecendo essa circunstância, para subtraí-lo à ação da autoridade pública. Exs.: escondendo o espião em sua residência ou ajudando-o a empreender fuga. Temos aqui uma modalidade especial do crime de favorecimento pessoal. Tal modalidade pressupõe conhecimento de que a ajuda está sendo prestada a espião (dolo direto).

O § 3º do dispositivo prevê uma modalidade privilegiada do delito, punindo com detenção, de um a quatro anos, quem facilita a prática de qualquer dos crimes previstos neste artigo mediante atribuição, fornecimento ou empréstimo de senha, ou de qualquer outra forma de acesso de pessoas não autorizadas a sistemas de informações. Nessa modalidade existe dolo em relação ao fornecimento da senha ou outra forma de acesso ao sistema, bem como ciência de que a pessoa não autorizada irá acessá-lo. Parece-nos, todavia, que, se houver ciência prévia de que a pessoa não autorizada irá repassar documentos ou informações obtidas com o acesso indevido, a governo estrangeiro, a seus agentes, ou a organização criminosa estrangeira, o sujeito responderá como partícipe do crime mais grave descrito no *caput*.

12.1.3.3. Sujeito ativo

Qualquer pessoa. Trata-se de crime comum. Pode ser alguém que trabalhe em uma agência de inteligência do governo nacional ou até mesmo um *hacker* que obtenha ilicitamente a informação e a repasse.

O crime, contudo, é considerado qualificado se o documento, dado ou informação é transmitido ou revelado com violação do dever de sigilo. Nesse caso o crime é próprio de funcionário público e a pena é de reclusão, de seis a quinze anos (§ 2º).

12.1.3.4. Sujeito passivo

O Estado.

12.1.3.5. Consumação

No momento da entrega do documento ou da informação, independentemente de qualquer outro resultado. Trata-se de crime formal.

Na figura equiparada do § 1º, o crime consuma-se quando o auxílio for prestado, ainda que o espião venha a ser preso em seguida.

12.1.3.6. Tentativa

É possível, quando o agente não consegue efetuar a entrega por ele pretendida.

12.1.3.7. Ação penal

Pública incondicionada, de competência da Justiça Federal.

Capítulo II

DOS CRIMES CONTRA AS INSTITUIÇÕES DEMOCRÁTICAS

12.2. Dos crimes contra as instituições democráticas

12.2.1. Abolição violenta do Estado Democrático de Direito

> Art. 359-L. Tentar, com emprego de violência ou grave ameaça, abolir o Estado Democrático de Direito, impedindo ou restringindo o exercício dos poderes constitucionais:
> Pena – reclusão, de quatro a oito anos, além da pena correspondente à violência

12.2.1.1. Objetividade jurídica

A preservação do Estado Democrático de Direito.

12.2.1.2. Tipo objetivo

Apesar de o nome do delito ser "abolição violenta do Estado Democrático de Direito", passando a impressão de que a existência do delito pressupõe a efetiva e integral abolição, é de se ver que a conduta típica consiste em tentar abolir referido Estado, impedindo ou restringindo o exercício dos poderes constitucionais. Assim, para a configuração do delito, basta o emprego de violência (contra coisas ou pessoas) ou grave ameaça capaz de, em tese, impedir ou restringir o exercício dos poderes Executivo, Legislativo e Judiciário, pois, com isso, o agente já estará tentando abolir o Estado Democrático de Direito.

12.2.1.3. Elemento subjetivo

Dolo. Intenção de empregar violência ou grave ameaça para restringir ou impedir o funcionamento dos poderes constitucionais.

12.2.1.4. Sujeito ativo

Qualquer pessoa. Cuida-se de crime comum.

Na prática, imagina-se que tal tipo de conduta seria cometida por grupo de pessoas, no mais das vezes armadas, ainda que o tipo penal não exija tais requisitos. Saliente-se, para tais hipóteses, a regra do art. 5º, XLIV, da Constituição Federal, segundo a qual constitui crime inafiançável e imprescritível a ação de grupos armados, civis ou militares, contra a ordem constitucional e o Estado Democrático.

12.2.1.5. Sujeito passivo

O Estado – que representa os poderes constitucionais.

12.2.1.6. Consumação

Quando o agente emprega a violência ou grave ameaça.

12.2.1.7. Tentativa

Impossível. Se o agente emprega a violência ou grave ameaça, o crime já está consumado e já se mostra presente a conduta de "tentar" abolir o Estado Democrático de Direito.

12.2.1.8. Pena e ação penal

A pena é de reclusão, de quatro a oito anos, e multa. Além disso, o preceito secundário do tipo penal dispõe que referidas penas serão aplicadas sem prejuízo das penas correspondentes à violência. Em suma, se houver, por exemplo, a provocação de lesão corporal, ainda que de natureza leve, o agente responderá pelo crime do art. 359-L, e as penas serão somadas à do delito de lesão corporal.

A pena prevista é incompatível com o acordo de não persecução penal.

A ação penal é pública incondicionada, de competência da Justiça Federal.

12.2.2. Golpe de Estado

> Art. 359-M. Tentar depor, por meio de violência ou grave ameaça, o governo legitimamente constituído:
> Pena – reclusão, de quatro a doze anos, além da pena correspondente à violência.

12.2.2.1. Objetividade jurídica

A preservação do governo legalmente constituído.

12.2.2.2. Tipo objetivo

O crime em consiste em empregar violência (física ou contra coisas) ou grave ameaça para dar um golpe de Estado, vale dizer, para derrubar o governo legitimamente constituído. O poder do Presidente da República advém de sua eleição. O emprego de violência ou grave ameaça para tirá-lo do poder configura o delito.

12.2.2.3. Elemento subjetivo

Dolo. Intenção específica de aplicar um golpe de Estado.

12.2.2.4. Sujeito ativo

Qualquer pessoa. Cuida-se de crime comum.

Na prática, imagina-se que tal tipo de conduta seria cometida por grupo de pessoas, no mais das vezes armadas, ainda que o tipo penal não exija tais requisitos. Saliente-se, para tais hipóteses, a regra do art. 5º, XLIV, da Constituição Federal, segundo a qual constitui crime inafiançável e imprescritível a ação de grupos armados, civis ou militares, contra a ordem constitucional e o Estado Democrático.

12.2.2.5. Sujeito passivo

O Estado.

12.2.2.6. Consumação

Quando o agente emprega a violência ou grave ameaça.

12.2.2.7. Tentativa

Impossível. Se o agente emprega a violência ou grave ameaça, o crime já está consumado e já se mostra presente a conduta de "tentar" depor o governo legitimamente constituído.

12.2.2.8. Pena e ação penal

A pena é de reclusão, de quatro a doze anos, e multa. Além disso, o preceito secundário do tipo penal dispõe que referidas penas serão aplicadas sem prejuízo das penas correspondentes à violência. Em suma, se houver, por exemplo, a provocação de lesão corporal, ainda que de natureza leve, ou morte, o agente responderá pelo crime do art. 359-M, e as penas serão somadas às dos delitos de lesão corporal ou homicídio.

A pena prevista é incompatível com o acordo de não persecução penal.

A ação penal é pública incondicionada, de competência da Justiça Federal.

Capítulo III

DOS CRIMES CONTRA O FUNCIONAMENTO DAS INSTITUIÇÕES DEMOCRÁTICAS NO PROCESSO ELEITORAL

12.3. Dos crimes contra o funcionamento das instituições democráticas no processo eleitoral

12.3.1. Interrupção do processo eleitoral

> Art. 359-N. *Impedir ou perturbar a eleição ou a aferição de seu resultado, mediante violação indevida de mecanismos de segurança do sistema eletrônico de votação estabelecido pela Justiça Eleitoral:*
>
> *Pena – reclusão, de três a seis anos, e multa.*

12.3.1.2. Objetividade jurídica

A regularidade da votação e da apuração dos votos.

12.3.1.3. Tipo objetivo

As condutas típicas são impedir (inviabilizar) ou perturbar (atrapalhar).

É necessário que tais condutas recaiam na eleição em si ou na aferição do resultado (apuração dos votos, transmissão dos resultados aos tribunais eleitorais).

O crime em análise, ademais, somente se configura se houver violação indevida de mecanismos de segurança do sistema eletrônico de votação estabelecido pela Justiça Eleitoral (norma penal em branco, pois depende das regras estabelecidas pela justiça especial). Existe o crime, por exemplo, quando *hackers* invadem o sistema da Justiça Eleitoral impedindo ou retardando a transmissão dos votos apurados.

A conduta de impedir ou embaraçar o direito de sufrágio por outro meio caracteriza crime do art. 297 do Código Eleitoral.

12.3.1.4. Sujeito ativo

Qualquer pessoa. Trata-se de crime comum.

12.3.1.5. Sujeito passivo

A Justiça Eleitoral, os candidatos e os eleitores.

12.3.1.6. Consumação

No momento em que o agente impede ou perturba a eleição ou a apuração.

12.3.1.7. Tentativa

É possível.

12.3.1.8. Pena e ação penal

A pena é de reclusão, de três a seis anos, e multa. Compatível com o acordo de não persecução penal.

A ação é pública incondicionada, de competência da Justiça Eleitoral.

12.3.2. Violência política

> Art. 359-P. Restringir, impedir ou dificultar, com emprego de violência física, sexual ou psicológica, o exercício de direitos políticos a qualquer pessoa em razão de seu sexo, raça, cor, etnia, religião ou procedência nacional:
>
> Pena – reclusão, de três a seis anos, e multa, além da pena correspondente à violência.

12.3.2.1. Objetividade jurídica

A garantia do exercício dos direitos políticos.

12.3.2.2. Tipo objetivo

As condutas típicas são restringir (impor limitações); impedir (obstar) e dificultar (criar empecilhos). Trata-se de tipo misto alternativo em que a realização de mais de uma conduta em relação à mesma vítima constitui crime único.

Para a existência do delito, é necessária a utilização de um dos seguintes meios de execução:

a) violência física: qualquer forma de agressão corporal ou força física contra alguém;

b) violência sexual: estupro, por exemplo;

c) violência psicológica: grave ameaça, promessa de mal injusto e grave a ser provocado na própria vítima ou em terceiro.

O crime se configura quando o agente agride um familiar da vítima, ou ameaça provocar sua morte, com a finalidade de impedir a candidatura da mãe, por exemplo.

É necessária a intenção do agente de não permitir o exercício dos direitos políticos do sujeito passivo, abrangendo o seu direito de votar e de ser votado (de ser candidato a cargo político).

O tipo penal exige, ainda, que a conduta seja realizada em razão do sexo, raça, cor, etnia, religião ou procedência nacional do sujeito passivo. Sem esse requisito não se configura a presente infração penal, podendo configurar crime do Código Eleitoral ou do Código Penal (constrangimento ilegal, por exemplo).

Se a conduta envolver violência doméstica ou familiar contra mulher, poderão ser aplicadas a regras e medidas protetivas da Lei n. 11.340/2006 (Lei Maria da Penha).

12.3.2.3. Elemento subjetivo

O dolo de impedir, restringir ou dificultar o exercício dos direitos políticos pela vítima.

12.3.2.4. Sujeito ativo

Qualquer pessoa. Trata-se de crime comum.

12.3.2.5. Sujeito passivo

Qualquer pessoa.

12.3.2.6. Consumação

Na modalidade impedir, quando a vítima não consegue exercer seus direitos políticos no caso concreto. Na modalidade restringir, quando ocorre a limitação. Ex.: determinada mulher pretendia ser candidata a prefeita municipal, mas, em razão da ameaça, acaba se candidatando a vereadora. Na modalidade dificultar, no momento em que criado o óbice.

12.3.2.7. Tentativa

É possível.

12.3.2.8. Pena e ação penal

A pena é de reclusão, de três a seis anos, e multa. Além disso, o preceito secundário do tipo penal dispõe que referidas penas serão aplicadas sem prejuízo das penas correspondentes à violência. Em suma, se a vítima sofrer lesão corporal, ainda que de natureza leve, ou se for estuprada, o agente responderá pelo crime do art. 359-P, e as penas serão somadas às dos delitos de lesão corporal ou estupro.

A pena prevista é compatível com o acordo de não persecução penal.

A ação penal é pública incondicionada.

Capítulo IV

DOS CRIMES CONTRA O FUNCIONAMENTO DOS SERVIÇOS ESSENCIAIS

12.4. Dos crimes contra o funcionamento dos serviços essenciais

12.4.1. Sabotagem

> Art. 359-R. Destruir ou inutilizar meios de comunicação ao público, estabelecimentos, instalações ou serviços destinados à defesa nacional, com o fim de abolir o Estado Democrático de Direito:
>
> Pena – reclusão, de dois a oito anos.

12.4.1.1. Objetividade jurídica

A preservação do Estado Democrático de Direito.

12.4.1.2. Tipo objetivo

São duas as condutas típicas. A primeira consiste em destruir, que significa danificar por completo, por exemplo, colocando fogo em um imóvel. Inutilizar, por sua vez, consiste em tornar inoperante, sem que haja a destruição.

É necessário que as condutas recaiam em:

a) meios de comunicação ao público: rádios, jornais etc.;

b) estabelecimentos, instalações ou serviços destinados à defesa nacional.

A finalidade de abolir o Estado Democrático de Direito é o elemento subjetivo do tipo e implica, por exemplo, a intenção de tomar o poder e tornar o país uma ditadura. É justamente essa finalidade que diferencia o delito em questão de outros do Código Penal, como o crime de dano qualificado.

12.4.1.3. Sujeito ativo

Qualquer pessoa. Trata-se de crime comum.

12.4.1.4. Sujeito passivo

O Estado.

12.4.1.5. Consumação

No momento em que a ocorre a destruição ou inutilização. Trata-se, evidentemente, de crime de formal, que independe da efetiva abolição do Estado Democrático de Direito.

12.4.1.6. Tentativa

É possível.

12.4.1.7. Pena e ação penal

A pena é de reclusão, de dois a oito anos. Cabível, em tese, o acordo de não persecução penal.

É pública incondicionada.

12.5. Disposições finais

> *Art. 360 – Ressalvada a legislação especial sobre os crimes contra a existência, a segurança e a integridade do Estado e contra a guarda e o emprego da economia popular, os crimes de imprensa e os de falência, os de responsabilidade do Presidente da República e dos Governadores ou Interventores, e os crimes militares, revogam-se as disposições em contrário.*
>
> *Art. 361 – Este Código entrará em vigor no dia 1º de janeiro de 1942.*

REFERÊNCIAS

BARROS, Flávio Augusto Monteiro de. *Crimes contra a pessoa*. São Paulo: Saraiva, 1997.

BITENCOURT, Cezar Roberto. *Tratado de direito penal*. 8. ed. São Paulo: Saraiva, 2008. v. 2.

_____. *Tratado de direito penal*. 5. ed. São Paulo: Saraiva, 2011. v. 4.

_____. *Tratado de direito penal*. 11. ed. São Paulo: Saraiva, 2011. v. 2.

_____. *Tratado de direito penal*. 4. ed. São Paulo: Saraiva, 2010. v. 5.

BRUNO, Aníbal. *Crimes contra a pessoa*. 3. ed. Rio de Janeiro: Rio Gráfica, 1975.

CAPEZ, Fernando. *Curso de direito penal*. 3. ed. São Paulo: Saraiva, 2004. v. 2.

_____. *Curso de direito penal*. São Paulo: Saraiva, 2004. v. 3.

COSTA JUNIOR, Paulo José da. *Curso de direito penal*. 9. ed. São Paulo: Saraiva, 2008.

_____. *Curso de direito penal*. 12. ed. São Paulo: Saraiva, 2010.

CUNHA, Rogério Sanches; BATISTA PINTO, Ronaldo. *Violência doméstica*: Lei Maria da Penha comentada artigo por artigo. 6. ed. São Paulo: RT, 2015.

DANTAS, Paulo Roberto de Figueiredo. *Curso de direito constitucional*. São Paulo: Atlas, 2014. p 65-66.

DELMANTO, Celso; DELMANTO, Roberto; DELMANTO JÚNIOR, Roberto. *Código Penal comentado*. 8. ed. São Paulo: Saraiva, 2010.

ESTEFAM, André. *Direito penal. Parte Especial*. 1 ed. São Paulo: Saraiva, 2010. v. 2.

FRANCO, Alberto Silva. *Código Penal e sua interpretação jurisprudencial*. 6. ed. São Paulo: RT, 1995.

FRAGOSO, Heleno Cláudio. *Lições de direito penal*. 9. ed. Rio de Janeiro: Forense, 1987. v. I: Parte especial.

_____. *Lições de direito penal*. 5. ed. Rio de Janeiro: Forense, 1986. v. II: Parte especial.

GRECO, Rogério. *Curso de direito penal*. 6. ed. Rio de Janeiro: Impetus, 2009. v. II.

_____. *Código Penal comentado*. 2. ed. Rio de Janeiro: Impetus, 2009.

HUNGRIA, Nélson. *Comentários ao Código Penal*. 4. ed. Rio de Janeiro: Forense, 1958. v. V.

_____. *Comentários ao Código Penal*. 4. ed. Rio de Janeiro: Forense, 1959. v. VIII.

_____. *Comentários ao Código Penal*. 4. ed. Rio de Janeiro: Forense, 1958. v. VI.

_____. *Comentários ao Código Penal*. 3. ed. Rio de Janeiro: Forense, 1967. v. VII.

_____. *Comentários ao Código Penal*. 2. ed. Rio de Janeiro: Forense, 1959. v. IX.

JESUS, Damásio de. *Direito penal*. 26. ed. São Paulo: Saraiva, 2004. v. 2.

_____. *Código Penal anotado*. 10. ed. São Paulo: Saraiva, 2000.

_____. *Código Penal anotado*. 15. ed. São Paulo: Saraiva. 2004.

_____. *Direito penal*. 14. ed. São Paulo: Saraiva, 1999. v. 3.

_____. *Direito penal*. 10. ed. São Paulo: Saraiva, 2000. v. 4.

LEITE, Manoel Carlos da Costa. *Lei das contravenções penais*. São Paulo: RT, 1976.

MEIRELLES, Hely Lopes. *Direito administrativo brasileiro*. 24. ed. atualizada por Eurico de Andrade Azevedo, Délcio Balesteiro Aleixo e José Emmanuel Burle Filho. São Paulo: Malheiros, 1999. p. 246.

MIRABETE, Julio Fabbrini. *Manual de direito penal*. 18. ed. São Paulo: Atlas, 2001. v. 2.

_____. *Manual de direito penal*. 14. ed. São Paulo: Atlas, 2000. v. 3.

NUCCI, Guilherme de Souza. *Curso de direito penal*. *Parte Especial*. Rio de Janeiro: Forense, 2017. v. 2.

_____. *Código Penal comentado*. 14. ed. São Paulo: Forense, 2015.

NORONHA, E. Magalhães. *Direito penal*. 26. ed. São Paulo: Saraiva, 1994. v. 2.

_____. *Direito penal*. 20. ed. São Paulo: Saraiva, 1995. v. 4.

PRADO, Luiz Regis. *Comentários ao Código Penal*. 2. ed. São Paulo: RT, 2003.

REALE, Miguel. *Teoria do direito e do estado*. 5. ed. São Paulo: Saraiva, 2000. p. 140.

SILVEIRA, Euclides Custódio da. *Crimes contra a pessoa*. 2. ed. São Paulo: RT, 1973.

TOLEDO, Francisco de Assis. *Princípios básicos de direito penal*. 5. ed. São Paulo: Saraiva, 1994.